21世纪高等院校经济学与管理学系列教材

BOYILUN JIQI ZAI
JINGJIGUANLI ZHONGDE YINGYONG

博弈论及其在经济管理中的应用

郑长德◎编著

中国经济出版社
CHINA ECONOMIC PUBLISHING HOUSE
北京

图书在版编目（CIP）数据

博弈论及其在经济管理中的应用／郑长德编著.
—北京：中国经济出版社，2018.9
ISBN 978－7－5136－2519－7

Ⅰ.①博… Ⅱ.①郑… Ⅲ.①博弈论—应用—经济管理—研究 Ⅳ.①F224.32

中国版本图书馆 CIP 数据核字（2013）第 090949 号

责任编辑　李煜萍　李若雯
责任印制　巢新强

出版发行　中国经济出版社
印 刷 者　北京力信诚印刷有限公司
经 销 者　各地新华书店
开　　本　710mm×100mm 1/16
印　　张　23.75
字　　数　352 千字
版　　次　2018 年 9 月第 1 版
印　　次　2018 年 9 月第 1 次
定　　价　58.00 元
广告经营许可证　京西工商广字第 8179 号

中国经济出版社 **网址** www.economyph.com **社址** 北京市西城区百万庄北街 3 号 **邮编** 100037
本版图书如存在印装质量问题，请与本社发行中心联系调换（联系电话：010－68330607）

前言 PREFACE

经济行为主体的理性选择行为(rational choice behavior)是经济学研究的重要对象。在高度相互依存的现时代,人类理性选择行为的交互性,无论是广度、深度还是强度都达到了历史之最,并在不断地刷新,每个经济代理人的一言一行、每一项决策,在最大限度地达成自身目标的同时,都会影响到其他代理人,也会受其他代理人行为的影响。分析相互依存局势下经济代理人的理性选择行为,博弈论是最有力的分析工具。经济博弈论自20世纪40年代产生以来,因为理解理性决策者之间的冲突与合作提供了一个强有力的解释框架而得到迅速发展。现在,博弈论已成为现代经济学的一种重要研究方法和分析工具,是当今主流经济学的重要组成部分。在经济分析中,博弈论的广泛应用已经引起了一场"经济理论的革命"。正如诺贝尔经济学纪念奖获得者萨缪尔森所说:"要想在现代社会做一个有文化的人,你必须对博弈论有一个大致的了解。"

博弈是经济行为主体在"策略相互依存"局势下相互作用状态的抽象表达。博弈论是研究博弈局势下经济行为主体的理性行为选择的理论,或者说是研究多人决策问题的理论,这类问题在经济学、管理学、政治学、社会学等人文社会科学研究中经常遇到。例如,在经济研究中,微观领域的讨价还价、拍卖机制的设计,特别是产业组织领域,就涉及博弈论;宏观领域中,国家之间的竞争与合作、宏观经济政策制定者和企业等微观单位之间的相互作用等,用博弈论能够得到很好的理解;在企业管理中,博弈论就更是大有用武之地。企业的投资决策、融资决策、市场营销决策、人力资源管理等都涉及多方的互动关系,而这正是博弈论的优势所在。实际上,企业本身就是一个博弈网。总之,无论是宏观层次还是微观层次的决策问题都可以运用博弈论的理论和方法进行分析。

本书比较全面系统地介绍和讨论了博弈论的主要内容和研究方法,侧重于博弈论在经济管理中的应用,它基本上涵盖了非合作博弈论领域的主要思想。除第一章外,全书有四个部分,每个部分所研究的博弈及其应用都有共同的信息结构。每个部分都从所考察的博弈的均衡概念和解方法的介绍开始,然后是它们在经济管理中的应用。在进行应用分析时,我们试图从博弈理论和经济基础两个方面进行详细的分析。在应用中所选择的例子非常广泛,它们来自劳动经济学、公共经济学、国际经济学、资源经济学、宏观经济学、公司金融、银行、产业组织理论、人力资源、市场营销等等。读者可以从这些例子中看到博弈论在经济管理研究中所具有的强大力量。

本书是在作者编写的校内讲义基础上修改而成的。20 世纪 90 年代中期,在作者所在的西南民族大学开设了"博弈论基础"选修课,选修的同学很多,为了授课的需要,作者以 H. Scott Bierman, Luis Fernandez (1998) 著的 *Game Theory with Economic Applications* 和 Robert Gibbons (1992) 著的 *Game Theory for Applied Economists* 为基础,编译了《博弈论及其在经济管理中的应用》,在校内印刷,作为"博弈论基础"选修课的讲义。这次的修改,还参考了 Drew Fudenberg 和 Jean Tirole (1991) 著的 *Game Theory*、Eric Rasmusen (1994) 著的 *Game and Information: An Introduction to Game Theory*、Martin J. Osborne (2004) 著的 *An Introduction to Game Theory* 等著作和大量文献。在此谨向这些著作的作者和出版机构表示深切的敬意。

本书初版于 2009 年由电子科技大学出版社出版,此次修订保持了初版时的基本格局,对部分内容进行了修订和改写,吸收了最近几年博弈论的部分最新研究成果。编者特别感谢西南民族大学经济学院各届研究生和选修"博弈论基础"的本科生,编者和他们的互动和讨论受益颇多。本书的编写和出版得到了教育部特色专业建设基金的资助。

本书是作为博弈论的一般入门读物并兼作教材和自学读物而编写的。它可提供三种用途:一是作为企业管理、经济和金融及相关专业本科生和研究生的博弈论教材,也可作为管理经济学、企业经济学、高级微观经济学等课程的补充教材或教学参考书;二是可供那些未曾学习过博弈论的经济管理人员及其他专业的学者自学所用;三是作为经济学和管理学及企业经营管理人员的一本参考书。

限于编者水平,书中疏漏和问题在所难免,恳请读者不吝指正。

作 者

2017 年 12 月

目录 CONTENTS

纳什均衡
Nash Equilibrium

子博弈完美纳什均衡
Subgame Perfect Nash Equilibrium

贝叶斯纳什均衡
Bayesian Nash Equilibrium

完美贝叶斯纳什均衡
Perfect Bayesian Nash Equilibrium

第1章 博弈论概述

1.1 博弈的要素

1.1.1 什么叫博弈和博弈论

孩提时代的游戏玩耍、体育竞技场上的角逐拼搏、政治韬略的翻云覆雨、军事战争中的你死我活、经贸竞争中的此兴彼衰，只要有人群存在，只要人与人之间的行为相互依赖和利益相互冲突，每个人都在有意或无意地扮演着竞争对手的角色，无时无刻不在或明或暗地与他人进行你一招我一式的博弈。弈棋、划拳、赛马、赌一把和炒股等，无论说它是一种天性也好，还是说它是一种被迫行为也罢，博弈行为伴随着人类的生存与发展已走过了漫长的历程。什么是博弈？看下面几个例子。

例1.1 “石头·剪子·布博弈”。这种游戏在我国流传甚广。它的规则非常清楚，即甲、乙两个人用不同的手势分别代表石头、剪子或布，双方同时出一种手势，手势相同为和，手势不同时，石头胜剪子、剪子胜布、布胜石头。这个游戏虽然很普通，但它包含了相生相克、以柔克刚等不少深刻的哲理，也是博弈论中的一个典型例子。我们假定和时，两个人的得益为0，表示没有输赢，如果手势不同，输家得 -1，赢家得 +1。在这个游戏中，双方可选择的策略有3个，即要么石头、要么剪子、要么布，他们的输赢情况如表1.1：

表1.1 石头·剪子·布博弈

		乙		
		石头	剪子	布
甲	石头	0,0	1,-1	-1,1
	剪子	-1,1	0,0	1,-1
	布	1,-1	-1,1	0,0

上表方格内的数字，第一个是甲方的得益，第二个是乙方的得益。在这

个例子中,显然,甲乙双方的得益结果都在于:一是不能让对方猜到自己的策略选择,二是要努力猜到对方的策略选择。

例 1.2 囚犯问题是博弈论中最著名的案例,几乎所有介绍博弈论的书籍都少不了要引用这一事例,关于它的讨论数以千计,引起人们极大的兴趣。这一例子说的是:有两个人因犯盗窃罪而被捕,同时他们还涉嫌一起抢劫罪,被警方关在不同的房间内审讯。他们面临的形势是:如果两个人都坦白还犯有抢劫罪行,那么将各被判处 5 年有期徒刑(两罪并罚);如果一方坦白另一方不坦白,那么坦白从宽,将功赎罪,免于刑事处罚,抗拒从严,不坦白者从重判处 8 年徒刑;如果两个人均不坦白,则因证据不足只能以盗窃罪而各判 2 年徒刑。每一个囚犯在选择自己是"坦白"还是"不坦白"时,必须要考虑另一个囚犯的选择,因为法律条文把这两个人的命运紧紧连在一起了。这两个囚犯的得益函数和策略可表示为(见表 1.2):

表 1.2 囚徒困境

		嫌疑人 2	
		坦白	不坦白
嫌疑人 1	坦白	(-5, -5)	(0,8)
	不坦白	(-8,0)	(-2, -2)

例 1.3 能否双赢。当今市场竞争异常激烈,波澜壮阔,如风起云涌的购并、联合浪潮,波音和麦道联手与空中客车抗衡,德、美两家汽车巨头合并;同类产品的竞相杀价,为瓜分和蚕食市场份额而费尽心机;为了占领高科技制高点,抢滩 21 世纪所展开的人才竞争,雇佣关系中胡萝卜加大棒原则被赋予了全新的含义……如此种种,使得原有的经济管理理论面对这些市场竞争新特点、新趋势愈发显得苍白,频露窘态。对新的思想、理论和方法的呼唤更加强烈,这也是博弈论能与经济学紧密结合、博弈经济学应运而生且迅速发展的根本原因。

让我们来看下面的例子:考虑两家企业垄断了某一产品市场的情况。每一企业在生产决策时考虑的是产量变化,即决定生产多少该种产品才能使企业利润最大?因为这两家企业在市场上的主宰地位,二者的产量之和就等于市场对该产品的需求总量。于是,每一厂家的生产决策就会直接影响到另一厂家的生产决策,它们之间必然要展开激烈的竞争。每一家企业都要对另一家企业的产量决策做出反应并采取相应的产量决策,也就是说,每一家企业的产量决策都是要根据对竞争对手的预期,在估计出对手可能选定的产量的基础上再做出自己的最佳产量决策。

再来看劳动力市场。雇主和雇员之间是一种委托－代理关系,雇主是委托人,雇员是代理人。雇主在不知道潜在雇员的劳动态度和劳动技能的情况下,根据自身利益最大化的需要,应该怎样设计和制定激励、监督机制及用工合同;雇员考虑的是,根据雇主提供的条件,应选择什么样的岗位、接受哪一种合同、以什么样的劳动态度和该怎样贡献将会使自己收入最多、最合算?

例 1.4　上有政策,下有对策。在市场经济运行中,政府在运用经济政策对市场失灵进行弥补和必要的宏观调控时,必然要考虑到政策的有效性,既要考虑到政策是否能够达到预期目标,又要考虑所出台的政策会引起什么反应;而公众(政策对象)对政府态度、政策走势、经济形势等形成一种预期来指导自己的行为以期获得自身效用最大化。在传统的计划经济中,经济政策的失误并非只是计划的过错,而最根本的是将计划的前提、政策对象的利益和个体主动性给抹杀和“计划”掉了,而市场机制的最大功绩就在于恢复了微观利益主体的本来面目。在政策的制定、实施、反馈和完善过程中,政策制定者和政策对象之间的这种相互联系的机制,及其本质意义上所形成的博弈关系,就是通常所说的“上有政策,下有对策”的真正含义。

现在我们来给博弈下定义。

(1)博弈(game)

博弈,又译对策、游戏或竞赛,最早由德国数学家、哲学家莱布尼兹于 1710 年提出,它是对若干个人在“策略相互依存”情形下相互作用状态的抽象表述。也就是说,在博弈情形下,每个人的福利不仅取决于他自身的行为,而且也取决于其他人的行为。进而言之,个人所采取的最优策略取决于他对其他人所采取的策略的预期。

通过上面的例子,我们发现,博弈一般都有下面一些特征:

①都有一些规则,我们叫作博弈规则。这些规则规定了博弈的参加者(个人或团体)可以做什么,不可以做什么,按怎样的次序做,什么时候结束博弈和一旦参加者犯规将受到怎样的处罚,等等。

②有一个结果。如一方输一方赢,平局或参加者各有所得,等等。

③策略至关重要。博弈的参加者不同的策略选择常常对应不同的博弈结果。

④策略有相互依赖性。即每一个博弈的参加者从博弈中所得的结果的好坏不仅取决于自身的策略选择,同时也取决于其他参加者的策略选择。

在人类的社会活动中,具有上述特征的活动很多,范围很广,涉及经济活动、政治活动、军事活动等等。

(2)博弈论(game theory or theory of game)

又译对策论、游戏理论或竞赛理论,它是研究博弈情形下博弈参与者的理性行为选择的理论;或者说,它是关于竞争者如何根据环境和竞争对手的情况变化,采取最优策略和行为的理论。

博弈论所研究的是在代理人知道其行动彼此影响,且每个代理人都考虑到这点时,代理人如何做出决策。正是决策者的相互作用、有目的的行为和决策要影响其他代理人,使得策略决策不同于其他的决策。例如,假设有两个餐具生产公司 ABC 公司和 XYZ 公司正在提交一个密封出价合同,给某高校食堂提供食用餐具。每个公司都想出一个高的价格,以便获得高的利润。但是出价高是有风险的,因为对手可能提交一个较低的价格而赢得合同。两个出价方都面临一个权衡:出价越低,赢得合同的可能性越高,但是从合同中获得的利润就越低。显然,ABC 的出价取决于它预期 XYZ 的出价。类似地,XYZ 的出价依赖于它认为 ABC 的出价。而且,ABC 的出价取决于 ABC 认为 XYZ 认为 ABC 出价是多少,XYZ 的出价依赖于 XYZ 认为 ABC 认为 XYZ 的出价是多少,等等。这个问题就是博弈论。

许多普通的决策问题都可认为是博弈问题。例如,《微观经济学》教科书中讨论的关于消费者决定在食品店买多少牛奶的问题。消费者认为他的购买决策对食品店的利润的影响微不足道,他也许忽略了相互作用,视牛奶的价格为“给定”,就像天气一样。正如我们所知道的,这称为“价格接受行为”。尽管通常认为单个消费者是价格接受者是有意义的,但是当把他与其他消费者加总时,他的行为就是食品店之间牛奶定价博弈的一个重要因素。小城市一般只有一个到两个食品店供消费者选择;即使在大城市,搜寻低价食品店的成本也使得食品店有一定的区位垄断力。所以消费者购买牛奶的那个食品店不可能是一个完全的价格接受者。如果我们只是对理解消费者的行为和偏好感兴趣,就可忽略博弈论方面的问题;但是如果我们对理解食品店的行为感兴趣,就需要考虑相互作用。

博弈有时是在你不希望和他们玩的情况下进行的。我们来看看出版商给通俗作家写的一本新畅销小说的定价决策。因为单个读者的购买对出版商没有影响,乍看起来,好像潜在的读者可被看成是一个简单的非策略的“价格接受者”,出版商可被模拟成古典的利润最大化垄断者。不过,如果公众相信出版商未来会降低书价,那么买者就会选择价格下降以后再买。因为书的购买者知道出版商随时都会改变书价,出版商今天能卖出的书的数量取决于公众预期出版商未来索取的价格。结果,出版商如果不考虑未来书的价格如何的话就不能决定今天最优的书价。描述这种情形的另一个方法是,出版商在和自己就未来进行一个博弈。这种策略相互作用不仅是理解出版商定价行为的关键,而且是理解消费者需求行为的关键。

1.1.2 博弈的要素

博弈有如下一些基本要素:

①局中人(players):即博弈的参加者,博弈中选择行动(或策略)以最大化自己的得益(效用)的决策主体。局中人可以是自然人,也可以是团体,如企业、国家,甚至若干国家组成的集团如OPEC、欧盟等。这里,重要的是,每个局中人必须有可供选择的行动和一个良好定义的偏好函数。这说明局中人是理性的。

除一般意义上的局中人之外,为了分析的方便,在博弈论中,还引入一个虚拟局中人(pesudo-player)来处理“自然”的选择。这里“自然”是决定外生的随机变量的概率分布的机制。比如在农业生产中,“自然”就是天气、气候。在本书中,我们用 $i=1,\cdots,n$ 代表局中人,N 代表“自然”。

②策略(strategies):给定信息集情况下局中人的相机行动方案,它规定局中人在什么时候选择什么行动。

③信息(information):信息是局中人有关博弈的知识,特别是有关"自然"的选择、其他局中人的特征和行动的知识。

④得益(payoff):在博弈论中,得益是指在一个特定的策略组合下,局中人得到的效用或期望效用。得益是局中人真正关心的东西。

⑤均衡(equilibrium):所有局中人的最优策略组合或行动组合。一般记为

$$s^* = (s_1^*, \cdots, s_i^*, \cdots, s_n^*)$$

其中 s_i^* 是第 i 个局中人在均衡情况下的最优策略,它是 i 的所有可能策略中使 u_i 或 Eu_i 最大化的策略。

⑥行动(actions or moves):行动是局中人在博弈的某个时点的决策变量。

⑦结果(outcome):结果是博弈分析者感兴趣的所有东西,如均衡策略组合、均衡得益组合,等等。

1.2 博弈的表述

在博弈论中,表述一个博弈有三种不同的方式,一种是标准型表述,一种是扩展型表述,还有一种是特征函数型表述。

1.2.1 标准型表述(或策略型表述)(normal-form or strategic-form representation)

在一个博弈的标准型表述中,每一个局中人同时选择一个策略。所有局中人选择的策略组合决定了每个局中人的得益。在前述囚徒困境博弈中,我们用了一个双变量矩阵图来表示(像矩阵一样,双变量矩阵可由任意多的行和列组成;双变量是指在一个有两个局中人的博弈中,每一个单元格有两个数字——分别代表两个局中人的得益)。在此博弈中,每个局中人有两个可供选择的策略:坦白、不坦白。在选定一组特定的策略组合后,两个局中人的得益由双变量矩阵中相应单元格的数字给出。习惯上,所谓行局

中人的得益(这里是嫌疑人1)由第一个数字给出,列局中人(这里是嫌疑人2)的得益由第二个数字给出。这样如果嫌疑人1选择不坦白,嫌疑人2选择坦白,则嫌疑人1得到的得益为-8(代表8年监禁),嫌疑人2的得益为0(代表立即释放),如表1.3所示。

表1.3　囚徒困境的标准型表述

		嫌疑人2	
		坦白	不坦白
嫌疑人1	坦白	(-5,-5)	(0,8)
	不坦白	(-8,0)	(-2,-2)

现在,我们回到一般情况。博弈的标准型表述详细说明:①博弈中的局中人;②每个局中人可供选择的策略;③给定局中人选择的策略组合,每个局中人的得益。我们后面经常讨论 n 个局中人的博弈,其中局中人的数量从1~n,任一个局中人叫作局中人 i,令 S_i代表局中人 i 可用的策略集(称为 i 的策略空间),策略集中的任一策略用 s_i表示(有时写成 $s_i \in S_i$表示策略 s_i是策略集的要素)。设$(s_1,\cdots,s_n)$表示每个局中人选定一个策略形成的策略组合,u_i代表第 i 个局中人的得益函数,$u_i(u_1,\cdots,u_n)$即为局中人选择策略$(s_i,\cdots,s_n)$时第 i 个局中人的得益。将上述内容综合起来,就有:

定义1.1:在一个 n 人博弈的标准型表述中,局中人的策略空间为 $S_1,\cdots,S_n$,得益函数为 $u_1,\cdots,u_n$。我们用 $G=\{S_1,\cdots,S_n; u_1,\cdots,u_n\}$表示此博弈。

虽然,我们曾提到在标准型博弈中,局中人同时选择他们的策略,但这并不意味着各方的行动必须是同时的,只要是每一个局中人在选择行动时不知道其他局中人的选择就足够了,如上面的囚徒困境中,只要两个囚徒是分开关押的,他们可以在任何时间做出他们的选择。进一步地说,尽管使用标准型表述在多数情况下只是表示静态博弈,其中局中人都是在不知道其他局中人的选择的情况下行动,不过,标准型表述也可用来表示序贯行动博弈,只不过博弈的另一种表述——扩展型表述在分析动态问题时更常用,也更方便。

例1.5　A石油公司对一块土地有两年的租期,这块土地上的石油储量有400万桶,假设石油价格是每桶20美元,这样该块土地的石油就值8000万美元。这个价格预期在未来两年内不会变化,A的钻探决策不会影响石油价格。A必须决定钻探的规模是多少。大井的钻探成本是2900万美元,一年能够开采600万桶的石油,因此一年就能开采完全部石油。小井的成本为1600万美元,但一年只能开采200万桶,因此两年才开采完。一旦井打好,每桶石油的开采成本是5美元。为了使问题简单,我们假定该公司只有钻探一口井的资源。因为小井到大井的边际收益为0,小于边际成本1300万美元,最有盈利的决策是钻探一口小井,如表1.4所示。

表1.4 石油钻探与泵送的成本与收益 (单位:万美元)

	小井	大井
钻探成本	1600	2900
泵送成本	2000	2000
总成本	3600	4900
收益	8000	8000
利润	4400	3100

然而我们的结论是不成熟的,因为它忽略了竞争者进入的效应。假如有第二个公司,B公司对该块土地下的石油有开采权,其钻探成本和开采成本和A公司相同。如果两个公司都钻探,它们将从相同的石油矿藏中开采石油。结果,每个公司所得的石油量将依赖于它们的井的相对规模。如果规模相同,那么它们就得到相同的石油数量——200万桶,如果一个打的是大井,另一个打的是小井,那么第一个公司将开采300万桶石油,而第二个公司得到100万桶石油。

由于两个公司的相互依赖,前者和后者在玩一个博弈。我们假定每个公司做出其钻探决策而不顾竞争者的决策,两个只对其联合决策的最后结果感兴趣。这两个特征——缺乏竞争者选择的任何信息,缺乏未来相互作用的兴趣——使它成为一个静态博弈。

利用标准型表述可把该博弈表述为:①石油钻探博弈中的局中人是A和B。②在石油钻探博弈中,两个局中人同时有两个策略:小井(钻探一口小井)和大井(钻探一口大井)。每个局中人的策略集是一个策略组合,石油钻探博弈有四个不同的策略组合:{小,小},{小,大},{大,小},{大,大}。每组策略中第一个策略是A的策略,第二个策略是B的策略。③在石油钻探博弈中,得益是每个企业在租期里所获得的总利润。例如,如果两个局中人选择小井策略,成本为1600万美元,泵送成本各一半为1000万美元,卖出石油获得总收益为4000万美元,获得净利润为1400万美元。因此这个策略组合{小,小}的得益为(1400万美元,1400万美元)。用同样的方法可得到其他三个策略组合的得益。其双变量矩阵如表1.5所示。

表1.5　石油钻探博弈

		A	
		小井	大井
B	小井	(14,14)	(-1,16)
	大井	(16,-1)	(1,1)
	得益(百万美元):(B,A)		

1.2.2　扩展型表述(extensive-form)

博弈的标准型表述用于分析静态博弈。而动态博弈用扩展型表述更方便。当然这并不意味着静态博弈必须用标准型表述,而动态博弈必须用扩展型表述,其实,任何博弈既可用标准型表述,又可用扩展型表述,尽管有些博弈用其中的一种表述分析起来比另一种要方便。

我们已经知道,博弈的标准型表述包括的要素有:①博弈中的局中人;②每个局中人可供选择的策略;③与局中人可能选择的每一策略组合相对应的各个局中人的得益。

定义1.2:博弈的扩展型表述包括:(1)局中人集合:$i=1,\cdots,n$。N—自然(虚拟局中人);(2a)局中人的行动顺序(the order of moves),即每个局中人什么时候行动;(2b)局中人的行动空间(action set),即每次行动时,局中人有些什么选择;(2c)局中人的"信息集",即每个局中人在每次行动时知道些什么;(3)局中人的得益函数,即与局中人可能选择的每一行动组合相对应的各个局中人的得益。(4)外生事件(即"自然选择")的概率分布。

如同两人有限策略博弈的标准型表述可以用博弈矩阵来表示一样,n人有限策略博弈的扩展型表述可以用博弈树来表述。

作为扩展型博弈的例子，考虑下面的博弈：①有两个局中人，它们是局中人 1 和局中人 2；②每个局中人有两个可行的选择，局中人 1 的可行选择是{左，右}；局中人 2 的可行选择是{上，下}。局中人 1 从可行集{左，右}中选择一个行动 a_1；局中人 2 观察 a_1，然后从{上，下}中选择一个行动 a_2；③两个局中人的得益为 $U_1(a_1,a_2)$，$U_2(a_1,a_2)$。图 1.1 就是这个博弈的博弈树。对于上面的石油钻探博弈，我们也可以把它转换成扩展型表述，画出它的博弈树。

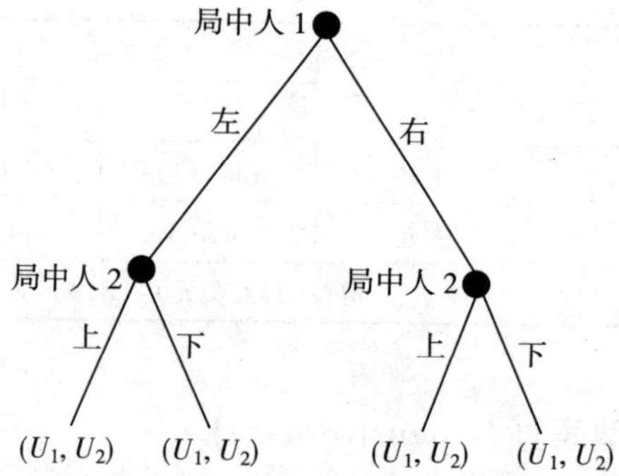

图 1.1　博弈树

1.2.3　特征函数表述(characteristic－form represtentation)

博弈的第三种表述方式是特征函数表述，又叫作联盟型博弈，它是合作博弈的基本表述方式。我们这里不给出其表述方式。

1.3　博弈的类型

从博弈论的基本定义可以看出，无论什么博弈，总是存在如下三个要素：①局中人；②每个局中人的策略空间；③每个局中人的得益函数。局中人集合、策略空间和得益函数等构成博弈的基本信息。博弈可以按这些基本信息进行分类。

1.3.1　单人博弈、两人博弈与多人博弈

这是根据博弈的局中人的数目进行的分类。

单人博弈就是只有一个局中人的博弈。在单人博弈中，由于不存在其他局中人对这种博弈中唯一的局中人的决策和行为的反应和反作用，因此相对局中人较多的博弈要简单得多。实际上，单人博弈已退化为一般的最优化问题，即一个公司或一个人面临一定的约束条件下，如何决策的问题。下面看一个例子。

例1.6 设有一个商人要从成都向上海运输一批货物，从成都到上海有水、陆两条路线，走陆路运输成本为10000元，而走水路运输成本只有7000元。走陆路非常安全，但走水路有一定的风险，即一旦遇到恶劣的暴风雨天气会造成相当于该货物总价值的10%的损失。假设已知该货物总价值为90000元，运输期间出现暴风雨天气的概率为1/4，该商人该选择走哪条运输路线？

在这个博弈中，我们把自然作为一个局中人（虚拟局中人），自然的选择是天气，选择好天气的概率是75%，选择坏天气的概率是25%。“自然”在博弈中没有得益。这样我们可以用标准型表述中的双变量矩阵来表述这个博弈，如表1.6所示。

表1.6 单人博弈

		自然	
		好天气（75%）	坏天气（25%）
商人	水路	-7000	-16000
	陆路	-10000	-10000

我们也可以用博弈树来表述这个博弈。

在只有一名局中人的单人博弈中，又有两种情况，一是这名局中人完全控制了所有结果，比如考试。有人称此种博弈为技能博弈（games of skill）；另一种情况是只有一名局中人与自然的博弈，叫作几率博弈（games of chance），和技能博弈不同的是，这里局中人不能完全控制结果，策略选择不能不变地产生确定的结果，其结果部分依赖于局中人的选择，部分依赖于自然，自然在此时充当了第二名局中人。几率博弈又可以进一步分为涉及风险的博弈和涉及不确定性的博弈。在前者中，局中人知道自然每种回应的概率，因此局中人知道其每个策略成功的概率；在后者中，不可能为自然的任何回应指定一个确定的概率,所以局中人的结果是不确定的,成功的概率也是未知的。

博弈涉及两名或更多局中人的博弈,就是策略博弈。这也是本书分析的重点。

两人博弈就是在两个各自独立决策且相互具有策略依存关系的局中人之间的决策问题。两人博弈是博弈中最普通、最常见,也是研究最多的博弈。经济活动中两个企业之间的竞争、谈判、兼并收购和劳资纠纷等都是两人博弈问题。我们后面的很多例子都是讲的两人博弈问题。这里需要注意的是,在两人博弈和多人博弈中,第一,局中人之间并不总是对抗的,有时也出现局中人之间的联合,就是所谓合作博弈;第二,在这些博弈中,掌握信息较多的局中人并不能保证得益一定多;第三,在这些博弈中,每个局中人追求自身利益最大化的行为常常并不能导致实现社会利益的最大化,也常常不能真正实现自身的最大利益,即所谓"囚徒困境"。

多人博弈是指在一个博弈中有三个或三个以上的局中人参加。多人博弈在本质上同样也是局中人在意识到其他局中人的存在,意识到其他局中人对自己决策的反应和反作用存在的情况下寻求自身利益最多的决策活动,因此多人博弈的特点与两人博弈相似。当然毕竟局中人较多,其策略互动更复杂,而且在多人博弈中有可能会出现"破坏者"。所谓"破坏者"即一个博弈中具有下列特征的局中人:其策略选择对自身的得益没有任何影响,但却会影响其他局中人的得益,有时这种影响甚至有决定性的作用。

看下面两个例子:

例1.7 有三个城市争夺某届奥运会的主办权,由80个国际奥委会委员投票一次来决定,以得票最多者获胜。并且根据投票前的活动情况和调查,估计三城市所得票数基本上是这样的:A城市33票,B城市29票,C城市只有18票。如果三城市都坚持参加竞争,A城市将获胜,但是,如果C城市在明知自己无希望获胜的情况下主动退出竞争,则情况就可能发生变化,支持C城市的18名委员中有11人以上转而支持B城市,则B城市将获胜。我们可以把争办奥运会活动看成是一个3人博弈,各局中人可以选择的策略都是竞争或放弃两种,则城市C就可能是这个博弈问题中的一个"破坏者",

因为它的选择对它自己没有什么影响,却对另两个局中人,A 城市和 B 城市的利益有决定性的影响。

多人博弈由于局中人数量较多,其表述方法也与两人博弈有所不同。看下面的例子。

例 1.8　假设有三个企业之间是否就采用新技术加强竞争优势的三人博弈。这个三人博弈可用两个博弈矩阵表述,如表 1.7 所示。

表 1.7　三企业竞争优势博弈

企业 3——新技术

		企业 2	
		新技术	老技术
企业 1	新技术	2,2,2	5,0,5
	老技术	0,5,5	1,1,10

(a)

企业 3——老技术

		企业 2	
		新技术	老技术
企业 1	新技术	5,5,0	10,1,1
	老技术	1,10,1	2,2,2

(b)

1.3.2　静态博弈、动态博弈和重复博弈

这是按局中人行动的先后顺序进行的分类。

①静态博弈:如果局中人同时选择行动,则博弈是静态的。要求"同时"并不等于规定在同一时刻大家一起行动。通常在时间上有行动的先后,但局中人彼此不知道其他局中人采取什么具体行动。这种情况下的博弈叫作静态博弈。

②动态博弈:如果在博弈中,局中人的行动有先后顺序,后行动者可以观察到先行动者的行动,并在此基础上采取自己最有利的策略。这种博弈就是动态博弈。

③重复博弈:如果一个博弈反复进行,则称这个博弈是重复博弈。构成重复博弈的一次性博弈叫作"原博弈"或"阶段性博弈"。

1.3.3　完全信息博弈和不完全信息博弈

从信息的角度讲,博弈可分为完全信息博弈和不完全信息博弈。所谓完全信息,是指每一个局中人对于自己以及其他局中人的策略空间、得益函数等知识有完全的了解,否则就是不完全信息。

1.3.4 零和博弈、常和博弈与变和博弈

在两人博弈或多人博弈中，每个局中人在每种策略组合下都有各自相应的得益。如果每个局中人在同一结果中各自的得益之和为零，则称此博弈为零和博弈，如果为一常数，则称此博弈为常和博弈，不是一个常数的就是变和博弈。

在零和博弈中，一个局中人的利得就是另一个局中人的损失，即一方所得即为另一方的所失，各局中人的得益和为零。各局中人是一种“你死我活”的关系。零和博弈实际上是常和博弈的特例。在常和博弈中，各局中人的得益之和为一个非零的常数。变和博弈意味着在不同的策略组合下，各局中人的得益之和是不相同的。

1.3.5 合作博弈和非合作博弈

合作博弈和非合作博弈是博弈的最基本类型。它们的区别主要在于人们的行为相互作用时，局中人能否达成一个具有约束力的协议，如果有，就是合作博弈，反之就是非合作博弈。例如，两个寡头企业，如果它们就价格达成了一个具有约束力的协议，联合利润最大化，并且各自按协议进行生产，则它们之间的博弈就是合作博弈，它们面临的问题是如何分享合作所带来的剩余。但是如果两个企业达成的协议不具有约束力，就是说，没有哪一方遵守协议，每个企业只选择自己的最优产量（或价格），则就是非合作博弈。注意，合作博弈强调的是团体理性、效率、公正和公平；而非合作博弈强调的是个人理性、个人最优决策，其结果可能是有效率的，也可能是没有效率的。

1.3.6 经济博弈、政治博弈、军事博弈和社会博弈

这是按局中人的性质划分的。

上面的分类可以组合，形成许多很有意义的博弈，如按局中人的数目的分类和按局中人行动的先后顺序的分类进行组合（如表 1.8 所示）；又如按局中人的行动顺序的分类和按局中人的信息的完全程度的分类进行组合

(如表1.9所示)等。

表1.8 博弈的类型(I)

行动顺序 \ 局中人数目	两人博弈	多人博弈
静态博弈	两人静态博弈	多人静态博弈
动态博弈	两人动态博弈	多人动态博弈

表1.9 博弈的类型(II)

信息顺序 \ 行动顺序	静态博弈	动态博弈
完全信息博弈	完全信息静态博弈	完全信息动态博弈
不完全信息博弈	不完全信息静态博弈	不完全信息动态博弈

1.4 博弈论简史

从历史上看,博弈思想最早产生于我国古代。早在两千多年前的春秋时期,孙武在《孙子兵法》中论述的十三篇军事思想和治国策略就孕育了丰富和深刻的博弈论思想,全书处处都闪烁着博弈论的光辉。而最早的博弈论应用案例应首推田忌赛马:孙武的后代孙膑,演绎孙子兵法,为田忌谋划,巧胜齐王。这就是博弈论思想的成功应用。这里循着历史的足迹,以博弈论学科体系本身的一些主要标志和特征为依据,把博弈论的发展过程大体上分为如下几个阶段:

1.4.1 第一阶段:萌芽阶段(1944年以前)

对具有策略依存特点的决策问题的零星研究可上溯到18世纪初甚至更早,如我国古代的《孙子兵法》预言了现代非合作博弈论;巴比伦犹太法典对婚姻契约的规定预言了现代合作博弈论;1713年艾姆斯·瓦德格拉夫(Ames Waldegrave)给两人博弈提供了第一个著名的最小最大的混合策略解;历史上各国之间的军事、外交和经贸关系的研究等。

至于在经济学文献中,博弈的研究最早是与近代经济学中"寡头垄断",特别是"双头垄断"条件下的产量和价格决定问题相联系的。1838年奥古斯丹·古诺(Augustin Cournot)在关于财富的数学原理的研究中就提出了现在称之为纳什均衡的解概念;1881年弗朗西斯·伊西德罗·埃奇沃思(Francis Ysidro Edgeworth)提出了用契约曲线作为决定经济行为主体交易结果的解的方法,而合作博弈的核概念正是埃奇沃思契约曲线的一般化;贝特兰德(Joseph Bertrand)在1883年提出了双头垄断下的价格决策规则。这些研究通过对“双头垄断”条件下企业行为相互影响的分析,揭示了经济活动过程中蕴含的博弈行为特征,为经济博弈论的建立提供了思想雏形。

不过,博弈论的真正发展是在20世纪。1913年策梅洛(E. Zermelo)提出了博弈论的第一个定理,即下棋是严格确定的;20世纪20年代,法国数学家波雷尔(Borel)用最佳策略的概念研究了下棋和其他许多具体的决策问题,用两人博弈的最小最大解第一个给出了混合策略的现代形式,并试图把它们作为应用数学的分支加以系统研究,虽然他最终没有完成博弈论的理论体系,但他开辟了这一研究领域,吸引了后来许多的数学家对博弈论进行研究投入;1928年冯·诺伊曼(John von Neumann)证明了最小最大定理,表明两人有限零和博弈是确定的;1930年泽森(F. Zeuthen)在关于垄断和经济福利的书中提出了讨价还价问题的解,这后来被豪尔绍尼(Harsanyi)证明等价于纳什讨价还价解;1934年费希尔(R. A. Fisher)独立地发现了扑克牌游戏的瓦德格拉夫(Waldegrave)解;1938年维尔(Ville)给出了最小最大定理的第一个证明。

1.4.2 第二阶段:创立阶段(1944—1959年)

1944年冯·诺伊曼和摩根斯特恩的《博弈论与经济行为》出版,标志着经济博弈论科学体系的创立。在此书中,冯·诺伊曼和摩根斯特恩主要概括了经济行为主体的典型行为特征,提出了标准型、扩展型和合作型等基本的博弈模型、解的概念和分析方法,奠定了经济博弈论的基础,其中合作博弈、非合作博弈、可转移效用(TU)、冯·诺伊曼-摩根斯特恩稳定集的概念,和效用理论公理在经济学和管理学中被广泛应用。1946年卢米斯(L. H. Loomis)给出了最小最大定理的第一个完整的代数证明。1950年德雷希尔(Melvin Dresher)和弗勒德(Merrill Flood)引入了著名的囚徒困境博弈,两人囚徒困境模型应归功于图克(A. W. Tucker)。

1950—1953 年,纳什(John Forbes Nash, Jr.)的四篇论文对非合作博弈论和讨价还价理论作出了重大贡献。在《N 人博弈的均衡点》(1950 年)和《非合作博弈》(1951 年)中,纳什证明了非合作博弈论策略均衡(纳什均衡)的存在性,明确了博弈论和经济均衡的内在联系,并提出了用非合作博弈方法研究合作博弈的"纳什计划";在两篇关于讨价还价理论的论文即《讨价还价问题》(1950 年)和《两人合作博弈》(1953 年)中,纳什创立了公理性讨价还价理论,证明了纳什讨价还价解的存在性。纳什抓住了博弈论研究的关键,为后来的研究指明了方向,为博弈论以后的发展奠定了坚实的基础。

在纳什推动非合作博弈论发展的同时,合作博弈论也在不断发展。1952 年,夏普利(Lloyd Shapley)提出把核概念作为一般解概念,1953 年夏普利在《N 人博弈的值》一文中,提出了每个联盟博弈有一个唯一的解 v,此解现在称之为夏普利值。

在 20 世纪 50 年代后期,人们开始研究重复博弈,在这个时期最主要的结论就是民间定理(folk theorem)。

1.4.3　发展阶段(1960—1979 年):纳什均衡的精炼和完美化

进入 20 世纪 60 年代,博弈论得到进一步的发展。在 60 年代初期,不可转移效用(NTU)博弈的发展使得合作博弈论的应用特别广泛。1960 年托马斯·C. 谢林(Thomas C. Schelling) 在《冲突的策略》中引入了聚点效应的思想,1961 年乐翁亭(R. C. Lewontin)在《进化和博弈论》中,第一次讨论了博弈论在进化生物学中的应用。同年罗伯特·奥曼(R. J. Aumann) 在《没有旁得益的合作博弈》中,把核概念扩展到 NTU 博弈中。1964 年罗伯特·奥曼和马斯库勒(M. Maschler)引入了讨价还价集合的思想,等等。

60 年代中后期以来,博弈论最主要的发展是纳什均衡的精炼和完美化。这应归功于泽尔腾(Reinhard Selten)和豪尔绍尼(John C. Harsanyi)。1965 年,泽尔腾将扩展型博弈推广到更为普遍的动态博弈,用(子博弈)完美均衡精炼了纳什均衡;豪尔绍尼在 1967—1968 年的三篇论文《贝叶斯局中人进行的不完全信息博弈:I, II 和 III》中,建立起了不完全信息博弈理论,奠定了信息经济学的理论基础。豪尔绍尼进一步精炼了纳什均衡,提出了贝叶斯纳什均衡的概念。纳什、泽尔腾、豪尔绍尼等在博弈论与经济管理应用方面的突出贡献,使经济博弈论的发展进入了一个崭新的时代,他们因此获得了1994年诺贝尔经济学纪念奖。

除了上面的发展外,在这一时期,罗伯特·奥曼和马斯库勒在1966年研究了不完全信息的无限重复博弈;梅纳·史密斯(John Maynard Smith)在1972年把进化稳定策略(ESS)概念引入进化博弈论,现在ESS概念已经在经济学中得到广泛应用;1974年罗伯特·奥曼提出了相关均衡的概念,泽尔腾在1975年引入了颤抖手均衡的概念;1976年罗伯特·奥曼正式提出了共同知识的概念,等等。

1.4.4 辉煌阶段(1980年至今)

进入20世纪80年代以来,博弈论的发展进入了前所未有的辉煌时期。这首先表现在继1994年诺贝尔经济学纪念奖授给三位博弈理论家——纳什、泽尔腾和豪尔绍尼后,1996年、2001年、2005年、2007年、2012年、2014年和2016年的诺贝尔经济学纪念奖又授予了从事博弈论和信息经济学研究的经济学家。1996年,博弈理论家和信息经济学家维克里(William Vickrey)和莫里斯(James A. Mirrlees)因为对不对称信息下的激励理论所作的突出贡献而获得了诺贝尔经济学纪念奖;2001年的诺贝尔经济学纪念奖又授予了三位博弈论专家,他们是阿克洛夫(George A. Akerlof)、斯宾塞(A. Michael Spence)和斯蒂格利茨(Joseph E. Stiglitz),以表彰他们在不对称信息下的市场交易理论方面所取得的杰出成就;2005年度的诺贝尔经济学纪念奖授予了以色列经济学家罗伯特·奥曼(Robert J. Aumann)和美国经济学家托马斯·谢林(Thomas C. Schelling),以表彰他们"因通过博弈论分析加强了我们对冲突和合作的理解"所作出的贡献,他们的研究成果有助于"解释价格战和贸易战这样的经济冲突以及为何一些社区在运营共同拥有的资源方面更具成效";2007年三位美国经济学家分享2007年诺贝尔经济学纪念奖,以表彰他们为机制设计理论奠定基础,这三位经济学家分别是赫维茨(Leonid Hurwicz)、马斯金(Eric S. Maskin)和罗杰·迈尔森(Roger B. Myerson)。2012 年,美国经济学家阿尔文·罗思(Alvin E. Roth)和劳埃德·沙普利(Lloyd S. Shapley)因在"稳定匹配理论和市场设计实践"上所作的贡献获得诺贝尔经济学纪念奖。2014 年,法国经济学家让·梯若尔(Jean Tirole)获诺贝尔经济学纪念奖,他在当代经济学三个最前沿的研究领域博弈论、产业组织理论和激励理论均做出了开创性的贡献。2016 年,哈佛大学的奥利弗-哈特(Oliver hart)、麻省理工学院的本格特-霍斯特罗姆(Bengt Holmström)荣获诺贝尔经济学纪念奖,获奖理由为对契约理论的贡献。这样,从 1994 年到 2017 年先后有 18 位博弈论和信息经济学专家获得了诺贝尔经济学纪念奖,在诺贝尔经济学纪念奖的历史上,在这么短的时期把这一科学研究最高荣誉授予同一领域,确属罕见,其信号传递意义是相当明确的。其次,许多西方著名大学的经济学院、商学院和管理学院都开设了博弈论课程,弗德伯格、克雷普斯与泰罗尔等人的博弈论著作和教科书风靡欧美。第三,在产业组织理论、微观经济学、宏观经济学和金融学等领域,博弈论方法的应用愈益普遍。第四,进化博弈论、微分博弈论等这些博弈论前沿正得到迅速发展。

这些发展趋势表明,博弈论正以主流经济学的面貌出现。甚至有人认为,如果说 20 世纪 50 年代是"一般均衡论"的时代,60 年代是"增长理论"大发展的时代,70 年代是"信息经济学"的时代的话,那么 20 世纪 80 年代则是"博弈论"引起"经济理论革命"的时代。

1.5　习题

1. 什么是博弈？博弈论研究的主要内容是什么？

2. 在博弈论中,划分完全信息和不完全信息的标准是什么？划分静态博弈和动态博弈的标准是什么？划分合作博弈和非合作博弈的标准是什么？

3. 一个工人给一个老板干活,工资标准是 100 元。工人可以选择是否偷懒,老板则选择是否克扣工资。假设工人不偷懒对自己有相当于 50 元的负效用,老板想克扣工资则总有借口扣掉 60 元工资,工人不偷懒老板有 150 元

产出,而工人偷懒时老板只有80元产出,但老板在支付工资之前无法知道实际产出,这些情况是双方都知道的。请问:

(1)如果老板完全能够看出工人是否偷懒,博弈属于哪种类型?用得益矩阵或扩展型表述表示该博弈并进行简单分析。

(2)如果老板无法看出工人是否偷懒,博弈属于哪种类型?用标准型表述或扩展型表述表示该博弈并进行简单分析。

4. 两个人要对如何分配10元达成协议。我们考虑两种分配方案:其一是平均分配,给他们每一个人5元;其二是不对称分配,给其中一个人(局中人1)7元,而另一个人(局中人2)3元。考虑下面的分配过程。首先,局中人1提出一个方案(即上面的两个方案之一),然后局中人2作出反应——接受或者拒绝。如果这个方案被接受了,那么10元按此分配。然而,另一种情况下,他们什么都得不到。把这种情况描述成一个扩展型博弈,并且简单讨论不同结果的可能性。

5. 举出汽车、股票市场、餐饮、房地产、广告和电视等行业的竞争中策略相互依存的例子。

纳什均衡
Nash Equilibrium

第 2 章　纳什均衡

从这一章开始，我们分析博弈的解。所谓博弈的解，是指找出一个博弈最后的均衡和均衡结果，也就是说，给定每个局中人都是理性的以及每个局中人都知道每个局中人都是理性的，什么是每个局中人的最优策略？什么是所有局中人的最优策略组合？在这一章，我们考虑下面简单形式的博弈。首先，局中人同时选择行动，然后根据局中人的选择，每个局中人得到各自的得益（一定的收益或支出）。在这类静态（或同时行动）博弈中，我们的分析只局限于完全信息博弈，即对所有局中人，每个局中人的得益函数（该函数决定了局中人从选择的行动组合中得到的得益）是共同知识。

2.1　囚徒困境与占优均衡

2.1.1　囚徒困境

为了探讨求解博弈问题的一般思路和方法，我们从囚徒困境博弈开始。

例 2.1　“囚徒困境”（prisoner’s dilemma）是博弈论中的一个经典例子。它有许多版本，这里沿用我们在第一章给出的两个嫌疑人具有完全信息的静态博弈版本（数字有变动）。在囚徒困境中，局中人是两个嫌疑人，因此是两人博弈，他们的策略有两个，即要么招供，要么沉默，这个博弈的局中人的得益如表 2.1 所示。

表 2.1　囚徒困境

囚徒 1	囚徒 2		
		沉默	招供
	沉默	−1，−1	−9，0
	招供	0，−9	−6，−6

现在我们来解这个博弈。求解一个博弈有多种方法。我们先给出一般的思路。在第一章我们讲过，在任何一个博弈中，每个局中人决策的根本原

则是最大化自己的效用(或得益)。由于一个局中人的得益不仅取决于自己所选择的策略,还取决于其他局中人所选择的策略,因此,每个局中人在决策时必须考虑其他局中人的存在和他们的反应。据此,一个局中人能够做的是针对其他局中人的每种策略(在多个局中人参加的博弈中,则是他们的每种策略组合),找出自己的最佳对策,即自己所有的可选择策略中与其他局中人的该种策略或策略组合配合使自己得益(效用)最大的一种策略(有时可能有几种)。

沿着这一思路,解博弈的第一个方法就是**划线法**。在两人博弈中,我们首先给定一个局中人的选择,考察另一个局中人的最优策略选择,在其最优策略选择的得益数字下面画一横线。然后,再给定另一个局中人的策略选择,看看前一个局中人的最优策略选择,在其最优策略选择的得益数字下面画一横线。在囚徒困境中,给定囚徒 2 的策略选择,假设他选择的是沉默,则囚徒 1 的最优选择是招供,因为如果他选择招供的得益是 0 年,而选择沉默的得益是 -1 年,显然,0 比 -1 大,我们在囚徒 1 招供,囚徒 2 沉默的策略组合所对应的囚徒 1 的得益下面画一横线。再假设囚徒 2 选择招供,囚徒 1 的最优选择还是招供,因为招供的得益是 -6,而沉默的得益是 -9,显然 -6 比 -9 大,我们在囚徒 1 招供,囚徒 2 招供的策略组合所对应的囚徒 1 的得益下面画一横线。这样无论囚徒 2 怎么选择,囚徒 1 的最终策略选择是招供。运用同样的思路,给定囚徒 1 的选择,我们在囚徒 2 的最优策略选择与囚徒 1 的选择所对应的囚徒 2 的得益下面画一横线。我们发现,无论囚徒 1 怎么选择,囚徒 2 的最优策略选择是招供。这样,在双变量矩阵图中,找到这样一策略组合,其所对应的得益下面都画了横线,这样的策略组合就是最优策略组合。在囚徒困境中,(招供,招供)是这个博弈的局中人的最优策略组合,也就是这个博弈的均衡或者解,如表 2.2 所示。

表 2.2 划线法解博弈

囚徒1		囚徒2	
		沉默	招供
	沉默	$-1, -1$	$-9, \underline{0}$
	招供	$\underline{0}, -9$	$\underline{-6}, \underline{-6}$

囚徒困境反映了一个很深刻的问题，即个人理性与集体理性之间的矛盾。显然，如果每个人都选择沉默抵赖，各判刑一年，比都判刑 6 年要好。不过，这个帕累托改进做不到，因为它不满足个人理性的要求，(沉默，沉默)不是一个均衡。

2.1.2　重复剔除严格劣策略和占优均衡

在囚徒困境中，我们发现，一个局中人的最优策略选择不依赖另一个局中人的策略选择，即无论其他局中人选择什么策略，他的最优策略是唯一的(在囚徒困境中，如果双变量矩阵中的得益的具体数字 0，-1，-6，-9 换成任意的 T、R、P、S，只要满足 $T>R>P>S$，上述结论依然成立)，我们把这样的最优策略称为“占优策略”(dominant strategy)。在这里，招供是两个嫌疑犯的占优策略。

一般地，称 s_i'' 为局中人 i 的(严格)占优策略，如果对应所有的 s_{-i}，s_i'' 是 i 的严格最优选择，即

$$u_i(s_i'', s_{-i}) > u_i(s_i', s_{-i}) \qquad \forall s_{-i}, \forall s_i' \neq s_i''$$

对应地，所有的 $s_i' \neq s_i''$ 被称为“劣策略”(dominated strategies)。记住，这里 $s_{-i}=(s_1, \cdots, s_{i-1}, s_{i+1}, \cdots, s_n)$，是 i 之外所有局中人策略的组合。

定义 2.1：在标准型博弈 $G=\{S_1, \cdots, S_n; u_1, \cdots, u_n\}$ 中，令 s_i' 和 s_i'' 代表局中人 i 的两个可行策略(即 s_i' 和 s_i'' 是 S_i 中的元素)。如果对其他局中人每一个可能的策略组合，i 选择 s_i' 的收益都小于其选择 s_i'' 的收益，则称策略 s_i' 相对于策略 s_i'' 是严格劣策略：

$$u_i(s_1, \cdots, s_{i-1}, s_i', s_{i+1}, \cdots, s_n) < u_i(s_1, \cdots, s_{i-1}, s_i'', s_{i+1}, \cdots, s_n)$$

对其他局中人在其策略空间 $S_1, \cdots, S_{i-1}, \cdots, S_n$ 中每一组可能的策略 $(s_1, \cdots, s_{i-1}, \cdots, s_n)$ 都成立。

理性的局中人不会选择严格劣策略，因为他(对其他人选择的策略)无法做出这样的推断，使这一策略成为他的最优反应。这样在囚徒困境中，一个理性的局中人会选择招供，于是(招供，招供)就成为两个理性局中人的结果，尽管(招供，招供)带给双方的福利都比(沉默，沉默)要低。囚徒困境的例子有很多应用，我们将在后面分析。

现在，我们来看理性局中人不选择严格劣策略这一原则是否能解决其他博弈问题。

例2.2 考虑表2.3所示抽象博弈的例子，局中人1有两个可选策略，局中人2有3个可选策略：$S_1 = \{上,下\}$，$S_2 = \{左,中,右\}$。对局中人1来讲，上和下都不是严格占优的：如果局中人2选择左，上优于下（因为1 >0），但如果局中人2选择右，下就会优于上（因为2 >0）。但对局中人2来讲，右严格劣于中（因为2 >1且1 >0），因此理性局中人不会选择右。那么，如果局中人1知道局中人2是理性的，他就可以把右从局中人2的策略空间中剔除，即如果局中人1知道局中人2是理性的，他就可以把表2.3所示博弈视同表2.4所示的博弈。

表2.3 抽象博弈

		局中人2		
		左	中	右
局中人1	上	1,0	1,2	0,1
	下	0,3	0,1	2,0

表2.4 剔除右的抽象博弈

		局中人2	
		左	中
局中人1	上	1,0	1,2
	下	0,3	0,1

在表2.4中，对局中人1来讲，下就成了上的严格劣策略，于是如果局中人1是理性的（并且局中人1知道局中人2是理性的，这样才能把原博弈简化为表2.4），局中人1就不会选择下。那么，如果局中人2知道局中人1是理性的，并且局中人2知道局中人1知道局中人2是理性的（从而局中人2知道原博弈将会简化为表2.4所示的博弈），局中人2就可以把下从局中人1的策略空间中剔除，余下如表2.5所示博弈。但这时对局中人2，左又成为中的严格劣策略，仅剩的（上，中）就是此博弈的结果。

表 2.5 剔除右和下的抽象博弈

		局中人2	
局中人1		左	中
	上	1,0	1,2

上面的过程可称为“重复剔除严格劣策略”。一个博弈,经过重复剔除严格劣策略后的结果,称之为重复剔除占优均衡。

定义 2.2:在标准型博弈 $G=\{S_1,\cdots,S_n;u_1,\cdots,u_n\}$ 中,如果对于所有的 i,$s_i^{''}$ 是局中人 i 的占优策略,那么,策略组合 $s^{''}=(s_1^{''},\cdots,s_n^{''})$ 称为占优均衡(dominant-strategy equilibrium)。**如果它是重复剔除严格劣策略后剩下的策略组合,策略组合 $s^{''}=(s_1^{''},\cdots,s_n^{''})$ 称为重复剔除的占优均衡。如果这种唯一的策略组合是存在的,我们就说该博弈是重复剔除占优可解的。**

重复剔除严格劣策略过程建立在理性局中人不会选择严格劣策略这一合情合理的原则之上,每一步剔除都需要局中人间相互了解的更进一步假定,如果我们要把这一过程应用到任意多步,就需要假定“局中人是理性的”是共同知识。这意味着,我们不仅需要假定所有局中人是理性的,还要假定所有局中人都知道所有局中人是理性的,还需要假定所有局中人都知道所有局中人都知道所有局中人是理性的,如此等等,以至无穷。重复剔除严格劣策略的第二个缺陷在于这一方法对博弈结果的预测经常是不准确的。

例 2.3 在如表 2.6 所示的博弈中,就没有可以剔除的严格劣策略。既然所有策略都经得住对严格劣策略的重复剔除,该方法对分析博弈将出现什么结果毫无帮助。

表 2.6 没有可以剔除的严格劣策略的博弈

	左	中	右
上	0,4	4,0	5,3
中	4,0	0,4	5,3
下	3,5	3,5	6,6

下面我们介绍纳什均衡,它是一种博弈的解概念,可以对非常广泛类型的博弈做出严格得多的预测。我们通过局中人的纳什均衡策略绝不会在重

复剔除严格劣策略的过程中被剔除掉,而重复剔除严格劣策略后所留策略却不一定满足纳什均衡策略的条件,来证明纳什均衡是一个比重复剔除严格劣策略要强的解的概念。以后各章我们还将证明在扩展型博弈中,甚至纳什均衡对博弈结果的预测也可能是不精确的,从而还需要定义条件更为严格的均衡概念。

2.2 纳什均衡

纳什均衡概念是现代博弈论的核心概念。它是以美国数学家、经济学家纳什(Nash)的名字命名的,纳什在1950年的一篇论文中提出了纳什均衡的概念。

2.2.1 纳什均衡的定义

纳什均衡的思想其实是比较简单的。设想在博弈论预测的博弈结果中,给每个局中人选定各自的策略,为使该预测是正确的,必须使局中人自愿选择理论给他推导出的策略。这样,每一局中人要选择的策略必须是针对其他局中人选择策略的最优反应,这种理论推测结果可以叫作"策略稳定"或"自动实施",因为没有局中人愿意独自放弃他所选定的策略,我们把这一状态称为纳什均衡。

定义2.3:在 n 个局中人标准型博弈 $G=\{S_1,\cdots,S_n;u_1,\cdots,u_n\}$ 中,如果策略组合 $\{s_1^*,\cdots,s_n^*\}$ 满足对每一局中人 i, s_i^* 是(至少不劣于)他针对其他 $n-1$ 个局中人所选策略 $\{s_1^*,\cdots,s_{i-1}^*,s_{i+1}^*,\cdots,s_n^*\}$ 的最优反应策略,则称策略组合 $\{s_1^*,\cdots,s_n^*\}$ 是该博弈的一个纳什均衡。即

$$u_i(s_1^*,\cdots,s_{i-1}^*,s_i^*,s_{i+1}^*,\cdots,s_n^*)\geqslant u_i(s_1^*,\cdots,s_{i-1}^*,s_i,s_{i+1}^*,\cdots,s_n^*)$$

对所有 S_i 中的 s_i 都成立,亦即 $s_i{}^*$ 是以下最优化问题的解:

$$\max_{s_i\in S_i}\{s_1^*,\cdots,s_{i-1}^*,s_i,s_{i+1}^*,\cdots,s_n^*\}$$

设想有一个标准型博弈 $G=\{S_1,\cdots,S_n;u_1,\cdots,u_n\}$,博弈论为它提供的解为策略组合 $\{s_1^*,\cdots,s_n^*\}$,如果 $\{s_1^*,\cdots,s_n^*\}$ 不是 G 的纳什均衡,就意味着存在一些局中人 i, s_i^* 不是针对 $\{s_1^*,\cdots,s_{i-1}^*, s_{i+1}^*,\cdots,s_n^*\}$ 的最优反应策略,

即在 S_i 中存在 s_i^{**}，使得

$$u_i(s_1^*,\cdots,s_{i-1}^*,s_i^*,s_{i+1}^*,\cdots,s_n^*) < u_i(s_1^*,\cdots,s_{i-1}^*,s_i^{**},s_{i+1}^*,\cdots,s_n^*)$$

那么，如果博弈论提供的策略组合解 $\{s_1^*,\cdots,s_n^*\}$ 不是纳什均衡，则至少有一个局中人有动因偏离理论的预测，使得实际进行的博弈和理论预测不一致。和纳什均衡定义密切相关的是协议的理念：对给定的博弈，如果局中人之间要商定一个协议决定博弈如何进行，那么一个有效的协议中的策略组合必须是纳什均衡的策略组合，否则，至少有一个局中人会不遵守该协议。

为更准确地理解这一概念，下面求解几个例题。

例 2.4　考虑前面已描述过的三个标准型博弈——囚徒困境、表 2.3 和表 2.6。寻找博弈纳什均衡解的一个最直接办法就是简单查看每一个可能的策略组合是否符合定义中不等式的条件。前面讲过，在解博弈时，一个基本方法就是：对每一个局中人，并且对该局中人每一个可选策略，确定另一局中人相应的最优策略。表 2.7 中，用划线法就把表 2.6 所示博弈按上面的思路进行了处理，对局中人的每一个可选策略，在局中人使用最优反应策略时的收益下面画了横线。例如，如果列局中人选择左，行局中人的最优策略将会是中（因为 4 比 3 和 0 都要大），于是我们在双变量矩阵（中，左）单元内行局中人的收益 4 下画一条横线。

表 2.7　划线法处理表 2.6

	左	中	右
上	0, $\underline{4}$	$\underline{4}$, 0	5, 3
中	$\underline{4}$, 0	0, $\underline{4}$	5, 3
下	3, 5	3, 5	$\underline{6}$, $\underline{6}$

如果在一对策略中，每一局中人的策略都是对方策略的最优反应策略，则这对策略满足不等式的条件（亦即双变量矩阵相应单元的两个收益值下面都被画了横线）。这样，（下，右）是唯一一对满足纳什均衡的策略组合。同样的过程可得到囚徒困境中的策略组合（招供，招供）、表 2.3 中的策略组合（上，中）。这些策略组合就是各自博弈中唯一的纳什均衡。

2.2.2 纳什均衡的性质

(1)纳什均衡与占优均衡的关系

下面我们重点分析纳什均衡和重复剔除严格劣策略的占优均衡的关系。我们已经看到,囚徒困境和表2.3中的纳什均衡——分别为(招供,招供)和(上,中),这正是经过重复剔除严格劣策略后仅剩的策略组合。这一结果可总结为:

如果用重复剔除严格劣策略把除策略组合$\{s_1^*,\cdots,s_n^*\}$外所有的策略组合都剔除掉,则该所存策略组合就是此博弈唯一的纳什均衡。

不过,由于重复剔除严格劣策略并不经常会只剩下唯一的策略组合,纳什均衡作为比重复剔除严格劣策略更强的解概念,自然受到更多关注,理由如下:如果策略组合是一个纳什均衡,它一定不会被重复剔除严格劣策略所剔除,但也可能有重复剔除严格劣策略无法剔除的策略组合,其本身却和纳什均衡一点关系都没有。为理解这一点,请想一下表2.6所示的博弈,纳什均衡给出了唯一解(下,右),但重复剔除严格劣策略却给出了最大不确定性的预测:没有任何策略组合被剔除,什么结果都有可能出现。

总结上面的论述,我们得到下面的命题:

命题2.1:在有n个局中人的标准型博弈$G=\{S_1,\cdots,S_n;u_1,\cdots,u_n\}$中,如果重复剔除严格劣策略剔除除策略组合$\{s_1^*,\cdots,s_n^*\}$外的所有策略,那么这一策略组合为该博弈的唯一纳什均衡,反之则不一定,即纳什均衡一定是重复剔除严格劣策略的过程完成后没有被剔除的策略组合,但没有被剔除的策略组合不一定是纳什均衡,除非它是唯一的。

(2)纳什均衡的存在性

证明了纳什均衡是一个比重复剔除严格劣策略条件更强的解的概念之后,我们还必须解决一个问题,就是纳什均衡作为博弈解的概念,条件是否太强了,即我们能否确定纳什均衡一定是存在的?纳什(1950)证明了在任何有限博弈(即局中人和策略集都是有限的博弈)中,都存在至少一个纳什均衡(这一均衡可能包含了混合策略,我们将在后面讨论)。

定理2.1:在n个局中人的标准型博弈$G=\{S_1,\cdots,S_n;u_1,\cdots,u_n\}$中,如

果 n 是有限的，且对每个 i，S_i 是有限的，则博弈存在至少一个纳什均衡，均衡可能包含混合策略。

我们在后面将把重点放在纳什均衡在现代管理和经济学中的应用上。

(3)纳什均衡的多重性

看下面两个例子，这些例子说明了一个博弈可能存在多个纳什均衡。

例 2.5　情侣博弈。这一博弈从 20 世纪 50 年代就开始使用，有的书上把它叫作性别战博弈。它有很多版本，我们分析这一博弈的中性版本。假设小张和小红正在谈恋爱，难得的周末又到了，安排什么节目好呢？在这个周末晚上，世界杯足球赛决赛在法国和巴西之间进行，小张是个超级球迷，这样的大赛四年才一次，肯定要看。而正好在这个晚上，俄罗斯一个著名芭蕾舞剧团要在成都艺术中心演出芭蕾舞剧《天鹅湖》，小红是一个芭蕾舞迷，这样的绝好机会肯定不会放过。他们正处在热恋中，如果一个看球赛，一个看芭蕾，分开各自度过这难得的周末才是最不乐意的事。这样他们真是面临一场"博弈"：这个博弈的得益如表 2.8 的双变量矩阵所示。

表 2.8　情侣博弈

		小红	
		芭蕾	足球
小张	芭蕾	1,2	0,0
	足球	0,0	2,1

在这个博弈中，有两个均衡：(芭蕾，芭蕾)和(足球，足球)都是纳什均衡。

例 2.6　市场进入博弈。在这个例子中，有一个垄断企业已在市场上(称为"在位者")，另一个企业虎视眈眈想进入这个市场(称为"进入者")。进入者有两个策略可选择：(进入，不进入)；在位者也有两个策略可选择：(默许，斗争)，假设进入之前的垄断利润为 300，进入之后寡头利润为 100，进入成本为 10。各种策略组合下的双变量得益矩阵如表 2.9 所示。

表 2.9　市场进入博弈

		在位者	
		默许	斗争
进入者	进入	40,50	-10,0
	不进入	0,300	0,300

这个博弈也有两个纳什均衡:(进入,默许)和(不进入,斗争)。

以上我们讨论了如果博弈论可以为一个博弈提供唯一解,此解一定是一个纳什均衡。这一命题没有提及博弈论不能提供唯一解的可能情况。同时还论证了如果局中人之间能就如何进行给定博弈达成一个协议,该协议也一定是一个纳什均衡,但这一命题同样没有考虑不能达成协议的可能情况。在一些有多个纳什均衡的博弈中,有一个均衡比其他均衡明显占优(后面各章的主要理论内容就是找出不同类型博弈的这种占优均衡),这时,多个纳什均衡的存在本身也不会引出其他问题。不过,在上面讲的情侣博弈中,(芭蕾,芭蕾)和(足球,足球)又难以分优劣,这说明博弈论对有些博弈并不能提供唯一解,局中人也不能就该博弈的进行达成协议。在这样的博弈中,纳什均衡用于预测博弈将如何进行的作用就大大削弱了。

2.3　混合策略

2.3.1　混合策略的含义

在前面我们把 S_i 定义为局中人可以选择的策略集,并且对每一个局中人 i,s_i^* 为其针对另外 $n-1$ 个局中人所选择策略的最优反应,则策略组合 $\{s_1^*,\cdots,s_n^*\}$ 是纳什均衡,即

$$u_i(s_1^*,\cdots,s_{i-1}^*,s_i^*,s_{i+1}^*,\cdots,s_n^*)\geqslant u_i(s_1^*,\cdots,s_{i-1}^*,s_i,s_{i+1}^*,\cdots,s_n^*)$$

对 S_i 中每一 s_i 都成立。根据这一定义,如表 2.10 所示"猜硬币"博弈是不存在纳什均衡的。

表2.10　猜硬币博弈

		局中人2	
		正面	反面
局中人1	正面	−1,1	1,−1
	反面	1,−1	−1,1

在此博弈中,每一个局中人的策略空间都是(正面,反面)。为理解双变量矩阵表中所列局中人各自的收益,设想每一个局中人拿有一枚硬币,并必须选择是出正面向上还是背面向上。若两枚硬币是一致的(即全部正面向上或全部背面向上),则局中人2赢走局中人1的硬币;如果两枚硬币不一致(一正一反),局中人1赢得局中人2的硬币。在此博弈中,没有一组策略能够满足纳什均衡条件,因为如果局中人的策略是一致的——(正面,正面)或(反面,反面)——那么局中人1就希望改变策略,如果局中人的策略不一致——(正面,背面)或(背面,正面)——则局中人2将希望改变策略。

猜硬币博弈一个非常突出的特点是每个局中人都试图能先猜中对方的策略。这一类博弈在扑克、棒球和战争等其他环境中也经常会发生。在用扑克牌赌博的博弈中,类似的问题是如何决定使诈的次数:如果大家都知道局中人i是从来不使诈的,那么任何时候当i下很高的赌注时他的对手就会认输,但这又使得i偶然使诈会有利可图;另一方面,使诈次数过多亦非上策。在棒球比赛中,假设投球手既可以掷出快球,又可掷出曲线球,那么击球手能够击中任何一类球的前提是,他能正确估计到投球手将掷出哪一类型球。第1章所举的石头·剪子·布博弈,亦是如此。

在博弈中,一旦每个局中人都竭力猜测其他局中人的策略选择,就不存在(纯策略)纳什均衡,因为这时局中人的最优行为是不确定的,而博弈的结果必然包含这种不确定性。现在引入混合策略的概念,我们可以将其解释为一个局中人对其他局中人行为的不确定性。在后面我们将把纳什均衡的定义扩展到包含混合策略,从而可以分析诸如猜硬币、扑克、棒球及战争等博弈。

规范地表述,局中人i的一个混合策略是在其策略空间S_i(一些或全部)策略的概率分布,此后我们称S_i中的策略为i的纯策略。对本章所分析的完全信息同时行动博弈来说，一个局中人的纯策略就是他可以选择的不同行动，例如在猜硬币博弈中，S_i内含有两个纯策略，分别为正面和背面，这时局中人 i 的一个混合策略为概率分布$(q, 1-q)$，其中 q 为出正面向上的概率，$1-q$ 为出背面向上的概率，且 $0 \leqslant q \leqslant 1$。混合策略$(0, 1)$表示局中人的一个纯策略，即只出背面向上，类似地，混合策略$(1, 0)$表示只出现正面向上的纯策略。

作为混合策略的第二个例子，请回顾表 2.3 所示博弈，局中人 2 有三个纯策略：左、中、右，这时他的一个混合策略为概率分布$(q,r,1-q-r)$，其中 q 表示出左的概率，r 表示出中的概率，$1-q-r$ 表示出右的概率，和前面相同，$0 \leqslant q \leqslant 1$，且这里还应满足 $0 \leqslant r \leqslant 1$ 及 $0 \leqslant q+r \leqslant 1$。在此博弈中，混合策略$(1/3, 1/3, 1/3)$表示参与者出左、中、右的概率相同，而$(1/2, 1/2, 0)$表示出左、中的概率相同，但绝不可能选择出右。和在所有情况下一样，局中人的一个纯策略只是混合策略的一种特例，例如局中人 2 只出左的纯策略可表示为混合策略$(1, 0, 0)$。

更一般地，假设局中人 i 有 K 个纯策略：$S_i = \{s_{i1}, \cdots, s_{ik}\}$，则局中人 i 的一个混合策略是一个概率分布$(p_{i1}, \cdots, p_{ik})$，其中 p_{ik} 表示对所有 $k=1, \cdots, K$，局中人 i 选择策略 s_{ik} 的概率，由于 p_{ik} 是一个概率，对所有 $k=1, \cdots, K$，有 $0 \leqslant p_{ik} \leqslant 1$ 且 $p_{i1}+\cdots+p_{ik}=1$。我们用 p_i 表示基于 S_i 的任意一个混合策略，其中包含了选择每一个纯策略的概率，正如我们用 s_i 表示 S_i 内任意一个纯策略一样。

定义 2.4：对标准型博弈 $G=\{S_1, \cdots, S_n; u_1, \cdots, u_n\}$，假设 $S_i=\{s_{i1}, \cdots, s_{ik}\}$。那么，局中人 i 的一个混合策略为概率分布 $p_i=(p_{i1}, \cdots, p_{ik})$，其中对所有 $k=1, \cdots, K$，$0 \leqslant p_{ik} \leqslant 1$，且 $p_{i1}+\cdots+p_{ik}=1$。

2.3.2 纳什均衡的扩展

下面我们把前面的纳什均衡定义扩展到包含混合策略的情况。

在前面给出的纳什均衡定义中，保证了每一局中人的纯策略都是其他局中人纯策略的最优反应策略。为把这一定义扩展到包含混合策略的情况，我们只需要求每一局中人的混合策略是其他局中人混合策略的最优反应。由于任何纯策略都可表示为混合策略(只要令该局中人所有其他纯策略出现的概率等于 0),扩展后的定义完全包括了前一定义。

对局中人 i 来讲,局中人 i 的混合策略代表了他对 j 将选择策略的不确定性,并据此计算局中人 i 对 j 混合策略的最优反应。我们先以猜硬币博弈为例,假定局中人 1 推断局中人 2 会以 q 的概率出正面,以 $1-q$ 的概率出背面,亦即局中人 1 推断局中人 2 将使用混合策略 $(q,1-q)$。据此推断,局中人 1 出正面可得的期望收益为 $q(-1)+(1-q)\cdot 1=1-2q$,出背面的期望收益为 $q\cdot 1+(1-q)(-1)=2q-1$。由于当且仅当 $q<1/2$ 时,$1-2q>2q-1$,则 $q<1/2$ 时,局中人 1 的最优纯策略为出正面;$q>1/2$ 时为出背面;当 $q=1/2$ 时,局中人 1 出哪一面都是无差异的。余下的就是局中人 1 可能的混合策略反应。

令 $(r,1-r)$ 表示局中人 1 的混合策略,其出正面的概率为 r,对任意 0 到 1 之间的 q,现在我们计算 r 的值,用 $r^*(q)$ 表示,从而使 $(r,1-r)$ 为局中人 2 选择 $(q,1-q)$ 时局中人 1 的最优反应。当局中人 2 选择 $(q,1-q)$ 时,局中人 1 选择 $(r,1-r)$ 的期望收益为:

$$rq\cdot(-1)+r(1-q)\cdot 1+(1-r)q\cdot 1+(1-r)(1-q)\cdot(-1)=(2q+1)+r(2-4q)$$

其中,rq 是(正面,正面)的概率,$r(1-q)$ 是(正面,背面)的概率,如此等等。由于局中人 1 的期望收益在 $2-4q>0$ 时随 r 递增;在 $2-4q<0$ 时随 r 递减,则如果 $q<1/2$,局中人 1 的最优反应为 $r=1$(即出正面);如果 $q>1/2$,局中人 1 的最优反应为 $r=0$(即出背面)。这一表述比上面的表述条件要强:那里我们只考虑纯策略,并发现如果 $q<1/2$,正面为最优纯策略,如果 $q>1/2$,背面为最优纯策略;这里我们考虑所有的纯策略和混合策略,同样发现如果 $q<1/2$,正面是所有策略(包括纯策略和混合策略)中的最优选择,如果 $q>1/2$,背面是所有策略中最优的。

当 $q=1/2$ 时,局中人对 $(q,1-q)$ 最优反应的性质有所变化。前面已经提到,在 $q=1/2$,局中人 1 选择纯策略正面或背面是无差异的。而且,因为局中人 1 在上式中的期望收益在 $q=1/2$ 时与 r 无关,所有混合策略 $(r,1-r)$ 对 1 都是无差异的。也就是说,当 $q=1/2$ 时,对于 0 到 1 之间的任

何 r,混合策略$(r,1-r)$都是$(q,1-q)$的最优反应。那么,$r^*(1/2)$就是$[0,1]$间的整个区间。

为在更为一般的条件下推导出局中人 i 对局中人 j 混合策略的最优反应,这里给出扩展的纳什均衡的正式定义,我们首先分析两个局中人的情况,从而可以通过最简单的方式说明主要思想。令 J 表示 S_1 中包含纯策略的个数,K 表示 S_2 包含纯策略的个数,则 $S_1=\{s_{11},\cdots,s_{1J}\}$, $S_2=\{s_{21},\cdots,s_{2K}\}$,我们用 s_{1j} 和 s_{2k} 分别表示 S_1、S_2 中任意一个纯策略。

如果局中人 1 推断局中人 2 将以$(p_{21},\cdots,p_{2k})$的概率选择策略$(s_{21},\cdots,s_{2k})$,则局中人 1 选择纯策略 s_{1j} 的期望收益为:

$$\sum_{k=1}^{K} p_{2k}u_1(s_{1j},s_{2j}) \tag{2.1}$$

且局中人 1 选择混合策略 $p_1(p_{11},\cdots,p_{1J})$的期望收益为:

$$v_1(p_1,p_2)=\sum_{j=1}^{J} p_{1j}\left[\sum_{k=1}^{K} p_{2k}u_1(s_{1j},s_{2k})\right]=\sum_{j=1}^{J}\sum_{k=1}^{K} p_{1j}\times p_{2k}u_1(s_{1j},s_{2k}) \tag{2.2}$$

其中,这 $p_{1j}\times p_{2k}$ 表示局中人 1 选择 s_{1j} 且局中人 2 选择 s_{2k} 的概率。根据(2.2),局中人 1 选择混合策略 p_1 的期望收益,等于按(2.1)给出的每一个纯策略$\{s_{11},\cdots,s_{1j}\}$的期望收益的加权和,其权重分别为各自的概率$(p_{11},\cdots,p_{1J})$,那么,局中人 1 的混合策略$(p_{11},\cdots,p_{1j})$要成为他对局中人 2 策略 p_2 的最优反应,其中任何大于 0 的 p_{1j} 相对应的纯策略必须满足:

$$\sum_{k=1}^{K} p_{2k}u_1(s_{1j},s_{2j}) \geqslant \sum_{k=1}^{K} p_{2k}u_1(s_{1j}^{'},s_{2k})$$

对 S_1 中每个 $s_{1j}^{'}$ 都成立。这表明,一个混合策略要成为 p_2 的最优反应,混合策略中每一个概率大于 0 的纯策略本身也必须是对 p_2 的最优反应。反过来讲,如果局中人 1 有 n 个纯策略都是 p_2 的最优反应,则这些纯策略全部或部分的任意线性组合(同时其他纯策略的概率为 0)形成的混合策略同样是局中人 1 对 p_2 的最优反应。

为给出扩展的纳什均衡的正式定义,我们还需要计算当局中人 1 和 2 分别选择混合策略 p_1 和 p_2 时局中人 2 的期望收益。如果局中人 2 推断局中人

1 将分别以概率$(p_{11},\cdots,p_{1J})$选择策略$(s_{11},\cdots,s_{1J})$，则局中人 2 分别以概率$(p_{21},\cdots,p_{2K})$选择策略$(s_{21},\cdots,s_{2K})$时的期望收益为：

$$v_2(p_1,p_2)=\sum_{k=1}^{K}p_{2k}\Big[\sum_{j=1}^{J}p_{1j}u_2(s_{1j},s_{2k})\Big]=\sum_{j=1}^{J}\sum_{k=1}^{K}p_{1j}\times p_{2k}u_2(s_{1j},s_{2k}) \tag{2.3}$$

在给出$v_1(p_1,p_2)$和$v_2(p_1,p_2)$后，我们可以重新表述纳什均衡的必要条件，即每一局中人的混合策略是另一局中人混合策略的最优反应：一对混合策略(p_1^*,p_2^*)要成为纳什均衡，p_1^*必须满足

$$v_1(p_1^*,p_2^*)\geqslant v_1(p_1,p_2^*) \tag{2.4}$$

对S_1中策略所有可能的概率分布p_1都成立，并且$p_2{}^*$必须满足

$$v_2(p_1^*,p_2^*)\geqslant v_2(p_1^*,p_2) \tag{2.5}$$

对S_2中策略所有可能的概率分布p_2都成立。

定义 2.5：在两个局中人标准型博弈$G=\{S_1,S_2;u_1,u_2\}$中，混合策略(p_1^*,p_2^*)是纳什均衡的充要条件为：每一局中人的混合策略是另一局中人混合策略的最优反应，即(2.4)和(2.5)必须同时成立。

下面我们举例求解混合策略纳什均衡。

例 2.7　社会福利博弈。在这个博弈中，局中人是政府和一个失业者。失业者有两个策略选择：寻找工作或继续失业；政府也有两个策略：救济或不救济。政府想帮助失业者，但前提是后者必须试图寻找工作，否则，政府不予帮助；而失业者只有在得不到政府的救济时才会寻找工作。此博弈的得益矩阵如表 2.11 所示。

表 2.11　社会福利博弈

		失业者	
		寻找工作	不寻找工作
政府	救济	3,2	−1,3
	不救济	−1,1	0,0

这个博弈没有我们在第二节定义的意义上的纳什均衡：给定政府救济，失业者的最优选择是继续失业；给定失业者继续失业，政府的最优策略是不

救济；给定政府不救济，失业者的最优选择是寻找工作；给定失业者寻找工作，政府的最优选择是救济。但是存在混合策略意义上的纳什均衡。

假定政府的混合策略是 $p_G=(\theta, 1-\theta)$（即政府以概率 θ 选择救济，$1-\theta$ 的概率不救济）。失业者的混合策略是 $p_u=(r,1-r)$（即失业者以 r 的概率选择寻找工作，以 $1-r$ 的概率选择继续失业）。那么，政府的期望效用函数为：

$v_G(p_G,p_u)=\theta(3r+(-1)(1-r))+(1-\theta)(-r+0\cdot(1-r))=\theta(4r-1)-(1-\theta)r=\theta(5r-1)-r$

对上述效用函数求微分，得到一阶条件为：

$$\frac{\partial v_G}{\partial\theta}=5r-1=0$$

因此，$r^*=0.2$。就是说，在混合策略均衡时，失业者以 0.2 的概率选择寻找工作，0.8 的概率选择继续失业。

上面我们解的是政府的最优化问题，得到的是失业者的混合策略。之所以如此，是因为我们假设最优混合策略存在，给定失业者选择混合策略$(r,1-r)$，政府选择纯策略救济（即 $\theta=1$）的期望效用为：

$$v_G(1,r)=3r+(-1)(1-r)$$

政府选择纯策略不救济（即 $\theta=0$）的期望效用为：

$$v_G(0,r)=-1r+0\cdot(1-r)=-r$$

如果一个混合策略 $\theta\in(0,1)$ 是政府的最优选择，那一定意味着政府在救济与不救济之间是无差异的，即

$$v_G(1,r)=4r-1=-r=v_G(0,r)$$

即意味着 $r=0.2$。就是说，如果 $r<0.2$，政府将选择不救济；如果 $r>0.2$，政府将选择救济。只有当 $r=0.2$，政府才会选择混合策略（$\theta\neq0, 1$）或任何纯策略。

为了找到政府的均衡混合策略，求解失业者的最优化问题。失业者的期望效用为：

$v_u(p_G, p_u)=r(2\theta+1(1-\theta))+(1-r)(3\theta+0(1-\theta))=r(\theta+1)+3(1-r)\cdot\theta=-r(2\theta-1)+3\theta$

最优化的一阶条件为：

$$\frac{\partial v_u}{\partial r} = -(2\theta - 1) = 0$$

因此 $\theta^* = 0.5$。

纳什均衡要求每个局中人的混合策略是给定对方的混合策略下的最优选择，所以社会福利博弈的纳什均衡为（$\theta^* = 0.5$，$r^* = 0.2$）。社会福利博弈在现实生活中有许多实例。

例 2.8　监督博弈概括了经济生活中的各种监督活动，如税收大检查、质量检查、惩治犯罪和雇主监督雇员等。下面以税收大检查为例加以说明。这个博弈的局中人包括税收机关和纳税人。税收机关的纯策略是检查或不检查，纳税人的策略选择是逃税或不逃税。设 a 是应纳税款，c 是检查成本，f 是罚款。假定 $c < a + f$。有了这些假设，就可以给出这个博弈的双变量矩阵图，如表 2.12 所示。

表 2.12　监督博弈

		纳税人	
		逃税	不逃税
税收机关	检查	$a-c+f,\ -a-f$	$a-c,\ -a$
	不检查	$0, a$	$a,\ -a$

我们用 θ 代表税收机关检查的概率，r 代表纳税人逃税的概率。

给定 r，税收机关选择检查（$\theta = 1$）和不检查（$\theta = 0$）的期望效用分别为：

$$\pi_G(1,r) = (a - c + f)r + (a - c)(1 - r) = rf + a - c$$

$$\pi_G(0,r) = 0 \cdot r + a(1 - r) = a(1 - r)$$

解 $\pi_G(1,r) = (a - c + f)r + (a - c)(1 - r) = rf + a - c = \pi_G(0,r) = 0 \cdot r + a(1 - r) = a(1 - r)$ 得：$r^* = c/(a + f)$。即如果纳税人逃税的概率小于 $c/(a + f)$，税收机关的最优选择是不检查；如果纳税人的逃税概率大于 $c/(a + f)$，税收机关的最优选择是检查；如果纳税人逃税的概率等于 $c/(a + f)$，税收机关随机地选择检查或不检查。

给定 θ，纳税人选择逃税或不逃税的期望效用分别为：

$$\pi_P(\theta,1) = -(a + f)\theta + a(1 - \theta) = a - (2a + f)\theta$$

$$\pi_P(\theta,0) = -a\theta + (-a)(1-\theta) = -a$$

解 $\pi_P(\theta,1) = -(a+f)\theta + a(1-\theta) = a-(2a+f)\theta = \pi_P(\theta,0) = -a\theta + (-a)(1-\theta) = -a$ 得:$\theta^* = 2a/(2a+f)$,即如果税收机关检查的概率小于 $2a/(2a+f)$,纳税人的最优选择是逃税。如果税收机关检查的概率大于 $2a/(2a+f)$,纳税人的最优选择是不逃税;如果税收机关检查的概率等于 $2a/(2a+f)$,纳税人随机地选择逃税或不逃税。

这个博弈的混合策略纳什均衡为:$\theta^* = 2a/(2a+f)$;$r^* = c/(a+f)$。

利用上面两个例子的思路可以求解前面介绍的情侣博弈和猜硬币博弈。

2.4 习题

1. 占优均衡、重复剔除劣策略占优均衡和纳什均衡相互之间的关系是什么?

2 求解如图 2.1 所示的策略式博弈的纯策略纳什均衡。

(a)

参与人1 \ 参与人2	L	R
U	1,3	1,3
D	4,1	4,1

(b)

参与人1 \ 参与人2	L	R
U	5,6	2,5
D	4,1	6,2

图 2.1 策略型博弈(Ⅰ)

3. 试用重复剔除劣策略的方法求解如图 2.2 所示的策略型博弈的纯策略纳什均衡。

(a)

参与人1 \ 参与人2	L	M	R
U	1,0	2,1	1,0
M	0,1	1,2	2,1
D	2,0	1,1	0,2

(b)

参与人1 \ 参与人2	L	M	R
U	4,4	3,3	5,0
M	2,5	5,2	4,6
D	3,0	2,3	3,5

图 2.2 策略型博弈(Ⅱ)

4. 在如图 2.3 所示的策略式博弈中,当 a,b,c 之间满足什么条件时,该博弈：

(1)存在占优策略纳什均衡；

(2)存在重复剔除的占优策略纳什均衡；

(3)存在纯策略纳什均衡；

(4)存在混合策略纳什均衡。

参与人2

		M	R
参与人1	M	0,0	a,c
	R	c,a	b,b

(a)

图 2.3　策略型博弈(Ⅲ)

5. 考察“智猪博弈”——猪圈里圈养两头猪，一头大猪、一头小猪。猪圈的一端有一个猪食槽，另一头安装一个按钮，控制着猪食的供应，按一下按钮会有 10 个单位的猪食进槽，但谁按按钮谁就需要付出 2 个单位的成本且比对方晚到食槽。若大猪先到食槽，大猪吃 9 个单位，小猪只能吃 1 个单位；若同时到，大猪吃 7 个单位小猪吃 3 个单位；若小猪先到，大猪吃 6 个单位，小猪吃 4 个单位。

(1)试给出上述博弈的策略式描述；

(2)求解该博弈的纳什均衡；

(3)试用上述博弈模型解释为什么在市场上只有大企业才会花钱打广告。

第3章　纳什均衡的应用:寡头竞争

博弈论在经济学中最初也是最重要的应用是对寡头垄断的模型分析。我们知道,在完全竞争的市场上,消费者作为价格接受者,在预算约束下,使效用最大化,形成其消费计划;生产者作为价格接受者,在技术约束下,使利润最大化,形成其生产决策;市场价格迅速调整以使供给和需求相均衡。在完全垄断市场上,企业是价格的制定者,约束条件下的最优化也能用于研究垄断的联合价格和产出。实际上,现实社会中的许多市场既不是完全竞争的也不是完全垄断的。如汽车、移动电话服务、环城路上的加油站、飞机和发电设备等,这些市场通常叫作寡头垄断或不完全竞争市场。在寡头垄断市场上,产业中的每个企业的定价和生产决策对其竞争者的盈利性有重大影响。这些企业既不是竞争性的价格接受者,亦不是垄断的价格制定者。它们的价格和产出是在寡头博弈中的策略选择。

这一章我们研究寡头竞争的几个模型。首先是古诺模型,假定企业同时选择它们的产出。这一联合产出在市场上销售,价格调整使得市场出清。第二个模型是贝特兰德模型,假定企业同时选择价格。第三个模型是霍特里模型。第四节是最近才由威廉姆·包莫尔、罗伯特·维利格和约翰·彭瑞提出来的模型,它分析的是潜在竞争者的进入和退出及对“垄断”的约束。

3.1　古诺模型

我们首先讨论古诺模型。古诺[①](Antoine Augustin Cournot,1801—1877)是数理经济学的开创人之一,他在1838年出版的《财富理论的数学原理的研究》中建立了一个模型,用于解释从双头垄断到完全竞争的产业结构中企业如

① 安东尼·奥古斯丹·古诺(Antoine Augustin Cournot,1801—1877)是法国数学家,数理经济学派最重要的先驱者和奠基者。他在概率论、认识论和经济学三个相互联系的学术领域中作出了贡献,尤其在经济学方面的建树影响更为久远。他在经济学方面的代表作是《财富理论的数学原理的研究》,该书中文版1994年由商务印书馆翻译出版。

何选择其产出,才使利润最大。与同时代的经济学著作相比,古诺模型有两个典型特征,一是他以精美的模型形式阐述其思想,其中假设清楚,函数关系明确。二是在古诺模型中,每个企业的利润取决于其他企业的选择。古诺模型不仅先于博弈论创立,还是后来冯·诺伊曼、摩根斯特恩和纳什等著作的基础。这一节我们对古诺的最初模型进行博弈论重构。

3.1.1　双头垄断的古诺模型

(1)模型

我们首先讨论古诺模型的一种非常简单的情况。这一节我们将通过模型说明:①如何把对一个问题的非正式描述转化为一个博弈的标准型表述;②如何通过计算解出博弈的纳什均衡;③重复剔除严格劣策略的步骤。

例 3.1　假设有两个企业,生产同质产品。令 q_1、q_2分别表示企业 1、2 生产的同质产品的产量,市场中该产品的总供给 $Q = q_1 + q_2$,令 $P(Q) = a - Q$ 表示市场出清时的价格(更为精确的表述为 $Q < a$ 时,$P(Q) = a - Q$;$Q > a$ 时,$P(Q) = 0$)。设企业 i 生产 q_i的总成本 $C_i(q_i) = cq_i$,即企业不存在固定成本,且生产每单位产品的边际成本为常数 c,假定 $c < a$。根据古诺的假定,两个企业同时进行产量决策。

为求得古诺博弈中的纳什均衡,我们首先将其化为标准型博弈。我们已讲过,博弈的标准型表述包含的要素有:①博弈的局中人;②每一个局中人可以选择的策略;③针对每一个可能出现的局中人的策略组合,每一个局中人的收益。双头垄断模型中当然只有两个局中人,即模型中的两个垄断企业。在古诺模型中,每一企业可以选择的策略是其产品产量,我们假定产品是连续可分的。由于产出不可能为负,每一个企业的策略空间可表示为 $S_i = [0, \infty)$,即包含所有非负实数,其中一个代表性策略 s_i就是企业选择的产量①。

要全面表述这一博弈并求其均衡解,还需要把企业 i 的收益表示为它自己和另一个企业所选择策略的函数。假定企业的收益就是其利润额,这样

---

①　也许有的读者提出特别大的产量也是不可能的,因而不应包括在策略空间之中,不过,由于 $Q \geqslant a$ 时,$P(Q) = 0$,任一企业都不会有 $q_i > a$ 的产出。

在一般的两个局中人标准型博弈中,局中人 i 的收益 $u_i(s_i, s_j)$ 就可写为:

$$\pi_i(q_i,q_j) = q_i[P(q_i + q_j) - c] = q_i[a - (q_i + q_j) - c]$$

我们知道,在一个标准型两人博弈中,一对策略 (s_1^*, s_2^*) 若是纳什均衡,则对每个局中人 i, s_i^* 应该满足:

$$u_i(s_i^*, s_j^*) \geqslant u_i(s_i, s_j^*)$$

上式对每一个可选策略 s_i 都成立,这一条件等价于:对每个局中人 i, s_i^* 必须是下面最优化问题的解:

$$\max_{s_i \in S_i}(s_i, s_j^*)$$

在古诺的双头垄断模型中,上面的条件可具体表述为:一对产出组合 (q_1^*, q_2^*) 若为纳什均衡,对每一个企业 i, q_i^* 应为下面最大化问题的解:

$$\max_{0 \leqslant q_i < \infty} \pi_i(q_i, q_j^*) = \max_{0 \leqslant q_i < \infty} q_i[a - (q_i + q_j^*) - c]$$

设 $q_j^* < a - c$(下面将证明该假设成立),企业 i 最优化问题的一阶条件既是必要条件,又是充分条件;其解为:

$$q_i = \frac{1}{2}(a - q_j^* - c) \tag{3.1}$$

那么,如果产量组合 (q_1^*, q_2^*) 要成为纳什均衡,企业的产量选择必须满足:

$$q_1^* = \frac{1}{2}(a - q_2^* - c) \tag{3.2}$$

且

$$q_2^* = \frac{1}{2}(a - q_1^* - c) \tag{3.3}$$

联立(3.2)和(3.3),解得

$$q_1^* = q_2^* = \frac{1}{3}(a - c)$$

均衡解的确小于 $a-c$,满足上面的假设。

对这一均衡的直观理解非常简单。每一家企业当然都希望成为市场的垄断者,这时它会选择 q_i 使自己的利润 $\pi_i(q_i,0)$ 最大化,结果其产量将为垄断产量 $q_m = (a-c)/2$ 并可赚取垄断利润 $\pi_i(q_i,0) = (a-c)^2/4$。在市场上有两家企业的情况下,要使两企业总的利润最大化,两企业的产量之和 $q_1 + q_2$应等于垄断产量 q_m,比如 $q_i = q_m/2$ 时就可满足这一条件。但这种安排存在一个问题,就是每一家企业都有动机偏离它:因为垄断产量较低,相应的市场价格 $P(q_m)$就比较高,在这一价格下每家企业都会倾向于提高产量,而不顾这种产量的增加会降低市场出清价格(为更清楚地理解这一点,参见图 3.1,并检验当企业 1 的产量为 $q_m/2$ 时,企业 2 的最佳产量并不是 $q_m/2$)。在古诺均衡解中,这种情况就不会发生,两企业的总产量要更高些,相应的情况,价格就有所降低。

如果认为代数方式解纳什均衡过于抽象,难以理解,我们还可以通过图形求解。等式(3.1)给出的是针对企业 j 的均衡策略时企业 i 的最优反映,同样的方法我们可以推导出针对企业 1 的任意一个策略企业 2 的最优反应,和针对企业 2 任意一个策略企业 1 的最优反应。假定企业 1 的策略 q_1满足 $q_1 < a - c$。企业 2 的最优反应为:

$$R_2(q_1) = 1/2(a - q_1 - c) \tag{3.4}$$

类似地,如果 $q_2 < a - c$,则企业 1 的最优反应为:

$$R_1(q_2) = 1/2(a - q_2 - c) \tag{3.5}$$

如图 3.1 所示,这两个最优反应函数只有一个交点,其交点就是最优产量组合(q_1^*, q_2^*)。

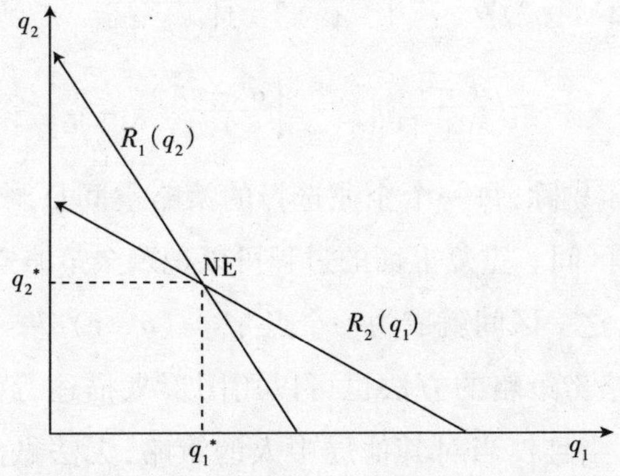

图 3.1　最优反应函数和古诺 – 纳什均衡

求解纳什均衡还有第三种方法,即运用重复剔除严格劣策略。在本例中,这一程序只得到唯一解——根据第二章的命题,一定为纳什均衡解(q_1^*, q_2^*)。完整的过程需要无限次剔除,每一步都从两个企业剩余的策略空间内剔除一个区间,在这里我们只讨论两步。第一步,垄断产量$q_m = (a - c)/2$严格优于其他任何更高的产量,即对任意$x>0$,$\pi_i(q_m, q_j) > \pi_i(q_m + x, q_j)$对任意的$q_j \geqslant 0$都成立。证明如下:如果$Q = q_m + x + q_j < a$,那么

$$\pi_i(q_m, q_j) = \frac{a-c}{2}\left[\frac{a-c}{2} - q_j\right] \tag{3.6}$$

且

$$\pi_i(q_m + x, q_j) = \left[\frac{a-c}{2} + x\right]\left[\frac{a-c}{2} - x - q_j\right] = \pi_i(q_m, q_j) - x(x + q_j) \tag{3.7}$$

并且如果$Q = q_m + x + q_j \geqslant a$,则$P(Q) = 0$,生产较低的产出就会提高利润。第二步,在高于$q_m$的产量被剔除后,产量$(a - c)/4$严格优于任何更低的产量,即对任意在0到$(a - c)/4$之间的$x$,$\pi_i[(a-c)/4, q_j] > \pi_i[(a-c)/4 - x, q_j]$对任意在0到$(a - c)/2$之间的$q_j$都成立,证明如下:

$$\pi_i(\frac{a-c}{4}, q_j) = \frac{a-c}{4}\left[\frac{3(a-c)}{4} - q_j\right] \tag{3.8}$$

且

$$\pi_i(\frac{a-c}{4} - x, q_j) = \left[\frac{a-c}{4} - x\right]\left[\frac{3(a-c)}{4} + x - q_j\right] \tag{3.9}$$

$$= \pi_i(\frac{a-c}{4}, q_j) - x\left[\frac{a-c}{2} + x - q_j\right]$$

经过以上两步剔除,每一个企业选择的策略空间只剩下了$(a - c)/4$到$(a - c)/2$之间的区间。重复上面的过程可以把剩余策略空间限制得越来越小。到达极限时,这一区间就成为一个点$q_i^* = (a - c)/3$。

重复剔除严格劣策略的方法也可以用图形来描述,这要用到我们前面的一个观察结论:当且仅当对其他局中人的策略,无法做出这样的推断,使某一策略成为最优反应策略,该策略为严格劣策略。由于本模型只有两个企业,我们可以将这一结论简化为:当且仅当没有任何q_j可使q_i成为企业i的最优反应策略,q_i为严格劣策略。我们仍只讨论重复剔除过程的前两步。

第一,对企业 i 而言,生产超过垄断产量 $q_m=(a-c)/2$ 永远不会是最优反应。我们以企业 2 的最优反应函数为例来证明这一点:在图 3.2 中,当 $q_1=0$ 时,$R_2(q_1)$ 等于 q_m,且随 q_1 的增加而递减。即对任意的 $q_j\geqslant 0$,如果企业 i 相信企业 j 将选择 q_j,企业 i 的最优反应就必然小于或等于 q_m;不存在这样的 q_j 使 i 的最优反应超过 q_m。第二,已知企业 j 产量的上限,我们可以导出企业 i 最优反应的下限:如果 $q_j\leqslant(a-c)/2$,则有 $R_i(q_j)\geqslant(a-c)/4$,如图 3.2 所示为企业 2 的最优反应。

和上面相似,重复这一过程就会得到单一的产量。

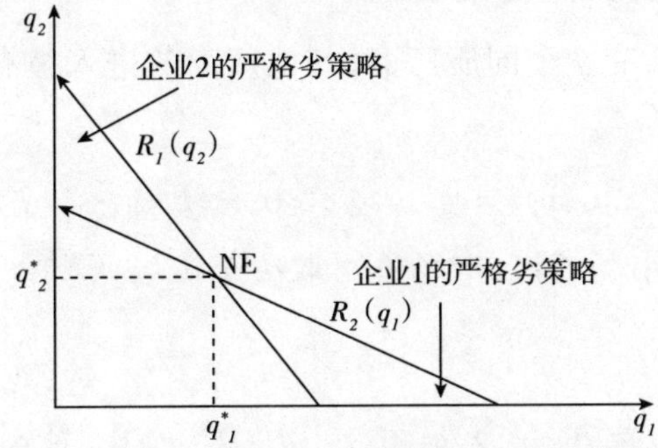

图 3.2　重复剔除严格劣策略

(2)竞争均衡、古诺均衡与垄断均衡

现在,我们来比较完全竞争、完全垄断和寡头垄断这三种情况下的均衡。在完全垄断的条件下,企业会按照边际收益等于边际成本的原则来确定产量。在本例中,边际成本为 c,根据已给出的需求函数,相应的边际收益为 $MR=a-2Q$,这样利润最大化就是下列方程的解:

$$a-2Q=c \tag{3.10}$$

所以完全垄断条件下,产量为 $(a-c)/2$。价格为 $P=(a+c)/2$。垄断利润为 $(a-c)^2/4$。

在完全竞争条件下,价格会降到与边际成本相等,即 $P=c$。所以产量为 $a-c$。这时没有垄断利润,企业获得正常利润,达到社会最优。

在寡头垄断情况下,总产量为 $2(a-c)/3$,价格为 $(a+2c)/3$。垄断利润为 $2(a-c)^2/9$。

通过比较,我们发现:

第一,从社会福利的角度考虑,完全竞争时,社会福利最大,完全垄断时,社会福利最小;

第二,寡头垄断与完全垄断相比,寡头的总产量比完全垄断时大,而垄断利润比完全垄断小,就这两个市场相比,如果两个企业联合,会获得更好的结果。之所以如此,是因为每个企业在选择自己的产量时,只考虑对本企业利润的影响,而忽视对另一个企业的外部负效应。这是典型的囚徒困境问题。

3.1.2 多寡头的古诺模型

例 3.2 假设有 J 个同质厂商,其他厂商的进入被有效阻止,每个厂商的成本相同,且

$$C(q_j) = cq_j \qquad c \geqslant 0, \quad j = 1, \cdots, J \tag{3.11}$$

厂商在同一市场销售,市场价格取决于市场所有企业的总产出。设反需求函数为线性:

$$p = a - b\sum_{j=1}^{J} q_j \qquad a > 0,\ b > 0,\ 且\ a > c \tag{3.12}$$

厂商 j 的利润为:

$$\pi_j(q_1, \cdots, q_J) = (a - b\sum_{j=1}^{J} q_j)q_k - cq_j \tag{3.13}$$

求出产出向量($\bar{q}_1, \cdots, \bar{q}_J$),给定其他厂商的产出选择,每个厂商的产出选择是使利润最大化了的产出。该产出向量是古诺-纳什均衡。

因此,如果($\bar{q}_1, \cdots, \bar{q}_J$)是古诺-纳什均衡,$\bar{q}_j$ 必定是在 $q_k = \bar{q}_k\ (k \neq j)$ 时,最大化

$$max\,\pi_j(q_1, \cdots, q_J) = (a - b\sum_{j=1}^{J} q_k)q_j - cq_j$$

$$一阶条件: q_k = \bar{q}_k, k = 1, \cdots, J$$

$$a - 2b\bar{q}_j - b\sum_{k \neq j} \bar{q}_k - c = 0$$

即

$$b\bar{q}_j = a - c - b\sum_{k=1}^{J} \bar{q}_k \tag{3.14}$$

上式右边独立于我们要考虑的企业,结论是,均衡时所有厂商必须生产相同数量的产出。令 $\bar{q}$ 表示这一共同的均衡,于是

$$b\bar{q} = a - c - b \cdot J \cdot \bar{q}$$
$$\bar{q} = \frac{a-c}{b(J+1)} \tag{3.15}$$

因此,企业产出、总产出、市场价格和企业利润为:

①$\bar{q} = \dfrac{a-c}{b(J+1)} \qquad j=1,\cdots,J$

②$\sum_{j=1}^{J} \bar{q}_j = J(a-c)/b(J+1)$

③$\bar{p} = a - J(a-c)/(J+1) < a$

④$\bar{\pi}_j = (a-c)^2/(J+1)^2 b$

由此得

①$\bar{p} - c = \dfrac{a-c}{J+1} > 0$,即均衡价格大于每个企业的边际成本。

②$J=1$ 时,就是纯垄断。

③$J \to \infty$时,$\lim\limits_{J\to\infty}(\bar{p}-c) = 0$,即当竞争者数目变大时,价格将接近边际成本,当 $J \to \infty$时,就是完全竞争,所以完全竞争可看成是不完全竞争的极限情况。

3.1.3　数值例子

例 3.3　考虑一个偏远小镇的西瓜市场:

①没有进入:有两厂商,而其他厂商的进入是不可能的。

②同质性:各厂商生产完全相同的(同质)的西瓜,这样,它们的产量加总等于行业的产量:$Q = q_1 + q_2$,这里厂商 1 生产 q_1,厂商 2 生产 q_2。

③单时期:这一市场与两家厂商仅存在一个时期,西瓜不能储存,一生产出来就必须卖掉,否则会坏掉。

④需求:市场需求曲线是价格的一个线性函数 $Q(P) = 1000 - 1000P$;反需求函数为 $P = 1 - 0.001Q$。

⑤成本:每一厂商都有一个不变的边际成本 MC,即每个西瓜为 0.28,没有固定成本。这样平均成本也是 0.28。每个厂商都能生产出足够的西瓜满

足市场需求。

根据我们前面讲的方法,求出每个厂商的反应函数,然后求解反应函数组成的方程组。首先给定厂商 2 的产出 q_2,我们有厂商 1 的目标函数:

$$\max_{q_1}\pi(q_1,q_2^*) = \max_{q_1}[q_1(1-0.001(q_1+q_2^*)-0.28q_1)]$$

最优化的一阶条件为:

$$0.002q_1^* + 0.001q_2^* - 0.72 = 0 \tag{3.16}$$

类似地,我们可以求出厂商 2 的目标函数的最优化的一阶条件:

$$0.002q_2^* + 0.001q_1^* - 0.72 = 0 \tag{3.17}$$

解这两个反应函数组成的方程组得:$q_1^* = q_2^* = 240$。均衡价格为0.52。也可用图形来求解:把两条反应函数画在 $q_1 - q_2$平面上,求出它们的交点,如图 3.3 所示。

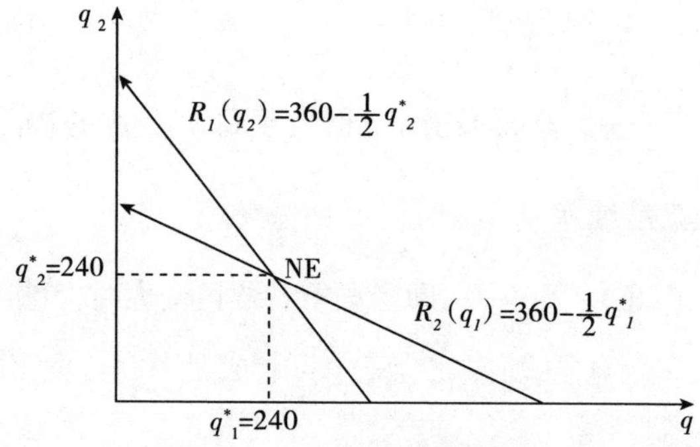

图 3.3　反应函数

下面我们来考察这一均衡是如何达到的,如表 3.1 所示。

表 3.1　古诺调整过程

厂商 1 认为厂商 2 将销售的 q_2	厂商 1 使利润最大化的 q_1
0	360
100	310
200	260
240	240
300	210
360	180

续表

厂商 1 认为厂商 2 将销售的 q_2	厂商 1 使利润最大化的 q_1
400	160
720	0

如果有 $J(J>2)$ 个完全相同的古诺厂商,厂商 1 的最佳反应函数为 $q_1 = R_1(q_2^*, \cdots, q_J^*)$。如其他 $J-1$ 个厂商生产相同数量的产量 q,则厂商 1 的最佳反应函数就是 $q_1 = R_1(q_2^*, \cdots, q_J^*) = 360 - q(J-1)/2$。其他厂商有着相似的最佳反应函数。结果古诺均衡产出为 $q = 720/(J+1)$,均衡价格为 $P = (1+0.28J)/(J+1)$。表 3.2 显示,J 越大,则每个厂商的产出越少,行业产出越大,价格也越低。如只有两家厂商,则价格超出竞争价格 86%,而有 10 个厂商,价格仅超出 23%,有 50 个厂商时仅超出 5%。

表 3.2　不同厂商数的古诺均衡

	厂商数目	价格	厂商		行业	
			产出	利润	产出	利润
垄断	1	0.64	360	129.60	360	129.60
	2	0.52	240	57.60	480	115.2
	3	0.46	180	32.40	540	97.20
	4	0.424	144	20.74	576	82.94
	5	0.40	120	14.40	600	72.00
	6	0.383	102.9	10.58	617.1	63.48
	7	0.37	90	8.10	603	56.70
	8	0.36	80	6.40	640	51.20
	9	0.350	72	5.18	648	46.66
	10	0.345	65.5	4.28	654.5	42.84
	15	0.325	48	2.30	675	32.26
	20	0.314	34.3	1.18	685.7	23.51
	50	0.294	14.1	0.20	705.9	9.97
	100	0.287	7.1	0.05	712.9	5.08
	500	0.281	1.4	0.002	718.6	1.03
	1000	0.281	0.7	0.001	719.3	0.52
竞争	ϕ	0.28	~0	0.00	720	0.00

通过这个例子，我们再次发现，由于各个厂商都独立地考虑它们各自的利润最大化，寡头厂商的产出之和比在谋求整个行业利润最大化时的产出要大，这就是寡头垄断行业的特征：追求自身的利益最大化并不会给整个集团带来利润最大化。这是典型的囚徒困境。之所以如此，是因为当厂商增加产出的时候，也同时降低了市场价格，从而减少了竞争对手的收入，但是在这种情况下，厂商并不关心这种收入破坏效应，因为厂商考虑的是自己的利润最大化，而不是整个行业的利润最大化。这样，与现实整个行业的利润最大化目标相比，每个厂商都侵略性地扩大它们的产出。

3.1.4 经验证据

例 3.4 1990 年印第安纳大学的三位教授 Roy Gardner，Elinor Ostrum，James Walker 进行了一个实验，用某些经验说明古诺式环境中人们的行为。他们的实验中有八组参与者，即八个局中人，给每个局中人十枚纪念品，每枚纪念品可用 5 美分换回或者在市场上卖出。若在市场卖出，每枚纪念品的价值（即它的价格）由所有八个局中人选择卖出的纪念品的数量决定。具体地

$$P = 23 - 0.25\sum_{i=1}^{8} Q_i \tag{3.18}$$

Q_i是第 i 个局中人选择卖出的数量。P 是每枚要卖出的纪念品的价值（用每枚多少美分表示）。

因为参与者被要求在市场上卖纪念品和用 5 美分兑现之间选择。每枚纪念品选择卖出的机会成本是 5 美分。因此，任何参与者 j 在这个市场卖纪念品的利润等于：

$$\pi_j = \left(23 - 0.25\sum_{i=1}^{8} Q_i\right)\cdot Q_j - 5Q_j \tag{3.19}$$

剩下的是要证明，最后的古诺博弈的唯一纳什均衡是，每个参与者在市场上卖 8 枚纪念品（另外两枚兑现，每枚 5 美分）。结论是市场上卖出的每枚纪念品的价格是 7 美分。如果所有 8 个参与者共谋，他们只卖出 36 枚纪念品，每枚卖 14 美分，会有最大的集体收益。

参与者获得的超过初始禀赋的剩余为：

$$总剩余 = (P - 5)\bar{Q} = (18 - 0.25\bar{Q})\bar{Q}\ ,\ \bar{Q} = \sum_{i=1}^{8} Q_i \qquad (3.20)$$

共谋的最大可能剩余是 324 美分。如果参与者按古诺-纳什竞争者行为,他们获得的剩余是 128 美分,大约为最大的 40%。这个实验进行了 18 次,每次实验有 8 个参与者,平均剩余是最大可能的 36%,这非常接近古诺－纳什均衡的预言。

3.2　贝特兰德模型

改革开放以来,我国经济快速发展,经济形态已由过去的短缺经济转变为全面结构性过剩的经济,市场由过去的卖方市场转变为目前的买方市场。国内市场掀起的价格战就是明证。这一节我们讨论双头垄断中两个企业相互进行价格竞争的情况。关于价格竞争的模型是法国数学家贝特兰德(Joseph Louis Francois Bertrand,1822—1900)在 1883 年提出来的。

3.2.1　贝特兰德悖论

贝特兰德提出企业在竞争时选择的是产品价格,而不是古诺模型中的产量。我们首先考虑同质产品的价格竞争。在贝特兰德模型中,每个厂商首先决定它们利润最大化时的价格,给定它们相信其他的厂商会选择的价格。每个厂商也相信它的定价行为不会影响其他的竞争对手的定价;每个厂商认为它的竞争对手的定价是不变的。

例 3.5　我们借用前面讲古诺模型时的数值例子。假设没有新厂商进入,同质产品,单一时期,相同的需求曲线($P = 1 - 0.001Q$),且边际成本为常数(0.28)。仅有一项变动,现在厂商选择的不是产量,而是价格。每个厂商在其所设定的价格上愿意满足所有的需求。

假设厂商 1 收取价格 p_1,高于其边际成本 0.28。如果厂商 1 能将产品销售出去则将赚取一个正的利润。然而,因为两家厂商生产完全相同的产品,p_2 即使是略为低于 p_1,所有的消费者都将从厂商 2 处购买;如果 p_2 高于 p_1,则没有人会从厂商 2 处购买;而当 $p_1 = p_2$ 时,消费者认为这两个厂商没有差别。每个厂商从自身利润最大化出发,竞相削价。当两个厂商都收取

0.28时，没有厂商可以通过变更价格获益。如果一个厂商降低价格，它将亏本（因为这时价格低于边际成本和平均成本）。如果一个厂商提价，它将卖不出东西。唯一的价格纳什均衡是 $p = MC = 0.28$（如图 3.4 所示）。

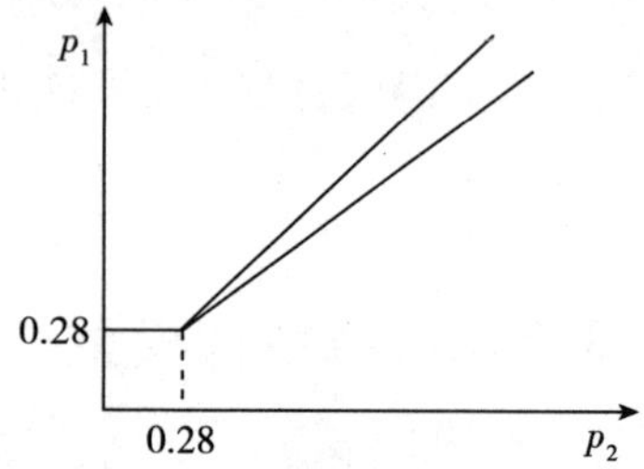

图 3.4　同质产品的价格竞争

在图上以价格空间表示了最佳反应函数。若厂商 2 假定厂商 1 将把价格设定于 p_1，厂商 2 将希望设定 p_2 略为低于 p_1，同时高于 0.28。也就是说，厂商 2 的最佳反应函数略为低于 45°线（45°线上两个厂商的价格相同），并通过点（0.28，0.28）。如果厂商 1 把 p_1 设定于 0.28 以下，厂商 2 不会作出反映，因为这时它在任何价格水平上都不可能获取利润。同样，厂商 1 的最佳反应函数略为高于 45°线且在 0.28 以上。这两个反应函数的唯一交点（从而是唯一均衡）是价格与边际成本相等之处。

如果两个厂商收取的价格都等于边际成本，它们赚取的利润为零。这样，同质产品的贝特兰德均衡与社会最优（竞争均衡）相同。而这与寡头垄断是矛盾的。这就是贝特兰德悖论。

3.2.2　差别产品的价格竞争

解开上面悖论的一个途径是引入产品差异。现在我们就考虑两种有差别的产品。如果企业 1 和企业 2 分别选择价格 p_1 和 p_2，消费者对企业 i 的产品的需求为：

$$q_i(p_i, p_j) = a - p_i + bp_j$$

其中 $b > 0$，即只限于企业 i 的产品为企业 j 产品的替代品的情况[①]。和

---

① 这个需求函数在现实中并不存在，因为只要企业 j 的产品价格足够高，无论企业 i 要多高的价格，对其产品的需求都是正的。后面将会看到，只有 $b < 2$ 时问题才有意义。

前面讨论过的古诺模型相似,我们假定企业生产没有固定成本,并且边际成本为常数 $c, c<a$,两个企业是同时行动(选择各自的价格)的。

和上节相同,要寻找纳什均衡,首先需要把对问题的叙述转化为博弈的标准型。局中人只有两个,不过这里每个企业可以选择的策略是不同的价格,而不再是其产品产量。我们假定小于0的价格是没有意义的,但企业可选择任意非负价格,并无最高价格限制。这样,每个企业的策略空间又可以表示为所有非负实数 $S_i=[0,\infty)$,其中企业 i 的一个典型策略 s_i 是所选择的价格 $p_i \geqslant 0$。

我们仍假定每个企业的收益函数等于其利润额,当企业 i 选择价格 p_i,其竞争对手选择价格 p_j 时,企业 i 的利润为:

$$\pi_i(p_i,p_j) = q_i(p_i,p_j)[p_i - c] = [a - p_i + bp_j][p_i - c] \tag{3.21}$$

那么,价格组合 (p_1^*, p_2^*) 若是纳什均衡,对每个企业 i, p_i^* 应是以下最优化问题的解:

$$\max_{0 \leqslant p_i < \infty} \pi_i(p_i,p_j^*) = \max_{0 \leqslant p_i < \infty} [a - p_i + bp_j^*][p_i - c]$$

对企业 i 求此最优化问题的解为:

$$p_i^* = \frac{1}{2}(a + bp_j^* + c) \tag{3.22}$$

由上可知,如果价格组合 (p_1^*, p_2^*) 为纳什均衡,企业选择的价格应满足

$$p_1^* = \frac{1}{2}(a + bp_2^* + c) \tag{3.23}$$

和

$$p_2^* = \frac{1}{2}(a + bp_1^* + c) \tag{3.24}$$

解这一对方程式得

$$p_1^* = p_2^* = \frac{a + c}{2 - b} \tag{3.25}$$

3.2.3　数值例子

例3.6　考虑有两个厂商的差别产品市场:

- 没有进入:有两厂商,而其他厂商的进入是不可能的。

• 差别产品：各厂商生产不同的（有差别）的产品，它们的需求函数分别为：

$$Q_1 = 160 - 2p_1 + p_2$$
$$Q_2 = 80 - 2p_2 + p_1$$

在这个假设下，当厂商1的价格比厂商2的价格高时，厂商1的需求会逐步地下降。

• 单时期：这一市场与两家厂商仅存在一个时期。

• 成本：假设每一厂商都有相同的成本结构。它们的边际成本为每单位10元。

在这种情况下，每一个厂商的定价将会是多少呢？根据我们前面讲的方法，当所有的厂商都没有动机去改变它的价格时，均衡就产生了。

我们先求出厂商的反应函数，即厂商在对竞争对手定价做出预测的情况下，实现利润最大化时的最优定价。厂商1和2在最大利润下的最优价格是下面最优化问题的解

$$\pi_1 = (p_1 - 10) \times (160 - 2p_1 + p_2^*)$$
$$\pi_2 = (p_2 - 10) \times (80 - 2p_2 + p_1^*)$$

利用一阶条件求出两个厂商的反应函数分别为：

$$p_1 = 45 + 0.25p_2^*$$
$$p_2 = 25 + 0.25p_1^*$$

图3.5画出了这两条反应曲线。需要注意的是，与古诺模型不同，这里的反应曲线是向上倾斜的。因此，厂商预测竞争对手的价格越低，它的价格就更低。在这种意义上，某一厂商的侵略性行为（降价）将导致竞争对手的侵略性行为。

解这两个反应函数得纳什均衡价格为：$p_1^* = 54.67$，$p_2^* = 38.67$ 两个均衡价格都超过了边际成本，这表明产品差异减轻了价格竞争。

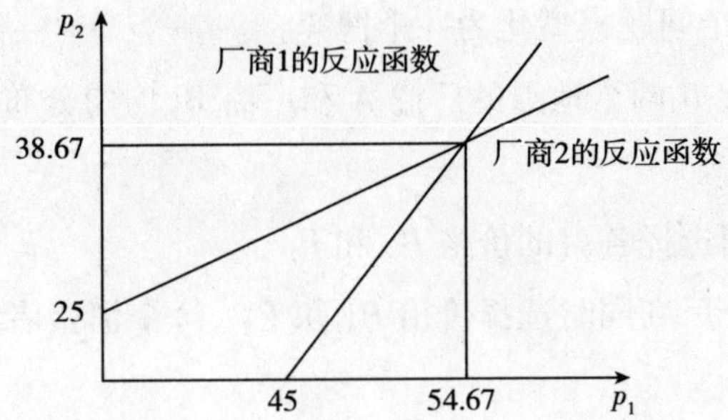

图 3.5　产品差别与贝特兰德模型

3.3　霍特林区位模型

为了解决贝特兰德悖论,我们在 3.2 的模型中引入了产品差异性,但产品差异有多种多样,其中一个重要差异就是空间位置的不同。例如,在成都市天府广场成都百货大楼销售的天鹅牌羽绒服和在高升桥人民商场销售的天鹅牌羽绒服,就是不同的商品。消费者会根据自己所在的位置去更近的商场购买羽绒服。在市场竞争中,引入空间位置因素的模型有很多,其中最著名的是霍特林(H · Hotelling)在 1929 年的经典论文中最先分析过的两个模型:价格选择模型和区位选择模型。

3.3.1　霍特林价格选择模型

例 3.7　在霍特林价格博弈中,企业在给定的位置上选择价格。考虑两个同质产品的厂商的区位竞争,模型的基本假设是:

①位于不同地点的两个厂商 A、B 向市场提供同质产品。

②A、B 的边际成本为常数,假设为零。

③消费者均匀地分布在一条线性市场上,市场总距离为 S 千米,每千米有一位消费者。

④每位消费者必须在特定时间内到 A、B 去购买一件物品,设运输成本为 c 元/千米。如图 3.6 所示。

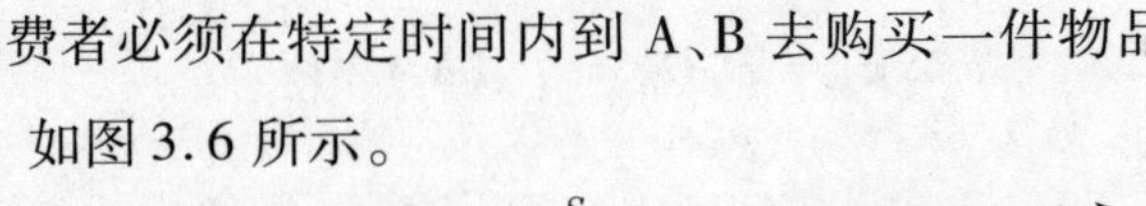

图 3.6　霍特林线形市场模型

我们可以把这个问题模型化为一个博弈：

局中人：位于 A、B 两个地点的厂商 A 和厂商 B，均匀分布于这个线性市场的消费者。

策略：每个厂商选择各自的价格 P_A 和 P_B 。

博弈顺序：两个厂商同时选择价格 P_A 和 P_B ，每个消费者选择各自的厂商购买商品。

得益：A、B 两个厂商各自最大化自己的利润，消费者的问题是使价格与运输成本之和最小。

由图可知，AF 范围内的消费者 a 为 A 所占有，他们不会向 B 购买；BD 范围内的消费者 b 为 B 本身占有，他们不会向 A 购买。至于 AB 之间的消费者，可能向 A 购买，也可能向 B 购买。现假设 P_A、P_B 为 A、B 所定的价格，E 为向 A、B 购买的消费者分界线（x 为 A 的购买者，y 为 B 的购买者），则有：

$$S = a + x + y + b \tag{3.26}$$

$$P_A + x \cdot c = P_B + y \cdot c \tag{3.27}$$

把上面两个方程联立求解，得到 A、B 间的消费者分别向两个厂商购买的人数。

$$x = \frac{1}{2}\left(S - a - b + \frac{P_B - P_A}{c}\right) \tag{3.28}$$

$$y = \frac{1}{2}\left(S - a - b + \frac{P_A - P_B}{c}\right) \tag{3.29}$$

在这个博弈中，一对价格组合（$P_A{}^*$，$P_B{}^*$）若为纳什均衡，对厂商 A 和 B，（$P_A{}^*$，$P_B{}^*$）应是下列最优化问题的解：

$$\max_{P_A} \pi_A = P_A Q_A = P_A(a + x)$$

$$= \frac{1}{2}(S + a - b)P_A - \frac{P_A^2}{2c} + \frac{P_A P_B}{2c}$$

$$\max_{P_B} \pi_B = P_B Q_B = P_B(b + y)$$

$$= \frac{1}{2}(S - a + b)P_B - \frac{P_B^2}{2c} + \frac{P_A P_B}{2c}$$

一阶条件分别为：

$$\frac{1}{2}(S + a - b) - \frac{P_A}{c} + \frac{P_B}{2c} = 0 \tag{3.30}$$

$$\frac{1}{2}(S - a + b) - \frac{P_B}{c} + \frac{P_A}{2c} = 0 \tag{3.31}$$

整理这两个一阶条件得两个厂商的反应函数:

$$P_A = \frac{c}{2}(S + a - b) + \frac{P_B}{2} \tag{3.32}$$

$$P_B = \frac{c}{2}(S - a + b) + \frac{P_A}{2} \tag{3.33}$$

联立求解这两个反应函数,就得到纳什均衡:

$$P_A^* = c(S + \frac{a - b}{3}) \tag{3.34}$$

$$P_B^* = c(S - \frac{a - b}{3}) \tag{3.35}$$

把均衡价格代入前面的市场份额式子即得到纳什均衡产量:

$$Q_A^* = a + x = \frac{1}{2}(S + \frac{a - b}{3}) \tag{3.36}$$

$$Q_B^* = b + y = \frac{1}{2}(S - \frac{a - b}{3}) \tag{3.37}$$

3.3.2　霍特林区位选择模型

下面讨论霍特林区位选择模型。在区位选择模型中,价格是固定的,企业在给定的价格水平上选择位置。为了简单起见,我们忽略消费者的因素,这样模型中就只有价格这一外生变量。

例 3.8　考虑在长度为 1 的线性市场上,有 n 个厂商准备在这里销售同质产品,消费者均匀地分布在[0,1]区间内,密度函数等于 1,产品价格为 1,生产成本为 0。用博弈论的话说:

局中人:n 个厂商

策略:每个厂商同时选择区位 $x_i \in [0,1]$

得益:每个厂商都是利润最大化者,在这个线性市场选择恰当的区位最大化利润。

厂商根据自己所在的位置排序为：

$$x_1 \leqslant x_2 \leqslant x_3 \leqslant \cdots \leqslant x_0, 且 x_{n+1} \equiv 1$$

厂商 i 从自己两边的距离上各吸引一半的顾客，因此厂商的收益为：

$$\pi_1 = x_1 + \frac{x_2 - x_1}{2} \tag{3.38}$$

$$\pi_n = \frac{x_n - x_{n-1}}{2} + 1 - x_n \tag{3.39}$$

或者，对于 $i = 2, \cdots, n-1$

$$\pi_i = \frac{x_i - x_{i-1}}{2} + \frac{x_{i+1} - x_i}{2} \tag{3.40}$$

在只有一个厂商的情况下，所有的顾客都只能向这个厂商购买商品，因此这个厂商选择什么区位是不重要的。如果价格是选择变量，且需求是有弹性的，我们可以预期垄断者会选择 $x = 0.5$ 的位置。

在两个厂商的情况下，无论需求是否有弹性，两个厂商都会选择 $x = 0.5$ 的位置。因为这时一个厂商对另外一个厂商所在位置的最优反应是：总是使自己与中点之间的距离比竞争者与中点之间的距离少。因为两个厂商都这样做，所以最后两个厂商会都位于中点，并且各自占领一部分市场。也就是说，两个厂商选择 $x = 0.5$ 的位置是一个稳定的纳什均衡。

在三个厂商的情况下，这个模型没有纯策略的纳什均衡。因为位于两端的厂商会向中点靠拢以挤占中间厂商的市场份额，所以任何厂商位于不同位置的策略组合都不是均衡。如果有两个厂商位于同一点的话，第三个厂商会使自己离开这两个厂商一段距离，比如 ε，这样第三个厂商至少能得到 $0.5 - \varepsilon$ 的市场份额。但如果第三个厂商占领的市场份额最大的话，位于同一点的两个厂商终究会有一个厂商移动到第三个厂商另外一端的位置上，以抢占第三个厂商的大部分市场。所以这里唯一的均衡是混合策略均衡。Shaked(1982)计算得出对称的混合概率密度 $m(x)$ 为：

$$m(x) = \begin{cases} 2, & \frac{1}{4} \leqslant x \leqslant \frac{3}{4} \\ 0, & 其他 \end{cases} \tag{3.41}$$

如果有三个以上的厂商，模型就有纯策略的均衡。Simon(1987)证明：

在任意的 n 个局中人和 m 维空间的霍特林区位博弈里都存在着一个均衡，但有可能是混合策略均衡。

3.4　可竞争的垄断

直到最近,关于垄断市场是无效率的认识才趋于一致。利润最大化的单个价格垄断者将索要高于边际成本的价格。结果,价格会高于垄断者自愿供应商品所必要的最小价格。用经济学术语说,垄断者获得了经济租。在垄断者选择的产出上,额外单位(需求曲线的高度)的边际社会福利会超过生产该单位产出的边际社会成本(边际成本曲线的高度)。边际社会收益与边际社会成本的差产生无效率。

最近,威廉姆·包莫尔、罗伯特·维利格和约翰·彭瑞领导的一个经济学家小组认为,在他们称之为可竞争市场的企业不能获得经济租,因为有潜在竞争者进入的威胁。而且,如果政府制定人为增加行业中企业数目的政策,结果会是高成本、高价格、低消费者福利。

可竞争市场是这样的一种市场:①无限数量的潜在企业的存在,这些企业能够用共同技术生产(相似)的产品。②进入市场不包含沉没成本,即如果有不能完全补偿的支出,企业就决定离开这个市场。③企业是价格影响者的贝特兰德竞争者。

可竞争的垄断是有纳什均衡的可竞争的市场,其中正好有一个企业供给整个市场。在可竞争垄断中,由于进入威胁使垄断租趋于0,企业将生产财务上可行的最大的产出。这叫作次优产出。这意味着虽然边际利润不等于边际成本,但它尽可能接近,而没有政府对垄断的补贴。

例3.9　作为可竞争市场的例子,考虑克里夫兰和堪萨斯城之间客运航线安排的供应。提供这种服务的投入是克里夫兰和堪萨斯城两个航空港的机场费、飞行乘务员、燃料和飞机。虽然飞机的资本租用成本是企业的固定成本,但它不是沉没成本。如果一个航空公司决定离开这个市场,它要么把它的飞机用于其他航线,要么通过大型的国际飞机租赁市场把飞机租赁给其他航空公司。

假设目前有两个企业能够提供这一航线的服务，中西航空公司和空中特快公司。Q_M是中西航空公司的客运量（用每月千人表示），P_M是中西航空公司的机票价格（用每人美元表示）；Q_X是空中特快公司的客运量，P_X表示空中特快公司的机票价格。运载 Q 量的旅客的成本（每月千人）在两个航空公司是相同的，且等于（每月千美元）

$$C(Q)=\begin{cases}25+100Q, & Q>0\\ 0, & Q=0\end{cases} \tag{3.42}$$

市场需求曲线是

$$P(Q)=155-10Q \tag{3.43}$$

平均成本曲线和市场需求曲线如图 3.7 所示。平均成本曲线是下降的，与需求曲线交于产出水平为 5000 的那一点。在市场价格等于 105 美元时，航空公司的这一数量就是市场所需求的。

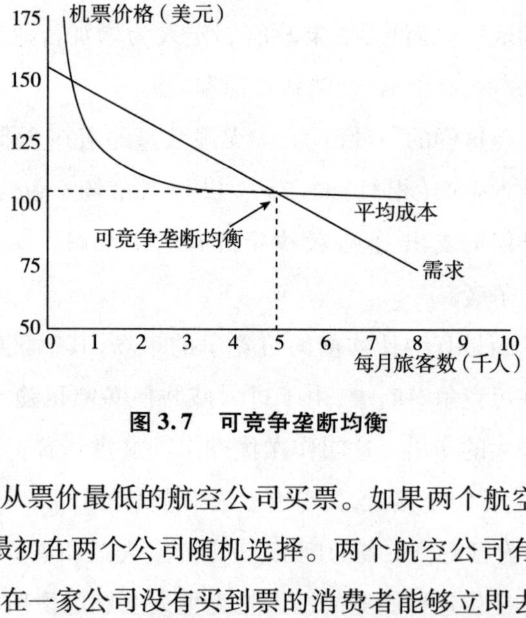

图 3.7　可竞争垄断均衡

消费者想要从票价最低的航空公司买票。如果两个航空公司的价格相同，那么消费者最初在两个公司随机选择。两个航空公司有限制其卖的座位数量的选择。在一家公司没有买到票的消费者能够立即去买另一个公司的机票。如果两个公司都选择从该市场退出，它就能够卖出或转租其飞机给另一个航空公司，排除其固定的营运成本。

两个航空公司在玩一个修正了的贝特兰德博弈。其修正是，在两个企业同时公告它们的价格后，它们不能够改变它，它们同时公告其要卖的机票数的最大数量。企业 i 的一个策略由价格 P_i 和销售的机票限额 T_i 组成。后者取决于两个企业公告的价格。

这个博弈正好有两个纳什均衡。在两个均衡中,两个企业的票价是105美元。在一个均衡中,中西航空公司的机票限额政策是:如果空中特快公司也公告105美元的票价,就不卖票;否则就卖给所有消费者。空中特快公司的机票限额政策是卖给所有消费者,不管中西航空公司的价格如何。在第二个均衡中,机票限额政策正好相反。两个结果是可竞争垄断的例子,其中服务只由一个企业提供,但垄断租为0。

现在证明这两个策略组合是纳什均衡。因为两个航空公司的对称性,如果策略组合之一是纳什均衡,则另一个也是纳什均衡。因此只要证明第一个策略组合是纳什均衡就行了。在这个策略组合中,中西航空公司离开市场,空中特快留在市场。在均衡时,两个企业获得的利润为0。因此必须证明的是给定另一个的策略,没有一个企业能赚取正的利润。

首先考虑中西航空公司。给定空中特快公司的策略,如果中西航空公司公告的价格在105美元之上,它将卖不出机票,且(在转租其飞机后)获得0利润。如果中西航空公司公告的价格是105美元,则它将卖出的机票少于500张。因为其平均成本是下降的,$AC(Q_M) > AC(5000) = 105$ 美元/人,这里 AC 是两个企业的平均成本函数。中西航空公司要亏损,除非它拒绝售票。最后,如果中西航空公司公告的价格在105美元之下,则如图3.7所示,企业也将亏损,除非它拒绝售票。因此,中西航空公司的策略是对空中特快公司策略的最优反应。空中特快公司不能改进其均衡策略的证明类似,请读者证明。

3.5　习题

1.考虑不对称的古诺双头垄断,市场反需求函数为 $p = 115 - Q$,A企业生产的固定成本为1000,B企业没有固定成本,A和B两个企业的可变成本分别为 q_a^2 和 q_b^2。

(1)请写出A公司的古诺反应函数的表达式。

(2)请写出B公司的古诺反应函数的表达式。

(3)请求出纳什均衡时两个企业的产量和利润。

2. 在贝特兰德模型中，假定每个企业的最大生产能力是 K，单位生产成本为 $c=10$，需求为100，如果两个企业的价格相同，市场需求在二者之间平分；如果 $P_i < P_j\,(i,j=1,2,i\neq j)$，企业 i 产量为 $\min\{100-P_i,K\}$，企业 j 的产量为 $\min\{\max(0,100-P_i-K),\ K\}$（即只有低价企业不能满足需求时，高价企业才生产，并且产量不超过生产能力）。

(1)求企业的得益函数。

(2)假定 $30<K<45$，证明此博弈不存在纯策略纳什均衡。

3. 考虑贝特兰德寡头模型。假设需求函数为

$$P_i(q_1,q_2)=\max\{0,M-q_i-bq_j\},(i,j=1,2,i\neq j)$$

其中商品是部分可替代的，即 $0<b<1$。

证明：两商品的替代性越高，厂商获得的利润越少。

4. 若企业1的需求函数为 $q_1(p_1,p_2)=a-p_1+p_2$，企业2的需求函数为 $q_2(p_1,p_2)=a-p_2+p_1$。若假设两个企业的生产成本都为0，求纳什均衡。

5. 如果在一条1000米长的长街上均匀居住着许多居民，有两个人同时想在该条街开便利店。

(1)如果假设所有居民都是到最近的便利店购买商品，问这两个人会如何选择店面位置？

(2)如果每户居民仍然到离得最近的便利店购买，但购买数量与他们到便利店的距离有关，如 $Q=1-D$，其中 Q 是购买量，D 是居民到便利店的距离，此时两个人会怎样选择店面的位置？

第4章 纳什均衡的应用:战略贸易政策

这一章讨论纳什均衡在国际贸易中的应用。本章的目的是用博弈论方法分析标准国际贸易理论的两个经验悖论:①出口补贴普遍性存在,而同时又要求政府与其主要贸易伙伴谈判就降低双边补贴达成协议;②要素禀赋、技术和消费者偏好相近的国家之间进行大量的相似商品的交叉贸易。根据标准的国际贸易理论(通常叫作赫克歇尔-俄林-萨缪尔森模型),出口补贴是没有经济意义的,因为出口补贴将恶化施加出口补贴国家的贸易条件,损害它自己和海外消费者的利益;一个国家应专门生产和出口具有比较优势的产品。贸易应主要发生在禀赋、技术或偏好非常不同的国家之间;国家间产业内贸易(同类商品之间)会很少。可现实与此理论预言相反。

标准的国际贸易理论以两个主要假设为基础:①所有市场是完全竞争的;②商品生产中没有规模收益递增。在这一章,我们引入不完全竞争,并考虑规模收益递增对国际贸易的影响。我们首先建立一个简单的两商品-两国家国际贸易模型,其中两个国家的消费者偏好相同、生产技术相同,以及禀赋相同,假设每个国家只有一个企业生产一种商品。我们将证明,每个国家的国内垄断者会发现在有国外垄断者竞争的国外市场销售其产品是有利可图的。然后证明如果一国政府单方面补贴国内企业的出口能够改进其总体福利。补贴改变了均衡价格和外国市场的市场份额。如果两个国家都对出口实行补贴,它们就在玩一个类似囚徒困境的博弈,此博弈存在严格占优策略均衡,结果表明,补贴比不补贴的处境要差。因此,降低出口补贴的双边和多边协定——如北美自由贸易协定(NAFTA)、关贸总协定的"乌拉圭回合"(GATT)和世界贸易组织(WTO)目前的谈判——都将会使两个国家处境变好。

4.1 不完全竞争和产业内贸易

假设有两个国家,美国(US)和英国(GB)两个国家都生产煤。每个国家只有一个煤炭生产者,分别是 A 和 B。为简化起见,假设两个企业用相同的不变规模收益技术进行生产。在后面再考虑规模收益递增情形。我们选定的单位是:两个国家生产的边际成本等于 10 亿美元/单位。例如,如果成本是每吨 100 美元,则 1 单位 =1000 万吨。煤炭价格用 10 亿美元/单位表示,企业收益、成本和利润都用 10 亿美元表示。假设两个国家国内煤炭的需求相同,其线性反需求函数为:

$$P_{US}(Q_{US}) = 6 - \frac{1}{8}Q_{US} \tag{4.1}$$

$$P_{GB}(Q_{GB}) = 6 - \frac{1}{8}Q_{GB} \tag{4.2}$$

其中,P_{US}和 P_{GB}是美国和英国的煤炭价格,Q_{US}和 Q_{GB}是美国和英国消费的煤炭数量。

4.1.1 自给自足

例 4.1 假设由于极高的关税或运输成本,没有煤炭贸易,此种情形叫作自给自足。这样每个企业选择其产出使其"自给自足的利润函数"最大:

$$\pi^A(Q_{US}) = (6 - \frac{1}{8}Q_{US}) \times Q_{US} - Q_{US} \tag{4.3}$$

$$\pi^B(Q_{GB}) = (6 - \frac{1}{8}Q_{GB}) \times Q_{GB} - Q_{GB} \tag{4.4}$$

可以证明每个国家的利润最大化水平和价格相同, $Q_{US} = Q_{GB} = 20$, $P_{US} = P_{GB} = 3.5$ 。A 和 B 赚得的利润$\pi^A = \pi^B = 50$ 。这些垄断租由企业的股东、两国政府(通过税收)和煤矿主及其他煤炭行业的供应者分享。

4.1.2 自由贸易

例 4.2 现在假设英国和美国开放自由贸易。运输成本是每单位 10 亿美元。由于贸易前两个国家的价格相同,运输成本如此高,看起来好像没有一个国家想要出口煤炭到其他国家。这种看法是错误的。因为生产 1 单位煤炭并把它运到其他国家的边际成本是 20 亿美元(10 亿美元的开采成本和 10 亿美元的运输成本),但是,出口这些煤炭到其他国家的边际收益是 35 亿美元。结果,企业进入国外市场可得额外利润。

国外市场的边际收益最初大于国内市场的边际收益。理由是,垄断者必须削价给其当前所有国内消费者以便卖出额外的煤炭;在国外市场没有此成本发生,因为最初没有国外消费者。相反,进入成本主要是由国外垄断者承担的。结果,国内垄断者都有很强的动力进入其他垄断者的市场。当然,如果它们都这样做,就将推动两个市场的价格都下降。

下面把上面的贸易模型形式化为一个博弈。为简单起见,假定两个企业彼此不能达成有约束力的协议①。此外,它们同时选择其国内销售量和出口量,决定使得市场出清的价格。这意味着它们在玩一个静态的、数量决定("古诺")双头垄断博弈。这个博弈比前面研究的双头垄断博弈要复杂些。现在要考虑两个市场,每个企业有两个数量要决定。A 必须选择在美国国内市场销售的煤炭数量 Q_{US}^{A} 和出口英国的煤炭数量 Q_{GB}^{A} 。同样 B 要选择英国国内市场销售的煤炭数量 Q_{GB}^{B} 和出口美国的煤炭数量 Q_{US}^{B} 。两个企业的利润函数为:

$$\begin{aligned}\pi^{A}(Q_{US}^{A},Q_{GB}^{A},Q_{US}^{B},Q_{GB}^{B}) &= P_{US}(Q_{US}^{A}+Q_{US}^{B})\cdot Q_{US}^{A}\\ &+P_{GB}(Q_{GB}^{B}+Q_{GB}^{A})\cdot Q_{GB}^{A}-Q_{US}^{A}-2Q_{GB}^{A}\end{aligned} \tag{4.5}$$

$$\begin{aligned}\pi^{B}(Q_{US}^{A},Q_{GB}^{A},Q_{US}^{B},Q_{GB}^{B}) &= P_{GB}(Q_{GB}^{B}+Q_{GB}^{A})\cdot Q_{GB}^{B}\\ &+P_{US}(Q_{US}^{A}+Q_{US}^{B})\cdot Q_{US}^{B}-2Q_{US}^{B}-Q_{GB}^{B}\end{aligned} \tag{4.6}$$

这些利润函数表明,由于边际成本为常数,A 从其美国业务中获得的利润,$P_{US}(Q_{US}^{A}+Q_{US}^{B})\cdot Q_{US}^{A}-Q_{US}^{A}$ 只取决于其国内销售 Q_{US}^{A} 和 B 的出口 Q_{US}^{B} 。类似地,A 从其英国业务中获得的利润 $P_{GB}(Q_{GB}^{B}+Q_{GB}^{A})\cdot Q_{GB}^{A}-2Q_{GB}^{A}$ 只取决于其国外销售 Q_{GB}^{A} 和 B 的国内销售 Q_{GB}^{B} 。B 也一样。这说明贸易博弈可用两个分离的古诺博弈来建模。一个博弈在美国市场进行,另一个博弈在英国市场进行。我们已经知道如何去找到两个局中人古诺博弈的纳什均衡:计算每个企业的最优反应函数,找到两个函数图形的交点,此交点代表该博弈的纯策略纳什均衡。这些最优反应函数如图 4.1 和图 4.2 所示。

因为两个国家的市场需求相同,两个企业有相同的边际成本,这两个博

① 卡特尔企业的行为后面再考察。

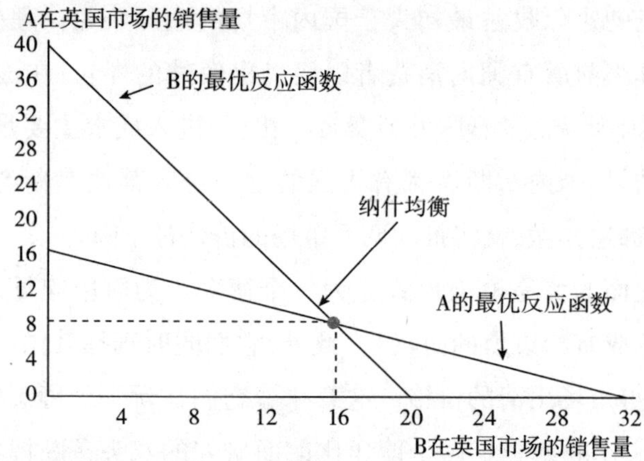

图 4.1　A 和 B 在英国煤炭市场的最优反应函数

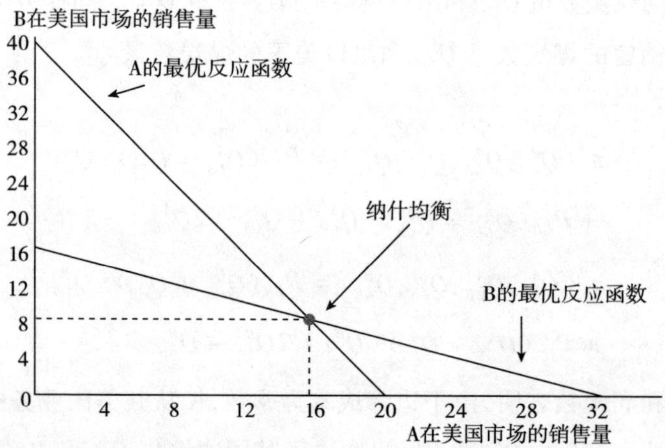

图 4.2　A 和 B 在美国煤炭市场的最优反应函数

弈本质上是相同的。均衡时,在每个国家,国内企业生产 24 单位煤炭,16 单位国内消费,8 单位出口。煤炭的价格为每单位 30 亿美元。美国和英国交叉运输煤炭似乎是无效率的。毕竟,A 给英国提供煤炭的成本是 B 向英国消费者提供煤炭成本的两倍多,反之则反。因为 16 单位煤炭要由两个企业以每单位 10 亿美元的成本运送,要浪费 160 亿美元。

虽然自由贸易好像导致福利的减少,但这一结论忽略了每个国家内部贸易前的竞争效应。在自由贸易下,每个国家以市场价格每单位 30 亿美元消费 24 单位煤炭(其中 16 单位由国内生产者提供,8 单位由国外生产者提供)。这要大于自给自足情况下以价格 35 亿美元消费 20 单位,因此在自由贸易下每个国家消费的煤炭比自给自足情况下的多,且这一煤炭的卖价要低。每个企业从其国外销售中赚得的利润为 80 亿美元,从国内销售赚得的利润为 320 亿美元,总共赚得 400 亿美元。这比自给自足情况下要少 100 亿美元。

显然,煤炭消费者有贸易所得,煤炭公司所有者和煤矿所有者有所失。为了决定净效应,需要一种方法去测量生产者和消费者的共同福利。根据微观经济学知识,可以用消费者剩余和生产者剩余的和作为福利指标,赋予消费者和企业所有者相等的权重。消费者剩余等于每个消费者实际对煤炭的支付与每个消费者愿意为其消费的煤炭支付的最大数量货币的差。这近似等于需求曲线减煤炭的总支出的面积。设 Q 是一个国家的总煤炭消费,则消费者剩余等于:

$$\text{消费者剩余} = \int_0^Q P(x)\,\mathrm{d}x - P(Q)\cdot Q = \int_0^Q \left(6 - \frac{1}{8}x\right)\mathrm{d}x - \left(6 - \frac{1}{8}Q\right)\cdot Q = \frac{1}{16}Q^2 \tag{4.7}$$

引入自由贸易后所产生的各国的消费者剩余的所得等于图 4.3 中阴影部分的面积。这一面积等于 110 亿美元。生产者剩余等于企业从其生产的煤炭中获得的收益与它愿意生产煤炭所必须支出的最小货币的差。由于没有固定成本,生产者剩余就等于每个企业的利润。我们已经看到,在允许双边贸易时,国内的垄断利润下降了 100 亿美元。净福利(消费者剩余和生产者剩余之和)改进了 110 亿美元–100 亿美元 = 10 亿美元,如表 4.1 所示。

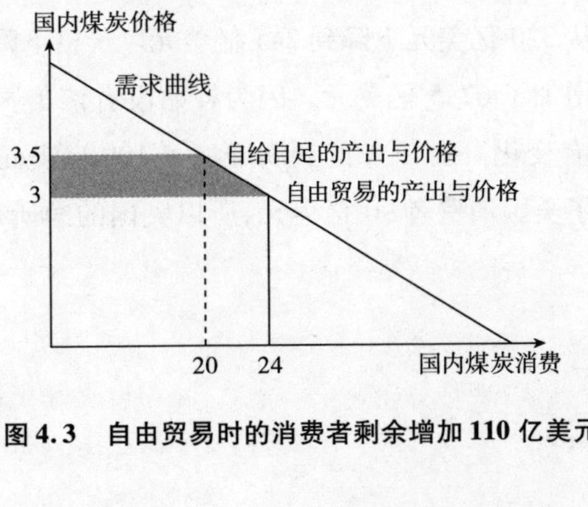

图 4.3　自由贸易时的消费者剩余增加 110 亿美元

表 4.1　贸易前和贸易后英国与美国的市场均衡

	Q_{GB}^{A}	Q_{GB}^{B}	P_{GB}	π_{US}^{B}	π_{GB}^{B}	消费者剩余
自给自足	0	20	3.5	0	50	25
自由贸易	8	16	3	8	32	36
变化	+8	–4	–0.5	+8	–18	+11

4.2　出口补贴

4.2.1　模型

例 4.3　假如美国政府对 A 每出口一单位煤炭补贴 7.5 亿美元。这就是出口补贴。为支付这一补贴就必须向消费者征税，这会导致收入下降。假定收入的这一降低对煤炭的国内需求没有影响，但消费者的福利减少了，减少的量就是被征税的量。由于这一补贴对 A 或 B 得自美国业务的利润没有影响，它对美国市场均衡不会有影响。但是它对英国市场和 A 得自其出口的利润的影响很大。补贴等价于 A 的运输成本减少 75%，从 10 亿美元降到 2.5 亿美元。A（销售给英国）的新利润函数为：

$$\pi_{GB}^{A}(Q_{GB}^{A}, Q_{GB}^{B}) = P_{GB}(Q_{GB}^{B} + Q_{GB}^{A}) \cdot Q_{GB}^{A} - 1.25Q_{GB}^{A} \qquad (4.8)$$

如图 4.4 所示，A 的最优反应曲线向右移动。A 的均衡出口增加了 50%（从 8 单位增加到 12 个单位），B 的国内销售下降了 2 单位或 12.5%（从 16 单位下降到 14 单位）。英国的价格下降，但只下降 8.3%（从 30 亿美元下降到 27.5 亿美元）。结果，A 在英国的利润从 80 亿美元升到 180 亿美元（包括补贴），B 的利润从 320 亿美元下降到 245 亿美元。价格下降、产出扩大使得英国消费者剩余增加了 62.5 亿美元。因为补贴没有使美国煤炭价格变化，所以美国市场没有变化。由于 A 的利润增加了 100 亿美元，可补贴以更高的税的形式花去了美国消费者 90 亿美元，所以美国的净所得只 10 亿美元，如表 4.2 所示。

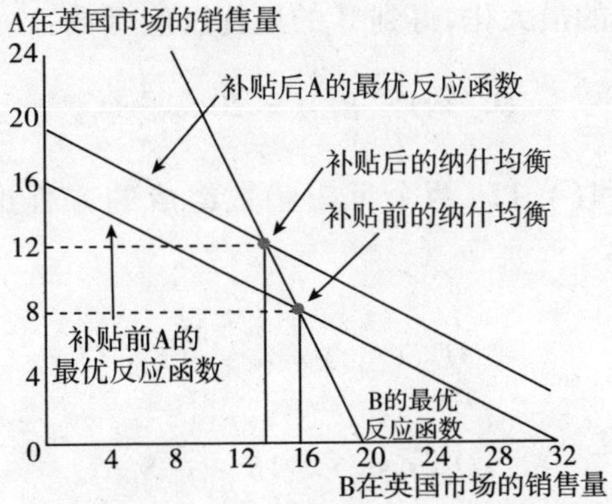

图 4.4 出口补贴使 A 的最优反应曲线右移

表 4.2 美国出口补贴前后英国的市场均衡

	Q^A_{GB}	Q^B_{GB}	P_{GB}	π^A_{GB}	π^B_{GB}	π^A_{GB}–补贴	GB 的消费者剩余
无补贴	8	16	3	8	32	8	36
7.5 亿美元/单位	12	14	2.75	18	24.5	9	42.25
变化	+4	–2	–0.25	+10	–7.5	+1	+6.25

4.2.2 最优出口补贴

假如美国政府想要设立出口补贴以使 A 的利润减补贴最大化;即使 $\pi^A - S_{US} \cdot Q^A_{GB}$ 最大①。称此种补贴是"最优"补贴,记为 S_{US},且只对运送的每单位煤炭实行补贴。A 从英国销售得到的利润(忽略国内销售,因为它们不受补贴规模的影响)等于:

$$\pi^A_{GB}(Q^A_{GB}, Q^B_{GB}, S_{US}) = P_{GB}(Q^B_{GB} + Q^A_{GB}) \cdot Q^A_{GB} + (S_{US} \cdot Q^A_{GB}) - 2Q^A_{GB} \tag{4.9}$$

B 从国内销售得到的利润等于:

$$\pi^B_{GB}(Q^A_{GB}, Q^B_{GB}, S_{US}) = P_{GB}(Q^B_{GB} + Q^A_{GB}) \cdot Q^B_{GB} - Q^B_{GB} \tag{4.10}$$

如果求 π^A_{GB} 对 Q^A_{GB} 的最大化,得到 A 的最优反应函数:

$$Q^{A*}_{GB}(Q^B_{GB}, S_{US}) = 16 - \frac{1}{2}Q^B_{GB} + 4S_{US} \tag{4.11}$$

① 这里显然忽略了补贴的分配效应,因为那些交税用以支付补贴的国民通常不是那些从补贴得益的国民。

求π_{GB}^{B}对Q_{GB}^{B}的最大化，得到B的最优反应函数：

$$Q_{GB}^{B*}(Q_{GB}^{A},S_{US}) = 20 - \frac{1}{2}Q_{GB}^{A} \tag{4.12}$$

解由(4.11)和(4.12)两个反应函数组成的方程组，同时得到Q_{GB}^{A*}和Q_{GB}^{B*}的两个表达式

$$Q_{GB}^{A*}(S_{US}) = 8 + \frac{16}{3}S_{US} \tag{4.13}$$

$$Q_{GB}^{B*}(S_{US}) = 16 - \frac{8}{3}S_{US} \tag{4.14}$$

这意味着均衡价格为：

$$P_{GB}^{*}(S_{US}) = P_{GB}(Q_{GB}^{B*}(S_{US}) + Q_{GB}^{A*}(S_{US})) = 3 - \frac{1}{3}S_{US} \tag{4.15}$$

政府的目标是使A的利润减补贴的差最大化：

$$V_{US}(S_{US}) = \pi_{GB}^{A}(Q_{GB}^{A*}(S_{US}),Q_{GB}^{B*}(S_{US}),S_{US}) - S_{US}\cdot Q_{GB}^{A*}(S_{US}) = 8 + \frac{8}{3}\cdot S_{US} - \frac{16}{9}\cdot S_{US}^{2} \tag{4.16}$$

S_{US} =7.5亿美元时V_{US}最大。因此上一节假设的补贴水平就是最优的。

4.2.3 补贴战

例4.4 如果两个国家都对其煤炭产业实行补贴，那么美国政府和英国政府，A和B会发现它们在玩一个四人补贴博弈。在这个博弈中，两国政府首先行动，同时决定是否同意对它们国内的煤炭生产者实行出口补贴，如果要补贴，补贴率是多少。A和B观察到两国政府给予的补贴率，然后在每个市场进行古诺博弈。

如果两个国家都不补贴，那么从第一节知道，A和B各自从其国内销售赚320亿美元、从出口赚80亿美元。从上节知道，最优出口补贴是每单位7.5亿美元。如果美国是采用最优补贴的唯一国家，那么，A继续从国内销售中赚得320亿美元的利润，但现在从出口英国中赚得180亿美元的利润（包括补贴）。A的总利润等于500亿美元。B的总利润降到325亿美元（245亿美元的国内利润和80亿美元的出口美国的利润）。因为假设两个市场是对称的，如果英国是唯一采用最优补贴的国家，就只把上面的数值反过

来就行了。即 B 的利润增加到 500 亿美元,A 的利润降到 325 亿美元。最后,如果两个国家都采用最优补贴,那么每个公司从其国内销售赚 245 亿美元,从其出口赚 180 亿美元。结果,各自的总利润等于 425 亿美元。

表 4.3 是补贴战博弈中两国企业的利润。正如古典经济学家早就指出的,正是海外消费者从出口补贴中获益,而国内消费者为补贴付税。表 4.4 列出了消费者福利——用国内消费者剩余减出口补贴表示。

表 4.3　有与没有出口补贴时两个企业的利润(减去补贴):10 亿美元

		英国	
		无补贴	补贴
美国	无补贴	40,40	32.5,50
	补贴	50,32.5	42.5,42.5

表 4.4　消费者剩余减两个国家的补贴:10 亿美元

		英国	
		无补贴	补贴
美国	无补贴	36,36	42.25,27
	补贴	27,42.25	33.25,33.25

表 4.5　美国和英国间补贴博弈的得益矩阵:10 亿美元

		英国	
		无补贴	补贴
美国	无补贴	76,76	74.75,77
	补贴	77,74.75	75.75,75.75

补贴博弈的得益矩阵如表 4.5 所示。它是表 4.3 和表 4.4 的和。均衡策略和结果用黑体标出。容易证明每个政府都有一个占优策略:实行出口补贴。可是,如果它们达成一个有约束力的协定不施加任何出口补贴,它们的处境会更好。简单地说,两国政府被带入了囚徒困境之中。

自第二次世界大战以来,世界许多国家通过关税及贸易总协定(GATT)的谈判已降低了它们的出口补贴和关税。例如,美国的关税目前只是 20 世纪 40 年代的十分之一。谈判在世界贸易组织的原则下继续进行。这些谈判为上面简单的囚徒困境模型提供了间接证据:没有国家会单方面降低其出口补贴,然而如果所有国家同时降低关税就会有所得。

4.3 规模收益递增

迄今我们保持新古典假定,即两个生产者的规模收益不变。可是,垄断通常与规模收益递增相联系。不过,允许规模收益递增(平均成本下降)只会强化我们上面的结论。

我们从自给自足开始,现在每个垄断者进入外国市场有两个动力。第一,即使两个市场的价格最初相同,外国市场的边际收益将会大于国内市场的边际收益。第二,通过增加产出、出口使企业的单位生产成本下降;因此,和以前一样,两个垄断者进行的两个古诺博弈的均衡将涉及交叉运输。因为不能再孤立研究两个市场,所以找到这个博弈的均衡比较复杂。

收益递增也增加了政府施加出口补贴的激励。补贴不仅把外国市场的垄断租从外国生产者转移给国内生产者,而且通过增加国内企业的产出补贴又降低了补贴企业的成本。在两阶段补贴博弈中,两国政府都对其煤炭生产者进行出口补贴。博弈不再是囚徒困境,有可能的原因是,成本降低的利益弥补了两个国家之间煤炭的交叉运送所引起的损失,这足以使帕累托补贴优于无补贴。

4.4 习题

习题1—4是基于课文的讨论。

1. 假如A公司和B公司从事贝特兰德竞争。求解自由贸易和没有补贴情况下,每个市场的纳什均衡。

2. 假设美国和英国的煤炭的需求下降,煤炭价格为:

$$P_k(Q_k) = 4 - \frac{1}{8} \cdot Q_k$$

其中 $Q_k = Q_k^B + Q_k^A$,且 k =美国, 英国

(1)求解英国煤炭市场的古诺纳什均衡,由于对称性,这也是美国煤炭

市场的古诺纳什均衡。

(2)美国的最优出口补贴是多少?由于对称性,这也是英国的最优出口补贴。

(3)补贴战博弈的得益是多少?找到补贴战博弈的纳什均衡。并证明此博弈是囚徒困境博弈。

3. 假如A公司和B公司是古诺竞争者,但其生产能力有限。具体的情况,没有哪家企业能生产超过10单位的产出,因此,课文中推导出的古诺-纳什均衡不再可行。请求新的古诺-纳什均衡。

4. 在分析补贴战博弈中,我们假设两国政府的目标是使消费者剩余和生产者剩余(企业利润)减去出口补贴最大化。这一福利指标赋予消费者和生产者相同的权重。假如福利指标如下,求解补贴战博弈的纳什均衡:

(1)消费者剩余加出口税收收入。

(2)生产者剩余减出口补贴支出。

5. 假设两国间通过税收优惠吸引资本进入。两国之间在税收制度上的差别不仅体现在税率的高低不同,而征收管理情况也有差异,如A国纳税程序简便,而B国可能相对要复杂一些。这样,在资本的流向上,A、B两国具有很强的替代性,但不是完全可替代,即税率不同时,税率较高的不完全失去资本。当A、B两国的税率分别为t_1和t_2时,它们各自的资本需求函数为$q_1(t_1, t_2)=a_1-b_1t_1+d_1t_2$,$q_2(t_1, t_2)=a_2-b_2t_2+d_2t_1$,其中$d_1, d_2>0$,即两国税收的替代系数。假定两国是同时决策,征税的边际成本为$c_1, c_2>0$,无固定成本。试求解该博弈问题的纳什均衡。

第5章　纳什均衡的应用:产权与效率

本章的讨论涉及公共资源的利用和科斯定理。在我们的日常生活中,我们都有这样的体验,但凡一种资源是公共所有的,就都存在过度利用或利用不足的现象,比如公家的自行车、居民楼道的路灯。最典型的例子是公共草场的过度放牧、公共河流湖泊的过度捕捞和森林过度采伐等。对于公共资源的这种过度利用,有许多学者提出过多种多样的解释。对于经济学家来说,大多数人会认为相对于人类的需要而言,公共资源的稀缺性及稀缺资源缺乏良好定义的产权是造成过度利用的主要原因。这种与缺乏良好定义产权相联系的公共资源利用问题在我们的经济生活中广泛存在,特别是在环境问题中最为普遍。我国西部地区资源开发中所出现的滥采滥伐问题、过度放牧问题,其最根本的原因是资源产权没有良好界定。

科斯定理是1991年诺贝尔经济学纪念奖获得者、芝加哥大学的罗纳德·科斯在1960年写的题为“社会成本问题”的论文中提出的观点的总结,科斯并没有把他的分析叫作科斯定理,科斯定理是另一位诺贝尔经济学纪念奖获得者(1982年)乔治·J. 斯蒂格勒命名的。科斯的这篇论文已成为经济学中引用最多的论文之一。在这篇文章中,科斯通过交易费用的引入,讨论了不同的制度安排与不同资源配置效率之间的关系,特别是不同的产权安排和公民责任法则在决定资源配置中的作用。实际上科斯的一些观点在1776年亚当·斯密出版的《国富论》中就已经提到,在某种意义上,科斯定理只是亚当·斯密关于看不见的手的定理的重新表述。简单地说,科斯定理说的是,如果对有效的讨价还价没有法律或策略上的障碍,且如果产权是良好定义的,那么人们总能通过谈判达成帕累托最优的结果。进一步,公民责任法则(产权的确立)将对经济资源配置没有影响,而只影响收入的分配。然而一旦认识到讨价还价可能不是有效率的,产权的建立可能影响行为和资源配置,因此,产权的作用成为效率问题的中心。

在本章中,我们利用两个简单的例子,用博弈论的方法来分析公共资源的配置是否能达到帕累托最优和科斯定理条件下资源配置是否最优。在我们的第一个例子中,产权未被良好界定。在我们的第二个例子中,产权被良好界定。第二个例子中我们又分两种情况讨论,一是讨价还价无成本地进行,另一种是讨价还价有成本。

5.1　产权与资源开发

5.1.1　资源产权制度

产权是一种通过社会强制而实现的对某种经济物品的多种用途进行选择的权利(Armen A. Alchian,1987)。从产权理论看,商品实际上是一组权利束,它们包括:商品的使用权;利润的保留;改变商品形式和实体的可能性;以及卖出或者把商品让与其他人的权利。

通过获得一种商品的产权,处置商品的权力被转移,因此此种商品的价值取决于与之相关联的产权束。因而,在个人间转移的不是商品而是权利束。结果,对商品所有者重要的不仅是商品的技术特性,还有与使用者相联系的权利的种类和范围。有学者用"有效商品"(effective goods)描述此种范围(Schuller,1985)。这种商品观考虑了所有权和控制之间的实质性的不同,这种区分在产权分析中起着重要作用。

Bromley(1991)把产权的特征描述为:"……产权不是目的而是……一种社会关系,它界定了产权持有人有某种价值(收益流),而所有其他人没有此种收益流。……权利不是我和一个目的之间的关系,而是我和其他人相对于目的之间的关系。产权是对收益流的一种要求权,国家将同意通过权责的安排保护,以免其他渴望或者在某种程度上妨碍此种收益流的人干预。"因此产权不仅仅指的是商品的所有权而且还包括个人可对资源实施的各种控制,包括处置权力和货币要求权,因而产权超过了制度法则,制度法则定义了谁被允许利用和控制一种商品,从而获得由此产生的收入,因为它包括合法地把成本转移给其他人。

要考查产权理论,就必须考虑权利只有在权威制度下才存在,因为要不然它们的所有者就不能实施它们。结果,如果人们没有责任尊重产权,权利对其他人就没有任何的重要性。因而产权的所有权和控制权的分离的特殊问题在分析产权时就起着重要作用。由于交易成本或者使用的法律和文化限制,完全定义的产权就可能受阻,这在规范意义上产生于传统或者法律。交易成本越高,规范的限制越多,产权的"稀薄"就越大。高度稀薄对应着外部性的低私有化,结果商品和劳务的配置就是次优的。

根据 Bromley 的研究,一种产权制度或者结构可被解释为一种社会人造物,目的在于实现稀缺资源的有效配置。允许管理资源的结构由一束明显或者隐含的权利和责任组成,它体现了个人间对于此种资源的关系。据此可区分出四种类型的产权制度:

国有产权制度(state property regime):在国有产权制度中,国家控制和拥有资源。允许社会成员在公共法则下利用资源。因为成员受政府控制,资源的使用权和所有权显然是不一致的。

私有产权制度(private property regime):属于个人的产权即为私有产权,它可以转让——以换取对其他物品同样的权利。在私有产权制度中,物品的所有者有排他性的个人产权,例如对于一片土地,他能够排除其他人利用该土地。与国有产权制度相反,这里物品的所有者和使用者是一致的。私有产权的有效性取决于对其强制实现的可能性及为之付出的代价,这种强制有赖于政府的力量、日常社会行动以及通行的伦理和道德规范。简言之,没有经过你的许可或没有给你补偿,任何人都不能合法地使用或影响那些产权归你所有的物品的物质性状。在假设的私有产权完备的条件下,我利用我的资源而采取任何行动,都不可能影响任何其他人的私有财产的实际归属。例如,你对你拥有的土地的私有产权限制了我和其他每一个人对它的可允许行为,而我的私有产权则限制了你和其他每一个人对我所拥有的一切东西的可允许行为。这里需要强调的是:一个物品不受他人行动影响的是指其物质性状和实际用途,而不是它的交换价值。

私有产权是给予人们对物品那些必然发生矛盾的各种用途进行选择的权利。这种权利并不是对物品可能用途施以人为的或强加的限制,而是对这些用途进行选择的排他性权利。如果限制我在我的土地上种植玉米,那将是一种强加的或人为的限制,它否定了一些并没有转让给其他人的权利。

人为的或不必要的限制不是私有产权赖以存在的基础。之所以如此,还由于这些限制一般只是针对某些人而实行的,在对其他人没有必要限制的活动中,如果不对这些人加以限制,他们就会取得一种"合法的垄断"。

根据私有产权,任何双方同意的契约条款都是允许的,它们并不是都必须得到政府强制力的支持。当契约条款是属法律所禁止的,则私有产权就要遭到否定。例如,在你拥有的土地上未经政府许可种植鸦片是非法的,或者,当商品售价超过了出于政治方面考虑而划定的某种界限时,也可能是非法的。一般而言,这些限制的引入稀释了私有产权,减少了私有财产、市场交换和契约作为调节生产与消费以及解决利益冲突的手段的力量。当然这些限制并非都对资源的有效率利用不利。

共有产权制度(common property regime):共有产权制度的特征是对物品或者资源的共同所有。在本质上,共有产权是一个共有组织的"私有"产权。它与别的私有产权不同,它不具备产权利益的匿名可转让性。一个共有组织的成员,只有取得其他各成员或他们的代理人同意,才能将共有组织的权益转让给他人。一个单独的成员不能排他性地按自己的意志利用物品的某一部分,成员对物品的使用要受到对权利和责任的一致同意的约束,共有组织有把非成员从物品的利用中排除的可能性。公共草场、公共鱼塘和公共灌溉系统是共有产权制度的经典例子。

开放进入(open access):并非所有的资源都能由上面的产权制度实行令人满意的控制。有的资源向每个使用者开放,允许他们自由进入,这就是所谓的开放进入。在开放进入的情况下,资源的利用没有法律的限制,即没有产权被确认。之所以有开放进入,要么是排他的不可能性,其他产权制度的暂时失灵,要么是失去管理资源的需要。因为没有产权,资源的利用是以先到先利用为基础的。由此,显然开放进入即无限制的进入和共有产权制度不同。产权总是与所有者和非所有者的权利和责任相联系的。对于没有被管理的资源,使用者和非使用者既没有权利又没有责任。情况经常是使用者有"特权",非使用者"无权利"。一个例子是在 200 公里外自由出入的公共捕鱼区捕鱼,那里没有定义的法律限制。

作为总结,表 5.1 列出了不同的资源利用的产权制度。

表 5.1 资源产权制度的界定

产权制度类型	界定
私有产权	个人有权进行社会可接受的资源利用,并具有责任制止那些社会不能接受的利用行为。其他人有责任尊重个人的这些权利
共有产权(社区)	管理小组有权排斥非社区成员。非社区成员有责任遵守这种排外规定。拥有者们构成了管理小组并有利用资源的权利并要承担相关的责任
国有产权	个人有遵守资源利用规定的责任。这些规定是由资源管理机构决定的。该机构有权确定这些规定
开放进入	使用者或者所有者都没有确定。对资源利用者而言,个人都有特权但没有权利

下面我们假设国家法律安排和实施了产权制度,从而给每个人的交易设立了框架。产权是物品相对稀缺性的社会反映,制度法则随时间持续变化,因此它们的配置效率和分配效率也在持续变化。

5.1.2 资源产权制度与资源开发:一个简单模型

例 5.1 下面我们给出一个简单模型,以说明不同的产权制度下资源开发强度(戴维·皮尔斯,杰瑞米·沃福德,1997)。考虑一种资源,比如说是森林资源。假设森林增长曲线是一个逻辑函数(如图 5.1 所示)。在较低的存量水平上,森林的数量增长非常快(图中 A 到 B 点)。然后森林竞争阳光,增长率减慢(B 点以上)。最后林木存量保持在一个最高的水平,用 X_{max} 表示。增长曲线始于 X_{min}(最小的数量)而不是 0,是因为许多生物种群在其繁殖前需要有一定的大于零的数量。如果这一数量低于 X_{min},它将沿 AC 的方向趋于 0。这里我们忽略这种可能。

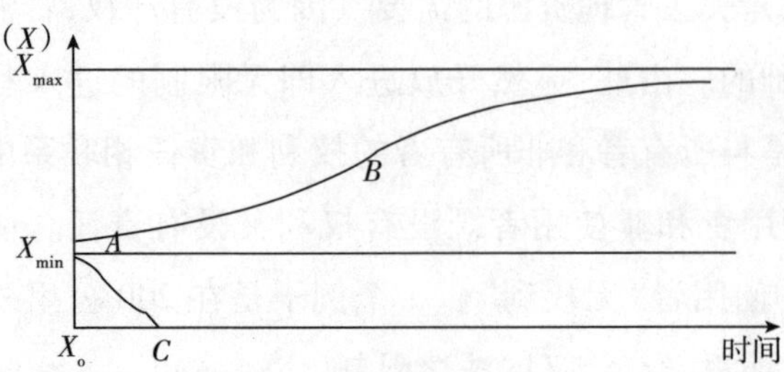

图 5.1 森林的增长曲线

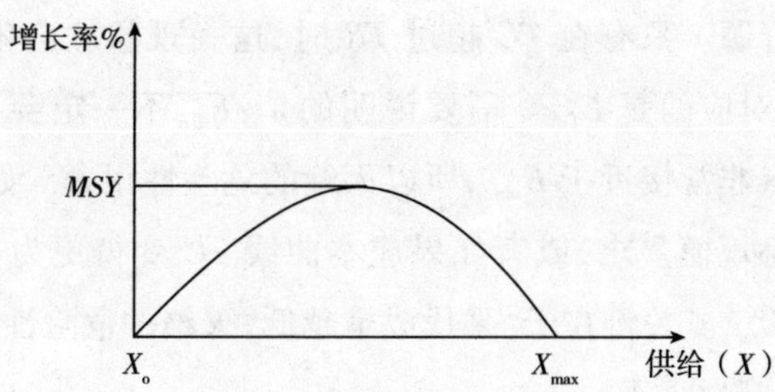

图 5.2　森林增长率曲线

增长曲线中增长率的变化如图 5.2 所示。增长率开始是正的,然后逐步达到最高点(对应于图 5.1 的 B 点),此后增长率减慢,直至森林存量达到最大为止。结合图 5.1 和图 5.2,我们可以选择任何水平的林木存量和林木采伐量。为了使得这一期的采伐的木材数量不减少下期的林木存量,即保持资源的可持续利用,林木采伐量应相当于森林的增长率。显然如果采伐量超过了森林的增长率,森林资源就会逐渐枯竭。由图 5.2 可知,资源的最大可持续开发量是 MSY。

现在我们讨论森林采伐的成本和收益。假设森林采伐的投入,包括采伐机械等的价格为 W,投入量为 E,投入的总成本为 TC,于是我们有 $TC = W \cdot E$。森林采伐的收益为采伐的林木数与林木价格的乘积。设采伐数量为 H,它是采伐投入的函数,$H = H(E)$,木材价格为 P,这样采伐林木的总收益 $TR = P \cdot H$。总收益曲线和总成本曲线如图 5.3 所示。

下面讨论不同的产权安排对资源利用的影响。首先,我们假设森林只为一个人所有。这唯一的所有者将追求最大利润,即根据边际收益等于边际成本的原则,采伐投入的最佳点为 E_{PROF}。需要注意的是,E_{PROF} 不同于最大的可持续产量。这唯一的所有者只有在成本为零的情况下才想获得最大的可持续产量。E_{PROF} 也远低于最高森林存量水平 X_{max}。所以,如果把森林的所有权赋予私人的话,会更好地保证对资源的保护和可持续开发。

其次,我们讨论资源开放体制。即任何人或每个人都可以随意采伐他们想要的木材,资源没有确定的所有者,也没有关于资源开发和利用的规则。在这种资源开放的情况下,每一个认识到通过采伐森林资源可以获得利润的人都会想方设法采伐这些资源。相应地,当 $TR > TC$ 时,会有新来者开发这些森林资源。只有在 TC 超过 TR 时,这一现象才会停止。在图 5.3 中,开放均衡点对应的是 E_{OA}。需要说明的是:E_{OA}不一定会导致资源灭绝,不过开放均衡点非常接近于 E_{max},所以灭绝的危险性很大。如果这种资源有一个关键的最小规模要求,或者如果成本曲线 TC 变得更为平缓,开放均衡就会更接近于 E_{max}。关键在于,采伐成本越低,灭绝的危险性越大。

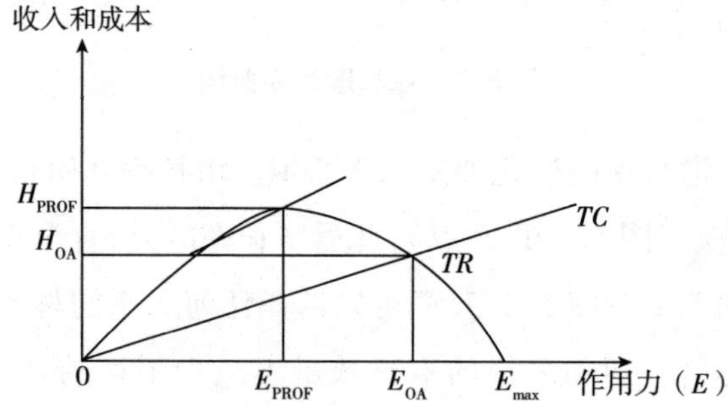

图 5.3 产权均衡

第三,在共有财产制度下,竞争性采伐会使得资源利用陷入"公共地的悲剧"。考虑到社区和国家在使用这些资源时会对资源开发利用制定规则,包括规定资源的利用率等。因此,公共财产的均衡点应位于 E_{PROF} 和 E_{OA} 之间。

把上面的讨论总结为如下命题:

命题 5.1:在资源开放的产权制度下,即产权未被规定为私人所有或公共所有,资源便存在灭绝的危险。在私有产权制度下,资源的所有者对资源开发的原则是利润最大化。共有产权制度下资源的利用率介于私有产权和资源开放之间。

5.2 公共地的悲剧——哈丁模型

从休谟(1739)开始,学者们就已经认识到如果人们只关注个人福利,公共物品就会出现短缺,并且公共资源也会过度使用。哈丁(G. Hardin)1968 年在以"公共地的悲剧"(The tragedy of the Commons)为题的著名论文中证明,如果一种资源没有排他性的所有权,就会导致对这种资源的过度使用。

这里我们用博弈论的方法来考察公共资源的利用问题。

5.2.1　模型的基本故事

继续考虑上面关于森林的例子。假定有两个森工企业,共同采伐一片森林。没有企业拥有这片森林,即森林是公共财产。我们的目的是分析这两个企业会如何行为,决定最后的资源配置是否帕累托最优。

每个企业都知道过度采伐所产生的问题。虽然采伐的努力越大,所采伐的林木越多,但此种过度努力会使林木蓄积量减少,这样未来能采伐的林木即使没有耗竭也会大大减少。如果一个企业拥有这片森林,我们预期在边际上,它今天在决定额外采伐一棵树时会考虑对未来采伐的成本。当有一个以上的企业有在这片森林上采伐的权利时,它们中的每一个今天每多采伐一棵树,只承担未来成本的一小部分。因为没有企业承担全部成本,它们会过度采伐。这个基本问题就是众所周知的**公共地的悲剧**。

5.2.2　森林采伐博弈

下面我们用一个简单的博弈模型来展开我们的分析。

例 5.2　由于森林资源是可再生资源,因此对它的分析要考虑森林的自然增长。假设 G 是这片森林的净自然增长,它是木材蓄积存量 K 的函数。它们的关系满足

$$G = K \times (K_{max} - K) \tag{5.1}$$

其中 K_{max} 是最大木材蓄积存量。方程(5.1)说明,如果存量 K 非常低,由于基数过小,森林的净绝对增长率可能为正但也不会太大。这意味着林木的存量会增长但很慢。然而随着存量越来越大,净自然增长率提高,引起森林的存量增长越来越快。一旦存量变得足够大,由于过分的空间拥塞以及对其他自然条件的竞争,净自然增长率发生停滞和下降,当存量 K 达到其最大值时,其增长速率为 0。在这点上森林的存量停止增长。这个 0 种群增长点是一个稳定均衡。在这个均衡时,森林的自然增长和自然死亡相等,即净自然增长为 0。因为均衡发生在净自然增长率为 0 时,这片森林就有两个均衡的存量:0 和 K_{max}。我们假设 $K_{max}=100$ 万立方米。这样方程(5.1)就简化为:

$$G = K \times (1 - K) \tag{5.1a}$$

式中的单位用 100 万立方米表示。

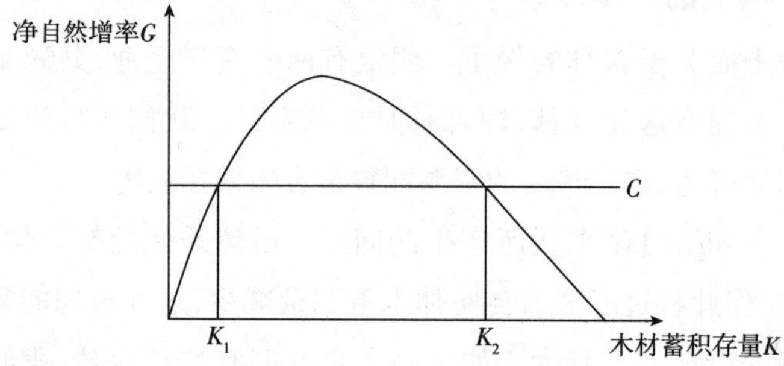

图 5.4　森林采伐

当然,采伐增加了死亡的树数,打乱了自然均衡。虽然采伐不影响 G 与 K 之间的生物学关系,但它会影响 G 和 K 的均衡值。如果 G 为 0,我们采伐一定数目的树木,比方说 C,则林木的蓄积存量就会下降。如果 C 正好等于 G,这时又会出现稳定均衡。在图 5.4 中,我们看到,如果单位时间采伐数等于 C,则均衡的林木存量要么是 K_1 要么是 K_2。在这两个存量上,净自然增长等于 C。

采伐木材必须要投入资源。我们用 E 表示采伐努力。E 值越高,用于采伐的资源就越多。E 包括了伐木机械、伐木工人和伐木所用的时间等。如果林木存量 K 不变,采伐努力越多,采伐的林木就越多。采伐努力不变,林木存量 K 越大,采伐的林木就越多。上面的关系我们用方程:

$$C = K \times E \tag{5.2}$$

直到稳定均衡时,净自然增长正好等于被采伐的林木数,即 $G = C$。代数上,这意味着

$$K \times (1 - K) = K \times E \tag{5.3}$$

解这个方程中的 K 得均衡时森林存量和采伐努力水平之间的函数关系:

$$K = 1 - E \tag{5.4}$$

方程(5.4)表明,如果 E 增加 1 单位,则均衡的林木存量将减少 1 单位。假定林木的存量对采伐的努力水平的变化做出迅速调整到稳定均衡。结

果,我们得到采伐规模是采伐努力的函数的表达式,把(5.4)中的 K 带入方程(5.2)的得:

$$C = E \times (1 - E) \tag{5.5}$$

方程(5.5)把采伐量(产出)和采伐努力(投入)相联系。因此,它就是采伐的生产函数。

假设有两个企业 A 和 B,它们要决定为采伐林木投入多少采伐努力。这两个企业是理性的、向前看的,独立选择其采伐努力 E_A 和 E_B,而不管其他企业的决策。这意味着它们在玩一个静态的两个局中人的连续策略的采伐博弈。它们目前的采伐立即能获得利润,可两个企业也知道今天的采伐通过改变稳定的森林种群改变未来采伐的盈利性。企业有许多方法去平衡现在和未来的利润。因为我们的目的在于探讨缺乏产权和远见如何引起过度采伐,假定企业想要最大化它们的稳定利润。稳定利润是森林种群处于稳定均衡时所赚得的利润流。在某种意义上,这是短视的对立面,因为我们忽略了当前的利润;假设企业认为长期最重要。剩下的是要找到企业稳定利润作为其努力水平的函数的表达式。

由方程(5.5)知,稳定均衡采伐率 C_T取决于两个企业的总的努力。即

$$C_T = E_T \times (1 - E_T) \tag{5.6}$$

其中 $E_T = E_A + E_B$。假设两个企业采伐量之比等于它们的采伐努力之比,因此如 B 不采伐,则 A 获得全部的采伐量。如果 B 的努力占总努力的 30%,则 A 只获得总采伐量的 70%。代数上,这意味着

$$\begin{aligned} C_B &= \frac{E_B}{E_T} \cdot C_T \\ &= \frac{E_B}{E_T} \cdot E_T \cdot (1 - (E_A + E_B)) \\ &= E_B \cdot (1 - E_A) - E_B^2 \end{aligned} \tag{5.7}$$

且

$$C_A = \frac{E_A}{E_T} \cdot C_T$$

$$= \frac{E_A}{E_T} \cdot E_T \cdot (1 - (E_B + E_A)) \tag{5.8}$$

$$= E_A \cdot (1 - E_B) - E_A^2$$

方程(5.7)和(5.8)是两个企业的生产函数。它们表明每个企业的生产率取决于两个企业的采伐努力。这完全不同于制成品的生产,在制成品生产中一个企业的生产率只取决于其技术和使用的投入的组合。

考虑到采伐博弈中的得益是稳定利润。假设林木的价格是每立方米1,采伐努力的成本是每单位0.10,利润的单位为100万元。那么A的利润函数为

$$\begin{aligned}\pi_A(E_A,E_B) &= ((1 - E_B)\cdot E_A - E_A^2) - 0.10 \cdot E_A \\ &= (0.9 - E_B)\cdot E_A - E_A^2\end{aligned} \tag{5.9}$$

由于两个企业生产函数的对称性,B的利润函数的表达式为

$$\pi_B(E_A,E_B) = (0.9 - E_A)\cdot E_B - E_B^2 \tag{5.10}$$

因为策略空间不是有界的但是连续的,为了找到纳什均衡,我们必须计算每个企业的最优反应函数。这一函数给出了每个企业在其他企业选定的每个可能的努力水平下的最优努力水平,可在保持其他企业的努力水平不变的条件下,用最大化利润函数求得。两个企业利润函数的最大化一阶条件分别为:

$$\begin{aligned}\frac{\partial \pi_A(E_A,E_B)}{\partial E_A} &= (0.9 - E_B) - 2E_A = 0 \\ \frac{\partial \pi_B(E_A,E_B)}{\partial E_B} &= (0.9 - E_A) - 2E_B = 0\end{aligned} \tag{5.11}$$

因此最优反应函数是

$$\begin{aligned}E_A^{BR}(E_B) &= \frac{1}{2}(0.9 - E_B) = 0.45 - \frac{1}{2} \cdot E_B \\ E_B^{BR}(E_A) &= \frac{1}{2}(0.9 - E_A) = 0.45 - \frac{1}{2} \cdot E_A\end{aligned} \tag{5.12}$$

唯一的纳什均衡努力水平是这些最优反应函数的交点:

$$E_A{}^* = E_B{}^* = 0.3 \tag{5.13}$$

在纳什均衡时,每个企业采伐的努力水平等于 0.3 个单位,因此总采伐努力等于 0.3 + 0.3 = 0.6 个单位。方程(5.6)说明,均衡的总采伐量等于 0.6 × (1 − 0.6) = 0.24 个单位。但是方程(5.6)也表明,相同数量的林木可在努力水平只扩大到 0.4 时就可采伐完,因为 0.4 × (1 − 0.4) = 0.24。这意味着,有 0.2 个单位的努力被浪费了。如果两个企业之间的策略互动能够避免浪费,两个企业采伐 0.24 个单位的林木可节约总成本大约 33%。这完全与通常的情况相反,在通常生产者之间,激烈的竞争会导致生产率增加。

这里用博弈论的分析再次得到了命题 5.1 中给出的结论:**如果一种资源没有排他性的产权安排,对这种资源的竞争性利用会导致过度利用。**

这是一个具有普遍意义的结论。对于公共产品,有类似的问题存在,典型的如国防服务。与上述公共资源的利用有过度投入的分析不同,涉及公共产品时,用于生产公共产品的资源总是不足。对此已有许多分析。

上面的结论是假设采伐博弈只有两个局中人。如果有多个企业,上面的结论同样成立,而且与公共资源利用相关联的无效率只会随着用户数量的增加而变得更加严重。

5.3　外部性:竞争均衡与庇古解

私人成本和收益与社会成本和收益相背离是经济社会最普遍的问题之一,如河流污染问题。位于河岸的纸厂利用木料、劳动力和河流水能生产纸。在这个过程中,纸厂也生产化学废料,化学废物被排放到河中被河水运到下游。在决定生产多少纸时,纸厂要考虑木料的成本、劳动力成本,但会忽略河流水能的利用和废物的处理,即它把河流看成是一种"免费"的资源。对纸厂的所有者来说河流的利用没有直接的交易发生,因而是"免费的",但是纸厂对河流的利用对下游的居民来说代价就非常大。关键在于下游的居民而非纸厂的所有者承担了纸厂使用河流的成本。这个成本叫作**外部性**。因为纸厂没有承担这一成本,不可能指望它在选择其产出或其生产工艺时考虑外部性。事实上,如果造纸业的竞争非常激烈,那么纸厂长期留在该行业的唯一方法是忽略企业没有直接交易的所有资源的成本。

经济学原理告诉我们,自由竞争市场使得企业选择边际私人收益等于边际私人成本的产出,因为在这点上企业的私人收益(利润)最大。但是产出的净社会收益最大化条件是边际社会收益等于边际社会成本。只有私人成本与社会成本相同,竞争性市场和自愿交易才会产生资源的有效率配置(帕累托最优)。但是,如果两者不一致——至少在边际上如此——那么竞争性市场可能难以达到效率的必要条件,即生产边际社会收益等于边际社会成本的产出。

解决私人的边际收益和成本与社会边际收益和成本不一致所产生的问题的办法之一是庇古(Pigou,1932)提出的,庇古认为除非通过恰当的政府干预加以纠正,否则私人成本和社会成本间的差异会导致资源浪费。罗纳德·科斯(Ronald Coase,1960)教授在《社会成本问题》中对此提出了强有力的挑战,他认为帕累托最优资源分配(在某些理想条件下)可通过不求助于庇古的政府干预私下协商而达到,并且该私下解决方法独立于责任法规(产权安排)。

本节用一个简单的数学模型,分别讨论了存在外部性时的社会最优解、竞争市场解和庇古解。我们考虑的外部性是一种商品的生产成为其他一些商品生产的负投入的生产负外部性。

5.3.1 一个简单的外部性模型

为了分析的简便起见,考虑有两个企业(A 和 B)的经济,企业 A 的生产给企业 B 的生产带来负的外部性,即企业 A 的产出是企业 B 的负投入。这两个企业的产出分别为 Y_A 和 Y_B,为方便讨论,假设这两个企业只使用一种投入,分别为 L_A 和 L_B,企业 A 的生产函数为:

$$Y_A = F_A(L_A) \tag{5.14}$$

满足

$$F_A(0) = 0, \frac{\partial F_A}{\partial L_A} > 0, \frac{\partial^2 F_A}{\partial L_A^2} < 0$$

对于企业 B,其生产函数为

$$Y_B = F_B(Y_A, L_B) \tag{5.15}$$

满足

$$F_B(Y_A, 0) = 0, \frac{\partial F_B}{\partial L_B} > 0, \frac{\partial^2 F_B}{\partial L_B^2} < 0$$

且

$$\frac{\partial F_B}{\partial Y_A} < 0 \tag{5.16}$$

方程(5.16)说明,由于企业 A 的产出(Y_A)是企业 B 生产的负投入,因而随着企业 A 产出的增加,企业 B 产出将减少。结合方程(5.14)和方程(5.15),我们有

$$Y_B = F_B(Y_A, L_B) = F_B[F_A(L_A), L_B] = F_B(L_A, L_B) \tag{5.17}$$

注意,由于企业 A 的产出是企业 B 的产出的负投入,有

$$F_B(L_A, 0) = 0, \frac{\partial F_B}{\partial L_A} < 0$$

假设这两个企业所处的市场环境是完全竞争的,即两种产出的价格(分别为 p_A 和 p_B)及要素价格 w 的决定独立于这两个企业的产出水平,即视这些价格(p_A, p_B, w)为外生给定的常数。于是这两个企业的利润函数分别为 $\pi_A(L_A)$ 和 $\pi_B(L_A, L_B)$:

$$\pi_A(L_A) = p_A Y_A - wL_A = p_A F_A(L_A) - wL_A \tag{5.18}$$

$$\pi_B(L_A, L_B) = p_B Y_B - wL_B = p_B F_B(L_A, L_B) - wL_B \tag{5.19}$$

5.3.2　社会最优与竞争均衡

这一节我们分析社会最优和竞争均衡两种情形。

(1)社会最优

在社会最优的情况下,使两个企业的共同利润($\pi = \pi_A(L_A) + \pi_B(L_A, L_B)$)最大,就可以得出帕累托最优状态,它们是下面最优化问题的解:

$$\max_{L_A L_B} \pi = p_A F_A(L_A) + p_B F_B(L_A, L_B) - w(L_A + L_B)$$

$$\text{s.t} \quad L_A + L_B \leqslant L, \text{且 } L_A > 0, L_B > 0$$

一阶条件由 $\frac{\partial \pi}{\partial L_A}=0,\frac{\partial \pi}{\partial L_B}=0$ 给出,即

$$p_A \frac{\partial F_A}{\partial L_A}+p_B \frac{\partial F_B}{\partial L_A}-w=0$$
$$p_B \frac{\partial F_B}{\partial L_B}-w=0 \tag{5.20}$$

上面的一阶条件可改写为

$$p_A \frac{\partial F_A}{\partial L_A}+p_B \frac{\partial F_B}{\partial L_A}=p_B \frac{\partial F_B}{\partial L_B}=w \tag{5.21}$$

式(5.21)就是共同利润最大化的(必要)条件。

(2)竞争均衡

在竞争条件下,企业所关注的一般不是共同利润最大化或"社会利润"最大,而是各自的私人利润最大。也就是说:

对于企业 A,其最优化问题是

$$\max_{L_A} \pi_A(L_A) \equiv p_A F_A(L_A)-wL_A$$
$$\text{s.t}\quad L_A>0$$

最优化的一阶条件为

$$p_A \frac{\partial F_A}{\partial L_A}-w=0 \tag{5.22}$$

对于企业 B,其最优化问题是

$$\max_{L_A,L_B} \pi_B(L_A,L_B) \equiv p_B F_B(L_A,L_B)-wL_B$$
$$\text{s.t}\quad L_A>0,\ L_B>0$$

最优化的一阶条件是

$$p_B \frac{\partial F_B}{\partial L_B}-w=0 \tag{5.23}$$

结合(5.22)和(5.23),我们有

$$p_A \frac{\partial F_A}{\partial L_A}=p_B \frac{\partial F_B}{\partial L_B}=w \tag{5.24}$$

显然,由于外部性的存在($\frac{\partial F_B}{\partial L_A}\neq 0$),条件(5.24)一般不同于条件

(5.21),因此,在竞争的情况下,即每一个企业最大化自己的私人利润的“市场解”,达不到帕累托最优(或社会最优)。这是外部性导致市场失灵的核心。

5.3.3　庇古解

关于外部性导致市场失灵的一种解决方法是英国经济学家庇古(Pigou,1932)提出的,他认为可以通过对产生负外部性的企业征税或给予受到负外部性影响的企业补贴,就可以消除外部性导致的市场失灵。我们首先讨论征税的情形。

为了使分析简化,假设给产生外部性影响的企业 A 征收收入税,税率为 t,而企业 B 不受税收的影响,也没有补贴,则企业 A 的最优化问题变为:

$$\max_{L_A} \pi_A(L_A) \equiv (1-t)p_A F_A(L_A) - wL_A$$

$$\text{s.t}\quad L_A > 0$$

最优化的一阶条件为

$$(1-t)p_A \frac{\partial F_A}{\partial L_A} - w = 0 \tag{5.25}$$

企业 B 的最优化条件仍然由方程(5.23)给出。综合条件(5.25)和(5.23),我们有

$$(1-t)p_A \frac{\partial F_A}{\partial L_A} = p_B \frac{\partial F_B}{\partial L_B} = w \tag{5.26}$$

比较(5.26)和(5.21),如果政府选择的税率 t,使得

$$-tp_A \frac{\partial F_A}{\partial L_A} = p_B \frac{\partial F_B}{\partial L_A}$$

即

$$t = -\frac{p_B \dfrac{\partial F_B}{\partial L_A}}{p_A \dfrac{\partial F_A}{\partial L_A}} > 0 \tag{5.27}$$

这时条件(5.26)就和社会最优条件(5.21)相同。也就是说,通过政府对产生外部性的企业征税,私人利润最大化行为是可以实现社会帕累托最

优的。

现在讨论政府给受外部性影响的企业提供补贴的情形。假设企业 B 获得的补贴占其收入的比率为 s,这时企业 B 的最优化问题为

$$\max_{L_A,L_B} \pi_B(L_A,L_B) \equiv (1+s)p_B F_B(L_A,L_B) - wL_B$$

$$\text{s.t} \quad L_A > 0, L_B > 0$$

最优化的一阶条件是

$$(1+s)p_B \frac{\partial F_B}{\partial L_B} - w = 0 \tag{5.28}$$

假设企业 A 不受税收或补贴的影响,其利润最大化条件由(5.22)给出。综合条件(5.28)和(5.22),我们有

$$p_A \frac{\partial F_A}{\partial L_A} = (1+s)p_B \frac{\partial F_B}{\partial L_B} = w \tag{5.29}$$

因此,比较(5.29)和社会最优条件(5.21),可以证明,如果政府选择的补贴率 s,使得

$$-sp_B \frac{\partial F_B}{\partial L_B} = p_B \frac{\partial F_B}{\partial L_A}$$

即

$$s = -\frac{p_B \dfrac{\partial F_B}{\partial L_A}}{p_A \dfrac{\partial F_B}{\partial L_B}} > 0 \tag{5.30}$$

这时条件(5.29)就和社会最优条件(5.21)相同。也就是说,通过政府对受到外部性影响的企业提供补贴,私人利润最大化行为同样是可以实现社会帕累托最优的。

综上所述,在有外部性存在的情况下,根据庇古的方法,只有政府的干预才能实现社会最优。

5.4 科斯定理

与庇古的政府干预分析不同,罗纳德·科斯在 1960 年写的题为“社会成本问题”的论文中指出,即使在外部性存在的情况下,帕累托最优可在没

有政府的任何干涉的情况下,通过双方的讨价还价达到。科斯认为,庇古的传统方法掩盖了存在外部性影响时问题的实质。他指出:“人们一般将该问题视为甲给乙造成损害,因而所要决定的是:如何制止甲?但这是错误的。我们正在分析的问题**具有交互性质**,即避免对乙的损害将会使甲遭受损害,必须决定的真正问题是:是允许甲损害乙,还是允许乙损害甲?关键在于避免较严重的损害。”例如,以糖果制造商的机器引起的噪声和震动干扰了某医生的工作为例,科斯指出:“为了避免损害医生,糖果制造商将遭受损害。此事例提出的问题实质上是,是否值得去限制糖果制造商采用的生产方法,并以减少其产品供给的代价来保证医生的正常工作。”又如,“走失的牛损坏邻近土地里的谷物所产生的问题。倘若有些牛难免要走失,那么只有以减少谷物的供给这一代价来换取肉类供给的增加。这种选择的实质是显而易见的:是要肉类,还是要谷物?”考虑到问题的相互性,科斯认为,帕累托最优可在没有政府的任何干涉的情况下,通过双方的讨价还价达到。乔治·J.斯蒂格勒将科斯的这一认识称为科斯定理。科斯定理实际上讨论的是不同的制度安排与不同资源配置效率之间的关系,特别是不同的产权安排和公民责任法则在决定资源配置中的作用。实际上科斯的这一观点在1776年亚当·斯密的《国富论》中就已经提到,在某种意义上,科斯定理只是亚当·斯密关于看不见的手的定理的重新表述。简单地说,科斯定理说的是,如果有效的讨价还价没有法律或战略上的障碍,且如果产权是良好定义的,那么人们总能通过谈判达成帕累托最优的结果。进一步,公民责任法则(产权的确立)将对经济资源配置没有影响,而只影响收入的分配。然而一旦认识到讨价还价可能不是有效率的,产权的建立可能影响行为和资源配置,因此,产权的作用成为效率问题的中心。

下面的讨论假设企业A和企业B之间的讨价还价成本为零,且初始的产权界定是良好的。

我们知道企业B的利润最大化条件为

$$p_B \frac{\partial F_B(L_A, L_B)}{\partial L_B} = w \tag{5.31}$$

这意味着对于一个给定的 L_A,就可以求得 L_B的最优值。即这一方程的

解可写成

$$L_B = L_B(L_A) \tag{5.32}$$

因此,企业 B 的利润为

$$\pi_B(L_A, L_B) = \pi_B(L_A, L_B(L_A)) = \pi_B(L_A) = p_B F_B(L_A, L_B(L_A)) - wL_B(L_A) \tag{5.33}$$

方程(5.33)表明了外部性问题的相互性。我们分两种情况讨论。

5.4.1 情形 1:企业 A 有责任

假设企业 A 在法律上具有对其产生的负外部性有责任(即企业 B 有环境权)。如果企业 A 停止营业,企业 B 的最大利润为$\pi_B(0)$ 给定。以后随着企业 A 开始营业($L_A > 0$)并逐步提高其营业水平,企业 B 的利润减少到$\pi_B(L_A)$(注意$\pi_B(0) > \pi_B(L_A)$)。它们的差$\pi_B(0) - \pi_B(L_A)$ 就是企业 A 的负外部性对企业 B 造成的损失。由于赋予了企业 B 的环境权,企业 A 有责任补偿企业 B 的全部损失,在此情况下,企业 A 的最优化问题就为

$$\max_{L_A} p_A F_A(L_A) - wL_A - [\pi_B(0) - \pi_B(L_A)]$$

$$\text{s.t} \quad L_A > 0$$

最优化的一阶条件为

$$p_A \frac{\partial F_A}{\partial L_A} - w + \frac{\mathrm{d}\pi_B}{\mathrm{d}L_A} = 0 \tag{5.34}$$

企业 B 的最优化问题为

$$\max_{L_B} p_B F_B(L_A, L_B) - wL_B + [\pi_B(0) - \pi_B(L_A)]$$

$$\text{s.t} \quad L_B > 0$$

最优化的一阶条件为

$$p_B \frac{\partial F_B}{\partial L_B} - w = 0 \tag{5.35}$$

结合条件(5.34)和(5.35),我们得到

$$p_A \frac{\partial F_A}{\partial L_A} + \frac{\mathrm{d}\pi_B}{\mathrm{d}L_A} = p_B \frac{\partial F_B}{\partial L_B} \tag{5.36}$$

其中

$$\frac{\mathrm{d}\pi_B}{\mathrm{d}L_A} = p_B\left[\frac{\partial F_B}{\partial L_A} + \frac{\partial F_B}{\partial L_B}\frac{\mathrm{d}L_B}{\mathrm{d}L_A}\right] - w\frac{\mathrm{d}L_B}{\mathrm{d}L_A} = p_B\frac{\partial F_B}{\partial L_A} \tag{5.37}$$

把(5.37)代入(5.36),就得到帕累托最优条件(5.21)。所以,当企业A补偿企业B的全部损失时,可以实现社会最优。

5.4.2　情形2:企业B有责任

假设企业B在法律上具有对其所遭受的负外部性有责任(即企业A有环境权)。在此情形下,企业B对企业A提供补偿。企业B给企业A支付补偿,希望企业A降低其产出水平。设企业A私人利润最大化时的投入水平为L_A^*。当其降低投入至L_A时,企业B的利润将增长$\pi_B(L_A) - \pi_B(L_A^*)$。注意$L_A < L_A^*$。这时企业A的最优化问题为

$$\max_{L_A} p_A F_A(L_A) - wL_A + [\pi_B(L_A) - \pi_B(L_A^*)]$$
$$\text{s.t}\quad L_A > 0$$

最优化的一阶条件为

$$p_A\frac{\partial F_A}{\partial L_A} - w + \frac{\mathrm{d}\pi_B}{\mathrm{d}L_A} = 0 \tag{5.38}$$

相应地,企业B的最优化问题为

$$\max_{L_B} p_B F_B(L_A, L_B) - wL_B - [\pi_B(L_A) - \pi_B(L_A^*)]$$
$$\text{s.t}\quad L_B > 0$$

最优化的一阶条件为

$$p_B\frac{\partial F_B}{\partial L_B} - w = 0 \tag{5.39}$$

结合(5.37)和(5.38),我们有

$$p_A\frac{\partial F_A}{\partial L_A} + \frac{\mathrm{d}\pi_B}{\mathrm{d}L_A} = p_B\frac{\partial F_B}{\partial L_B} \tag{5.40}$$

考虑到$\frac{\mathrm{d}\pi_B}{\mathrm{d}L_A} = p_B\frac{\partial F_B}{\partial L_A}$,条件(5.40)与(5.21)的社会最优的帕累托条件相同,所以,当企业B补偿企业A的全部损失时,帕累托社会最优也能通过谈判实现。

综合情形1和2,我们得到下面的定理:

定理 5.1(科斯定理):如果没有谈判和交易费用,产权的初始界定(无论是 A 企业有环境权,还是 B 企业有环境权)与资源配置的效率无关,或者说社会最优的帕累托条件可通过企业间的私下谈判达到。

5.5 一个数值例子

下面我们用一个数值例子来说明产权安排与资源配置效率之间的关系,并给出科斯定理的其他表述。

例 5.3 考虑有一个湖泊,在湖泊的上游有一家化工厂,化工厂向湖泊排放废水对湖泊产生了污染。湖泊附近的居民"消费"了化工厂产生的水污染,我们把这看成是一种"交易",不过与人们在百货商店购买商品的交易不同,这一交易是非自愿的。如果市场运行良好,所有自愿交易(使所有受交易影响的各方的处境都变好)都会发生。但是关于所有非自愿交易如何呢?这些非自愿交易是否会以有效率的方式发生?如在水污染例子中,化工厂与湖岸的居民之间会有有效率的水污染交易发生吗?这是我们所关心的。把外部性看成是一非自愿交易的思想是一个重要观点。我们知道,任何交易都有两方。在水污染交易中,水污染的成本随化工厂排放的废水的增加而增加。传统上,人们一般认为,化工厂产生了水污染,因而要对此负责。但实际上,化工厂只对水污染负部分责任。因为只要有交易,不管是自愿的还是不自愿的,都需要两个人。

为了使分析简化,假设在这个湖泊的岸上,一家房地产公司拥有一块土地,它可以在这块地上盖公寓楼。这块地上可以建 0 到 3 座公寓楼。化工厂每天向湖中排放的废水由于生产能力的限制不会超过 3 吨(我们假设化工厂每天的生产能力最大为 300 吨化肥,每 100 吨化肥产生 1 吨废水)。

房地产公司盖公寓楼的租金收入取决于三个因素:①企业选择建的公寓楼数;②化工厂选择向湖泊中排放的废水数;③谁必须承担水污染成本的法律责任法则。收益的第一个决定因素反映了房地产公司面临的需求曲线是向右下倾斜的;第二个决定因素是水污染所造成的损害;第三个决定因素是科斯定理的本质。

房地产公司的公寓楼中,每幢公寓楼有50间公寓。表5.2列出了如果没有化工厂,房地产公司的收益和利润情况。第3列为房地产公司的月收益,收益反映了公寓楼建得越多,每间公寓的价格越低的事实。每幢公寓楼的月收益等于每间公寓的月租金乘以12(一年12个月),再乘以50。房地产公司建设和维护公寓楼所发生的年成本是每幢公寓楼300000元。因此如果房地产公司建两幢公寓楼,则房地产公司的收入为2×50×550×12=660000元,支出为2×300000=600000元,利润为60000元。由表可见,如果没有化工厂的水污染,房地产公司会建两幢公寓楼,赚60000元。

表5.2　房地产公司在没有化工厂时的潜在利润

(1)公寓楼数量	(2)公寓间数	(3)每间公寓的最大潜在租金(元)	(4)年潜在租金收入(元)	(5)年建设和维护费(元)	(6)年潜在利润(元)
0	0	0	0	0	0
1	50	590	354000	300000	54000
2	100	550	660000	600000	60000
3	150	510	918000	900000	18000

现在我们考虑下面的事实:化工厂向湖泊中排放的废水使水受到污染,公寓楼附近的环境质量下降,从而公寓的租金下降。化工厂向湖泊中排放第一吨废水,使每间公寓的租金下降40元,第二吨废水使每间公寓的租金下降15元,第三吨废水使每间公寓的租金下降10元。房地产公司的收入,取决于它建的公寓楼数和化工厂排放的废水数,如表5.3所示。

表5.3　房地产公司可能的月收入:化工厂排放废水时

		房地产公司建的公寓楼数			
		0	1	2	3
化工厂的排放的废水数	0	NA	590	550	510
	1	NA	550	510	470
	2	NA	535	495	455
	3	NA	525	485	445

因为建设和营运支出不受化工厂的业务的影响,房地产公司的利润下

降完全是由其租金收入损失造成的。如果房地产公司建一幢公寓楼,化工厂每天排放1吨,则房地产公司每月每间公寓损失40元或每年损失24000元。表5.4列出了房地产公司的各种可能损失。显然减少损失有两个方法:①降低排放废水数;②减少公寓楼数。

表5.4　房地产公司从化工厂的业务中产生的利润损失

		房地产公司建的公寓楼数			
		0	1	2	3
化工厂排放废水数	0	0	0	0	0
	1	0	24000	48000	72000
	2	0	33000	66000	99000
	3	0	39000	78000	117000

化工厂的年收益等于化肥的年产量乘以每吨化肥的价格,如表5.5所示。我们假设一年生产250天(周末或假期不生产)。企业的年成本等于其每吨化肥的成本乘年产量。由于规模经济,每吨化肥的生产成本随每年生产的化肥数的增加而下降。由表5.5可见,化工厂每天生产200吨化肥,向湖泊中排放两吨废水。

表5.5　化工厂的利润,不考虑对房地产公司的影响

(1)每天生产的化肥数	(2)每吨化肥的价格(元)	(3)每年生产的天数	(4)年收益(元)	(5)每吨化肥的生产成本(元)	(6)年生产成本(元)	(7)年利润(元)
0	N1	250	0	N1	0	0
100	200	250	5000000	196.9	4922500	77500
200	150	250	7500000	148.4	7420000	80000
300	100	250	7500000	99.9	7492500	7500

给出了上面这些背景材料,下面我们讨论不同的产权安排下资源配置的效率状况。

5.5.1　中央计划者的资源配置

首先假设有一个中央计划者,资源配置决策由它给出。在这里,中央计划者要决定的是房地产公司建设的公寓楼数和化工厂每天排放的废水数。

假设这个中央计划者的目标是实现净社会收益最大化。净社会收益等于房地产公司的潜在利润(表 5.2)与化工厂的潜在利润(表 5.5)之和减去化工厂的废水对房地产公司的收入产生的损失(表 5.4)。例如,假如房地产公司建一幢公寓楼,化工厂每天排放 1 吨废水,则净社会收益等于 54000(房地产公司的潜在利润) + 77500(化工厂的实际利润) - 24000(房地产公司因化工厂的废水造成的利润损失) = 107500 元。各种可能选择的净社会收益列于表 5.6 中。显然,中央计划者最优的选择是允许房地产公司只建一幢公寓楼,化工厂每天只排放 1 吨废水。

表 5.6　不同生产决策中的年净社会收益

		房地产公司建的公寓楼数			
		0	1	2	3
化工厂排放的废水	0	0	54000	60000	18000
	1	77500	107500	89500	23500
	2	80000	101000	74000	-1000
	3	7500	22500	-10500	-91500

5.5.2　产权良好界定、讨价还价成本为 0 时的资源配置

现在我们考虑产权良好界定时的资源配置。先假设讨价还价成本为 0,这是科斯定理的关键假设。我们用合作博弈的方法进行分析。

假设化工厂在法律上对因化工厂的废水排放产生的水污染对房地产公司的所有者产生的所有损害负有责任,即化工厂必须对因其水污染对房地产公司所产生的损害进行补偿。也就是说,这里我们建立了水污染的产权。

在这一法律安排下,房地产公司的利润独立于化工厂的污水排放量。由表 5.3 可知,如果化工厂每天排放 1 吨污水,房地产公司的每间公寓的租金减少 40 元,如果化工厂排放 2 吨污水,每间公寓的租金要减少 55 元,如果化工厂排放 3 吨污水,每间公寓的租金减少 65 元。化工厂的补偿意味着如果房地产公司只建一幢公寓楼,它每间公寓收益 590 元,而不管化工厂排放的污水数。化工厂负完全责任时,房地产公司的利润如表 5.7 所示。

表 5.7　如果化工厂对水污染负完全责任时房地产公司的年利润

		房地产公司建的公寓幢数			
		0	1	2	3
化工厂的排放的污水数	0	0	54000	60000	18000
	1	0	54000	60000	18000
	2	0	54000	60000	18000
	3	0	54000	60000	18000

然而化工厂的利润现在要取决于房地产公司盖的公寓楼数量,因为化工厂必须考虑对房地产公司的补偿,化工厂的利润列于表 5.8 中。

表 5.8　如果化工厂对水污染负完全责任时的化工厂的年利润

		房地产公司建的公寓楼数			
		0	1	2	3
化工厂排放的废水数	0	0	0	0	0
	1	77500	53500	29500	5500
	2	80000	47000	14000	-19000
	3	7500	-31500	-70500	-109500

注意到房地产公司显然会选择建两幢公寓楼,因为这会使其利润最大。给定房地产公司的这一选择,化工厂每天只排放 1 吨废水。但在讨价还价存在时,这个解是不合理的,因为通过讨价还价会有潜在所得。房地产公司建第二幢公寓楼的边际利润只为 6000 元,意味着可以用超过 6000 元每年的钱去贿赂房地产公司以使其把公寓楼数从 2 降低为 1。如果房地产公司把公寓楼数从 2 降低为 1,化工厂的利润会增加 24000 元,这意味着化工厂愿意贿赂房地产公司最多可达 24000 元每年。由于讨价还价是无成本的,房地产公司和化工厂会达成一笔交易使公寓楼数量从 2 减到 1。

进一步讲讨价还价有额外的所得吗？房地产公司建第一幢公寓楼的价值为 54000,即化工厂至少需要支付 54000 元,房地产公司才不建任何公寓楼。这时,化工厂会排放 2 吨废水,其年利润上升 26500 元,所以,化工厂每年愿意支付的最多为 26500 元去贿赂房地产公司以把它的公寓楼从 1 降到 0。但是,化工厂愿意支付的最大数小于房地产公司愿意接受的最小数,没有额外的交易存在。这样,在经过全部讨价还价后,将建 1 幢公寓楼,每天排放 1 吨废水。这个结果与中央计划者选择的结果完全相同。

另一种法律安排是化工厂对其废水造成的污染没有责任。这又是一种产权安排,但这次是对化工厂的。房地产公司只得接受其因水污染而减少了收益。现在,房地产公司的年利润等于表 5.2 的潜在利润减表 5.4 给出的利润损失,如表 5.9 所示。化工厂的利润不再取决于房地产公司的活动,如表 5.10 所示。

表 5.9　如果房地产公司对水污染负完全责任时的年利润

		房地产公司建的公寓楼数			
		0	1	2	3
化工厂排放废水数	0	0	54000	60000	18000
	1	0	30000	12000	-54000
	2	0	21000	-60000	-81000
	3	0	15000	-18000	-99000

表 5.10　房地产公司对水污染负完全责任时化工厂的年利润

		房地产公司建的公寓楼数			
		0	1	2	3
化工厂排放的废水数	0	0	0	0	0
	1	77500	77500	77500	77500
	2	80000	80000	80000	80000
	3	7500	7500	7500	7500

如果没有讨价还价,我们预期化工厂现在每天排放 2 吨废水,结果净利润为 80000 元。给定化工厂的选择,房地产公司会选择建一幢公寓楼获得净利润 21000 元。如果房地产公司能够说服化工厂把每天排放的废水从 2 吨减为 1 吨,则房地产公司每年能得到额外的 9000 元。同样地,化工厂每天排放第二吨废水每年只值 2500 元。由此,一个交易能够达成,房地产公司每年付给化工厂于 2500—9000 元之间的某个数,要它每天只排放 1 吨。同样可以证明,房地产公司不愿意支付足够的钱,使化工厂把每天的废水排放减为 0。讨价还价的结果是建一个公寓楼,每天排放 1 吨。这又和中央计划者选

择的结果相同。

我们把上面的讨论一般化：

定理 5.2(科斯定理(第一定理))：只要讨价还价成本非常低，以及信息是完全的和所有资源的产权是明确界定的，那么讨价还价将会发生直到交易不再可能对双方有利为止。但如果交易不再对双方都有利，那么根据定义，经济必定处于帕累托最优那一点，因为如果不使某人处境变坏就没有人会变好。用科斯自己的话说："如果定价制度的运行毫无成本，最终的结果(产值最大化)是不受法律状况影响的。"

亚当·斯密在《国富论》中认为，没有外部性的自由放任经济会被一只看不见的手引导生产更大的财富。科斯的论文阐明了讨价还价和产权在外部性存在时确保帕累托最优中的重要作用。在产权没有良好界定的地方——如我们在森林例子中看到的——人们不可能对这些权利进行讨价还价，结果即使讨价还价成本非常低，非最优的资源配置仍要产生。

科斯定理有很丰富的政策含义。其中尤其是，只要科斯定理的假设成立，政策制定者就不会担心外部成本或外部利益的存在，因为彼此有利的交易会产生帕累托最优的经济结果。而且，如果我们只对效率感兴趣而不对分配感兴趣，那么产权的配置是不重要的。企业的生产决策将不受影响。

上面的分析，我们还可以得到如下的结论：

定理 5.3(竞争性市场经济与纯粹中央计划经济等价定理)：在完全信息条件下，如果市场定价制度的运行成本和中央计划成本都为 0，则竞争性市场在产权明确界定情况下所实现的资源配置的帕累托最优状态与纯粹中央计划者所实现的资源配置状态相同。

5.5.3 产权良好界定、讨价还价成本存在时的资源配置

前面分析的一个关键假设是讨价还价成本为 0。如果假设讨价还价成本足够高，使得房地产公司和化工厂绝不会进行谈判，结果如何呢？这一假设意味着，两个生产者只简单地视法律法则为给定，彼此独立进行其生产决策。因为房地产公司的决策可能影响化工厂，化工厂的决策可能影响房地产公司，两个企业在玩一个非合作博弈。

在这个博弈中除房地产公司和化工厂外还有另一个局中人,就是“法官”。它的目标是通过改变法律环境最大化社会净福利。

这个博弈的行动次序相当简单。法官决定化工厂负责的水污染的损害的比例 α 和房地产公司负责的比例 β。为简单起见,假设法官决定的 α 和 β 之和为 1,即法官不能使 $\alpha+\beta<1$ 对双方实行补贴,它也不能对双方征税使得 $\alpha+\beta>1$。

一个极端是,法官要化工厂对损害负完全责任($\alpha=1,\beta=0$);另一个极端是,法官要房地产公司对废水污染的损害负完全责任($\alpha=0,\beta=1$);或者它可以要化工厂和房地产公司共同对水污染负责,比如($\alpha=0.5,\beta=0.5$)。

如果法官选择($\alpha=1,\beta=0$),则最后的静态博弈的支付矩阵如表 5.11 所示。这个博弈中,房地产公司有一个严格占优战略即建两幢公寓楼。而化工厂没有严格占优战略,它有一个重复严格占优战略——每天排放废水 1 吨。最后重复严格占优战略均衡如表 5.11 中的黑体所示。

表 5.11　如果化工厂对水污染负完全责任时支付矩阵

		房地产公司建的公寓楼数			
		0	1	2	3
化工厂废水排放数	0	(0.0,0.0)	(0.0,54.0)	(0.0,60.0)	(0.0,18.0)
	1	(77.5,0.0)	(53.5,54.0)	**(29.5,60.0)**	(5.5,18.0)
	2	(80.0,0.0)	(47.0,54.0)	(14.0,60.0)	(−19.0,18.0)
	3	(7.5,0.0)	(−31.5,54.0)	(−70.5,60.0)	(−109.5,18.0)

另一个极端,如果法官选择($\alpha=0,\beta=1$)则支付矩阵如表 5.12 所示。在这种情况下,显然化工厂有一个严格占优战略——每天排放废水 2 吨,房地产公司有一个重复严格占优战略——建 1 幢公寓楼。重复严格占优战略均衡如表 5.12 的黑体所示。

表 5.12　房地产公司对水污染负完全责任时的支付矩阵

		房地产公司建的公寓楼数			
		0	1	2	3
化工厂的废水排放数	0	(0.0,0.0)	(0.0,54.0)	(0.0,60.0)	(0.0,18.0)
	1	(77.5,0.0)	(77.5,30.0)	(77.5,12.0)	(77.5,−54.0)

续表

		房地产公司建的公寓楼数			
		0	1	2	3
化工厂的废水排放数	2	(80.0,0.0)	(80.0,21.0)	(80.0, -6.0)	(80.0, -81.0)
	3	(7.5,0.0)	(7.5,15.0)	(7.5, -18.0)	(75, -99.0)

如果法官只限于极端的责任法则。那么他应选择房地产公司对水污染负责,豁免化工厂的任何金融责任。这将产生101000元的净社会福利,如果责任相反的话只产生89500元的社会净福利。

此外,法官可以选择使受影响的双方分担水污染的责任。如果法官选择(α=0.5 ,β=0.5),则支付矩阵如表5.13所示。重复严格占优战略均衡是,化工厂每天排放1吨,房地产公司建1幢公寓楼。由表5.13可知,第一,不建公寓楼和建3幢公寓楼是房地产公司的严格劣战略。不排放和排放3吨是化工厂的严格劣战略。由此,我们可从表5.13中的剔除这些列和行。在简化的博弈中,建2幢公寓楼是严格劣的,每天排放2吨也是严格劣的。这些战略被剔除后,每个局中人只剩下一个战略,它是重复严格占优战略。这一战略组合也是唯一的纳什均衡。

当然,法官使两个企业以上述的方式都分担责任的优势是,它产生的是净社会福利最高的结果,即帕累托最优解。

比较上面的结果,我们发现,选择正确责任法则的重要性在讨价还价成本非常高时与讨价还价无成本时完全相反。在谈判和交易无成本的情况下,在房地产公司和化工厂之间就所有彼此有利的交易进行谈判后,每天的废水排放数和建的公寓楼数独立于责任法则。但一旦讨价还价有成本,谁对损害负责就可能很重要,分散决策不再有效。事实上,科斯定理就不再成立。虽然化工厂和房地产公司不能获得自己的帕累托最优,但法官的恰当行为可使社会的资源配置达到帕累托最优。

表 5.13　如果房地产公司和化工厂分担水污染的成本($\alpha=0.5$, $\beta=0.5$)的支付矩阵

		房地产公司建的公寓幢数			
		0	1	2	3
化工厂的污水排放数	0	(0.0,0.0)	(0.0,54.0)	(0.0,60.0)	(0.0,18.0)
	1	(77.5,0.0)	(65.5,42.0)	(53.5,36.0)	(41.5, −18.0)
	2	(80.0,0.0)	(63.5,37.6)	(47.0,27.8)	(30.5, −31.5)
	3	(7.5,0.0)	(−12,34.5)	(−31.5,21.0)	(−51, −40.5)

定理 5.4(科斯定理(第二定理)):如果讨价还价是有成本的,不同产权的界定和分配,会带来不同效率的资源配置。用科斯自己的话说:"一旦考虑到进行市场交易的成本,合法权利的初始界定会对经济制度运行的效率产生影响。权利的一种调整会比其他安排产生更多的产值。但除非这是法律制度确认的权利的调整,否则通过转移和合并权利达到同样后果的市场费用如此之高,以至于最佳的权利配置以及由此带来的更高的产值也许永远也不会实现。"

最后,我们需要说明的是,刚才得到的结论——市场失灵时法官能获得帕累托最优——是有条件的。法官只有在他能决定各方在各种可能的法则下如何行为时才能决定最优责任法则。这需要大量的信息,其中许多信息只有受影响的各方才知道。例如,法官必须知道化工厂和房地产公司的边际成本和边际收益,在大多数情况下这只为这两个公司所知晓。如果法官利用了全部信息,那么两个受影响的企业也会利用这些信息。另一方面讨价还价就可能有效率得多,科斯定理实际上可能成立。准确地讲,当我们期望法官修复无效率讨价还价引起的损害时,我们发现法官所知道的可能不足以选择最优责任法则。

5.6　习题

1. 五户居民都可以在一个公共的池塘里放养鸭子。每只鸭子的收益 v 是鸭子总数 N 的函数,并取决于 N 是否超过某个临界值 $\bar{N}$;如果 $N<\bar{N}$,收益 $v=v(N)=50-N$;如果 $N\geqslant\bar{N}$时,$v(N)=0$。再假设每只鸭子的成本为 $c=2$ 元。若所有居民同时决定养鸭的数量,问该博弈的纳什均衡是什么?

2. 一群渔夫在一个特定有限的区域内集体作业。该区域捕鱼的回报依赖于整体的总作业时间，因此，令 h_i 表示每个渔夫 $i=1,2,\cdots,n$ 的工作小时数，$H\equiv\sum_{i=1}^{n}h_i$ 表示群体的总工作小时数。假定每个人每小时的回报由关于 H 的凹函数 $\rho=\rho(H)$ 给定，且 $\lim\limits_{H\to\infty}\rho'(H)=0$。

另一方面，每个工人 i 每小时的个人成本（或无效）由某个关于 h_i 的函数 $c=c(h_i)$ 确定，假定该函数对每个个体都一样。同时还假设 $c(\cdot)$ 是凸的、递增的，满足对某个给定的 $T\leqslant 24$，$\lim\limits_{h_i\to T}c'(h_i)=\infty$。每个渔夫 i 的得益由函数 $U_i(\cdot)$ 给出，该函数定义如下：

$$U_i(h_1,\cdots,h_n)=\rho(H)h_i-c(h_i)\quad(i=1,2,\cdots,n)$$

（1）陈述计划者要解决的最优化问题，他的目标是最大化个人效用的总和，并且描述解的性质。

（2）准确地计算策略式博弈，其中渔夫独立决定他们的工作时间。描述它的纳什均衡特性，并且画出与计划者问题的解的比较图。

3. 假如小张和小红边看电视剧边吃爆玉米花。设他们吃爆玉米花的速度为 r_i，每人的效用函数取决于吃的爆玉米花的数量和吃的时间（等于 $\frac{Q_i}{r_i}$），效用函数为

$$U_i=Q_i-\left(\frac{Q_i}{r_i}-100\right)^2$$

效用函数第二项表示吃爆玉米花的总时间是 100 分钟（电视剧长 100 分钟）。

（1）假如给每个人的钵里放 1800 颗爆玉米花。求最优消费速度和达到的最大效用。

（2）现在假设有 3600 颗爆玉米花放在一共用的钵里，小张或小红吃的爆玉米花的数量与他们吃的速度成比例，因此，$Q_i=\frac{r_i}{r_{zhang}+r_{hong}}\cdot 3600$。请把他们每人的得益表示成 r_{zhang} 和 r_{hong} 的函数，并求此博弈的纳什均衡和每个人的效用。

（3）（2）中找到的均衡哪个是“公共地的悲剧”的最好例子？

子博弈完美纳什均衡
Subgame Perfect Nash Equilibrium

第6章　子博弈完美纳什均衡

前面讨论了局中人“同时”行动的博弈局势，即不知道博弈的其他局中人的行动。从现在起，我们讨论局中人依固定顺序行动的博弈。在此种动态博弈中，后行动的局中人是在知道其他局中人的行动后行动的。先行动的那些局中人必须在选择其最优策略时考虑这点。一个众所周知的动态博弈例子是下棋。应该注意的是动态博弈中预测行为并不总是容易的。工资契约或新车的讨价还价经常是按出价和要价的顺序进行的，买哪的住房的决策经常取决于谁在先前决定住在哪里和预期谁后来的行动，因此它们也是动态博弈。

6.1　博弈树

6.1.1　例子：软件博弈1

例6.1　考虑下面的策略局势：计算机软件商宏软公司正决定利用什么样的营销策略推销其新近开发的计算机游戏软件。在经过许多研究后，该公司把它的选择减少为两个：①A计划；②B计划。宏软知道计算机游戏软件的总销售量不会受到选择的广告计划的影响，但这些销售量的时序会非常不同。只要宏软是游戏的唯一提供者，使用A计划在第一年的销售量非常高，这是A计划“闪电战”的结果，但在第二年销售量非常小，因为市场接近饱和。B计划第一年的销售量相对小，但第二年的销售量很大，因为早先的用户告诉他们的朋友这个游戏是如何的好。在两个广告计划中，第二年后没有进一步的销售量因为市场完全饱和。两种计划下每年获得的净利润如表6.1所示。

表 6.1　宏软公司的利润　　单位:美元

	A 计划	B 计划
第一年总利润 第二年总利润	900000 100000	200000 800000
总利润 广告成本	1000000 -570000	1000000 -200000
总净利润	430000	800000

以表 6.1 为基础,显然宏软公司的最优决策是利用比较廉价的 B 计划,并依赖于博弈在第二年销售量的提高而产生的声誉。但是这一结论忽略了与合法复制宏软游戏软件的潜在竞争者的竞争。计算机游戏软件的合法复制是模仿第一个游戏软件的第二个游戏软件,但它的复制完全不同之处在于复制的所有者不能受到侵犯版权的控告。然而,对于宏软公司而言,第二个公司叫作中软公司,拥有生产宏软游戏的法定复制的技术能力,在开始博弈的那一年成本为 300000 美元。如果中软公司生产复制品,则两个企业会在第二年分割市场。这一假设不考虑其他策略问题如两个企业在第二年进行价格竞争。表 6.2 和表 6.3 列出了宏软和中软公司在中软公司进入市场时的利润。显然 B 计划依然是最优的。

表 6.2　中软公司进入时宏软公司的利润　　单位:美元

	A 计划	B 计划
第一年总利润 第二年总利润	900000 50000	200000 400000
总利润 广告成本	950000 -570000	600000 -200000
总净利润	380000	400000

表 6.3　中软公司进入时中软公司的利润　　单位:美元

	宏软采用 A 计划	宏软采用 B 计划
第一年总利润 第二年总利润	0 50000	0 400000
总利润 广告成本	50000 -300000	400000 -300000
总净利润	-250000	100000

由于两个公司的相互依赖性，宏软公司和中软公司在玩一个博弈。为了分析这个博弈，我们需要知道局中人可利用的策略和他们彼此采用这些策略时的得益。构造可能的策略列表的第一步是列出两个局中人可用的行动。宏软有两个行动供选择：①采用 A 计划；②采用 B 计划。中软公司也有两个行动：①复制游戏软件进入市场；②不复制游戏软件不进入市场。我们称这两个行动为进入和不进入。如果这是一个静态博弈，每个局中人的策略集合等价于他们的行动集合。但这不是静态博弈。在这个博弈中，宏软公司先行动，中软公司在做出其进入决策前知道宏软的行动。描述这个博弈进行的时序的最简单方法是说宏软公司是先行动者，中软公司是后行动者。因为这一博弈顺序，中软公司可把其行动建立在宏软公司的行动之上。因此中软公司的一个策略，是要说明如果宏软公司采用 A 计划中软公司将采取什么行动，如果宏软公司采取 B 计划，中软公司将采取什么行动。这两个不必相同。

6.1.2　博弈树

为了决定每个企业的策略集合，我们不仅需要仔细阐明局中人的行动，而且要阐明这些行动的顺序和他们在做出决策时已有的信息。组织这一信息的强有力的方法是用博弈树。博弈树是由结和枝组成的图。博弈树中每个结点代表局中人之一的决策点，该局中人叫作属于在该点行动的局中人。决策结用方框表示，框内是在该结点行动的局中人的名字。一个枝代表局中人一个可能的行动。每个枝连接的两个结点有一个方向。该方向用箭头表示。如果一个枝从结点属于局中人 A 的结点 N_1 到属于局中人 B 的结点 N_2，则局中人 A 在局中人 B 前行动，结点 N_1 在终点结 N_2 前。在本书中，博弈树将总是从顶到底或从左到右进行的。

图 6.1 是软件博弈 1 的博弈树。该博弈从图的最左边开始，其中宏软选择为其新产品的广告宣传。两个枝从左向右，每个枝代表选择的广告计划。代表的行动被列入枝的上边。每个枝点表示中软公司的一个决策结，因为这个企业在其知道宏软公司已经采用的广告类型后做出其进入决策。从决策结向代表中软公司可能选择的行动的两个枝延伸，这四个箭头的末端是

圆点,叫作终点结。在终点结,博弈结束。终点结的右边是两个数字。第一个数字是先行动者(宏软公司)的得益,第二个数字是后行动者(中软公司)的得益。博弈树与所有终点结的得益一起,构成博弈的扩展形式。

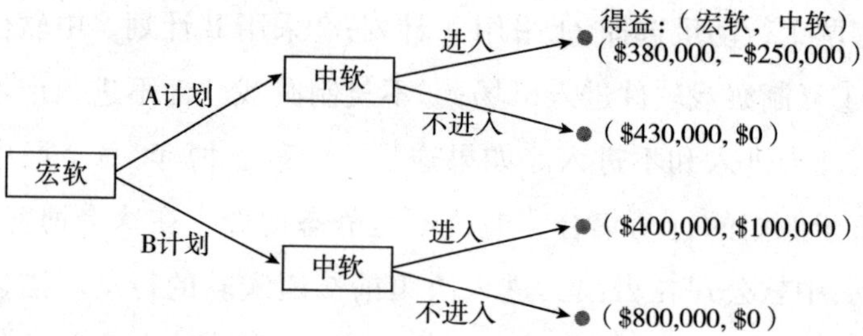

图 6.1　软件博弈 1 的博弈树

为了避免模棱两可,博弈树必须遵循四个法则。

博弈树法则 1:每个结点前至多有一个其他结点与之直接相联系。

图6.2 左边是违背法则1 的博弈树。局中人 B 有两个决策结,从它们的枝到达相同的终点结。如果局中人 A 的行动对得益没有影响,则该局中人的决策结会因前后不一致而被剔除。而且,如果局中人 B 的行动对得益有影响,则在博弈树上需要加上两个终点结,对应着 A 的每个行动。

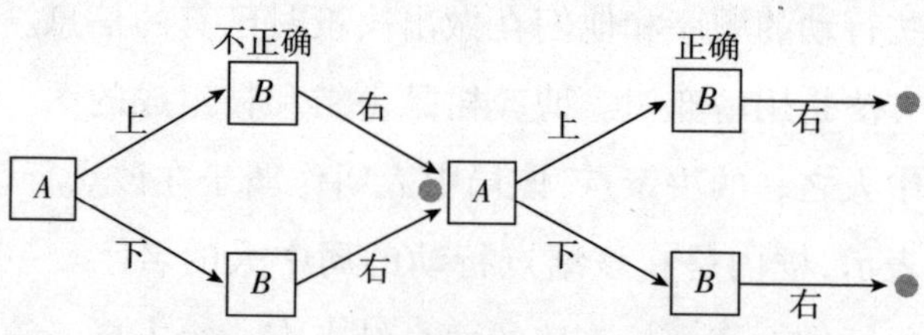

图 6.2　违背博弈树法则 1 的博弈树

当法则 1 被满足时,讲一个决策结"跟在另一个决策结后"才有意义。如果从 A 开始,局中人可能做出后续的行动,使得博弈到结点 B,结点 B 是结点 A 的后续结。正式地,结点 B 是结点 A 的后续结,当且仅当存在某些后续结 $N_1, N_2, \cdots, N_K$,使得 $A = N_1, B = N_K$,且每个结点直接位于后面的另一个结点之前。这一结点顺序称之为从 A 到 B 的路径。法则 1 意味着在任意两个结点之间至多有一条路径。我们将说结点 A 是结点 B 的前列结,当且仅当结点 B 是结点 A 的后续结。终点结没有后续结,初始结没有前列结。称没有终点结的结点为决策结。

图 6.3 左边是满足博弈树法则 1 的一个博弈树，但其中有一个“环”：如果局中人 A 选择“下”，则局中人 B 开始行动；而且如果局中人 B 选择“左”，则局中人 A 开始行动。因此，谁先行动呢？为了剔除此种任意性，我们将避免有环状的决策树。图 6.3 右边的博弈树是正确的：局中人 A 行动两次，一次在局中人 B 之前，一次在局中人 B 之后。

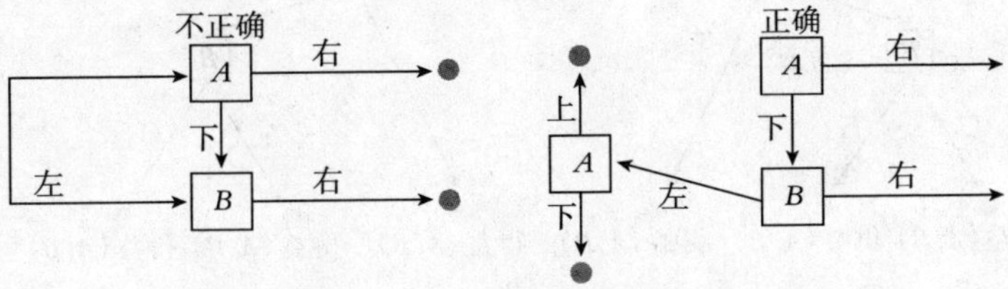

图 6.3　违背博弈树法则 2 的博弈树

博弈树法则 2：在一个博弈树中不能有路径把一个决策结与其自身相联结。

图 6.4 是满足博弈树法则 1 和 2 的博弈树，但没有初始结。然而，“无头”的决策结有可能产生某些策略组合后果的任意性。因此，我们需要决策树满足法则 3。

博弈树法则 3：每个结是一个唯一初始结的后续结。

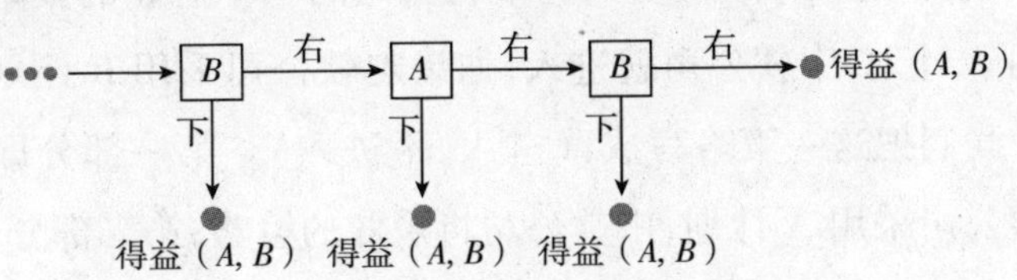

图 6.4　没有初始结的博弈树

法则 1、2 和 3 意味着每个结点在其前列结中只有一个初始结。但是整个博弈树可能有一个以上的初始结。不过，不管这在何时发生，结点都可根据它们在哪个初始结之后被分成不连续的集合。我们要求这些不连续的结点子集（和联结它们的枝）的每个集合可被看成是满足法则 1、2、3 的分离的博弈树。而且这每一个“子树”，根据构造只有一个初始结。如图 6.5 所示，博弈树有一个以上初始结的任何博弈都可以分成彼此独立的博弈，每个独立的博弈只有一个初始结。我们称这个唯一的初始结是博弈树的根。因此,不失一般性,最后要求满足博弈树法则4。

博弈树法则4:每个博弈树只有一个初始结。

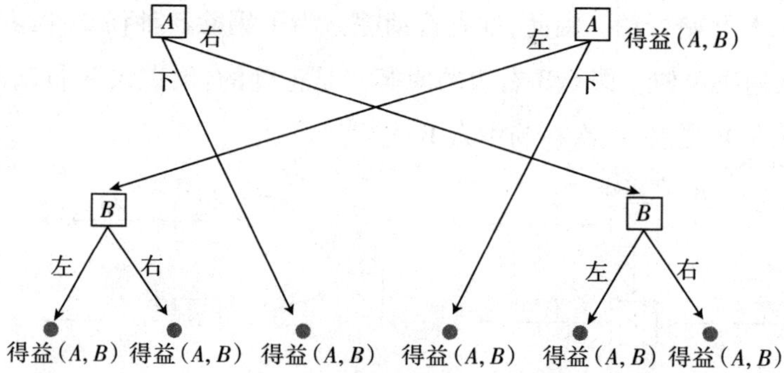

图6.5 有两个初始决策结的决策树

6.1.3 策略

我们知道,策略是局中人进行博弈的详细计划集合。这说明局中人的一个策略必须说明在该局中人的每一个决策结所采取的行动。因为宏软公司只有一个决策结,所以宏软公司的策略就只包括其选择的两个行动之一。

中软公司有两个决策结。中软公司的一个策略是基于宏软先前的广告选择,在进入或不进入市场间决策。中软公司的一个可能的策略是:如果宏软公司采用A计划,中软公司就进入,如果宏软公司采用B计划,中软公司就不进入。我们把这一策略写成:(进入,不进入)。第一部分即进入,描述了如果宏软公司采用A计划,中软公司将采取的策略;第二部分不进入描述的是,如果宏软公司采用的是B计划,中软公司所采取的策略。这是四个可能的策略之一。其他三个策略,请读者写出。

策略和行动容易混淆。关键是要理解策略不同于行动。策略所刻画的是在所有可能的事件下的计划。不同的策略可产生相同的行动顺序,例如,中软公司和宏软公司博弈中的下面两个策略组合:{B计划,(不进入,进入)},{A计划,(进入,不进入)}。

6.1.4　信息

如果一个局中人知道在他开始行动时博弈进行到哪里，则就说该局中人有完美信息。如果博弈的每个局中人都有完美信息，该博弈就是完美信息动态博弈。多数博弈，如下象棋或者下跳棋，是完美信息博弈。软件博弈 1 是一个完美信息博弈。此外，一个局中人在不知道另一个局中人先前的行动时必须行动，此局中人就有不完美信息。如果至少有一个局中人有不完美信息，该博弈就是不完美信息博弈。静态博弈是不完美信息博弈，如多数纸牌游戏。

6.1.5　结果和得益

软件博弈 1 中宏软公司和中软公司的得益如表 6.4 所示。宏软公司的行动和策略是一致的而中软公司的行动与策略不一致。表 6.4 列出了中软公司的行动而不是其策略。表 6.4 告诉我们，如果宏软公司选择 A 计划，中软公司就选择进入，则宏软公司将获得 380000 美元的利润，中软公司将承受 250000 美元的亏损。

表 6.4　软件博弈 1 的得益

		宏软公司的广告计划	
		A 计划	B 计划
中软公司的进入决策	进入	(-250,380)	(100,400)
	不进入	(0,430)	(0,800)
	得益(1000 美元):(中软公司, 宏软公司)		

6.2　纳什均衡和逆向归纳法

描述了策略局势后，我们要预言两个局中人的策略选择。解的概念是预言局中人行为的方法。虽然还不存在普遍接受的解概念，使得其可用于每个博弈，但是关于任何可接受的解概念必须有某些比较广泛一致的特征。

非合作博弈的解必须是该博弈的纳什均衡。我们知道，一个博弈的纳什均衡是一个策略组合，其中**给定其他局中人利用其均衡策略**，每个局中人的策略是最优的。这里我们用黑体强调每个局中人的策略是最优的是有限制意义的。改变任何局中人的策略和其他局中人提出的策略通常是次优的。

例 6.2 我们现在理解为什么考虑局中人的策略而不是它们的行动。假设你要用表 6.4 推出纳什均衡。如果宏软公司采用 B 计划，中软公司的最优行动是进入，因为 100000 美元大于 0。如果中软公司选择进入，宏软的最优策略是采用 B 计划，因为 400000 美元优于 380000 美元。似乎宏软公司采用 B 计划、中软公司选择进入是一个纳什均衡。进一步，你可从表 6.4 中看到，这似乎是唯一的纳什均衡，因此，如果你相信纳什均衡策略构成了人们如何行为的好的预言，你现在就可做出这些预言。

另外，考虑表 6.5 的策略型博弈。我们知道策略型是局中人在每个可能策略组合中的得益的表。如果中软公司选择进入而不管宏软公司的广告计划，那么宏软公司将选择 B 计划。如果宏软公司选择 B 计划，中软公司至少同样选择（进入，进入），和其他策略一样，因此策略组合{B 计划，（进入，进入）}是一个纳什均衡。此外，如果宏软公司选择 A 计划，则中软公司不能比选择（不进入，进入）要好。但是如果中软公司选择（不进入，进入），宏软公司就应选择 A 计划。这使得策略组合{A 计划，（不进入，进入）}同样是一个纳什均衡。中软公司在第一个纳什均衡中更好，而宏软公司在第二个纳什均衡中更好。那么哪个结果更可能呢？

表 6.5 软件克隆博弈的策略型表述

		宏软公司	
		A 计划	B 计划
中软公司	（进入，进入）	（−250，380）	（100，400）
	（进入，不进入）	（−250，380）	（0，800）
	（不进入，进入）	（0，430）	（100，400）
	（不进入，不进入）	（0，430）	（0，800）
得益（1000 美元）：（中软，宏软）			

我们提出的在多个纳什均衡中选择的程序是逆向归纳。这个程序有六个步骤。

①从博弈的终点结开始，把每个终点结向后追溯到其直接的前列结，它将是某些局中人的决策结。这些决策结或者是“平常的”或者是“基本的”或

者是“复杂的”。一个决策结如果其每个枝正好引出一个终点结，就是基本的；只有一个枝的基本结是平常的。一个决策结如果不是基本的，就是复杂的。如果你到达一个平常的决策结，则继续向博弈树的上方运动直到你到达一个复杂的或不平常的基本决策结或者直到你不能再向前为止。

②在第一步到达的每个基本决策结，比较从这一决策结到达每个终点结局中人的得益，找到最优行动。注意基本决策结 A 与终点结 B 之间的每一路径开始于 A 的唯一枝。引出局中人最高得益的枝是该结的最优行动。

③删除所有从你在第二步检验的每一基本决策结开始的非最优的枝。这些基本决策结的每个成为平常的。

④你现在有了一个新的博弈树，它比原博弈树简单。如果第一步你到达了博弈树的根，你现在就做完了。

⑤如果你还没有到达根，则回到第一步，重新开始。按这种方法，你一步一步地向根推进。

⑥对每个局中人，把每个局中人的决策结的最优决策集合在一起。这个决策集构成了该局中人在博弈中的最优策略。

我们现在运用这种方法求解软件博弈1。最后两个决策结属于中软公司，且两个都是基本的。如果宏软公司选择A计划，则中软公司如果不进入其利润为0，如果进入承受的亏损是250000美元。显然在这种情况下中软公司的最优行动是不进入。如果宏软选择B计划，则中软公司进入的利润是100000美元，不进入的利润是0。在这种情况下中软公司的最优决策是进入。因为这些是中软公司的唯一决策结，我们已经找到了其最优策略：(不进入，进入)。

通过剪除中软公司的两个决策结的非最优行动，我们就只剩下唯一的一个非普通的决策结，它属于宏软公司。新的博弈树如图6.6所示。这时，如果宏软选择A计划，利润是430000美元，如果宏软选择B计划，利润是400000美元。显然，宏软的最优策略是选择A计划。因此，向前看，并考虑中软公司的进入决策，阻止宏软公司作出亏损30000美元的错误决策。

需要注意的是，在做出预言时混淆了行动和策略，正如我们在表6.4中所做出的关于行为的预言，可能导致非常坏的预言。这就是为什么纳什均衡解概念必须用于策略型博弈。而且，利用逆向归纳选择纳什均衡，使我们避免了预言与博弈的局中人的最优利益相反的行为。

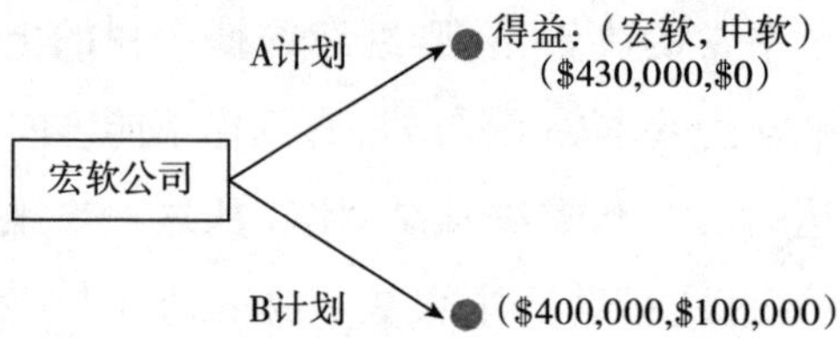

图 6.6　第一轮"剪枝"后的软件博弈 1 的博弈树

两个局中人采用其最优策略时的策略组合是{A 计划，(不进入，进入)}。我们已经看到这是一个纳什均衡。如果中软公司相信宏软公司将选择 A 计划，那么它不能变得比(不进入，进入)更好。类似的情况，如果宏软公司相信中软公司将采用策略(不进入，进入)，那么宏软公司选择 A 计划是最好的。因此，当两个局中人采用纳什均衡策略时，它们彼此的信念是确定的。运用逆向归纳构造的策略组合总是一个纳什均衡正是博弈论的一个重要性质。

定理 6.1：在完美信息博弈中，利用逆向归纳过程选择的策略组合总是一个纳什均衡。

在软件博弈 1 中，有成本的 A 计划是最优的完全是因为它导致中软公司不进入市场。为了更清楚地看到这些，考虑如果克隆博弈只花中软公司 10000 美元时会有什么发生。现在中软公司进入市场是有利可图的而不管宏软公司选择的广告计划。因此中软公司的最优策略是(进入，进入)。所以只要宏软公司开发它，中软公司就将克隆软件，宏软公司同样会选择比较便宜的广告计划，因此，宏软公司的最优策略是 B 计划。类似的情况，假设克隆项目的成本是 500000 美元，则中软公司进入总是亏损，其最优策略是(不进入，不进入)。在这种情况下，宏软公司会忽略进入威胁，只根据成本选择广告计划，宏软公司的最优策略是 B 计划。

6.3　威胁与可信的威胁

我们对软件博弈的分析隐含的假设是，中软公司和宏软公司绝不会彼此进行交涉。但是假如它们就其策略进行交涉,结果证明我们先前的结论保持不变。结论只取决于局中人彼此不能做出可实施的承诺。这叫作空谈(cheap talk)。例如,假设中软公司告诉宏软公司它会克隆软件而不管宏软的广告计划如何选择。换句话说,中软公司试图要宏软公司相信它会采用策略(进入,进入)。我们有时称此种状态为威胁。显然,这个威胁会诱使宏软公司采用 B 计划。如果宏软公司相信中软公司的威胁,那么它就会相信,若采用 B 计划,赚 400000 美元,若采用 A 计划,赚 380000 美元。但如果宏软公司实际上采用的是 A 计划,除了阻止中软公司远离其威胁最终不进入没有其他方法。从中软公司的观点看,实施威胁没有什么可得且要亏损很多。这个例子揭示了逆向归纳法包含了下面的原理:

一个可信的威胁只有在给定选择实施威胁对局中人有利时才存在。不可信的威胁会被所有理性的局中人忽略。

重要的是要注意术语“给定选择时”。如果中软公司不能放弃威胁,那么它就是一个有约束力的威胁。如果中软公司能做出有约束力的威胁,这时给软件博弈 1 建立模型的恰当方法是使中软公司先行动,并提出威胁,然后宏软公司行动,在知道中软公司的威胁的情况下选择其广告计划。与此新博弈相对应的博弈树如图 6.7 所示。

在新博弈中,中软公司一旦行动并选择其进入法则。每个行动与原博弈的策略相对应。宏软公司现在有四个决策结。宏软公司的策略包括采用广告计划与中软公司的四个可能威胁的每一个相对应。我们用(c_1,c_2,c_3,c_4)记它的策略。其中 c_1 是中软公司威胁(进入,进入)时的选择的广告计划;c_2是中软公司威胁(进入,不进入)时的广告计划;c_3是中软公司威胁(不进入,进入)时的广告计划;c_4是中软公司威胁(不进入,不进入)时的广告计划。读者可以证明新博弈中宏软公司的最优策略是:(B 计划,B 计划,A 计划,B 计划)。即宏软公司只有在中软公司威胁(不进入,进入)时才采用 A 计划。否则就采用 B 计划。中软公司的最优策略是威胁(进入,进入),即不管宏软公司采用何种广告计划,中软公司都选择进入。两个企业采用其最优策略时的结果是,宏软公司选择比较便宜的 B 计划,中软公司进入,克隆软件。最后中软公司得 100000 美元,这样中软公司成为先行动者处境就变

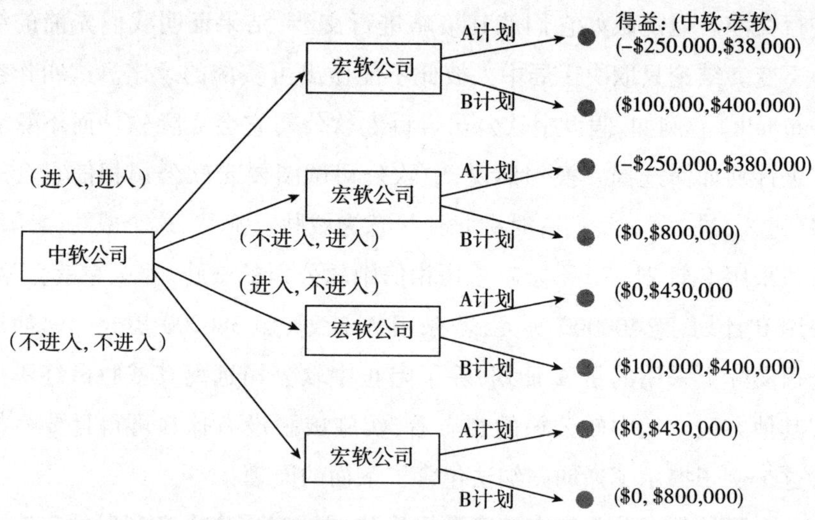

图 6.7　如果中软公司能在宏软采用其广告策略前承诺自己进入策略时的新的博弈树

好了,而宏软公司亏损 30000 美元。两个企业会偏好先行动而不是后行动。即在这种策略局势下,存在先动优势(first-mover advantage)。

6.4　子博弈与子博弈完美纳什均衡

6.4.1　子博弈

融入不可信威胁的任何纳什均衡是对人类行为的不好的预言,这一思想归功于莱因哈德·泽尔腾(Reinhard Selten),现在这几乎被博弈理论家普遍接受。泽尔腾提出了子博弈和被称之为子博弈完美纳什均衡的解概念来构建其理论。因为这一贡献,他和约翰·纳什、约翰·豪尔绍尼一道获得了 1994 年诺贝尔经济学纪念奖。

在一个完美信息博弈中,一个子博弈包括原博弈的结和枝的子集构成,当一并考虑时,本身构成一个博弈。因为一个子博弈必须是一个博弈,它有唯一的初始结,叫作更大博弈的子根。子博弈的第一个要求是,它由子根和所有其后续结组成。这意味着一旦局中人开始玩子博弈,它们就继续玩其余博弈的子博弈。

我们现在更正式地描述这点。

博弈 G_T的子博弈 G_S是有如下构造的博弈：

①G_S的局中人和 G_T相同，虽然某些局中人可能在 G_S中不采取任何行动。

②G_S的初始结是 G_T的一个子根，G_S的博弈树由这一子根、其所有的后续结和它们之间的枝组成。

③在 G_S的终点结，每个局中人的得益和 G_T在相同终点结的得益相同。

这三个条件等于是说原博弈的局中人集合、行动顺序和可能的行动集合在子博弈中保持着。这一定义意味着每个博弈是自身的一个（普遍）子博弈。一个博弈的非普遍子博弈叫作恰当子博弈（proper subgames）。本书后面将把子博弈的概念扩展到不完美信息博弈。

例 6.3　软件博弈 1 的一个子博弈如图 6.8 所示。这个子博弈从结点 D_2开始，包括两个后续终点结 T_1和 T_2，这三个结点之间的两个枝和得益（380000，-250000）及（430000，0）。在完美信息博弈中，如软件博弈 1 中，每个决策结是博弈的子根。软件博弈 1 有两个恰当子博弈。

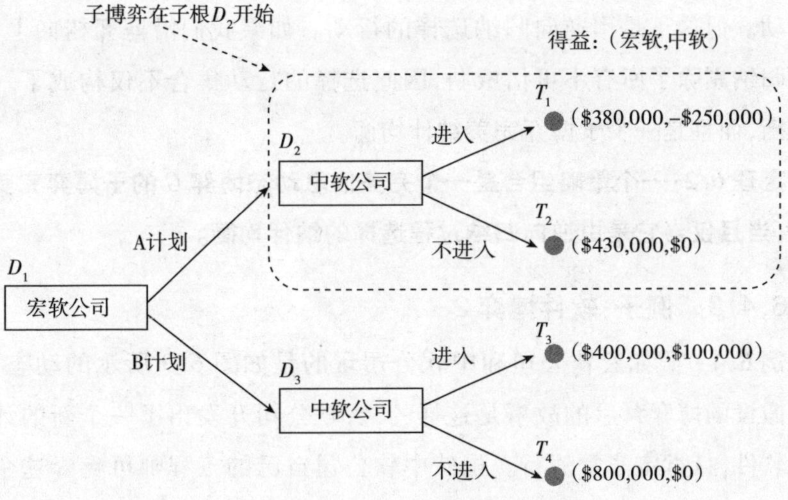

图 6.8　软件博弈 1 和其恰当子博弈

6.4.2　子博弈完美纳什均衡

无论局中人在什么时候开始博弈的子博弈，这一事实是共同知识。结果,在整个博弈中局中人的理性行为从这一子博弈的视角看似乎也是理性的。再来看一下软件博弈 1,我们知道此博弈的第二个纳什均衡策略组合是:{B 计划,(进入,进入)}。但这个纳什均衡包括了如果宏软公司采用 A 计划中软公司就进入的不可信威胁。考虑图 6.8 中从 D_2开始的子博弈。这一子博弈只有一个纳什均衡,在这个均衡中,中软公司选择不进入。但纳什均衡策略组合{B 计划,(进入,进入)}要求中软公司在 D_2选择进入。子博弈中的这一策略的非最优性使得威胁不可信。一旦我们需要纳什均衡策略在用于任何子博弈时仍然是纳什均衡,就要剔除中软公司的不可信威胁的均衡,有这种性质的纳什均衡叫作子博弈完美纳什均衡(subgame perfect)。

一个策略组合是博弈 G 的子博弈完美纳什均衡,如果这个策略组合对 G 的每个恰当子博弈也是一个纳什均衡。

在完美信息博弈中,子博弈完美纳什均衡正好由那些用逆向归纳选择的均衡组成。理由很简单。如果我们观察从最后行动的局中人的最后决策结开始的子博弈,该子博弈的唯一纳什均衡是对最后决策者产生最高得益的行动。但这正是用逆向归纳选择的行动。如果我们沿博弈树向上移动,逆向归纳剔除了所有不可信威胁,因此选择的行动集合不仅构成了一个纳什均衡,而且是一个子博弈完美纳什均衡。

定理 6.2:一个策略组合是一个完美信息动态博弈 G 的子博弈完美纳什均衡,当且仅当它是由逆向归纳过程选择的纳什均衡。

6.4.3 例子:软件博弈 2

例 6.4 假如宏软公司和中软公司玩的是如图 6.9 所示的动态博弈。这个假设的博弈背后的故事是这样的:宏软公司开发出了一个新的计算机游戏软件,且肯定非常流行。虽然中软公司自己的工程师可克隆这个游戏软件,并与宏软公司竞争,但如果中软公司雇佣宏软公司的几个工程师进行克隆的话就更便宜、更好。宏软公司认识到这点,就选择其与软件工程师的契约中的条款,规定他们如果离开宏软公司,在一个时期内不能为另一个软件公司工作。此种行动有时叫作先发制人行动或者占先(preemptive move)。其目的是改变其竞争者的得益以便改变他们的策略。先发制人行动通常是有成本的,且必须是没有例外。宏软公司在雇佣合同中加入此限制性条款使得它的吸引力减少。结果,如果宏软公司在其雇佣合同中加入这一条款就必须向其工程师支付超过现行市场薪酬的工资。

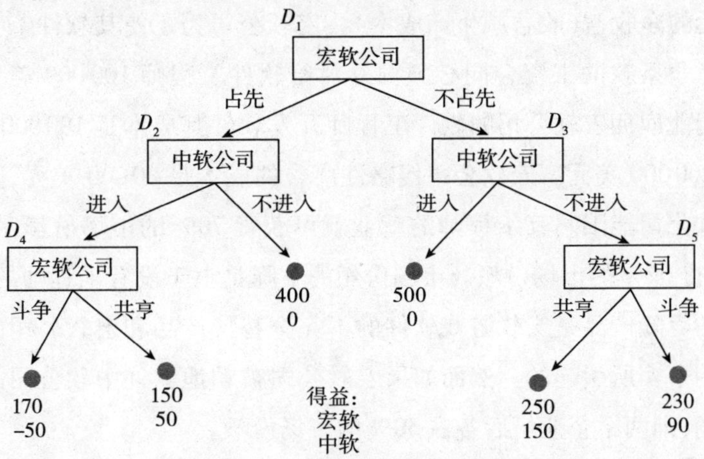

图 6.9　软件博弈 2 的扩展型

如果中软公司克隆游戏软件,宏软公司必须决定如何做出反应。它可选择用具有侵略性的广告与中软公司斗争,但这是有成本的,不过可以赋予它更大的市场份额,或者宏软公司可以只做出便宜的广告,和中软公司平分市场。

我们从图 6.9 中看到,中软公司有两个决策结,每个决策结有两个行动,结果有四个策略。圆括号内的第一个是如果宏软公司先发制人,中软公司的行动,第二个是如果宏软公司什么都不做时中软公司的行动。

$S^1_{中软}$:(进入,进入)　　$S^3_{中软}$:(不进入,进入)

$S^2_{中软}$:(进入,不进入)　　$S^4_{中软}$:(不进入,不进入)

宏软公司有三个决策结,每个决策结有两个行动,结果有八个策略。圆括号内第一个是在结点 D_1 的行动,第二个是在结点 D_4 对中软公司进入的反应,第三个是在结点 D_5 对中软公司进入的反应。

$S^1_{宏软}$:(占先,斗争,斗争)　　$S^5_{宏软}$:(占先,斗争,共享)

$S^2_{宏软}$:(占先,共享,斗争)　　$S^6_{宏软}$:(占先,共享,共享)

$S^3_{宏软}$:(不占先,斗争,斗争)　　$S^7_{宏软}$:(不占先,共享,斗争)

$S^4_{宏软}$:(不占先,斗争,共享)　　　　$S^8_{宏软}$:(不占先,共享,共享)

表6.6和表6.7列出了决定博弈得益所需要的成本与收益信息。在其整个生命期内,计算机游戏软件将给所有生产或克隆该游戏的企业产生500000美元的净收益(收益减生产成本)。宏软公司为了使其软件工程师接受包括反竞争条款的工资合同必须额外付给软件工程师100000美元。如果中软公司能雇佣宏软公司的软件工程师开发软件其成本是100000美元,否则要花200000美元。宏软公司侵略性广告的成本是80000美元,其效应是如果宏软公司能限制其工程师的就业就可获得70%的市场份额,如果不能,就只获得62%的市场份额。市场份额的下降是由于没有工程师的指导、中软公司的克隆产品是宏软游戏软件的不完全替代产品和宏软公司的广告可被利用的事实所引起的。然而如果宏软公司被动地默许中软公司的进入并共享市场,则两个企业最后各占50%的市场份额。

软件博弈2的策略型如表6.8所示。

有四个纳什均衡。已经用黑体在表6.8中标出。在这个博弈中,中软公司可能会孤注一掷地使宏软公司相信它将克隆软件,而不管宏软公司与其工程师签订什么样的合同(即它会使宏软相信它将选择 $S^1_{中软}$)。如果宏软相信中软将选择 $S^1_{中软}$,那么宏软的最优反应是采用 $S^4_{宏软}$ 或 $S^8_{宏软}$ 。这些策略组合是纳什均衡。但是这些均衡是子博弈完美的吗?软件博弈2有5个子博弈:整个博弈,开始于结点 D_1;开始于 D_2 和 D_3 的两个子博弈;开始于决策结 D_4 和 D_5 的两个子博弈。从博弈树的末端开始,宏软在 D_4 的最优行动是斗争,在 D_5 的最优行动是共享。给定这些,中软在 D_2 的最优行动是不进入,在 D_3 的最优行动是进入且克隆。宏软现在可以看到,如果它先发制人在雇佣合同中加入非竞争性条款,则它将与中软公司的加入斗争,从而中软公司不进入,结果的得益是400000美元。如果宏软什么也不做,则它不会反对中软公司的进入,中软公司预测到这点就进入,结果的得益是250000美元,因此宏软将先发制人。把这些综合起来,策略组合($S^5_{宏软}$, $S^3_{中软}$)是子博弈完美纳什均衡,其他三个纳什均衡不是子博弈完美纳什均衡。

表6.6　软件博弈2中宏软公司的得益　　单位:1000美元

方案	收益-生产成本	广告成本	如果约束其他就业的额外工程师成本	宏软的利润
宏软约束工程师;中软克隆软件;宏软做侵略性广告	350	80	100	170
宏软约束工程师;中软克隆软件;宏软被动默许	250	0	100	150
宏软约束工程师;中软不克隆软件	500	0	100	400
宏软不约束工程师;中软克隆软件;宏软做侵略性广告	310	80	0	230
宏软不约束工程师;中软克隆软件;宏软被动默许	250	0	0	250
宏软不限制工程师;中软公司不克隆软件	500	0	0	500

表6.7　软件博弈2中中软公司的得益　　单位:1000美元

方案	收益-生产成本	开发成本	中软公司的利润
宏软约束工程师;中软克隆软件;宏软做侵略性广告	150	200	-50
宏软约束工程师;中软克隆软件;宏软被动默许	250	200	50
宏软约束工程师;中软不克隆软件	0	0	0
宏软不约束工程师;中软克隆软件;宏软做侵略性广告	190	100	90
宏软不约束工程师;中软克隆软件;宏软被动默许	250	100	150
宏软不限制工程师;中软公司不克隆软件	0	0	0

表6.8　软件博弈2的策略型表述　　单位:1000美元

		中软公司			
		$S^1_{中软}$	$S^2_{中软}$	$S^3_{中软}$	$S^4_{中软}$
宏软公司	$S^1_{宏软}$	(170, -50)	(170, -50)	(400,0)	(400,0)
	$S^2_{宏软}$	(150,50)	(150,50)	(400,0)	(400,0)
	$S^3_{宏软}$	(230,90)	(500,0)	(230,90)	(500,0)
	$S^4_{宏软}$	(250,150)	(500,0)	(250,150)	(500,0)
	$S^5_{宏软}$	(170, -50)	(170, -50)	(400,0)	(400,0)

续表

		中软公司			
		$S^1_{中软}$	$S^2_{中软}$	$S^3_{中软}$	$S^4_{中软}$
宏软公司	$S^6_{宏软}$	(150,50)	(150,50)	(400,0)	(400,0)
	$S^7_{宏软}$	(230,90)	(500,0)	(230,90)	(500,0)
	$S^8_{宏软}$	(250,150)	(500,0)	(250,150)	(500,0)
	得益:(宏软,中软)				

均衡时,宏软为了阻止软件工程师离开为竞争企业工作,就得给他们高于市场工资的工资,即使潜在竞争对手绝不会进入市场,这看似一种“浪费”。但这一薪酬溢价是可靠阻止进入所必要的。

6.5 习题

1. 回答下列问题:

(1)博弈的扩展型表述的基本构成要素是什么?如何将一个扩展型博弈转化为策略型博弈?

(2)博弈树的基本构成要素是什么?在博弈树中,轮到每个局中人决策时,其决策环境用什么来描述?

(3)什么是子博弈?子博弈和原博弈有何异同?试举例说明。

(4)动态博弈分析中为什么要引进子博弈完美纳什均衡,它与纳什均衡之间是什么关系?试用一个例子说明子博弈完美纳什均衡如何对纳什均衡实现完美。

2. 用逆向归纳法求解下面的博弈的子博弈完美纳什均衡。

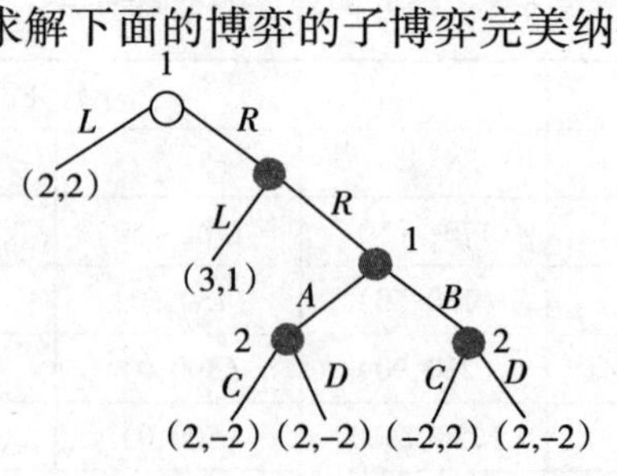

图 6.10 扩展型博弈(Ⅰ)

3. 求解如图 6.11 所示的扩展型博弈的纯策略纳什均衡。

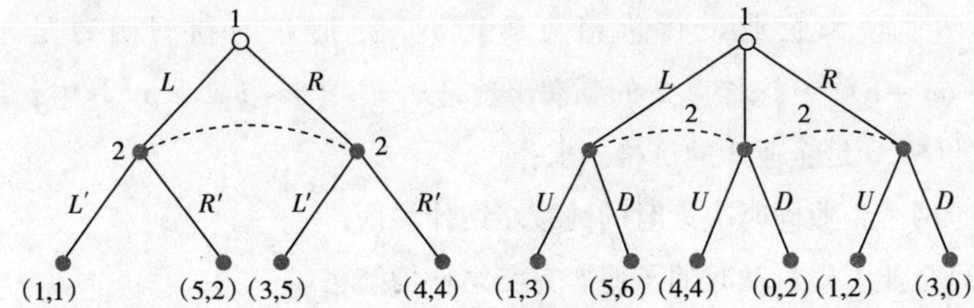

图 6.11　扩展型博弈(Ⅱ)

4. 求解如图 6.12 所示的扩展型博弈的纳什均衡,并指出哪些是子博弈完美纳什均衡。

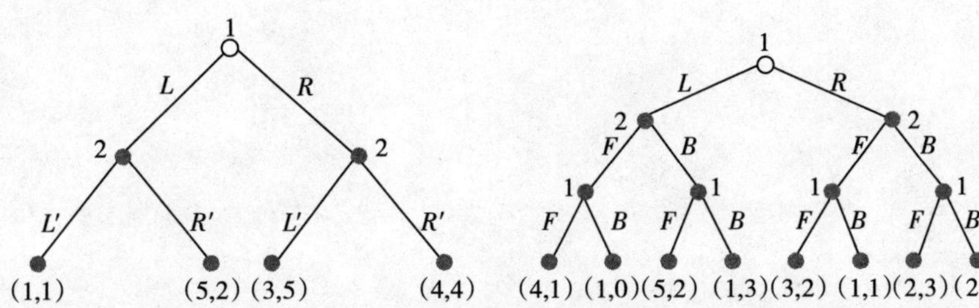

图 6.12　扩展型博弈(Ⅲ)

5. 考察如图 6.13 所示的扩展型博弈,试求

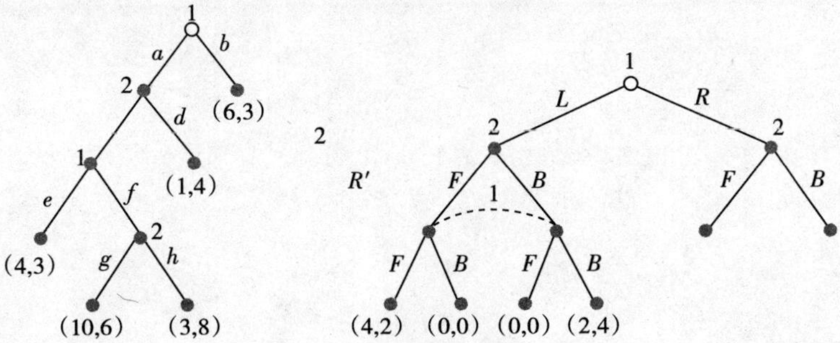

图 6.13　扩展型博弈(Ⅳ)

(1)该博弈的所有子博弈;

(2)局中人的策略;

(3)该博弈的纯策略纳什均衡;

(4)该博弈的子博弈完美纳什均衡。

6. 两个寡头企业进行价格竞争博弈，企业 1 的利润函数是 $\pi_1 = -(p - aq + c)^2 + q$，企业 2 的利润函数是 $\pi_2 = -(q - b)^2 + p$，其中 p 是企业 1 的价格，q 是企业 2 的价格。求：

(1)两个企业同时决策时的纯策略纳什均衡；

(2)企业 1 先行动时的子博弈完美纳什均衡；

(3)企业 2 先决策时的子博弈完美纳什均衡；

(4)是否存在参数 a、b 和 c 的特定值或范围，使两个企业都希望自己先决策。

第7章　子博弈完美纳什均衡的应用:动态竞争

7.1　斯坦克伯格模型

在市场竞争中,有的企业领先行动,其他企业尾随领先企业,这种情况是经常发生的。例如,在美国汽车业的发展史中,曾有一段时期,通用汽车公司就扮演过领先企业的角色。福特、克来斯勒等公司跟随通用汽车公司行动。较早关注到这一点的是德国经济学家斯坦克伯格(H. V. Stackelberg),他在1934年提出了一个双头垄断的动态模型,其中支配(或领导者)企业首先行动,然后从属企业(或跟随者)再行动。

7.1.1　模型

斯坦克伯格模型和古诺模型一样,假定企业选择产量,与古诺模型不同的是,在古诺模型中,企业的选择是同时进行的,而斯坦克伯格模型中企业的行动是依次进行的序贯行动。

博弈的时间顺序如下:

①企业1选择一个产量 $q_1 \geqslant 0$;

②企业2观察到 q_1 然后选择一个产量 $q_2 \geqslant 0$;

③企业 i 的得益用利润函数给出

$$\pi_i(q_i, q_j) = q_i[P(Q) - c] \tag{7.1}$$

式中 $P(Q) = a - Q$ 是市场出清价格,而市场的总产量为 $Q = q_1 + q_2$,c 是生产的固定边际成本(假设固定成本为0)。

要求解这个博弈的逆向归纳解,我们首先计算企业2对企业1的任何产量的最优反应函数 $R_2(q_1)$:

$$\max_{q_2 \geqslant 0}(q_1, q_2) = \max_{q_2 \geqslant 0} q_2[a - q_1 - q_2 - c] \tag{7.2}$$

最优化的一阶条件为

$$R_2(q_1) = \frac{a - q_1 - c}{2} \tag{7.3}$$

假设 $q_1 < a - c$。这实际上是古诺模型中企业 2 的反应函数。不同的是，这里 $R_2(q_1)$ 是企业 2 对企业 1 的已观察到的产量的真实反应，而在古诺模型中，$R_2(q_1)$ 是企业 2 对企业 1 同时选择的假设的产量的最佳反应。

既然企业 2 能解出企业的问题，同样，企业 1 也能解出企业 2 的问题，因为企业 1 会预测到它如果选择产量 q_1，企业 2 将根据 $R_2(q_1)$ 选择产量。因而，在博弈的第一阶段，企业 1 的问题是

$$\max_{q_1 \geq 0} \pi_1(q_1, R_2(q_1)) = \max_{q_1 \geq 0} q_1[a - q_1 - R_2(q_1) - c] = \max_{q_1 \geq 0} q_1 \frac{a - q_1 - c}{2}$$

一阶条件为

$$q_1^* = \frac{a - c}{2}$$

$$\text{及} \tag{7.4}$$

$$R_2(q_1^*) = \frac{a - c}{4}$$

这就是斯坦克伯格双头垄断博弈的逆向归纳解（或称斯坦克伯格均衡）。

7.1.2 斯坦克伯格均衡与古诺均衡、竞争均衡和垄断均衡的比较

我们知道，在古诺博弈的纳什均衡中，每个企业的产量为 $(a - c)/3$。而斯坦克伯格博弈的逆向归纳解中的总产量 $3(a - c)/4$，大于古诺博弈的纳什均衡总产量 $2(a - c)/3$，因此在斯坦克伯格博弈中市场出清价格较低。

然而，在斯坦克伯格博弈中，如果企业 1 选择了它的产量是古诺产量 $(a - c)/3$，在这种情况下，企业 2 的最优反应是古诺产量。也就是说，在斯坦克伯格博弈中，企业 1 已达到其古诺利润水平，而它选择了其他产量，因此，斯坦克伯格博弈中企业 1 的利润必定超过其在古诺博弈中的利润。但斯坦克伯格博弈中市场出清价格降低了，因此总利润也会降低，所以与古诺博弈相比，企业 1 的利润的增加必定意味着企业 2 在斯坦克伯格博弈中福利的恶化。

企业 2 在斯坦克伯格博弈中的利润水平比古诺博弈中的低,揭示了单人决策和多人决策问题之间的一个重要差别。在单人决策理论中,占有更多的信息决不会给决策制定者带来不利。然而在博弈论中,有更多的信息(或者更准确地讲,其他局中人知道它有更多的信息)可能使局中人的处境变坏。

在斯坦克伯格博弈中,存在问题中的信息是企业 1 的产量:企业 2 知道 q_1,而且(重要的是)企业 1 知道企业 2 知道 q_1。要看到这一信息的影响,我们把上面序贯行动博弈稍微修改。假设企业 1 选择 q_1,之后企业 2 选择 q_2,但事前并没有观察到 q_1。如果企业 2 相信企业 1 已选择了它的斯坦克伯格产量 $q_1^*=(a-c)/2$,那么企业 2 的最佳反应还是 $R_2^*(q_1^*)=(a-c)/4$。但如果企业 1 预期企业 2 将拥有这一信念,因此选择这一产量,那么企业 1 宁愿选择它对$(a-c)/4$ 的最佳反应——即 $3(a-c)/8$——而不是它的斯坦坦克伯格产量$(a-c)/2$。因而,企业 2 不会相信企业 1 已选择了它的斯坦克伯格产量。相反,这个修正的序贯行动博弈的唯一纳什均衡是,两个企业选择产量$(a-c)/3$——准确讲是古诺博弈的纳什均衡,那里企业同时行动。因而,由于企业 1 知道企业 2 知道 q_1,给企业 2 带来了损失。

表 7.1 列出了上述几种均衡的比较。

表 7.1　均衡的比较

	竞争均衡	古诺均衡	斯坦克伯格均衡	垄断均衡
均衡产量	$a-c$	企业 1:$(a-c)/3$; 企业 2:$(a-c)/3$; 总产量:$2(a-c)/3$	领先企业:$(a-c)/2$; 跟随企业:$(a-c)/4$; 总产量:$3(a-c)/4$	企业:$(a-c)/2$; 总产量:$(a-c)/2$
均衡价格	C	$(a+2c)/3$	$(a+3c)/4$	$(a+c)/2$
利润	0	$2(a-c)^2/9$	$3(a-c)^2/16$	$(a-c)^2/4$

7.1.3　数值例子

例 7.1　作为一个例子,我们考察两家瓶装水公司:汽水公司和纯净水公司。它们在同一市场销售完全相同的产品——瓶装水。这两家企业是向那些没有市政饮水公司服务的居民供应瓶装水的私人公司。它们构成博弈的策略局中人。两家企业必须决定储藏多少水用于销售。我们用 Q_C表示纯净水公司的选择,Q_S表示汽水公司的选择。随后水价由“市场决定”使得供水量和消费者的需求量相等。由于两家企业生产同质产品,产品的价格相同。产出用每年百万瓶表示,价格用每瓶多少美元表示,利润用每年多少百万美元表示。

生产瓶装水的技术要求企业设定生产水平,然后与投入的供应方签约以获得满足生产目标的必要的资源。在获得投入之前,每个企业有无限的生产能力。一旦签订了这些合同,产出的改变就很昂贵。汽水公司有管理优势,在纯净水公司之前就能和投入的供应方签订合同,因此汽水公司可在纯净水公司之前有效地设置其生产目标。这个事实是共同知识。而且消息散布很快,一旦产出目标设定,就立即成为共同知识。因此,博弈的顺序是:汽水公司先选择其产出;纯净水公司观察到这一产出,然后选择自己的产出。如图 7.1 所示用博弈树表示此类博弈。

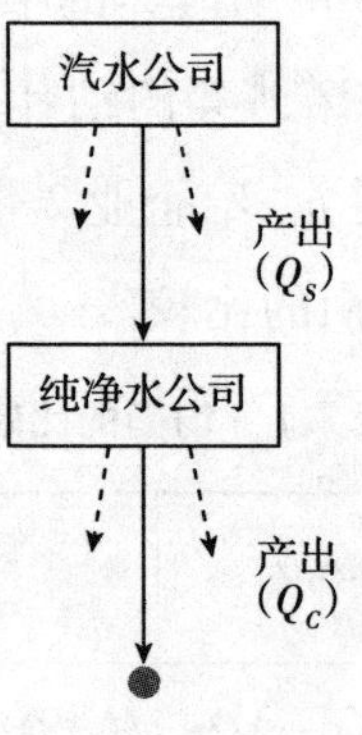

图 7.1　斯坦克伯格双头垄断博弈树

汽水公司的策略用正数 Q_S表示。纯净水公司的策略比较复杂。它由一个函数构成 $Q_C(Q_S)$,此函数取正数。函数 $Q_C(Q_S)$提供了纯净水公司对汽水公司的每个可能的初始行动的可能的反应。

下面描述博弈的得益。企业是利润最大化的。瓶装水的反需求函数可写成:

$$P = \begin{cases} 10 - (Q_S + Q_C), & Q_S + Q_C < 10 \\ 0, & Q_S + Q_C \geqslant 10 \end{cases} \tag{7.5}$$

其中 P 是两家企业获得的价格。每家企业生产任何的产出其总成本是

$$TC_i = 3 \cdot Q_i \tag{7.6}$$

每家企业的利润是总收益和总成本的差，所以

$$\pi_i(Q_S + Q_C) = \begin{cases} (10 - (Q_S + Q_C)) \cdot Q_i - 3 \cdot Q_i, & Q_S + Q_C < 10 \\ -3 \cdot Q_i, & Q_S + Q_C \geqslant 10 \end{cases} \tag{7.7}$$

检验此函数发现所有大于 7 单位的产出水平就会亏损，而不管竞争对手选择哪个产出，因此是一个严格劣策略，绝不会生产。故而对每个 Q_S，我们知道 $Q_S^* \leqslant 7$，$Q_C^*(Q_S) \leqslant 7$。而且，如果 $Q_S \geqslant 7$，$Q_C^*(Q_S) = 0$。

这个博弈在许多方面类似于古诺模型。当然，这里关键的不同在于博弈是相继发生而非同时进行的。如果同时选择产出，就可以利用古诺模型的方法找到两个企业的纳什均衡产出。结论是两家企业生产的产出都是 7/3。两家企业赚得的利润都是 5.44。给定其他企业的产出选择，没有一个企业能够比生产这一产出水平的处境好。因此，策略 $Q_S \equiv 7/3$ 和 $Q_C(Q_S) \equiv 7/3$ 同样是斯坦克伯格博弈的一个纳什均衡。

必须清楚 $Q_C(Q_S) \equiv 7/3$ 和 $Q_C(7/3) = 7/3$ 之间的不同。前者是纯净水公司的一个完全策略，即是说不管汽水公司的产出选择，纯净水公司都将选择 7/3 的产出。后者是不完全策略，即只是说当汽水公司选择 7/3 的产出时，纯净水公司也选择 7/3 的产出。但并未阐明纯净水公司对汽水公司的其他产出选择的反应。

问题是纯净水公司的策略 $Q_C(Q_S) \equiv 7/3$ 意味着不可信威胁。例如，假设汽水公司生产的产出是 3，因为纯净水公司能够观察到汽水公司的选择，它的唯一可信的反应是基于汽水公司选择 3 单位产出，选择利润最大化的产出。读者能够证明，此产出是 2 而非 7/3。在这些条件下，汽水公司获得的利润是 6，纯净水公司的利润是 4。显然，汽水公司从自身的观点看，选择的产出要好于古诺均衡产出，它这样做是以牺牲纯净水公司为代价的。纯净

水公司的问题是它不能可信地承诺古诺均衡产出。事实上,汽水公司的产出越大,越会导致纯净水公司降低其产出。

于是汽水公司的真实问题是,单与纯净水公司的最优反应相结合时,选择的产出要对自己产生最高的利润。我们想要找到子博弈完美纳什均衡的策略组合$\{Q_S^*, Q_C^*(Q_S)\}$。纳什均衡要求Q_S^*最大化函数$\pi_S(Q_S, Q_C^*(Q_S))$,$Q_C^*(Q_S^*)$最大化函数$\pi_C(Q_S^*, Q_C)$。即给定其竞争对手的产出选择,两家企业不能单方面使自己变好。纳什均衡对函数$Q_C^*(\cdot)$没有其他的约束,除了$Q_C^*(Q_S^*)$是对汽水公司选择的Q_S^*的最优反应外。子博弈完美纳什均衡对每个Q_S值有进一步的要求,不仅Q_S^*,产出水平$Q_C^*(Q_S)$最大化函数$\pi_C(Q_S, Q_C)$。这意味着$Q_C^*(\cdot)$正好是最优反应函数。我们知道最优反应函数的导数被用于决定企业的策略。这里最优反应函数就是一个策略。我们首先决定纯净水公司的最优反应函数,然后用它确定汽水公司的最优产出。两个最优策略确定了纯净水公司的最优产出即$Q_C^*(Q_S^*)$。

要找到$Q_C{}^*$,我们运用微积分。数量$Q_C{}^*(Q_S)$是$\pi_C(Q_S, Q_C)$对Q_C的偏导数等于0的值,除非使得Q_C为负。在后一种情况下,纯净水公司的最优产出将为0。因为

$$\frac{\partial}{\partial Q_C}\pi_C(Q_S, Q_C) = 7 - Q_S - 2Q_C \tag{7.8}$$

于是

$$7 - Q_S - 2Q_C^*(Q_S) = 0 \tag{7.9}$$

方程的解是

$$Q_C^*(Q_S) = \begin{cases} 3.5 - \frac{1}{2}Q_S, & Q_S < 7 \\ 0, & Q_S \geqslant 7 \end{cases} \tag{7.10}$$

现在只需确定汽水公司的最优策略$Q_S{}^*$。把纯净水公司的最优策略代入汽水公司的利润函数就得到只取决于Q_S的"集中"利润函数,记为$\pi_S^*(Q_S)$:

$$\pi_S^*(Q_S) = (10 - (3.5 - \frac{1}{2}Q_S) - Q_S)\cdot Q_S - 3Q_S = (3.5 - \frac{1}{2}Q_S)\cdot Q_S \tag{7.11}$$

现在我们求集中的利润函数的偏导数。Q_S^* 是这个偏导数的值等于0的值。因为

$$\frac{d}{dQ_S}\pi_S^*(Q_S) = 3.5 - Q_S \tag{7.12}$$

于是

$$Q_S^* = 3.5 \tag{7.13}$$

最优产出是每年350万瓶。在这一产出水平上,汽水公司赚得612.5万美元的利润。纯净水公司对这一决策的反应是每年生产175万瓶水,获得306.25万美元的利润。汽水公司所赚是纯净水公司所赚的两倍,因此在这个博弈中先动优势产生了每年306.25万美元的额外利润。

在斯坦克伯格提出这一模型时,他称先选择产出的企业是产业领袖,后选择产出的企业是追随者。由于斯坦克伯格博弈中的领袖有对追随者的先动优势,有什么能阻挡追随者不先行动而成为领袖呢?在我们的例子中,假设障碍是签约困难。一个企业取得领袖地位的另一种方法是,企业是引入新产品的局部创新者。在这种情况下,领袖是短期的垄断者,面临其他企业的进入威胁。为了保持斯坦克伯格领袖地位,一种方法就是承诺不改变产出,为使此承诺可信,企业可以和供应方或消费者签订长期合同。此种合同降低了领袖的灵活性,使得其不会改变产出,令进入的威胁更可信。当然,长期合约是有风险的,因为它们使企业更易受改变口味或技术的打击。结果,斯坦克伯格竞争在技术成熟、需求稳定的行业中越可能存在(如钢铁),在技术迅速改变或者需求高度变化的行业就越不会存在(如计算机游戏软件)。

7.2　银行挤兑博弈

7.2.1　模型

两个投资者,每人存入银行一笔存款 D,银行已将这些存款投资于一长期项目。如果银行在项目到期前被迫对投资者变现,共可收回 $2r$,这里 $D > r > D/2$。然而如果银行允许投资项目到期,则项目共可取得 $2R$,其中 $R > D$。

有两个日期,投资者能够从银行提款:日期1在银行的投资项目到期之前;日期2则在到期之后。为简单起见,假设不存在贴现。如果两个投资者都在日期1提款,那么每人可得到 r,博弈结束。如果只有一个投资者在日期1提款,他可得 D,另一个投资者得到 $2r-D$,博弈结束。最后,如果两个投资者都不在日期1提款,那么项目到期,投资者在日期2做出提款决策。如果两个投资者都在日期2提款,那么每人收到 R,博弈结束。如果只有一个投资者在日期2提款,那么该投资者收到 $2R-D$,另一个收到 D,博弈结束。最后,如果两个投资者都不在日期2提款,那么银行向每个投资者返还收益 R,博弈结束。

7.2.2 第二阶段:日期2的博弈

下面我们首先用标准型表述表示这个博弈。设两个投资者在日期1和2的收益(作为他们在那时提款决策的函数)用下面的标准型博弈(图7.2)表示。需要注意的是,日期1的标准型表述不规范:如果两个投资者都选择在日期1不提款,那么就无收益相对应,这时投资者要在日期2进行标准型博弈。

	提　款	不提款
提　款	r,r	$D,2r-D$
不提款	$2r-D,D$	下一阶段

时期1

	提　款	不提款
提　款	R,R	$2R-D,D$
不提款	$D,2R-D$	R,R

时期2

图7.2　银行挤兑博弈(1)

要分析这一博弈,我们利用上一章讲的逆向归纳法。先考虑日期2的标准型博弈。因为 $R>D$(从而 $2R-D>R$),"提款"严格优于"不提款",所以这个博弈有唯一的纳什均衡:两个投资者都提款,得到的收益为 (R,R)。

7.2.3 第一阶段:日期1的博弈

由于不存在贴现,我们可以直接把第二阶段得到的收益代入日期1的标准型博弈,如图7.3所示。

	提 款	不提款
提 款	r,r	$D,2r-D$
不提款	$2r-D,D$	R,R

时期1

图7.3 银行挤兑博弈(2)

因为$r<D$(从而$2r-D<r$),这一由两阶段博弈变形得到的单阶段博弈有两个纯战略纳什均衡:①两个投资者都提款,结果收益为(r,r);②两个投资者都不提款,得到的收益为(R,R)。从而,最初的两阶段银行挤提博弈就有两个子博弈完美解。

这里的博弈与本章前面定义的博弈不完全相同:①两个投资者在时期1提款,得到收益(r,r);②两个投资者在时期1不提款,而在时期2提款,在时期2产生收益(R,R)。前一结果可以解释对银行的一次挤提。如果投资者1相信投资者2在时期1将提款,那么投资者1的最佳响应是提款,即使他们都等到时期2再提款境况更好亦如此。

这种银行挤提博弈不同于囚徒困境的一个重要方面是:两个博弈都存在导致社会无效率支付的纳什均衡;在囚徒困境中这一均衡是唯一的(且是局中人的严格占优战略),而这里还存在一个有效率的均衡。因此,这个模型无法预言银行挤提什么时候发生,但却证明,它们能作为一种均衡现象发生。

7.3 关税和国际市场的不完全竞争

7.3.1 模型

考虑两个完全相同的国家,用$i=1,2$表示。每个国家有一个选择关税税率的政府、一个生产国内消费和出口产品的企业和一群消费者,他们或者在国内市场购买国内企业的产品或者买国外企业的产品。如果国家i的市场总量是Q_i,那么市场出清价格为$P_i(Q_i)=a-Q_i$。国家i中的企业(以后称企业i)为国内市场生产h_i,并出口e_i。因此$Q_i=h_i+e_j$。企业的边际成本

为常数 c，并且没有固定成本。所以企业 i 的生产总成本是 $C_i(h_i, e_i)=c(h_i+e_i)$。另外产品出口时企业还要承担关税成本（费用）：若国家 j 的政府制定的关税税率为 t_j，企业 i 出口 e_i 给国家 j，于是企业 i 必须支付关税 t_je_i 给政府 j。

博弈的时间顺序如下：

首先，政府同时选择关税税率 t_1 和 t_2。

其次，企业观察到关税税率，同时选择其为国内消费和出口的生产数量 (h_1,e_1) 和 (h_2,e_2)。

第三，企业 i 的得益是其利润，政府 i 的得益是为本国的总福利，其中国家 i 的总福利是国家 i 的消费者剩余、企业 i 获得的利润和政府 i 从企业 j 中收取的关税收入的总和：

$$\pi_i(t_i,t_j,h_i,e_i,h_j,e_j)=[a-(h_i+e_j)]h_i+[a-(e_i+h_i)]e_i-c(h_i+e_i)-t_j\cdot e_i,$$

$$W_i(t_i,t_j,h_i,e_i,h_j,e_j)=1/2\cdot Q_i^2+\pi_i(t_i,t_j,h_i,e_i,h_j,e_j)+t_i\cdot e_j$$

7.3.2 第二阶段：企业产出选择博弈

假设政府已选择了关税税率 t_1 和 t_2。如果 $(h_1^*,e_1^*,h_2^*,e_2^*)$ 是企业 1 和 2 之间（两市场）博弈的纳什均衡，那么，对每个企业 i，(h_i^*,e_i^*) 必须满足：

$$\max_{h_i,e_i}\pi_i(t_i,t_j,h_i,e_i,h_j^*,e_j^*)$$

因为 $\pi_i(t_i,t_j,h_i,e_i,h_j^*,e_j^*)$ 可以表示为企业 i 在市场 i 中的利润（它仅是 h_i 和 e_j^* 的函数）和在市场 j 的利润（它仅是 e_i、h_j^* 和 t_j 的函数）的和，企业 i 在两市场的最优化问题可简化成一对问题，在每个市场分别求解：h_i^* 必须满足

$$\max_{h_i\geqslant 0} h_i(a-(h_i+e_j^*)-c)$$

且 e_i^* 必须满足

$$\max_{e_i\geqslant 0} e_i(a-(e_i+h_j^*)-c)-t_je_i$$

假设 $e_j^*\leqslant a-c$，我们有

$$h_i^*=(a-e_j^*-c)/2 \tag{7.14}$$

再假设 $h_j^*\leqslant a-c-t_j$，就有

$$e_i^*=(a-h_j^*-c-t_j)/2 \tag{7.15}$$

（我们推出的这一结论与上面两个假定相符）。对每个 $i=1,2$ 必须同时满足两个最优反应函数(7.14)和(7.15)。这样我们就有四个未知数(h_1^*，e_1^*，h_2^*，e_2^*)的四个方程。这四个方程可简化成两组，每组包括有两个未知数的两个方程。其解是

$$h_i^* = (a-c+t_i)/3, \qquad e_i^* = (a-c-2t_j)/3 \tag{7.16}$$

我们知道在古诺博弈中，两个企业选择的均衡数量是$(a-c)/3$，但这个结论是在假定对称的边际成本下推导出来的。相反，(7.16)所描述的均衡中，政府的关税选择使边际成本不再对称。例如在市场 i 中，企业 i 的边际成本是 c，但企业 j 的边际成本为 $c+t_i$。因为企业 j 的成本较高，它想生产的就较少。但如果企业 j 要降低产出，则市场出清价格又会提高，所以企业 i 又趋向于多生产，在此情况下，企业 j 的产出就又会降低。所以均衡时，$h_i{}^*$ 随 t_i 的提高而上升，$e_j{}^*$ 随 t_i 的提高而（以更快的速度）下降。

7.3.3　政府间关税博弈

在解出了政府选择关税时，其后两个企业之间在第二阶段的博弈结果之后，现在我们就能把两个政府间在第一阶段的相互作用描述为下面的同时行动博弈。

首先，政府同时选择关税税率 t_1 和 t_2；

其次，政府 $i(i=1,2)$ 的得益为 $W_i(t_i,t_j,h_1^*,e_1^*,h_2^*,e_2^*)$，其中 h_i^* 和 e_i^* 是(7.16)中描述的 t_i，t_j的函数。我们现在解出这一政府间博弈的纳什均衡。

为了简化记法，我们把 h_i^* 取决于 t_i、e_i^* 取决于 t_j隐于式中：令 $W_i^*(t_i,t_j)$ 代表 $W_i(t_i,t_j,h_1^*,e_1^*,h_2^*,e_2^*)$，表示政府 i 选择关税税率 t_i，政府 j 选择关税税率 t_j，企业 i 和 j 按(7.16)式中的纳什均衡行动时政府 i 的得益。如果(t_1^*,t_2^*)是政府间博弈的纳什均衡，那么，对每个 i，t_i^* 必须满足

$$\max_{t_i \geqslant 0} W_i^*(t_i,t_j^*)$$

但 $W_i^*(t_i,t_j^*)$又等于

$$\frac{(2(a-c)-t_i)^2}{18} + \frac{(a-c+t_i)^2}{9} + \frac{(a-c-2t_j^*)^2}{9} + \frac{t_i(a-c-2t_j^*)}{3}$$

所以

$$t_i{}^* = (a-c)/3$$

这一结果对每一个 i 都成立,并不依赖于 t_j^*,因此,在这个模型中,选择的关税税率是 $(a-c)/3$,是每个政府的占优战略(在其他模型中,如边际成本递增的模型中,政府的均衡战略就不是占优战略)。把 $t_i^*=t_j^*=(a-c)/3$ 代入(7.16)得

$$h_i^*=4(a-c)/9,\quad e_i^*=(a-c)/9$$

这就是第二阶段企业的产量选择。由此,这个关税博弈的子博弈完美解是 $(t_1^*=t_2^*=(a-c)/3, h_1^*=h_2^*=4(a-c)/9, e_1^*=e_2^*=(a-c)/9)$。

在子博弈完美解中,每个市场的总产量是 $5(a-c)/9$。然而如果政府选择关税税率等于 0,则每个市场的总产量就是 $2(a-c)/3$,等于古诺模型中的结果。因而,在政府选择其占优战略关税时,市场 i 的消费者剩余(它仅仅是市场 i 的总产量的平方的一半)比政府选择零关税时要低。事实上,零关税是社会最优的选择,在 $t_1=t_2=0$ 时,是下式的解

$$\max_{t_1,t_2\geqslant 0} W_1^*(t_1,t_2)+W_2^*(t_2,t_1)$$

因此,政府就有激励签一个协定,相互承诺零关税(即自由贸易)(如果关税为负——即补贴是可行的,政府选择的社会最优是 $t_1=t_2=-(a-c)$,这会使国内企业为本国消费者提供的产出为零,并向另一个国家出口完全竞争条件下的产出)。所以,假定企业 i 和 j 在第二阶段按(7.16)给出的纳什均衡行动,政府在第一阶段的互动决策是囚徒困境式问题:唯一的纳什均衡是其占优战略,而对整个社会却是无效率的。

7.4 锦标赛

7.4.1 模型

考虑两个工人为同一个老板工作。工人 $i(i=1$ 或 $2)$ 生产的产出 $y_i=e_i+\varepsilon_i$,e_i 是努力程度,ε_i 是随机扰动项。生产的程序如下:

第一,两个工人同时选择非负的努力水平:$e_i\geqslant 0$;

第二,随机扰动项 ε_1 和 ε_2 是相互独立的,并服从期望值为 0、密度函数为 $f(\varepsilon)$ 的概率分布;

第三,工人的产出是可观察的,但他们的努力水平的选择是不可观察

的,因此,工人的工资依赖于他们的产出,但不(直接)取决于他们的努力水平。

假设老板为激励工人努力工作,而在他们中间开展工作竞赛。工作竞赛中的优胜者(即产出高的工人)得到的工资是 W_H;失败者的工资是 W_L。工人得到工资 W 并付出努力程度 e 的收益是 $u(W,e)=W-g(e)$,其中 $g(e)$ 是努力工作的负效用,是递增的凸函数(即 $g'(e)>0, g''(e)>0$)。老板的收益是 $y_1+y_2-W_H-W_L$。

7.4.2　第二阶段:工人的选择

现在我们用博弈论术语来分析这个问题。老板是局中人1,他的行动 a_1 是选择工作竞赛中支付的工资水平 W_H 和 W_L。这里不存在局中人2。两个工人是局中人3和4,他们观察第一阶段选择的工资水平,然后同时选择行动 a_3 和 a_4,即努力选择 e_1 和 e_2。最后,局中人各自的收益如前已给出。由于产出(从而也是工资)不仅是局中人行动的函数,而且也是随机扰动项 ε_1 和 ε_2 的函数。我们用局中人的预期收益进行分析。

假如老板已选择了工资水平 W_H 和 W_L。如果一对努力 (e_1^*, e_2^*) 是第二阶段两个工人之间博弈的纳什均衡,则对每个 i,e_i^* 必须使工人 i 的预期工资减去努力的负效用后的净所得最大化,即 $e_i{}^*$ 必须满足

$$\begin{aligned}&\max_{e_i\geqslant 0} W_H \text{Prob}\{y_i(e_i) > y_i(e_j^*)\} + W_L \text{Prob}\{y_i(e_i) \leqslant y_i(e_j^*)\} - g(e_i)\\&= (W_H - W_L)\text{Prob}\{y_i(e_i) > y_i(e_j^*)\} + W_L - g(e_i)\end{aligned} \tag{7.17}$$

式中 $y_i(e_i)=e_i+\varepsilon_i$。(7.17)的一阶条件是

$$(W_H - W_L)\frac{\partial \text{Prob}\{y_i(e_i) > y_j(e_j{}^*)\}}{\partial e_i} = g'(e_i) \tag{7.18}$$

也就是说,工人 i 选择努力程度 e_i,使得额外努力的边际负效用 $g'(e_i)$ 等于额外努力的边际所得,后者是对优胜者的奖励工资 W_H-W_L 和因努力程度提高而使获胜概率的边际增加的积。

根据贝叶斯法则

$$\text{Prob}\{y_i(e_i) > y_i(e_j^*)\} = \text{Prob}\{\varepsilon_j > e_j^* + \varepsilon_i - e_i\}$$

$$= \int_{\varepsilon_j} \text{Prob}\{\varepsilon_i > e_j^* + \varepsilon_j - e_i \mid \varepsilon_j\} f(\varepsilon_j) \mathrm{d}\varepsilon_j$$

$$= \int_{\varepsilon_j} [1 - F(e_j^* - e_i + \varepsilon_j)] f(\varepsilon_j) \mathrm{d}\varepsilon_j$$

因此,一阶条件(7.18)可简化为

$$(W_H - W_L)\int_{\varepsilon_j} f(e_j^* - e_i + \varepsilon_j) f(\varepsilon_j) \mathrm{d}\varepsilon_j = g'(e_i)$$

在对称的纳什均衡(即 $e_1^* = e_2^* = e^*$),我们有

$$(W_H - W_L)\int_{\varepsilon_j} f(\varepsilon_j)^2 \mathrm{d}\varepsilon_j = g'(e^*) \tag{7.19}$$

因为 $g(e)$ 是凸函数,所以优胜获得的奖金越高(即 $W_H - W_L$ 的值越大),就会激发更大的努力,这和我们的直觉一致。另一方面,假如奖金不变,产出的随机扰动项越大,就越不值得努力工作,因为竞赛的结果可能由运气决定而不取决于努力水平。如果 ε 呈正态分布,方差为 σ^2 则有

$$\int_{\varepsilon_j} f(\varepsilon_j)^2 \mathrm{d}\varepsilon_j = \frac{1}{2\sigma\sqrt{\pi}}$$

它随 σ 的增加而递减,因此,e^* 确实随 σ 的增加而降低。

7.4.3 老板的选择

下面我们分析博弈的第一阶段。假设工人同意参与竞赛(而不是另谋高就),那么他们对给定 W_H 和 W_L 的反应,就会是(7.17)所描述的对称的纳什均衡战略(这里,我们忽略不对称均衡的可能性,在这种均衡中,工人的努力选择由角点解 $e_1 = e_2 = 0$ 给出,而不是由(7.18)的一阶条件给出)。同时假设工人可寻求其他就业机会,得到的效用为 U_a。因为在对称纳什均衡中每个工人在竞赛中获得优胜的概率为一半(即 $\text{Prob}\{y_i(e^*) > y_i(e^*)\} = 1/2$),如果老板想诱导工人参与竞赛,那么他必须选择工资满足

$$W_H/2 + W_L/2 - g(e^*) \geqslant U_a \tag{7.20}$$

假设 U_a 足够低,使得老板愿意诱导工人参与竞赛,则他会在(7.20)的约束条件下,选择使其预期利润 $2e^* - W_H - W_L$ 最大的工资水平。最优时,式

(7.20)中的等号成立。

$$W_L=2U_a+2g(e^*)-W_H \tag{7.21}$$

于是预期利润就成为$2e^*-2U_a-2g(e^*)$。因此老板考虑的问题就是使$e^*-g(e^*)$最大化，这时他选择的工资水平应使得与之相应的努力e^*满足这一条件。所以最优选择下的努力程度满足一阶条件$g'(e^*)=1$，把它代入式(7.19)，得到最优激励W_H-W_L满足

$$(W_H-W_L)\int_{\varepsilon_j} f(\varepsilon_j)^2 \mathrm{d}\varepsilon_j=1$$

和(7.21)式一起，可解得W_H和W_L的值。

7.5　习题

1. 画出银行挤兑博弈的博弈树。

2. 重新考虑第3章的霍特林区位竞争模型。现在，两个企业在长度为S的线性市场上进行两阶段博弈。

在第一阶段，它们同时在$[0,\ S]$上选择它们各自的位置，即它们的$s_i(i=1,2)$。

在第二阶段，在完全知晓上一阶段它们决定的位置的基础上，它们同时选择各自的价格$P_i(i=1,2)$。

求该博弈的子博弈完美纳什均衡。

3. 假设在斯坦克伯格模型中两种产品不是同质无差异而是相互替代的，企业1生产产品1，产品1的边际成本为c_1，企业2生产产品2，产品2的边际成本为c_2，企业1先选择产量q_1，企业2后选择产量q_2，需求函数为

$$\begin{cases} p_1(q_1,q_2)=a_1-q_1-k_1q_2 \\ p_2(q_1,q_2)=a_2-q_2-k_2q_1 \end{cases}$$

$$(a_1>c_1,a_2>c_2,0\leqslant k_1,k_2\leqslant 1)$$

求两企业的均衡产出水平。

4. 考虑如下双寡头市场策略投资模型：企业1和企业2当前情况下的单位生产成本都是$c=2$。企业1可以引进一项新技术使单位成本降低到$c=$

1,该项技术需要投资 f。在企业 1 作出是否投资的决策(企业 2 可以观察到)后,两个企业同时选择产量。假设市场需求函数为 $P(Q)=14-Q$。试问上述投资额 f 处于什么水平时,企业 1 会选择引进新技术?

第 8 章　子博弈完美纳什均衡的应用:讨价还价

讨价还价,或者谈判,在我们的经济生活中是很重要的,可以说处于每一个社会的核心。作为个人(例如,与雇主就薪酬进行的争论,在市场和集市里就价格进行的讨价还价),作为厂商和企业(例如,就薪酬和工会进行的谈判,和其他企业和厂商经常进行的商务谈判),作为国家(例如,与其他国家就双边或多边的国际事务进行谈判),在我们社会的各个阶层和圈子里就众多事务而讨价还价。讨价还价是这样一种局势,其中两个局中人之间有共同的利益要合作,但在到底如何合作方面却存在利益冲突。也就是说,就可能结果的集合(它包括两个或多个元素)中的一个结果达成协议,可以使参与讨价还价的各局中人获得共同收益,但他们对结果的集合却存在着利益冲突。以博弈论为基础对讨价还价进行分析,纳什(1950,1953)作出了开拓性贡献,20 世纪 80 年代以来,基于罗宾斯坦(Ariel Rubinstein,1982)对讨价还价理论的贡献,以博弈论为基础的讨价还价理论取得了长足的进展。本章以一个假想的例子为基础,分析在双边讨价还价(即两个人)的情形中,经济代理人的理性行为。

8.1　有耐心的讨价还价

例 8.1　考虑有两方就一种服务的价格进行谈判以达成一个合约。假设买方叫三毛,卖方叫昭君,三毛愿意支付的最高价不超过 300 元,昭君不接受任何低于 200 元的价格,这些都是共同知识。买方愿意支付的 300 元的最高价是买方的保留价格(reservation price),卖方愿意接受的 200 元最低价格是卖方的保留价格。谈判价格与保留价格的差是每个交易者的交易所得。因此,只要能达成一个协议,三毛和昭君的交易所得都将增加 100 元。把这 100 元想成是一个馅饼要在双方之间进行分配或许是有帮助的。

我们把他们之间的谈判模型化为一个动态博弈,其中三毛先行动,对服

务出价 P_1。昭君然后或者接受或者拒绝这个出价。如果昭君接受,博弈结束,交易就在该出价上完成。然而如果昭君拒绝第一个出价,则她提出一个还价 P_2。三毛或者接受或者拒绝这个还价。然后谈判结束。这个博弈的扩展型表述如图 8.1 所示。

一旦要价被接受,每个局中人的得益等于该局中人的交易所得。如果没有出价被接受,则交易没有发生,每个局中人的得益为 0。当局中人在接受或者拒绝之间无差异时,我们假设该出价被接受。

利用逆向归纳求解,只要昭君的最后还价不超过 300 元,三毛就会接受。理由很简单;如果三毛接受了超过 300 元的出价,他不会比接受不超过 300 元的出价的境况好。如果我们把博弈树往上移到另一个结点,显然昭君将会拒绝接受三毛做出的任何低于200 元的出价,因为接受任何其他的出价将会忽略她在下一轮给出更赚钱的还价的能力。这意味着三毛,压价虽然对他有利,但或许会在博弈一开始就出价 300 元购买这个服务。因为他会随便出价 300 元结束博弈。这里存在最后行动者的优势(后动优势)(last-mover's advantage)。由于能够做出最后出价,这使昭君具有摄取全部剩余的能力,或者换句话说,"吃掉整个大饼"。

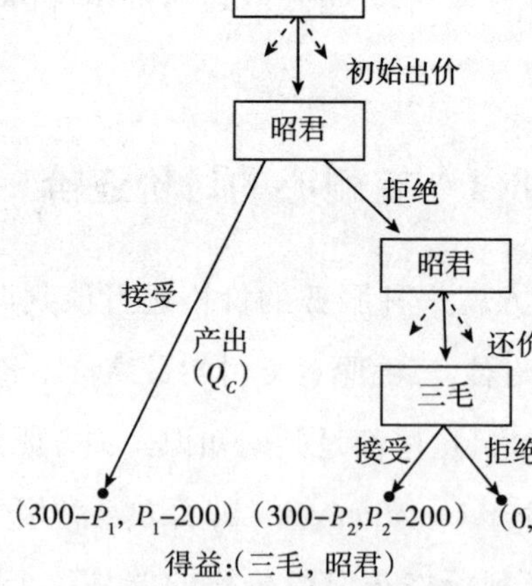

图 8.1　讨价还价的博弈树

这个博弈对出价的轮回和谁先行动非常敏感。例如,如果博弈只有一轮,因此昭君就没有机会提出还价,则三毛的最优策略是只出价 200 元购买这一服务。昭君会接受这一出价，因为她在接受或者拒绝出价之间没有差异。在这种情况下，三毛能摄取全部 100 元的剩余。读者可以证明如果三毛第一个出价，出价的轮数是奇数，则三毛得到的得益等于全部剩余；但如果出价的轮数是偶数，则昭君将得到全部剩余。

8.2　对称无耐心的讨价还价

现在我们假设出价不止一两个回合，而是 100 个回合。而且，假设推迟达成协议使得谈判有成本。这一成本可能与未来收益相对于现在收益的贴现有关。当交易者的时间机会成本大时，即使是谈判推迟很少几天的价值也可能非常昂贵。对于许多人而言，这一成本可能主要包括因必须处理不稳固的且充满潜在压力的情况所造成的烦恼。例如，谁愿意没有所得却和旧车的卖主争论不休呢?

为使问题具体，假设推迟一个回合达成协议的成本减少了双方局中人的交易所得 3%。即局中人有对称的无耐心(symmetric impatience)。如前一样，继续假设三毛和昭君在接受或拒绝出价无差异时接受出价。

有 100 个出价回合，要画出一个完全的博弈树是困难的，而且也没有必要。我们仍然利用逆向归纳求解三毛和昭君的理性策略。考虑始于昭君第 100 回合和最后出价的子博弈。和上一节一样，昭君会还价 300 元履行服务，三毛会接受这个还价。现在向后移到始于三毛在第 99 回合出价的子博弈。和以前一样，三毛知道当他必须决定他在第 99 回合出价多少时，他能从昭君在第 100 回合的出价中预期子博弈完美出价是多少。不过，和以前不一样的是，他会出价 297 元从昭君购买服务，昭君将接受这一出价。这个数字是从计算昭君推迟达成协议一回合的成本中算出来的。记住可分配的剩余是 100 元，而推迟一回合达成协议的成本是接受出价后其剩余额的 3%。昭君等到第 100 回合后可获得全部剩余，但因为她无耐心，她会宁愿接受 3% 的损失使讨价还价在第 99 回合结束。因此，昭君将接受任意大于或等于 297 元的第 99 回合的出价，拒绝任何损失。从三毛的观点看，今天的 3 元比明天什么也没有要好；三毛将出价 297 元。

但是昭君知道三毛同样是无耐心的。因为三毛在第99回合获得3元的得益,三毛有可能会在第98回合接受低于3元的3%剩余(0.09元),因此,昭君会在第98回合对其服务还价297.09元,从而获得97.09元的剩余。这0.09元不仅高于她等待另一个回合所赚得的收益,而且这个还价使得她避免了等待成本。再一次,三毛知道昭君有可能等待接受三毛在第97回合的出价294.16元(第98回合所得剩余的3%)。三毛又获得一个比他等待要大的剩余(5.84)。

谈判过程的每一回合都对卖方和买方有一个成本。这一成本只有通过平分剩余对其他局中人有吸引力才可避免。局中人做出最优出价的份额列于表8.1中。通过使用逆向归纳,最后发现三毛的最优初始行动是出价251.65元给昭君购买她的服务,昭君将接受这一出价。结束时三毛的交易所得为48.35元,而昭君的交易所得为51.65元。注意剩余接近按50/50平分,但后行动者昭君继续对三毛有微弱的优势。

表8.1 讨价还价博弈的纳什均衡结果:各种出价和对称无耐心

回合数	出价者	卖方(昭君)的份额	买方(三毛)的份额
100	卖方	100.0%	0.0%
99	买方	97.0%	3.0%
98	卖方	97.1%	2.9%
97	买方	94.2%	5.8%
…	…	…	…
4	卖方	53.4%	46.6%
3	买方	51.8%	48.2%
2	卖方	53.2%	46.8%
1	买方	51.7%	48.3%

8.3 无耐心讨价还价的一般模型

利用这一分析正好平分剩余,取决于出价的回合数和交易成本的大小。如果推迟成本对两个局中人都相同,回合数大,且一期推迟成本很小,则50/50平分就会发生。虽然经验证据证明经常是50/50的平分,但情况并不总如此。我们显然也看到了交易所得并非按 50/50 进行平分的。

事实上，假设昭君推迟交易的成本大于三毛推迟交易的成本，这样说是因为昭君在收到收入方面比收到服务方面更不具有耐心。特别地，假设推迟降低了昭君交易所得 6%，但只降低三毛交易所得 3%。在这种情况下，局中人有不对称的无耐心。对昭君来说，在第 100 回合还价 300 元仍然是最优的，因为她知道三毛会接受这个出价，但现在三毛在第 99 回合的最优出价是 294 元，而不是 297 元。在第 98 回合，昭君知道三毛会从交易中得到 5.82 元（6 元的 97%），因此她会以 294.18 元供给其服务，等等。一些最优出价的份额如表 8.2 所示。

表 8.2　讨价还价博弈的纳什均衡结果：各种出价和不对称无耐心

回合数	出价者	卖方（昭君）的份额	买方（三毛）的份额
100	卖方	100.0%	0.0%
99	买方	94.0%	6.0%
98	卖方	94.2%	5.8%
97	买方	88.5%	11.5%
96	卖方	88.9%	11.1%
…	…	…	…
4	卖方	34.8%	65.2%
3	买方	32.7%	67.3%
2	卖方	34.7%	65.3%
1	买方	32.6%	67.4%

三毛最优的初始出价现在是 232.60 元，昭君接受而不愿意推迟达成协议。注意剩余的分配大约是 2:1，对三毛有利，这正好和他们推迟成本的比例（6:3）相反。这不是巧合，下面进行证明。

无耐心通常用贴现因子表示。我们说一个人花其剩余部分的 $x\%$ 等待另一个回合等价于说取消 $t+1$ 回合的交易所得应从因推迟前一回合的交易所得中扣除 $(1-x)\%$。$(1-x)\%$ 是局中人的贴现因子。无耐心越大（x 值越高），贴现因子就越低（更多的未来被贴现）。我们用 δ_B 表示买方的贴现因子，δ_S 表示卖方的贴现因子。在本节的讨价还价例子中 $\delta_B=0.97$，$\delta_S=0.94$。

前面的例子都假设回合数是固定的。而在很多讨价还价环境中，出价和要价的回合数基本上是无限的。现代讨价还价理论的一个重要结论归功于罗宾斯坦(Ariel Rubenstein),这个结论是这种类型的博弈有唯一的子博弈完美纳什均衡。此结论很重要,正式的表述为:

定理 8.1(罗宾斯坦定理):假设有两个局中人 S 和 B,他们利用轮流出价进行分配剩余的讨价还价。局中人 B 首先出价;可以进行的出价的回合数没有限制;两个局中人的贴现因子分别为 $0<\delta_S<1,0<\delta_B<1$;当局中人在接受或拒绝出价无差异时假设接受出价。则这个讨价还价博弈有唯一的子博弈完美纳什均衡,其中局中人 B 立即要求给 S 的剩余比例是 $\dfrac{\delta_S\cdot(1-\delta_B)}{1-\delta_S\cdot\delta_B}$,留给自己的比例是 $\dfrac{1-\delta_S}{1-\delta_S\cdot\delta_B}$,且 S 接受。

下面证明罗宾斯坦定理。

假设买方先行动,按比例(w_B,w_S)分配固定数目的钱,其中 w_B和 w_S分别是买方和卖方所得的比例。为简化起见,假设这一钱的总数是 1 元。然后卖方接受或拒绝分配,这一回合结束。如果卖方拒绝分配,他随后还价,买方可以接受或拒绝。至此这与我们前面讨论的模型相同。然而不同之处在于只要局中人拒绝出价博弈就继续下去。理论上博弈将永远进行下去。

这个博弈有无穷多个子博弈,子博弈之一就是博弈本身。用 G_1表示这个博弈。假设这个博弈至少有一个子博弈完美纳什均衡。在 G_1的子博弈完美纳什均衡中,令 Q_B表示买方的最大得益,q_B表示买方的最小得益。整个博弈的另一个子博弈在卖方做出其第一个还价给买方的子根开始,称这个博弈为 G_2。令 Q_S表示卖方在 G_2的所有子博弈完美纳什均衡中能获得的最大得益,q_S表示卖方在这些子博弈完美纳什均衡中所得到的最小得益。第三个子博弈开始于买方向卖方做出其第二个出价的子根,称此博弈为 G_3。这些子博弈如图 8.2 所示。现在停下来,想想这个博弈,它和 G_1开始的方式相同,买方向卖方出价;和 G_1一样,此博弈包括其他出价,出价数没有限制。最后,得益在每个时期下降 δ_B和 δ_S,如在 G_1中一样。这意味着 G_3在策略上等价于 G_1。如果局中人到达这个博弈,就和它从开始一样。这意味着 Q_B是 G_3的子博弈完美纳什均衡中买方的最大得益,q_B是买方的最小得益。

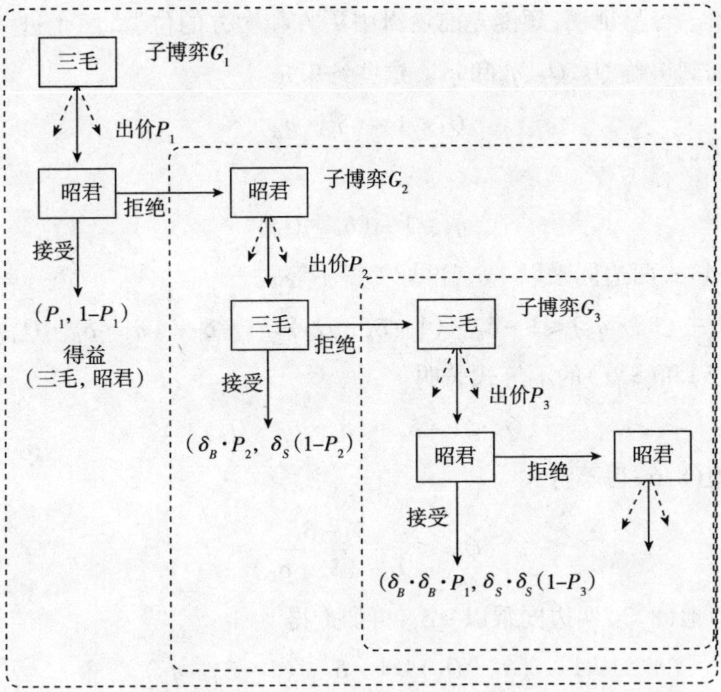

图 8.2　罗宾斯坦改变出价的讨价还价博弈的前三个子博弈

考虑在 G_1 第一回合对买方的某些约束。为了使出价有任何接受的机会(即为了使它是子博弈完美的),卖方必须至少收到 $\delta_S \cdot q_S$。这是因为一旦博弈进行到子博弈 G_2,卖方能保持得益 q_S,但是因为这个博弈是未来的一个回合,得益必须用 δ_S 贴现以使它能与立即的得益进行比较。当然,如果卖方至少得 $\delta_S \cdot q_S$,且分配的总数是 1。则买方可得到的最多是 $1-(\delta_S \cdot q_S)$。这意味着

$$Q_B \leqslant 1-(\delta_S \cdot q_S) \tag{8.1}$$

使用类似的逻辑,我们能求得 q_B 的边界。如果买方给卖方的出价大于或等于 $\delta_S \cdot Q_S$,他就接受它。这是因为他知道一旦博弈进行到子博弈 G_2,他能够至多得到 Q_S。因此,当博弈是 G_1,买方的出价超过 $\delta_S \cdot Q_S$ 就没有意义。这意味着买方至少立即可得 $1-(\delta_S \cdot Q_S)$,或者

$$q_B \geqslant 1-(\delta_S \cdot Q_S) \tag{8.2}$$

如果买方拒绝卖方的还价,则博弈继续到子博弈 G_3,其中买方做出其第

二个出价。容易证明,颠倒先前逻辑中买方和卖方的位置,两个进一步的约束可施加到得益 Q_B、Q_S、q_B和 q_S。这些约束是

$$Q_S \leqslant 1-(\delta_B \cdot q_B) \tag{8.3}$$

和

$$q_S \geqslant 1-(\delta_B \cdot Q_B) \tag{8.4}$$

(8.4)式两边同乘以 $-\delta_S$,再加 1 得不等式

$$1-(\delta_S \cdot q_S) \leqslant 1-\delta_S \cdot (1-\delta_B \cdot Q_B) = 1-\delta_S + (\delta_S \cdot \delta_B \cdot Q_B) \tag{8.5}$$

(8.5)和(8.1)的不等式表明

$$Q_B \leqslant 1-\delta_S + (\delta_S \cdot \delta_B \cdot Q_B) \tag{8.6}$$

整理(8.6)得不等式

$$Q_B \leqslant \frac{1-\delta_S}{1-(\delta_S \cdot \delta_B)} \tag{8.7}$$

类似地(8.3)两边同乘以 $-\delta_S$,再加 1 得

$$1-(\delta_S \cdot Q_S) \geqslant 1-\delta_S \cdot (1-\delta_B \cdot q_B) \tag{8.8}$$

结合(8.2)和(8.8),整理得不等式

$$q_B \geqslant \frac{1-\delta_S}{1-(\delta_S \cdot \delta_B)} \tag{8.9}$$

但(8.7)和(8.9)表明

$$Q_B \leqslant \frac{1-\delta_S}{1-(\delta_S \cdot \delta_B)} \leqslant q_B \tag{8.10}$$

根据定义,Q_B和 q_B是此博弈所有子博弈完美纳什均衡中买方的最大和最小得益。这意味着

$$Q_B \geqslant q_B \tag{8.11}$$

对于方程(8.10)和(8.11)是真,就要求

$$Q_B = q_B = \frac{1-\delta_S}{1-(\delta_S \cdot \delta_B)} \tag{8.12}$$

类似的逻辑可得到结论

$$Q_S = q_S = 1-\frac{1-\delta_S}{1-(\delta_S \cdot \delta_B)} = \frac{\delta_S \cdot (1-\delta_B)}{1-(\delta_S \cdot \delta_B)} \tag{8.13}$$

因而当可能的回合数是无限时,两个局中人的均衡得益是确定的,只取

决于两个局中人的贴现因子和谁先行动。通常“更有耐心”的局中人——即贴现因子最大的局中人——得到剩余的一半多。这并不总是真的,因为首先做出出价的局中人有(小的)先动优势。例如,当 $\delta_S = 0.75, \delta_B = 0.70$,即使卖方更具耐心,买方预言得到馅饼的53%。

在这个博弈中存在先动优势的事实提出了一个问题,因为在多数情况下,谁先行动不是预定的而是双方谈判的结果。如果讨价还价的这个方面决定了讨价还价的结果,则预先的谈判涉及谁先行动很重要。现在是什么决定了这个“预先讨价还价的讨价还价”的结果呢?

容易看到,在讨价还价阶段无限时,在多数情况下,谁先行动是不重要的。理由是随着两个局中人的贴现因子趋于1,先行动者的优势趋于0。出价之间的时间间隔是贴现因子的一个重要决定因素。出价之间的间隔越短,推迟协议的成本就越低。这意味着随着出价之间的时间间隔递减,两个局中人的贴现因子将接近于1,但是他们的速率可能不一样。

假设买方和卖方的贴现因子是出价之间时间间隔 t 的减函数。用 $\delta_B(t)$ 和 $\delta_S(t)$ 表示贴现因子,用 $(w_S^*(t), w_B^*(t))$ 表示剩余的子博弈完美纳什均衡的分配。根据定理8.1,比率 $\frac{w_B^*(t)}{w_S^*(t)}$ 等于 $\frac{1-\delta_S(t)}{\delta_S(t)\cdot(1-\delta_B(t))}$。我们想要确定 $\frac{w_B^*(t)}{w_S^*(t)}$ 的界线使得出价之间的时间间隔趋于0。显然,情况必须是 $\delta_B(0) = \delta_S(0) = 1$。而且假如两个贴现因子函数是可微的,且 $-\delta'_B(0) = r_B > 0$, $-\delta'_S(0) = r_S > 0$。数字 r_B 和 r_S 是买方和卖方的瞬间推迟成本,则利用 L' Hopital法则,随着 t 趋于0, $\frac{w_B^*(t)}{w_S^*(t)}$ 收敛于 $\frac{r_S}{r_B}$。即局中人同意按正好等于瞬间推迟成本比率的倒数的比率分配剩余。谁先行动不再重要。

8.4　序贯双边讨价还价的经验证据

无疑,给定讨价还价的重要性,有大量的实验试图阐明人们如何在简单环境中进行讨价还价。不过,这些实验提出的问题通常比回答的问题多。

最简单的讨价还价实验是独裁者博弈。一个参与者即独裁者,被要求在他自己和另一个无名的参与者之间分配固定数量的钱。独裁者设计的分配是最终的。显然一个纯粹自利的人的理性策略是他自己获得全部数量的钱。然而,对于自利的行为者,这一策略只被不到一半的独裁者所选择。

稍微复杂的实验博弈是赋予第二个局中人一些任意的权力。最后通牒博弈要求第一个参与者提出一个分配固定钱数的方案。第二个局中人可以接受或拒绝。如果分配方案被拒绝,两个局中人什么都得不到。理性的子博弈完美的自利的策略组合是第一个局中人提出的分配方案把接近钱的总数给他,剩下的只有最小的部分给第二个局中人。第二个局中人面临的选择是一个小的正数(接受分配方案)或什么也没有(拒绝分配方案),他应该选择接受。不过,在这种实验博弈中,第一个局中人大多选择 50/50 的分配。而且,一般地第二个局中人拒绝非 0 分配。研究者付出了很多的努力去解释这些结果。他们认为修正实验结构(例如利用市场语言而非中性语言或使局中人"赢得"第一个局中人的权利)就能大大地改变结果。

第三类实验博弈是允许把贴现与出价联系起来。Binmore、Shaked 和 Sutton(1985)的重要论文报告了实验结果,其中第一个局中人被要求在他自己和第二个局中人之间分配 100 便士。第二个局中人或者接受分配方案因此结束博弈,其得益就是第一个局中人所提出的分配,或者拒绝分配。如果第二个局中人拒绝分配,则第二个局中人提出只分配 25 便士。第一个局中人可能接受这个新的分配,结束博弈,其得益是第二个局中人所提出的,或者拒绝分配,两个局中人什么也得不到。本质上未来的得益贴现为 75%。子博弈完美(自利)结果是第一个局中人提出按 75/25 分配,第二个局中人接受。这些实验的参与者希望博弈只进行一次,但那些决定第二个行动者的法则的人不希望在第二次是第一个行动者。在第一个博弈中,提出的平均分配是第一个局中人 57 便士,而多数的建议是 50 便士。在第二个博弈中,(第二个局中人成为第一个局中人),平均增加到 67 便士,接近子博弈完美纳什均衡。尽管看似有一些子博弈完美纳什均衡预言的证据,但进一步的研究证明这些结果对实验结构相当敏感。例如,改变贴现因子就能够极大地修正结果。

关于讨价还价博弈实验的报告,观察到的一个共同事实是局中人做出的决策最终使他们处境变坏,此种情况出现的频率很高。最明显的例子是第二个局中人在最后通牒博弈中做出拒绝第一个局中人提出的非 0 分配的决策。Binmore、Shaked 和 Sutton 在其实验中发现了类似的行为。他们发现相当大量的第一回合出价被第二个局中人拒绝,接着第二个局中人在第二回合提出的建议使其所得的货币比他们最初在第一回合出价时的货币少。这显然不是子博弈完美自利的行为。一种可能的解释是在这些博弈中局中人发现极端的得益不一致,且愿意放弃现金以平分得益。Prasnikar 和 Roth 设计的实验观察被称之为最佳射程博弈,在一个不同的实验环境中看到局中人如何愿意避免得益的不同。在这个动态博弈中,局中人 1 首先被要求选择其愿意提供的整数,用 Q_1 表示。由于观察到这一数字,局中人 2 然后必须选择其愿意提供的整数,记为 Q_2。两个局中人提供的每一单元要花掉局中人的成本为 0.82 美元。每个局中人的收益为

$$R(Q_1,Q_2)=\begin{cases}\max\{Q_1,Q_2\}-0.05\cdot\sum\limits_{j=1}^{\max\{Q_1,Q_2\}-1} i, & \max\{Q_1,Q_2\}>1\\ 1, & \max\{Q_1,Q_2\}=1\\ 0, & \max\{Q_1,Q_2\}=0\end{cases} \tag{8.14}$$

读者可以证明子博弈完美自利均衡是,局中人 1 提供的数字为 0,局中人 2 提供的数字为 4。均衡时局中人 1 的得益是 3.70 美元,而局中人 2 的得益仅为 0.42 美元,因此,子博弈完美纳什均衡行为时,局中人的得益差别较大。局中人只花相对小的成本就会使得益明显趋于公平。例如,如果局中人 2 提供的数字不是 4 而是 2,他就会减少自己的得益 0.11 美元,而减少局中人 1 的得益 1.75 美元。当然,如果什么也不提供,就会使得益为 0(公平规则发生于最后通牒博弈中)。不过,在最优射程博弈中局中人的实际行为紧密地与子博弈完美纳什均衡预测相对应。

由此可见,讨价还价实验的证据难以解释。情况似乎是,讨价还价实验中的公平性问题难以捉摸,但是自利的理性减弱了这点。

8.5　一个讨价还价例子:分摊沉没成本

例 8.2　考虑一天然气田的所有者决定如何向市场推销其产品。他所

有的天然气对于生活在天然气田周围的社区的居民是潜在有价值的产品。但是为了实现其价值,必须铺设输气管道,因为管线目前不存在。社区居民认为天然气很有价值,使得他们愿意支付管线的成本、钻探成本以及输气成本。显然这就是互利交易可能的情况。

管线投资具有下面一些特征。第一,管线建设投资很大,且必须在天然气交货前进行。第二,如果社区居民决定未来从其他地方购买天然气,管线的残余价值应占其建设成本的很小比例。用经济学家的话说,向这一社区居民交付天然气的固定成本很大(该固定成本随产出的大小而变化),也称之为沉没成本(如果天然气生产商因需求低而决定关闭管线,这个成本是不可恢复的)。

然而,一旦做出投资,社区居民会认识到,他们支付的天然气价格远远超过了交货的边际成本。我们知道天然气交货的边际成本只包括通过管线输送天然气的成本,而不包括建设管线的成本。不过,从天然气生产商的观点看,他可以只索要价格高到足以补偿管线成本和生产天然气的边际成本。管线建成后天然气交货的边际成本与管线建成前交货的边际成本的差是问题的关键。

消费者对生产者有支配权。正如任何一本经济学教科书中所讲的,企业只需要补偿其可变成本就可继续营业。一旦管线建成,生产者会愿意接受等于生产的边际成本的价格而非生产的平均成本的价格(包括管线成本)。边际成本与平均成本的差是由管线的沉没成本大所造成的。假设社区居民会做他们能够"套牢"生产者的事情即只付给生产者等于生产的边际成本的价格,或者起码可游说地方当局减少输送到他们社区天然气的比率。

生产者在展望未来时,的确会认识到一旦管线建成后他容易被套牢。如果这些恐惧足够大,如果天然气定价的契约不够严密,不能够在未来极大地减少套牢的机会,则有可能的是管线绝不会被建设。这意味着此种巨大的互利交易绝不可能成为事实。

有人会说,如果社区自己建设管线,因此避免了"套牢"问题。为什么这不可能发生有诸多理由,尤其是:尽管社区作为一个整体可能愿意支付巨大的管线建设成本,但是没有一个人可能有倾向或意愿去完成此项巨大的投资。那些有公共热情的人或许会作为煽动者使社区一起投资,但糟糕的(现实的)事实是有许多人不愿意加入这个集团中。他们宁愿免费搭车而不愿意加入。结果,这种方法总是要失败。

前面我们多处用到了“或许”和“可能”。要使上面描述的结果更确定,需要更具体的例子。

前面的天然气生产者的例子有两个基本的要素。一个是投资决策必须在该投资利益签约前做出。另一个是投资只对一小部分人有价值,即投资的次优用途的价值小。

假设新西伯利亚天然气公司(一个俄罗斯的私人所有的天然气生产者和销售者),正考虑建设一条管线到俄罗斯中部的一个城市图曼(Tomsk),目前这个城市没有天然气生产者提供服务。社区居民集体愿意为每立方米天然气付 90 卢布。在任意给定的年份,他们需要总共 10000 立方米的天然气,意味着每年愿意支付 900000 卢布。设利率为 10%,消费者集体愿意支付的现值是 900 万卢布。

新西伯利亚天然气公司能够建设一条管线,成本为 300 万卢布。如果建成,假设管线将永远延续下去。一旦建成,每立方米天然气的成本是固定的,等于 50 卢布。满足图曼的需求产生的年营运成本 500000 卢布。在利率 10% 的情况下,营运成本流量在管线生命期的现值是 500 万卢布。因此,建设管线并供应天然气给图曼的居民将花 800 万卢布。为了完成模型,最后假设管线没有残余价值,新西伯利亚天然气公司和图曼的居民在管线建成前不能达成一个有约束力的协议。

建设管线输送天然气给图曼的居民产生 100 万卢布的净收益。这个剩余必须在图曼的居民和西伯利亚天然气公司之间分配。显然,如果管线建设的话,图曼居民和西伯利亚天然气公司两个都可变好。然而需要记住的是,管线必须在图曼居民和西伯利亚天然气公司之间有约束力协议达成前建设。一旦管线建成,西伯利亚天然气公司愿意接受的每立方米天然气的最小数是 50 卢布,而图曼居民愿意支付的最大数是每立方米 90 卢布。每立方米的净收益是 40 卢布。每年 10000 立方米时,总净收益现值等于 40 万卢布。

我们已经有了一个动态博弈。博弈的局中人是图曼的居民和西伯利亚天然气公司。博弈的顺序是:西伯利亚天然气公司先行动,决定是否建设管线到图曼;然后图曼居民和西伯利亚天然气公司就天然气交易条款进行讨价还价。假设讨价还价博弈本身是一个动态博弈,如本章前面所讨论的许多讨价还价博弈一样。我们知道,当双方彼此可以相继快速改变出价时,并且他们知道彼此的瞬间推迟成本,他们同意按与推迟成本的比率的反比分配剩余。在这种情况下,假设这些推迟成本相同,且是共同知识。则我们知道图曼居民和西伯利亚天然气公司会同意在他们之间平分净收益。

这个讨价还价过程的意义是重大的。在管线建成前为了保证管线无盈亏,西伯利亚天然气公司必须确定每立方米天然气的价格为 80 卢布。通过得到这一价格,企业就能保证每年 800000 卢布的收益,其现值等于 800 万卢布。因为这正好与建设管线供应天然气给图曼居民的成本相当,西伯利亚天然气公司正好无盈亏。

然而如果西伯利亚天然气公司建设管线,就能期望正好在图曼和它自身之间平分剩余的价格。这意味着西伯利亚天然气公司能够理性地预期与图曼谈判的价格是每立方米 70 卢布。因为每立方米低于其无盈亏价格 10 卢布(在建设管线前计算),他们将选择不建设管线。

建设管线即使能使双方处境变好,但因为在管线建设前不能达成有约束力的协议,结果使管线不能建设。如果在投资决策前可以成功地达成一个合约,西伯利亚天然气公司供应天然气所需最小价格一直是每立方米 80 卢布。图曼居民愿意得益的最大价格仍然是每立方米 90 卢布,谈判结果的价格是每立方米 85 卢布。在这种情况下,管线应该能建成,交易没有进一步的所得。

8.6 习题

1. 两兄弟分一块冰激凌。哥哥先提出一个分配比例,弟弟可以接受或者拒绝,接受则按哥哥的提议分配,若拒绝就自己提出一个比例。但这时候冰激凌已化得只剩下 1/2 了。对弟弟提议的比例,哥哥也可以选择接受或者拒绝,若接受则按弟弟的提议分配,若拒绝,冰激凌会全部化光。因为兄弟之间不应该做损人不利己的事,因此,假设接受和拒绝利益相同时兄弟都会接受。求该博弈的子博弈完美纳什均衡。如果冰激凌每阶段只化掉 1/3,子博弈完美纳什均衡是什么?

2. 考虑罗宾斯坦(无限期)议价模型的一个变种,其中每两个个体展示了可能不同的贴现因子 δ_1 和 δ_2 。找出(唯一的)子博弈完美纳什均衡。

3. [劳资谈判博弈 I]在劳资谈判模型中,假设工会的效用 $wl - k_1 l$,企业的生产函数为 $q = k_2\sqrt{l}$,产品的价格为 p,其中 $k_1, k_2 > 0$。试求均衡时工会开出的工资水平和企业雇用的工人数量。

4. [劳资谈判博弈 II]在一个工会和 n 个企业的劳资谈判模型中,假设工会的收益为$(w - w_0)L$。其中 w_0为工会成员的保留收入,$L = L_1 + \cdots + L_n$为工会在本行业企业的总就业水平,其中 L_i为企业 i 所选择的劳动力数量。假设所有企业都有相同的生产函数 $q_i = L_i$(即产出等于劳动力),企业除工资支出外没有另外的成本。市场总产出为 $Q = q_1 + \cdots + q_n$时的市场出清价格为 $P(Q) = a - Q$。试求此博弈的子博弈完美纳什均衡。

5. 考虑由两个个体组成的“社区”,面临下面的决定:是否承担成本为 K 的不可分公共品。假定她们按照如下的(序贯的)认购机制来操作。首先,个体 1 提议她的贡献,如果她的贡献包含了 K(公共物品的成本),这个物品马上就被提供。否则,轮到个体 2 提议她相应的贡献。如果已经到达了机制的第二阶段,两个贡献的总和包含了 K,公共物品被提供但是每个个体的净效用以一个既定的因子 δ 来贴现,$\delta < 1$,就是说,每个个体 i 在第二阶段得到的效用是:$\delta U_i(x, c_i) = \delta(V_i(x) - c_i)$

为了简便,假定对每个 $i = 1, 2$,$V_i(1) = 1$,$V_i(0) = 0$,$\delta = 1/2$。

(1)给出子博弈完美纳什均衡作为价值 $K \in [0, 2]$ 的函数。(就是说,将区间[0,2]划分成子区间,其中均衡的集合有不同的特征)

(2)如果个体的效用函数(对于第一阶段的消费)改变如下,研究子博弈完美纳什均衡的特征是如何受影响的:

$$U_i(x, c_i) = V_i(x) - (c_i)^2$$

第9章　子博弈完美纳什均衡的应用：宏观经济政策博弈

博弈论不仅在微观经济学中有广泛的应用，而且最近在宏观经济学中，也广泛运用博弈论方法分析研究宏观经济问题，这里首先介绍用博弈论方法分析宏观经济政策动态一致性（Time-Consistent Macroeconomic Policy）的一个模型。该模型以巴罗和戈登（Robert J. Barro and David B. Gordon，1983）、马修·坎佐内里（Matthew Canzoneri，1985）等的工作为基础。所谓政府政策的动态一致性指的是，一个政策不仅在制定阶段应该是最优的（从政府的角度看），而且在制定之后的执行阶段也应该是最优的（假如没有任何新的信息出现）。如果一个政策只是在制定阶段是最优的，而在执行阶段并不是最优的，这个政策就是动态不一致的。这里介绍的模型是以货币政策为例的。模型背后的基本故事是：雇主和工人就名义工资谈判之后，中央银行选择货币供给，货币供给量决定通货膨胀率。如果工资合同不能完全指数化，雇主和工人在决定工资时都会尽力预测通货膨胀。然而一旦确定不完全指数化的名义工资，高于预期通货膨胀水平的实际通货膨胀将侵蚀名义工资，使工人实际收入下降，导致雇主雇佣人数增加，生产增加。因此，货币当局面临着在通货膨胀成本和由意料之外通货膨胀（即高于预期通货膨胀水平之上的通货膨胀）引起的失业率下降及产出增加之间的权衡。在完全信息和理性行为模型中，选择子博弈完美纳什均衡策略，工人将能够预测中央银行的行为，即使中央银行在工人签订其劳动合同后选择通货膨胀率。

在本章的模型中，中央银行选择比它喜欢的要高的通货膨胀水平。问题的核心是中央银行无法使其较低的通货膨胀率的承诺可信。这样，问题就成为中央银行如何在事前承诺较低的和更可取的通货膨胀率。

9.1　通货膨胀

宏观经济中最重要的两个问题是通货膨胀和失业，特别是通货膨胀，经常出现在大众媒体上,也是老百姓经常议论的经济话题。然而,对什么是通货膨胀,在经济学家中并没有一致的定义。表面上看,通货膨胀是一般物价水平的持续上升。价格水平的一时上升不是通货膨胀,单一商品价格的上升也不是通货膨胀,即使像石油这样重要的产品也是如此。一种商品如石油的价格的非预期上升之后是否会是通货膨胀取决于雇主、家庭和政府对此上升做出如何的反应。

世界各国都曾经历过最严重的通货膨胀率。图 9.1A 是美国 1955—1996 年时期的“核心”通货膨胀率。核心通货膨胀率是除食品和能源外的所有消费品价格的平均增长百分比。这两类商品的剔除降低了因世界能源和食品价格在 1973 年、1974 年、1979 年和 1986 年的短暂变化所引起的扭曲。图 9.1B 是美国 1989 年以来通货膨胀率与核心通货膨胀率的变化。图 9.2 是中国 1952 年以来的通货膨胀率(居民消费价格指数变化率)。可以看出,1952 年以来,中国经历了几次加速的通货膨胀。

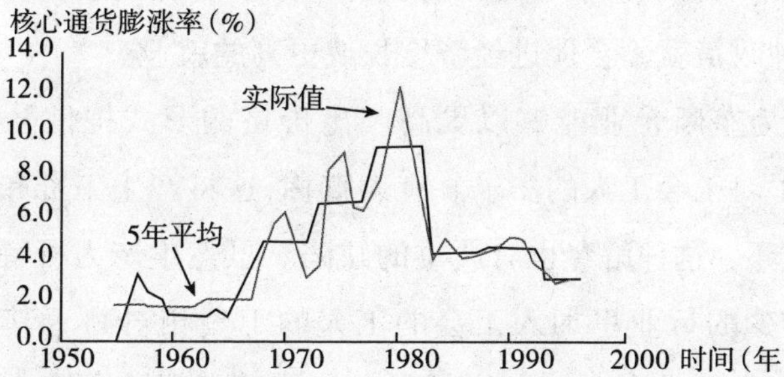

图 9.1A 美国的通货膨胀率(1955—1996)(“核心”通货膨胀率,不包括能源和食品)

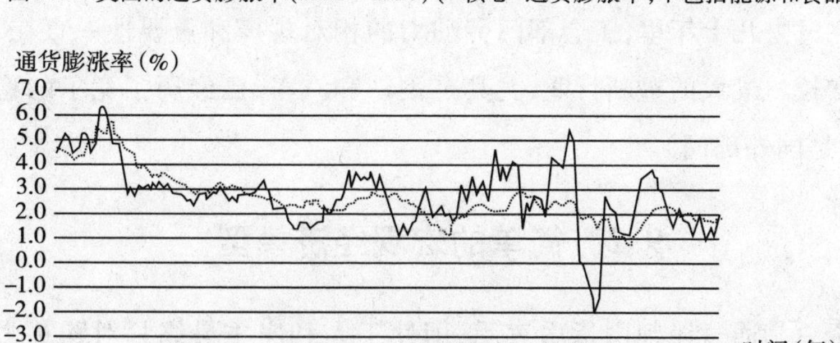

图 9.1B 美国的通货膨胀率(1989—2014)

图 9.1　美国的通货膨胀率

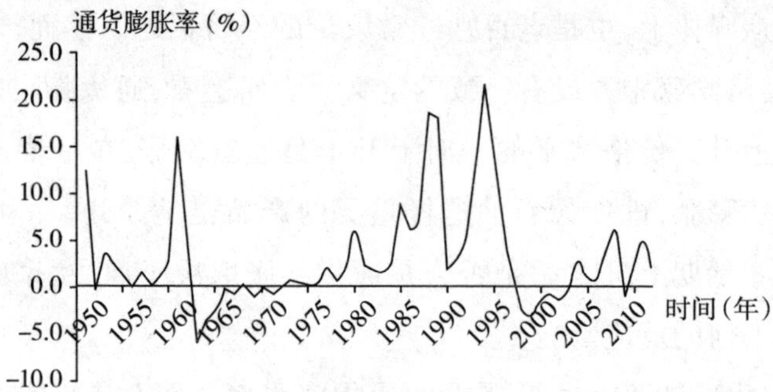

图 9.2　中国的通货膨胀率(1952—2015)

20 世纪 60 年代和 70 年代很多国家都经历了加速的通货膨胀,因此许多经济学家假设现代经济有通货膨胀倾向性。据认为中央银行在强大的政治压力下利用通货膨胀的货币政策去促动经济增长,减少失业。本章将证明这种政策只有在公众没有预期到通货膨胀产生时才会促进经济活动。但是持续通货膨胀的持续低估与理性行为不一致。一旦公众明白了中央银行要做什么,这种政策就不会促进经济增长或更高的就业。

还有人认为垄断企业能够以更高产出价格的形式把信号传递给消费者,工资增加了对工会工人的需求。有人宣称,这将产生工资和物价螺旋式上升的恶性循环。这种解释也有严重的缺陷。虽然生产力可解释为什么在垄断或卖主很少的行业里加入工会的工人的工资相对高于其他工人的工资,但只有在工人的生产力持久增长时它才能够解释这些工人工资的持久增长。在过去几十年里,工会部门劳动力的相对规模和重要性一直在下降,而不是增长。最大的垄断行业,尤其是钢铁和汽车,已经历了竞争的稳定增长(多数是国外部门)。

9.2　简单的宏观经济模型

工资总是通过谈判用货币表示,即使工人和雇主最终只对购买力感兴趣。偶尔工资也会被物价指数化,但这种情况很少,且总是不完全的。这就有两个重要意义:第一,劳动力市场出清的货币工资取决于工资合同期内预期的通货膨胀率。第二,在货币工资谈判时,如果实际通货膨胀率与预期通货膨胀率有很大的不同,则工资合同将迫使工人供应的劳动力偏离通货膨胀率预期正确时愿意供应的劳动力。

工人和雇主预期的通货膨胀率不完全是随机的,要受到货币供应增长率的影响,而货币供应增长率是在中央银行的控制之下的,因此,工人和雇主的工资与就业决策依赖于中央银行的货币增长决策,而银行的绩效又依赖于工人和雇主的工资与就业决策。这种相互依赖意味着这三个集团在进行一场博弈。在非常一般的条件下,这个博弈有一个纳什均衡,其中,中央银行选择的货币供应增长率产生的通货膨胀率在其目标之上。然而,对于中央银行,在我们的动态博弈中,低通货膨胀的货币政策不是时间一致性的:当轮到中央银行选择通货膨胀率时,它发现遵循低通货膨胀政策不再是最优的。相反,高通货膨胀政策是最优的。

9.2.1　一致性

宏观经济建模强调的是经济的总体行为,而忽略单个市场的行为。下面的模型包括的总量有:就业水平 L_t,物价水平 P_t,货币供应 M_t,货币工资 W_t,实际工资 R_t,和预期物价水平 P_t^e。

我们用自然对数测定所有的价格和总量。根据习惯,用小写字母表示这些自然对数。如 m_t代表货币供应 M_t的自然对数。用自然对数测定变量有诸多好处。首先,变量在时间 t 的自然对数与该变量在时间 $t-1$ 的自然对数的差近似于该变量在 $t-1$ 和 t 之间的增长率。即

$$\ln(X_t) - \ln(X_{t-1}) = x_t - x_{t-1} \approx \frac{X_t - X_{t-1}}{X_{t-1}} \tag{9.1}$$

其次,两个变量比率的自然对数等于它们对数的差,即 $\ln(\frac{X}{Y}) = \ln(X) - \ln(Y) = x - y$。再次,1 的自然对数等于 0。自然对数这最后一个性质意味着原始变量 X 单位的选择决定了变换变量 $\ln(X) = x$ 的零点。

在我们的讨论中,利用下面的定义:

$$\begin{aligned} \pi_t &\equiv p_t - p_{t-1} && \text{通货膨胀率} \\ \pi_t^e &\equiv p_t^e - p_{t-1} && \text{预期通货膨胀率} \\ g_t &\equiv m_t - m_{t-1} && \text{货币供应增长率} \end{aligned} \tag{9.2}$$

下面的恒等式：

$$r_t \equiv w_t - p_t \qquad \text{(用自然对数)表示实际工资} \qquad (9.3)$$

为简化起见，标准化

$$m_1 = 0$$

$$p_1 = 0 \qquad (9.4)$$

由等式(9.2)和(9.4)得

$$\pi_2 = p_2$$

$$\pi_2^e = p_2^e \qquad (9.5)$$

$$r_2 = w_2 - \pi_2$$

9.2.2 行动和博弈的顺序

为了避免某些非基本的技术细节，我们用高度程式化的动态博弈建立经济模型，博弈进行两个时期。第一个时期，工人选择其在第二个时期工作的货币工资。他们在做出此决策时不知道第二个时期的物价水平。第二个时期的开始，中央银行选择通货膨胀率。然后雇主选择雇佣水平。博弈树如图9.3所示。

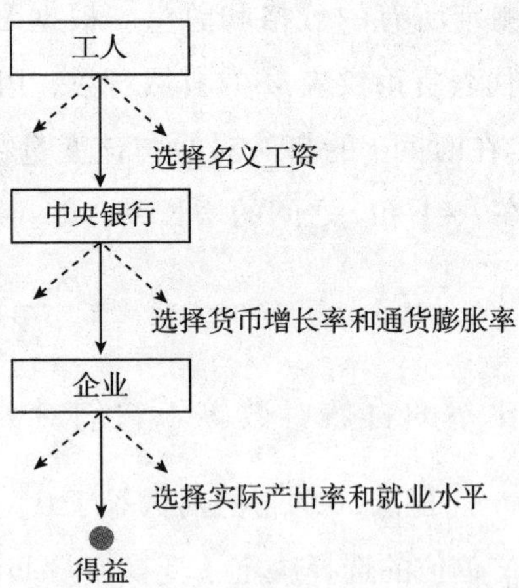

图9.3 工人、雇主和中央银行之间进行的宏观经济政策博弈的博弈树

中央银行通过控制货币供应增长率间接控制通货膨胀率。虽然货币增长与通货膨胀之间的因果联系在经济学家中还没有解决，但可以在这里采

取极端的货币主义观点,假设通货膨胀是由货币增长引起的。即

$$\pi_2 = \varphi(g_2) \tag{9.6}$$

其中 $\varphi(\cdot)$ 是严格增函数。

赞成货币增长和通货膨胀之间的因果关系的证据可在各国的统计数据中找到,如图 9.4 所示。由于我们假设因果关系,此后就假设中央银行直接选择通货膨胀率 π_2。

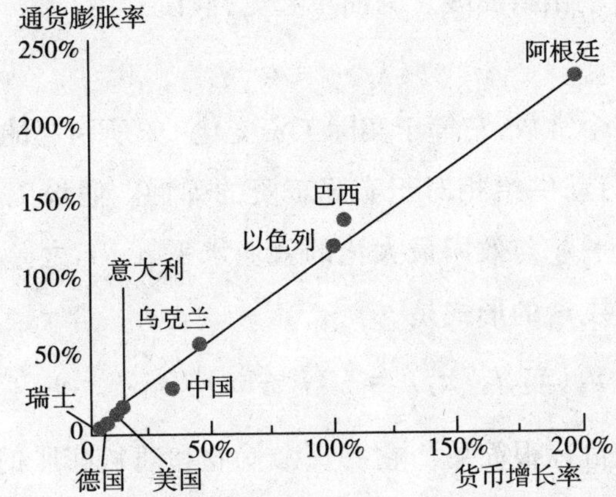

图 9.4A　1977—1987 年的平均通货膨胀率:横坐标是同一时期的货币供应的平均增长率

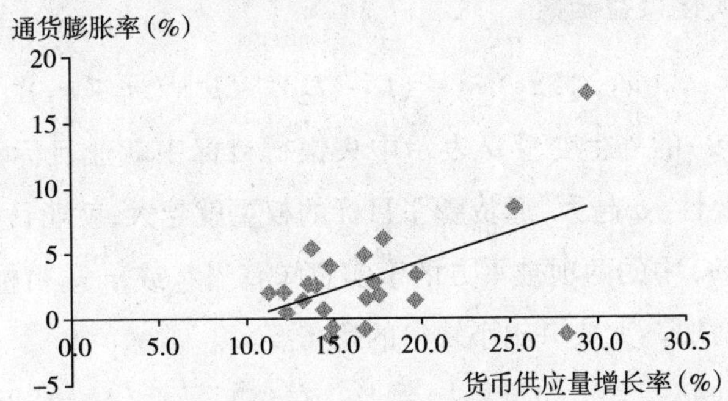

图 9.4B　中国的通货膨胀率与货币供应量增长率(1995—2016)

图 9.4　通货膨胀与货币供应量的关系

9.2.3　策略

工人的策略是货币工资 w_2。中央银行的策略是通货膨胀政策 $\pi_2(w_2)$。在此博弈中,通货膨胀率依赖于工人选择的工资的事实是中央银行绩效差

的一个重要原因。雇主的策略是雇佣法则 $l_2(w_2,\pi_2)$ 。

9.2.4 得益

工人是效用最大化者,其效用取决于实际收入和闲暇。给定实际工资,就业的增加引起工人的实际收入增加,但闲暇减少。收入和闲暇的边际效用递减意味着对任意的实际工资 r_t,存在一个效应最大化的劳动供给水平 $l^s(r_t)$,这就是劳动供给曲线。为简单起见,假设

$$l^s(r_t) = \alpha \cdot r_t \tag{9.7}$$

其中 α 是一个常数,它等于实际工资变化1%所引起的劳动供给的百分比变化,即 α 是劳动供给相对于实际工资的弹性。假设工人想要使雇主最终选择的就业水平 l_2 与效用最大化的就业水平 $\alpha \cdot r_2$ 之差最小。具体地假设工人的得益函数 ν_w 的形式是

$$\nu_w(w_2,l_2,\pi_2) = -(l_2 - \alpha \cdot (w_2 - \pi_2))^2 \tag{9.8}$$

中央银行的目标很简单。它有一个就业和通货膨胀的目标值,记为 $\tilde{l}_2$ 和 $\tilde{\pi}_2$,想要用一个政策工具 π_2 使 l_2 和 π_2 逼近这两个目标值。假定中央银行的目标是最大化得益函数

$$\nu_{FR}(w_2,l_2,\pi_2) = -(l_2 - \tilde{l}_2)^2 - \mu \cdot (\pi_2 - \tilde{\pi}_2)^2 \tag{9.9}$$

其中(9.9)的外生变量 μ 表示中央银行目标中就业目标和通货膨胀目标的相对重要性。μ 越大,通货膨胀目标的权重就越大,就业目标的权重就越小。方程(9.9)中的两项被平方的事实意味着当 l_2 或 π_2 离目标值越远,效用的边际损失增加。大缺口比小缺口的痛苦要大。

雇主是利润最大化的价格接受者。在利润最大化的就业水平上,劳动力的边际产品等于实际工资率。这个条件定义了劳动需求函数 $l^d(r_t)$ 。为简化起见,假设劳动的(对数)需求函数是

$$l^d(r_t) = -\eta \cdot r_t \tag{9.10}$$

在解释参数 η 时重要的是要记住变量采取的是对数形式。一般的情况,η 是劳动需求对实际工资率的弹性。利用实际工资率的表达式(9.5),则第二期劳动需求函数可写成

$$l^d(r_t) = -\eta \cdot (\pi_2 - w_2) \tag{9.11}$$

雇主想要使它们的就业水平与利润最大化的就业水平之差最小。具体地假设雇主的利润函数是

$$\nu_E(w_2, l_2, \pi_2) = -(l_2 - \eta \cdot (\pi_2 - w_2))^2 \tag{9.12}$$

劳动供给数量等于劳动的需求数量时劳动力市场处于均衡。方程(9.7)和(9.10)意味着当 r_t(实际工资的对数)为0时这就会发生。在这个均衡实际工资处的就业水平是自然就业水平。我们选择的单位是使得自然就业水平等于1,这表明它的对数为0。读者也许会希望劳动力市场均衡时没有人失业,但这是不正确的。即使劳动力市场均衡,有些工人将继续寻找那些报酬高于他们迄今已经得到的报酬的工作。这些工人是自愿失业者,他们的失业叫作摩擦性失业。至于现代竞争经济能否存在就业低于自然水平的宏观经济均衡(在此种均衡,有些工人愿意在目前的实际工资水平上工作,但雇主不愿意雇佣他们,这些工人是非自愿失业者)这仍然是一个有待解决的问题。本书后面将考察均衡时非自愿失业存在的环境。

9.3　宏观经济均衡

9.3.1　子博弈完美纳什均衡

因为这是一个完美信息动态博弈,我们可用逆向归纳确定此博弈的子博弈完美纳什均衡。

雇主最后行动。给定工人选择的货币工资和中央银行选择的通货膨胀率,雇主利润最大化策略是最大化 $\nu_E(w_2, l_2, \pi_2)$,雇主的利润函数中只有一个变量需要确定即 l_2。容易看到,最优就业水平 $l_2^*(w_2, \pi_2)$ 等于 $\eta \cdot (\pi_2 - w_2)$。这就是经济中的总就业函数

$$l_2^*(w_2, \pi_2) = \eta \cdot (\pi_2 - w_2) \tag{9.13}$$

中央银行第二行动。它的最优策略是最大化

$$\nu_{FR}(w_2, l_2^*(w_2, \pi_2), \pi_2)$$

即它选择 π_2,最小化

$$(\eta \cdot (\pi_2 - w_2) - \tilde{l}_2)^2 + \mu \cdot (\pi_2 - \tilde{\pi}_2)^2 \tag{9.14}$$

容易证明中央银行的最优通货膨胀政策是

$$\pi_2^* = \frac{\mu \cdot \tilde{\pi}_2 + \eta \cdot \tilde{l}_2 + \eta^2 \cdot w_2}{\mu + \eta^2} \tag{9.15}$$

工人先行动。他们对工资合同的选择依赖于他们对就业和通货膨胀率的预期。通货膨胀预测π_2^e在宏观经济学文献中叫作通货膨胀预期。工人对通货膨胀的预期是什么？理性使得工人向前看并使用由中央银行最优通货膨胀政策所产生的通货膨胀来作为其预期。这意味着

$$\pi_2^e = \pi_2^*(w_2) \tag{9.16}$$

如果工人依这种方式行为,就说他们的预期是有理性的通货膨胀预期。把子博弈完美策略代入工人的得益函数得

$$\begin{aligned} & \nu_W(w_2, l_2^*(w_2, \pi_2^*(w_2)), \pi_2^*(w_2)) \\ &= -(l_2^*(w_2, \pi_2^*(w_2)) - \alpha \cdot (w_2 - \pi_2^*(w_2)))^2 \\ &= -(\eta \cdot (\pi_2^*(w_2) - w_2) - \alpha \cdot (w_2 - \pi_2^*(w_2)))^2 \\ &= -(\eta + \alpha)^2 \cdot (\pi_2^*(w_2) - w_2)^2 \end{aligned} \tag{9.17}$$

这个表达式在$\pi_2^*(w_2^*) = w_2^*$处最大,或者

$$w_2^* = \tilde{\pi}_2 + \frac{\eta}{\mu}\tilde{l}_2 \tag{9.18}$$

把(9.18)代入(9.15)就得到

$$\pi_2^*(w_2^*) = \tilde{\pi}_2 + \frac{\eta}{\mu}\tilde{l}_2 \tag{9.19}$$

因为$\pi_2^*(w_2^*) = w_2^*$,第二时期均衡的实际工资率(用对数表示)r_2^*将等于0。于是对劳动供给方程和劳动需求方程意味着

$$l_2^d(r_2^*) = l_2^s(r_2^*) = 0 \tag{9.20}$$

这表示劳动力市场处于均衡。

因此,当且仅当$\tilde{l}_2 = 0$,中央银行才达到其通货膨胀和就业目标。为什么中央银行可能认为自然就业水平是社会次优的,会把就业水平的目标定在自然水平之上,有许多理由。这些理由主要是:

①所得税降低了工人所得的有效工资率,从而产生对工作的逆向激励,

且劳动供给可能减少。

②失业补偿降低了搜寻新岗位的成本,从而使实际失业率人为提高。

③工会的垄断把工资推到了在市场出清工资水平之上,因此减少了劳动需求的数量。

④雇主的垄断使工资低于竞争水平,从而减少了劳动供给的数量。

只要 $\tilde{l}_2$ 严格为正,中央银行就没有达到其就业目标 $\tilde{l}_2$ 和通货膨胀目标 $\tilde{\pi}_2$ 。中央银行不能改变就业水平是这个模型的非常重要的结论。因为工人的通货膨胀预期证明是正确的,这个均衡也就具有完美预见的特征。完美预见假设没有不确定性的结果。如果存在不确定性,则工人的通货膨胀预期只在平均水平上是正确的。这种预见叫作无偏预见。

9.3.2　数值例子

例 9.1　假如中央银行设定的目标通货膨胀率是 2%,目标就业水平在自然就业水平之上的 2%,这两个目标的权重相同。这表明 $\tilde{\pi}_2 = 0.02$, $\tilde{l}_2 = 0.02$,且 $\mu = 1$。再假设劳动需求的工资弹性是单位弹性,即 $\eta = 1$。我们可以在二维(就业和通货膨胀)平面上表示中央银行的得益函数,画出与不同得益水平相联系的等值线,如图 9.5 所示。等值线是中央银行的无差异曲线。等值线的半径越小,得益就越大。显然最高得益位在目标值 $\tilde{\pi}_2$ 和 $\tilde{l}_2$ 。

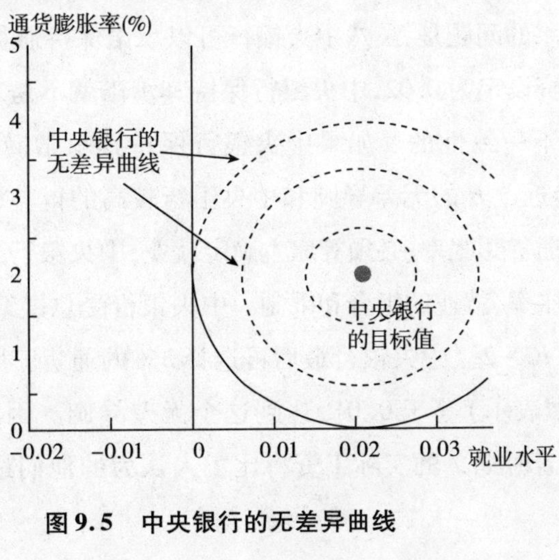

图 9.5　中央银行的无差异曲线

中央银行向国内媒体公告其两个目标。如果工人相信中央银行的公告,即$\pi_2^e = 0.02$,则工人将签订的工资合同是$w_2 = 0.02$。如果中央银行保持其承诺,维持通货膨胀率2%的水平,雇主将会根据总就业函数做出反应,经济处于自然就业水平上。

这一结果用图9.6中的点A表示。纵轴是通货膨胀率,横轴是就业水平(以对数表示)。假设$w_2 = 0.02$,画出了总供给曲线。中央银行的通货膨胀与就业目标对应图中点B。

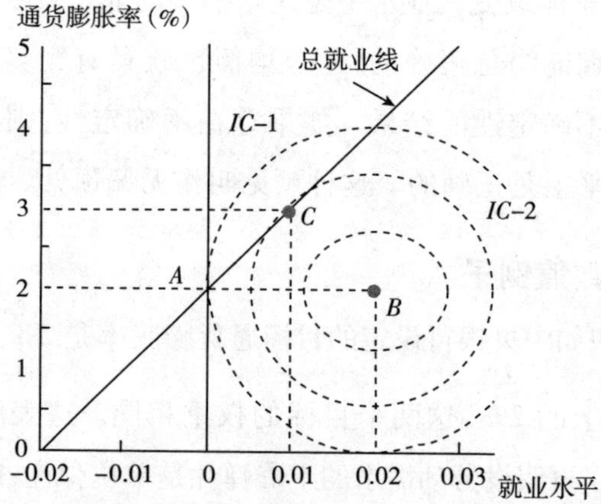

图9.6 总供给曲线

如果工人相信中央银行的承诺保持通货膨胀为2%,则中央银行会违背其承诺,选择更高的通货膨胀,以便使就业在自然就业水平之上。

这一结果的问题是,虽然中央银行可以承诺保持通货膨胀为2%,一旦工人把名义工资设定为0.02,中央银行保持其承诺就不是理性的。中央银行的承诺是时间不一致性的。如果中央银行保持其承诺,就应该在无差异曲线$IC-1$上。接近点B的无差异圆和中央银行较高的得益相联系。因为中央银行只能控制通货膨胀率,必须等雇主确定就业,中央银行最后受到沿着总就业线的通货膨胀率/就业的组合和限制。中央银行受总供给曲线约束的"最高"无差异圆是$IC-2$。中央银行最后可选择3%的通货膨胀率并等待雇主确定就业(用对数表示)等于0.01,达到这个无差异圆。因此,经济最后是在C点。这意味着时期2的实际工资将比工人认为的他们最初谈判的货币工资要低。雇主对较低实际工资的反应是雇佣超过自然就业水平的就业。

在自然就业水平和均衡工资上，工人最大化他们的效用，雇主以对物价水平的预期为基础最大化他们的利润。一旦货币工资固定，虽然雇主可以自由改变就业水平，但工人必须默许并供应这一就业水平。这些是合同条款。当就业超过自然水平，工人在更低的实际工资水平上供应比他们最初预期的要多的劳动。相反，当就业低于自然水平，工人在较高的实际工资水平上供应比他们最初预期要少的劳动。在这两种情况下，工人后悔他们在时期 1 与雇主自愿签订的合同。当工人相信中央银行时，中央银行对就业水平有影响。

因为中央银行承诺通货膨胀保持在 2% 的水平是没有约束力的，且使通货膨胀比此承诺高正是其利益所在，所以工人不会相信中央银行的公告。他们相信的唯一承诺是中央银行实际上执行的通货膨胀。这些限制将使得中央银行的无差异曲线与雇主的总供给函数相切。在我们的例子中，此点是唯一的。我们已在图 9.7 所示的 *D* 点画出。如果中央银行承诺把通货膨胀保持在 4% 的水平，且工人相信这一承诺，则名义工资将设定为 0.04。在假设 $w_2 = 0.04$ 下总供给曲线向上倾斜，如图 9.7 所示。给定总供给曲线，中央银行能做的最优的反应是把通货膨胀率设定为 0.04，这正是工人所期望的。于是雇主将选择自然就业水平。子博弈完美纳什均衡结果是自然就业水平和 4% 的通货膨胀率。

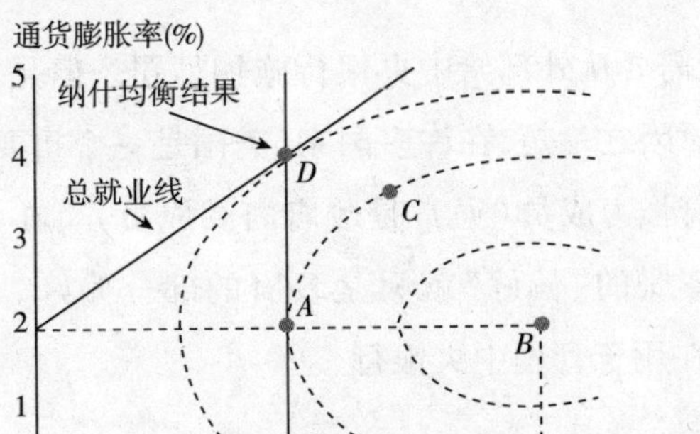

图 9.7　纳什均衡结果

因此中央银行承诺把通货膨胀率保持在4%的水平是可信的,它必须重新使其通货膨胀目标设定超过2%和就业目标低于2%。这一结果是唯一的,它与所有局中人各方的理性行为一致。从中央银行的观点看,这一结论大大坏于如果中央银行能够承诺2%的通货膨胀率所得的结果。

宏观经济政策博弈的子博弈完美纳什均衡,就业处于自然水平,工人对通货膨胀率的预期证明是正确的。

9.4 中央银行问题的一个解:事前承诺

上面讨论的简单政策博弈的通货膨胀结果部分是由于中央银行不能在工人和雇主签订货币工资前固定其货币增长政策。如果工人确信此通货膨胀选择是中央银行自身的利益所在,中央银行就能达到其通货膨胀目标(尽管不是其就业目标)。这意味着必须改变博弈的得益使得选择低通货膨胀政策是新博弈的均衡策略。

例如,如果通货膨胀率超过了其公告的目标值,中央银行的货币政策委员会的成员就提出重新设置。这就使得从中央银行利益出发,通货膨胀不会超过这一目标值。然而,因为中央银行不能完全控制通货膨胀率,委员会的成员会发现此种承诺风险很大。作为一个经验事实,在美国或其他国家,没有中央银行知道要做出此种承诺。这表明对通货膨胀率的控制程度可能太低。

结果,可能需要从外部给中央银行施加惩罚。但是,政府似乎不愿意施加这种惩罚。原因之一是,在许多国家(美国是一个重要的例外),中央银行的领导人是政府强力成员(通常是政府内阁成员)。在此情况下,中央银行对就业和通货膨胀的“偏好”就只是政府的部分偏好。这说明没有无私的“外部机构”存在用于管理中央银行。

9.5 习题

1. 假设中央银行的目标通货膨胀率是0%、目标就业水平是在自然就业水平之上的1%,通货膨胀目标的重要性是就业目标的两倍,就业相对于通货膨胀的弹性是 0.5。求子博弈完美纳什均衡。

2. 考虑由两个局中人玩的序贯行动博弈,该博弈是完美信息的和确定的。一个局中人是政府,其效用函数为:$y-(m-1)^2$,其中 y 是产出的对数,m 是货币供给的对数。政府谨慎对待 m。另一局中人是"定价人",其效用函数为:$p-\frac{p^2}{2\cdot m}$,这里 p 是价格的对数,由定价人设定。假定 y 等于 $m-p$。假设政府先行动,定价人后行动。

(1)求定价人的最优定价函数 $p(m)$;

(2)求政府的最优货币供给;

(3)求 y 的均衡值。

3. 2001 年 9 月 11 日,美国 4 架民航飞机遭恐怖分子劫持,其中两架撞击了纽约世界贸易中心,两座塔楼相继坍塌,一架飞机撞击了位于华盛顿的五角大楼,另一架坠毁在宾夕法尼亚州的匹兹堡附近。事后记者采访美国总统布什,布什透露他当时很难下决心让战斗机击毁被劫持的客机。2004 年 9 月 1 日至 3 日发生的别斯兰事件,造成 331 人遇难,其中有 186 名儿童,这成为俄罗斯人心中永远的痛。俄罗斯总统普京在事件的处理过程中坚持强硬态度,并承诺俄罗斯决不和恐怖分子进行谈判。请运用博弈论的思想分析他们俩哪个的做法更有利于维护国家的利益。

4. 假设家长和孩子进行下面的博弈。令孩子的收入为 I_c,家长的收入为 I_p,它们都是外生给定的。第一,孩子决定收入 I_c 中的多少用于储蓄(S)以备将来,并消费掉其余部分(I_c-S)。第二,家长观测到孩子的选择 S 并决定一个赠予额 B。孩子的收益为当期和未来的效用之和 $U_1(I_c-S)+U_2(S+B)$;家长的收益为 $V(I_p-B)+k[U_1-(I_c-S)+U_2(S+B)]$。假定效用函数的一阶导数和二阶导数存在,且一阶导数大于 0,二阶导数小于 0。证明:存在"乐善好施悖论"(在逆向归纳解中,孩子的储蓄非常少,从而可诱使家长给予更高的赠予)。

第 10 章　重复博弈

10.1　重复博弈的构成

迄今我们所分析的策略局势是只进行“一次”的博弈。而在现实世界中，经济行为主体间的相互作用大多是重复进行的，比如，个人要和同一个雇主进行重复谈判，人们会多次在同一食品店买东西，人们会重复买同一商标的物品，新企业要不断评估是否进入市场与在位的垄断者竞争，国家和国家之间在 WTO 下就削减关税进行多次谈判，工人和雇主必须经常预测由中央银行选择的通货膨胀率，等等，这些都是重复博弈的例子。

局中人重复进行策略相互作用的博弈叫作重复博弈。考虑下面的例子：两个蔬菜摊，位于同一公路旁，彼此相互接近。每个摊位的所有者必须在每天早上同时选择其蔬菜价格。一旦选定价格，他们在第二天前就不能改变，因此，每天，两个蔬菜摊必须在相同的行动集合中选择，尽管他们可能并不总是选择相同的行动。例如，天气要影响他们交易的价格。然而每天的价格博弈的结构是相同的，他们在任何一天的早上拥有的信息将不同于他们在其他早上的信息，但行动的顺序、这些行动的时间顺序和他们可采取的行动每天都是相同的。我们称一天中发生的博弈为重复博弈的一个阶段。全部阶段构成两个蔬菜摊主进行的完全博弈。此博弈的一个阶段如图 10.1 所示。

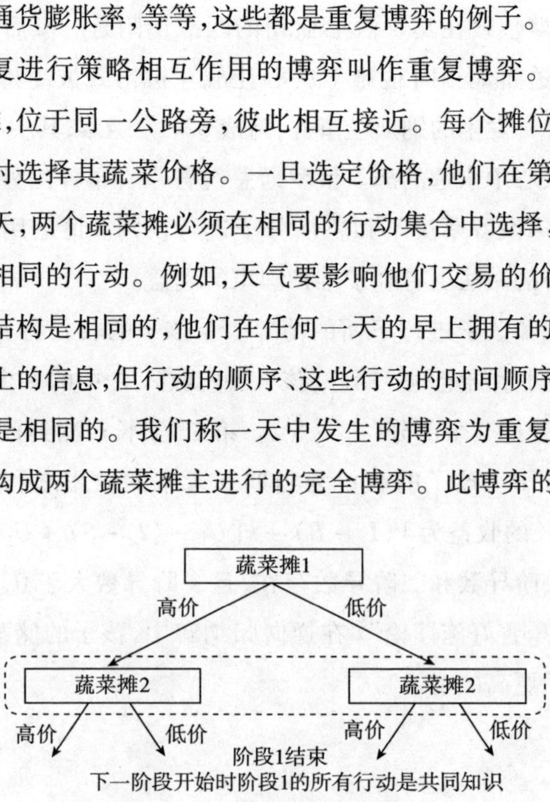

图 10.1　蔬菜定价博弈的一个阶段

在图 10.1 中,我们引入了一个新的元素。我们把蔬菜摊 2 的决策结用虚线圈起。虚线内的决策结在相同的信息集内。**信息集**(information set)阐明了每个局中人在博弈中行动时他们所知道的东西。我们把某些局中人的决策结圈起,使得他们位于相同的信息集中,这样当博弈达到这些结中的一个时,局中人不知道到了哪个结。他所知道的全部是他正在信息集的某个决策结选择行动。图 10.1 表明蔬菜摊 1 的所有者在蔬菜摊 2 的所有者之前设定价格。这一顺序意味着第一个局中人在设定价格时不知道第二个局中人的价格。图 10.1 也揭示第二个所有者的两个决策结在相同的信息集中。这说明第二个所有者必须在不知道其竞争者的价格下做出其价格决策。用前面的术语说,两个局中人"同时"行动。

可以想象,绘制即使只有几个阶段的重复博弈的博弈树也是相当复杂的。不过,描述任一阶段的博弈树就足以阐明整个博弈。有时,博弈的阶段数是无限的。当博弈是无限的时,所有局中人都是策略型局中人,他们都知道其他每个人过去的行动,则称此博弈为超级博弈。

前面提出的寻找单个阶段博弈的子博弈完美纳什均衡的方法同样可用于重复博弈。当一个局中人决定在博弈的任一阶段采取行动时,该局中人要理性地考虑此行动对其对手在博弈的未来阶段的行为的影响。子博弈完美纳什均衡的核心特征是只有可信的策略才被选择。如果一个局中人想要使其对手清楚:如果对手选择特定的行动,他就要报复。这个报复必须是可信的。可信性的检验总是相同的:如果阻止失败,执行威胁是局中人最优利益所在吗?

10.2　重复博弈的双头垄断

例 10.1　我们从考察两个制衣公司 R 和 T 之间的一阶段双头垄断开始。两个制造商制造的 W 牌下装是完全的替代品,在世界市场上以相同的价格 P 售卖。反市场需求函数是

$$P(Q_R + Q_T) = \begin{cases} 22 - (Q_R + Q_T), & Q_R + Q_T < 22 \\ 0, & Q_R + Q_T \geqslant 22 \end{cases} \tag{10.1}$$

其中 Q_R和 Q_T是两个企业的产出,用每年百万条下装表示。两个企业的边际成本相同,都为每条下装 10 元,固定成本也相同,为每年 900 万元。这些固定成本不是沉淀成本。如果企业完全停工,企业会把成本降为 0。如果我们用百万元度量成本,R 和 T 的成本函数 $C_R(Q_R)$和 $C_T(Q_T)$为

$$C_i(Q_i) = \begin{cases} 9 + 10 \cdot Q_i, & Q_i > 0 \\ 0, & Q_i = 0 \end{cases} \tag{10.2}$$

$i=R,T$。由此,两个企业的利润函数 $\pi_R(Q_R,Q_T)$和 $\pi_T(Q_R,Q_T)$为

$$\pi_i(Q_R,Q_T) = P(Q_R + Q_T) \cdot Q_i - C_i(Q_i) =$$

$$\begin{cases} 0, & Q_i = 0 \\ Q_i \cdot (22 - (Q_R + Q_T)) - (9 + 10 \cdot Q_i), & Q_i > 0 \text{ 且 } Q_R + Q_T < 22 \\ -(9 + 10 \cdot Q_i), & Q_i > 0 \text{ 且 } Q_R + Q_T \geqslant 22 \end{cases} \tag{10.3}$$

如果两个企业能合作结,最大化其联合利润

$$\pi_R(Q_R,Q_T) + \pi_T(Q_R + Q_T) =$$

$$\begin{cases} (22 - (Q_R + Q_T)) \cdot (Q_R + Q_T) - (18 + 10 \cdot (Q_R + Q_T)), & Q_R > 0 \text{ 且 } Q_T > 0 \\ (22 - Q_R) \cdot Q_R - (9 + 10 \cdot Q_R), & Q_T = 0 \text{ 且 } Q_R > 0 \\ (22 - Q_T) \cdot Q_T - (9 + 10 \cdot Q_T), & Q_R = 0 \text{ 且 } Q_T > 0 \end{cases} \tag{10.4}$$

这样一个企业每年生产 600 万条下装,而另一个企业不生产。由于生产一条下装的边际成本为常数,且两个企业的边际成本相同,生产 600 万条下装的可变成本完全不依赖于两个企业之间的产出组合。然而两个企业可通过一个企业卖掉其资产停止生产来把它们的共同固定成本降低到 900 万元。下面我们称这个产出水平为卡特尔产出,记为 $Q_{R,T}^*$。当两个企业生产卡特尔产出时,W 牌下装的世界市场价格是 $P(Q_{R,T}^*)=16$,两个企业得到的年联合利润是$(16-10) \cdot Q_{R,T}^* - 9 = 2700$ 万元,或(如果平均分配),每个企业得 1350 万元。

当然,此种卡特尔协定面临实施问题,在有些国家如美国,这种卡特尔

不仅法庭不能实施,而且是非法的,所以,企业不可能依赖法庭帮助它们实施这种协定。如果一个企业承诺生产卡特尔产出水平对其他企业来说是可信的,则第一个企业生产卡特尔产出就必须是其最优利益所在。也就是说,此承诺必须是企业的一个子博弈完美纳什均衡。这类多局中人协定,其中所有局中人同意某特定行为,且行为和子博弈完美纳什均衡一致,就是一个**自我实施的协定**(self-enforcing agreement)。

假设两个制衣公司必须在年初就工厂规模、织品和劳动力签订有约束力的一年期合同。那么两个企业将在年初被迫选择其年产出,而事前不知道其他企业的决策。假定两个企业最大化(长期利润流)的现值。因为我们暂时只讨论一阶段博弈,短期和长期利润相同。在研究同时行动的古诺双头垄断博弈时,得到此博弈有一个唯一的纳什均衡。为求得这个唯一的纳什均衡,可以分两步进行。首先,两个企业不生产,利润为0。利用方程(10.3),就能得到如果产出高于1200万条下装,企业就亏损,因此它严格劣于0产出,此后可以不考虑。第二步是推导两个企业的最优反应函数。一个企业的最优反应函数说明了该企业在给定其他企业的产出水平下的利润最大化的产出水平。因为两个企业是同质的,只要确定了R的最优反应函数就行了。T的最优反应函数和R的最优反应函数形式相同。

因为R有完全停止生产的选择,最优反应函数 Q_R^{BR} 满足利润最大化条件:

$$\frac{\partial \pi_R(Q_R, Q_T)}{\partial Q_R}\bigg|_{Q_R = Q_R^{BR}(Q_T)} = 12 - Q_T - 2Q_R^{BR}(Q_T) = 0 \qquad (10.5)$$

或者等价的公式是

$$Q_R^{BR}(Q_T) = 6 - \frac{1}{2}Q_T \qquad (10.6)$$

要求R的利润在 $Q_R^{BR}(Q_T)$ 为非负。如果R的利润在 $Q_R^{BR}(Q_T)$ 为负,则R的最优产出水平为0。因为

$$\pi_R(Q_R^{BR}(Q_T),Q_T) = (6-\frac{1}{2}Q_T)\cdot(22-((6-\frac{1}{2}Q_T)+Q_T))$$
$$-(9+10\cdot(6-\frac{1}{2}Q_T))$$
$$=(6-\frac{1}{2}Q_T)^2-9 \tag{10.7}$$

当且仅当$6-\frac{1}{2}Q_T<3$或$Q_T>6$百万，R在Q_R^{BR}处的利润为负。因此R和T的最优反应函数是

$$Q_R^{BR}(Q_T)=\begin{cases}6-\frac{1}{2}Q_T, & Q_T\leqslant 6\\ 0, & Q_T>6\end{cases} \tag{10.8}$$

和

$$Q_T^{BR}(Q_R)=\begin{cases}6-\frac{1}{2}Q_R, & Q_R\leqslant 6\\ 0, & Q_R>6\end{cases} \tag{10.9}$$

找到方程(10.8)和(10.9)的交点就得古诺——纳什产出$Q_T^*=Q_R^*=400$万条，年总产800万条。我们称此产出是**古诺产出**。均衡时每条下装的卖价是$P(4+4)=14$元，每个企业获得的年利润是$14\cdot Q_T^*-(9+10\cdot Q_T^*)=700$万元。这比两个企业合作时的利润少650万元。

现在从另一个角度分析这个博弈。为了使例子更生动，设想两个公司的CEO（首席执行官），R公司的张三和T公司的李四在12月的一个假日聚会中碰头。在一个角落里，李四平静地给张三指出："如果我们不合作，每家生产400万条下装，这是我们不得不做的，但不是我们两家企业的利益所在。"他继续说，"如果我们都把产出削减到300万条，我们会把市场价格提升到16元，使我们的利润增加28%。"张三说，他也有类似的伟大想法，他将劝他的企业在来年削减其产出。然而口说无凭。

李四并没有提出他们中的哪一个企业关闭，也没有说两个企业平分因一个企业生产600万条而得的巨额利润。因为李四和张三沿着这条线索达

成的任何协定显然不具有法律的约束力,此协定是不可信的,先选择关闭的企业实际上只能获得0利润,而其他企业独得2700万元的利润。如果李四把选择限定为其中的某一个就是潜在可信的。

只要张三回到公司,把他在聚会上与李四的交谈告诉其CFO(首席财务执行官)王二。他们会怎么做呢?他们是继续执行其生产400万条的计划还是把他们的产出削减到如李四所提出的那样到300万条?当然,两个首席执行官也考虑还有许多其他的产出可选择,但为简化起见,我们只把产出限制为这两个。我们称把年产出削减到300万条的决策为合作,保持古诺纳什均衡产出的决策为背叛。假设T也只考虑相同的两个选择,与这些产出选择相关联的得益,如表10.1所示。

表10.1　R和T之间的古诺双头垄断博弈

		R	
		合作($Q_R=3$)	背叛($Q_R=4$)
T	合作($Q_T=3$)	(9,9)	(6,11)
	背叛($Q_T=4$)	(11,6)	(7,7)
得益:(T,R)			

如果T相信R会合作,则他的最优行动是背叛。另一方面,如果T预期R会背叛,则T同样会背叛。T有一个严格占优策略即背叛,因此,存在唯一的严格占优策略纳什均衡,其中两个企业都背叛,生产400万条,每个企业只获得700万元的利润。这些企业在玩囚徒困境博弈。

此均衡依赖于企业只做出一次产出决策,然后决不再次碰头的假设。当然,如果假设R和T不只互动一次,而是在市场上年年相互作用就更现实一些。除非CEO先天是短视的,否则他们就不仅应对当前的利润感兴趣,而且对未来的利润感兴趣。如果这里描述的博弈只是重复博弈的一个阶段,均衡是什么呢?可能找到两个企业合作的均衡吗?如果能,保持此种合作的策略是什么?

10.3　有限重复博弈

在我们的故事中,R和T是W牌下装市场的双头垄断者,因为他们超前于其他下装制造者预见到有一股时尚的到来。这个好运只要时尚流行就会持续。假设经验告诉我们这股时尚只流行两年。那么古诺阶段博弈将完全重复两次。这个重复博弈的扩展形式如图 10.2 所示。R 的前两个决策结在同一信息集内,这说明在第一年 R 和 T 同时行动。这两个局中人在第二年行动时知道前两个行动。这就是为什么 T 有四个决策结的原因,每个行动组合中有一个在第一年采用,没有一个位于一个信息集内。R 在最后八个可能的决策结中的一个行动,这八个决策结位于四个信息集中,每个行动组合中有一个会在第一年采用。这意味着 T 和 R 在第二年彼此不知道对方的决策。总之,图 10.2 是 T 和 R 行动两次的博弈,每次同时行动,每个局中人在第一年采取的行动在第二年是共同知识。

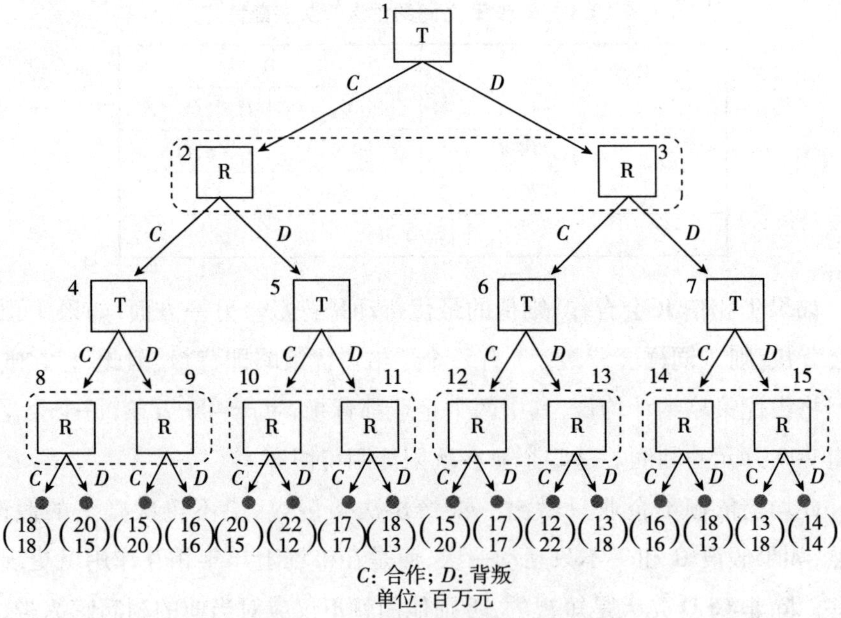

图 10.2 两阶段重复博弈的博弈树

在两阶段重复博弈的第一阶段,R 和 T 同时决定是合作还是背叛。观察到各自的产出,第一阶段结束。第二阶段在性质上与第一阶段相同。R 和 T 再次同时选择是合作还是背叛。然后博弈结束。得益列于博弈树的末端,不是因为那是它们实现的时间,而是因为假设企业关心长期利润,而非短期利润。为了使计算简单,我们不考虑两个时期的贴现因素。考虑如果两个企业在两个阶段都选择合作时的得益。在这种情况下,它们都希望每年赚900万元,或者两年赚1800万元。此外,如果R在第一期选择合作,第二期背叛,而T总是选择合作,则R第一年赚900万元,第二年赚1100万元,总计是2000万元。T第一年赚900万元,第二年赚600万元,总计1500万元。其他的得益如图所示。

我们看到,这个博弈包括两个序贯行动(两个阶段)和同时行动(在每个阶段)。策略包括阶段1的产出选择(不知道对手的产出选择)和阶段2的产出选择(不知道对手在该阶段的产出选择),阶段2的选择依赖于两个局中人在阶段1的产出选择。我们想要确定的是,一个局中人通过威胁其他局中人是否能影响其他局中人的行为。一个威胁是承诺在博弈的第二阶段如果对手在博弈的第一阶段选择特殊的行动它就在第二阶段选择某个行动。当然,为了使威胁能影响对手的行为,威胁必须可信。也就是说,实际上实施威胁必须是该局中人的利益所在,否则它将难以阻止对手。

因为这个重复博弈是部分序贯的,逆向归纳方法可用于找到一个子博弈完美纳什均衡。我们首先解第二阶段的博弈,剪掉博弈树,然后解博弈的第一阶段。即使第二阶段的子博弈包含同时行动,它有一个唯一的(严格占优策略)纳什均衡,其中两个局中人背叛,选择古诺产出。每个企业在第二年只赚700万元。重要的是要注意这些行动的最优性独立于第一阶段所发生的事情。不管第一阶段发生什么,现在阶段2的理性行为都已知。博弈树被向后剪枝。这样做就到了第一阶段,它正是单阶段同时行动的古诺博弈。此博弈的得益是第一阶段的得益加上第二阶段的得益700万元。因为所有第一阶段的得益都加上了相同的数,最大化这些新得益等价于最大化第一阶段的得益。因此"简化了"的博弈等价于第一阶段古诺博弈。我们知道此博弈的唯一纳什均衡是两个企业都选择古诺产出,所以均衡时,两个企业在两个阶段都背叛。重复并不产生合作。

如果使博弈重复足够多次,情况又如何呢?例如,假如两个企业希望市场在两年后消失,但它们只提前一周选择它们的产出。同时行动阶段博弈现在重复104次。显然,和以前一样,逆向归纳选择相同类型的子博弈完美纳什均衡。在博弈的最后一阶段,两个企业发现选择古诺产出对它们有利,而不管它们早先的产出。向后剪枝到了博弈的103阶段。现在103阶段是(子)博弈的最后阶段,两个企业的最优利益仍然是选择古诺产出,使我们向后剪枝到了博弈树的另一个阶段。当然,这个过程一直重复下去直到博弈的第一阶段,在第一阶段两个企业的最优利益仍然是选择古诺产出。利用逆向归纳法,解得唯一子博弈完美纳什均衡是两个企业在每个阶段选择古诺产出。这个论证是合理的,不管博弈重复多少次。

这个结论和我们的直觉不一致,而且两个局中人在进行重复有限囚徒困境阶段博弈时绝不会合作的预言和大量的经验事实也不一致。在现实中人们进行重复囚徒困境时,它们通常要合作,直到接近博弈结束,在此点上合作最终被打破。

我们在上面所用的逆向归纳须满足以下条件:①没有一个局中人在设定其第一期产出时就固定第二期产出;②两个局中人彼此知道对方的得益;③两个局中人知道它们所进行的重复博弈重复多少次才是合理的。这三个条件相当强,通常很难满足。我们几乎不知道我们要和对手互动多少次,也绝不会知道对手对其得益的主观估计或对手关于我们对得益的估计的信念。有时也可能对我们未来的行动做出有约束力的承诺。现在放松这些条件,与对手合作可能是理性的——至少在某种程度上是合理的。

10.4 模型的修正

10.4.1 事前承诺

回到前面的例子,R和T从事两阶段重复博弈。每个阶段是囚徒困境。现在做出如下改变:在博弈的第一阶段,两个企业同时公告其两个时期的产出。这些公告是有约束力的。时期2公告的产出可能依赖于对手在时期1的选择。例如,一个企业可能采用针锋相对的政策,即如果对手在时期1合作,它承诺在时期2合作,但如果对手在时期1背叛,它就在时期2背叛。

如果有约束力的承诺是可能的,两阶段重复博弈就转换成一阶段静态博弈。在这个一阶段博弈中两个企业的策略是:①阶段1的产出水平,记为Q_{1R}和Q_{1T};②阶段2的产出水平,它依赖于两个企业在阶段1的产出,记为

$Q_{2R}(Q_{1R}, Q_{1T})$和 $Q_{2T}(Q_{1R}, Q_{1T})$。因为阶段 2 的产出承诺是有约束力的，企业在阶段 1 的初期同时选择其策略，在阶段 2 不能改变。在阶段 2 它们只实施该策略。

这个博弈有多个纳什均衡。其中一个均衡组合是两个企业在两个阶段把产出设定为 400 万而不管对手在第一阶段的选择。这对策略列于表 10.2中。

表 10.2　"非合作"的纳什均衡策略:有事前承诺的重复古诺博弈

	R	T
Q_{1i}	400 万	400 万
$Q_{2i}(\cdot,\cdot)$	400 万	400 万

为了阐明这点，设想你是 R 公司的 CEO，你相信 T 公司在两个阶段不可取消的承诺是生产 400 万条下装。我们从第二阶段开始，不管第一阶段会发生什么，也不管你认为你的对手随后的策略是什么，生产 400 万条下装是一个严格占优策略。现在移到第一阶段。因为你相信你的行动对对手在第二阶段的行动没有影响，所以你的最优行动是选择古诺产出（至少它在阶段博弈是占优的）。

现在考虑表 10.3 中的策略。如果两个企业遵循这些策略，则每个企业在第一阶段生产 300 万条，第二阶段生产 400 万条。阶段 1 的价格是 16 元，阶段 2 的价格是 14 元。虽然它们没有在第二阶段合作，但它们要在第一阶段合作。每个企业的利润第一阶段是 900 万元，第二阶段 700 万元或者总计是1600万元。要阐明这的确是博弈的一个纳什均衡，需要证明没有一个企业会单方面改变其策略，获得比1600万元多的总利润。

因为两个企业同质，均衡策略相同，这样只需证明 R 在 T 遵循"合作"策略时不能赚得比 1600 万元多就行了。第一，假如 R 在第一阶段生产 300 万条，而 T 在第二阶段生产 400 万条，对此的最优反应是背叛，同样生产 400 万条。给定 T 的第一阶段的行动，假如 R 决定考虑其最优反应函数，如方程（10.8）所示，把产出增加到 450 万条可使第一阶段利润最大。这会使其第一阶段利润增加到 1125 万元，但它将触发 T 在第二阶段的报复。它知道 T

在第二阶段将给市场提供600万条,使价格下降,使得R不能在任一产出水平上有利可得。R对T的威胁的最优反应是在第二阶段完全关闭,什么也得不到。其两个阶段的利润是1125万元,低于其在(局部)和T合作时获得的1600万元。

表10.3 “合作”的纳什均衡策略:有事前承诺的重复古诺博弈

	产出
Q_{1i}	300万
$Q_{2i}(Q_{1i},Q_{1j})$	0,如果$Q_{1i}>300$万 400万,如果$Q_{1j}\leqslant 300$万,且$Q_{1i}\leqslant 300$万 600万,如果$Q_{1j}>300$万,且$Q_{1i}\leqslant 300$万

10.4.2 贴现未来

我们早先证明R和T绝不会合作时,假设不仅相互作用的数量有限,而且相互作用的数量是固定的且是共同知识。相反,如果假设互动的次数是无限的,且今天所得的利润比遥远的未来所得的利润更值钱。具体地讲,假设从现在起N期的1元利润在今天的现值是δ^N,$0<\delta<1$。常数δ是局中人的贴现因子。例如,如果贴现因子等于50%,则下一期的1元,今天只值0.5元,两期后的1元今天只值0.25元,等等。如果R或T获得的利润流是$\{\pi_1,\pi_2,\cdots,\pi_t,\cdots\}$,其中时期1是“现在”,则此利润流的现值是$\sum_{t=1}^{\infty}(\delta^{t-1}\cdot\pi_t)$。我们发现用常数$1-\delta$乘以效用函数进行标准化是方便的。这使得不管贴现因子是多少,每期1元的收入的现值是$(1-\delta)\cdot\sum_{t=1}^{\infty}(\delta^{t-1}\cdot 1)=1$。更一般地讲,如果每期给决策者$M$元利润,则现值等于$M=(1-\delta)\cdot\sum_{t=1}^{\infty}(\delta^{t-1}\cdot M)$。

新博弈中未完成的博弈树如图10.3所示。现在除第一期外有无限的阶段数。在每个阶段,R和T在知道博弈到此阶段的全部过程的情况下决定其产出。

称两个企业在t阶段前的序贯选择,为博弈到t阶段的**历史**,记为H_t。因为博弈无限进行,企业i的一个纯策略是下面的产出选择序列:

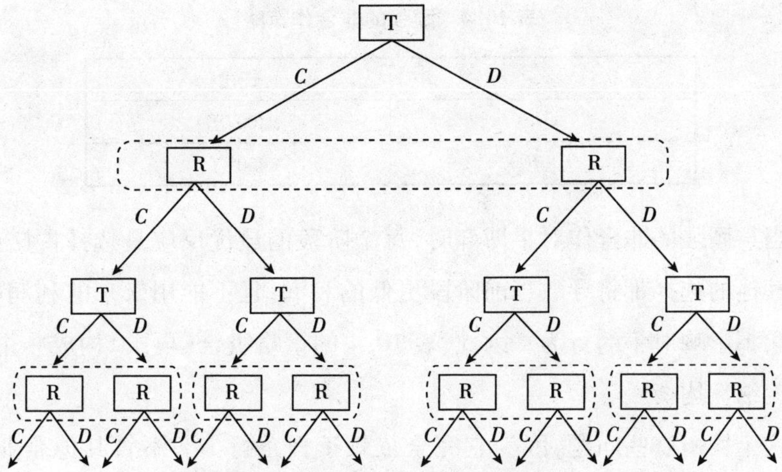

每个枝点属于有相同行动和信息结构的新的子博弈

图 10.3　有相同行动和信息结构的新的子博弈的每个枝

(1)阶段 1 选择产出 Q_{i1};

(2)阶段 2 的产出选择,它取决于局中人在阶段 1 的产出记为 $Q_{i2}(H_2)$;

(3)阶段 3 的产出选择,它取决于局中人在阶段 2 的选择记为 $Q_{i3}(H_3)$;

……

(t)阶段 t 的产出选择,它取决于到此时博弈的历史记为 $Q_{it}(H_t)$,等等。

产出选择序列$\{Q_{i1}, Q_{i2}(H_2), \cdots, Q_{it}(H_t), \cdots\}$记为 S_i。因此,S_R是 R 的策略,S_T是 T 的策略。每个策略组合确定两个企业的产出序列,从而产生利润序列。例如,假如 R 和 T 选择在每个阶段都生产 400 万条下装的古诺产出的策略,则两个企业在每个阶段将赚 700 万元。虽然利润得益的数量是无限的,但这个无限的利润流提供的效用正好为有限的 700 万元。

(1)"非合作"均衡

在前节,非合作均衡产出——通常叫作古诺产出——通常作为一个子博弈完美纳什均衡结束。考虑两个企业顽强地采用非合作策略,此策略如表 10.4 所示。

表 10.4　顽强的非合作策略

	产出
Q_{1i}	400 万
$Q_{ti}(H_t)$	400 万

当与顽强的非合作对手博弈时，每个阶段的最优反应是选择古诺产出。任何其他的选择都将导致当前阶段更低的利润，且不能用未来的利润补偿，因为它不影响对手的行为。因此，表 10.4 的策略组合（再次）构成一个子博弈完美纳什均衡。

这个均衡有些问题，因为它完全依赖于教条行为。不管其他企业做什么，没有一个企业会改变对其他企业在下一阶段将生产多少的信念。如果你的对手连续 10 年生产合作产出，不考虑这个历史就得出它们从现在起就不合作似乎有点问题。更可能的是，它们两个都不知道它们在做什么或者它们正试图告诉你某些东西（比如“和我合作”）。在这两种情况下，可能会增加今天合作，以及未来也合作的可能性。

（2）“合作”均衡

现在考虑合作均衡，其中做出的威胁是可信的。两个局中人的均衡策略就具有相当的惩罚性：只要对手合作，每个局中人就合作。一旦对手背叛，其他局中人就绝不会再合作，永远生产古诺产出。此策略，更准确地讲叫作你死我活策略。

假设 R 和 T 都希望每期在相同的环境中同时做出产出决策直到可预见的将来。即，它们在进行超级博弈。设 δ 是两个企业在每期用于贴现将来的贴现因子，假设每一额外的 1 元的利润产生 $1-\delta$ 额外单位的效用。

为了更精确地描述你死我活策略，令 HC 表示全部历史（不管多长）的集合，其中每个企业总选择合作产出（300 万），则你死我活策略如表 10.5 所示。

假如两个企业都采用你死我活策略，则在阶段 1，两个企业生产 300 万条下装，在阶段 2 因为两个企业在阶段 1 合作，两个企业再次合作，选择 300 万为产量。阶段 3、阶段 4 的情况也是如此。因为只要两个企业生产合作产出，就可得 900 万元的利润，该利润流的现值效用等于 900 万元。

假设 R 相信 T 已采用了你死我活策略。则 R 预期 T 最初会合作。R 也预期要是它曾经背叛，则 T 此后将永远背叛。因为在此博弈中只要它想要对手在未来合作，则合作就是敏感的行动。R 对 T 的策略的最优反应同样是此后永远背叛——这正是你死我活策略的真义所在。

表 10.5　你死我活策略

	产出
Q_{1i}	300 万
$Q_{ti}(H_t)$	300 万，如果 $H_t \in HC$ 400 万，其他

现在证明 R 在博弈的任一阶段选择合作比背叛要好的条件。我们所利用的明显的事实是，在博弈的任一阶段，未来的得益是相同的，因为博弈保持扩展到无限。假如 R 在特定阶段背叛，在该阶段，R 获得的利润是 1100 万元，但是因为两个企业从那时起都背叛，R 从下一阶段起每年的利润是 700 万元直到最后。因此，在任一阶段背叛所得的效用流的现值是

$$(1-\delta)\cdot(1100\text{万}+\sum_{j=2}^{\infty}\delta^{t-1}\cdot 700\text{万}) \tag{10.10}$$

$$=(1-\delta)\cdot 1100\text{万}+\delta\cdot 700\text{万}$$

必须和不背叛的效用比较。如果

$$900\text{万}>(1-\delta)\cdot 1100\text{万}+\delta\cdot 700\text{万} \tag{10.11}$$

只要 δ 大于 0.5，R 就会发现在任何阶段不背叛是其最优利益所在。

总之，只要 T 的贴现因子足够高（即 T 不是特别无耐心），T 同样会合作，除非 R 不合作，在该点上 T 同样是不饶人的，会再次不合作。这正是你死我活策略。这证明了你死我活策略是对对手也采用你死我活策略的最优反应——只要未来利润的前景在今天有高的值。由此，此博弈的子博弈完美纳什均衡是两个企业都使用你死我活策略。

10.5　民间定理

在理想世界中，可供选择的均衡数相对少。在重复双头垄断博弈中，我

们发现了两个子博弈完美纳什均衡。还有均衡吗？还有更多的均衡吗？要回答如此重要的问题，需要把两个企业可能选择的策略集合限制在合理的数量内。

从另一个不同的角度看此博弈。利用你死我活策略，两个企业在时期1增加了低利润的可能性。此外，每个企业通过在每个时期选择不生产就能保持自己的利润为0。在一个重复博弈中，背叛合作均衡必须受到惩罚。其他局中人可能施加给一个局中人的最低效用水平是该局中人的最小效用水平。正式地讲，定义 U_i 是 $\min\limits_{S_{-i}} \max\limits_{S_i} U_i(S_1,\cdots,S_N)$ 。U_i 是局中人 i 的效用，$S_{-i}=\{S_1, \cdots, S_{i-1}, S_{i+1}, \cdots, S_N\}$ 是除局中人 i 外的每个局中人的策略组合。U_i 是局中人 i 的对手所能保持给它的最低效用水平，前提是如果预见它们的行动并对此做出最优反应。对R和T，各自能够做出的对另一个最坏的选择是使价格很低，使得其生产任何产出都无利可得。因为两个企业有关闭而什么也不得的选择，它们的最小最大效用是0。对两个企业，任何得益组合，给予它们两者不低于其最小最大效用，就被说成是**个体理性的**(individually rational)。

采用某个策略组合(不必是纳什均衡策略组合)能得到的两个局中人的得益表叫作可行组合。在下装双头垄断博弈中，可以证明可行的现值效用水平(π_T, π_R)正好是集合$\{(\pi_T, \pi_R): \pi_T + \pi_R \leqslant 1800$ 万$\} \cup \{(2700$ 万$, 0), (0, 2700$ 万$)\}$。图10.4画出了下装双头垄断博弈的可行得益和个体理性的得益向量。

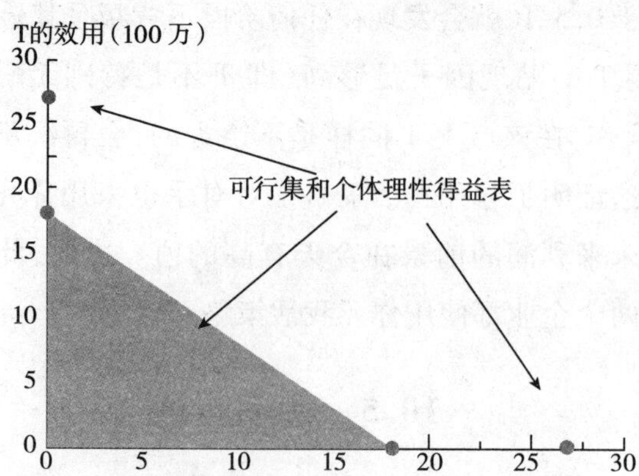

图10.4　可行和个体理性得益集合

我们看到,存在大量的可行和个体理性的得益。现在回答我们关于子博弈完美纳什均衡数量的问题。

民间定理:任何给定的个体理性和可行的得益表也是重复博弈的一个子博弈完美纳什均衡的得益表,只要贴现因子 δ 充分接近 1。

之所以称此为民间定理,因为它存在了很长时间,却没有人清楚记得谁首先提出或谁首先证明了它。

民间定理是一个很坏的问题吗?有证据表明,民间定理可能不如我们所想像的那样是一个坏问题。在许多应用中,有可能用诸如局中人之间的对称性减少合理均衡的数量。另外,当贴现因子不接近 1 时,均衡得益向量集合可能非常小——即如果局中人充分地无耐心,则重复博弈几乎就是一次博弈,其子博弈完美纳什均衡得益表的集合就只是和一阶段博弈的纳什均衡得益表一致。

10.6　贝特兰德重复博弈

我们知道,在静态贝特兰德(定价)双头垄断博弈中,边际成本是常数,且等于平均成本,有一个唯一的纳什均衡,是两个企业所定的价格等于边际成本。然而如果假设两个企业在和这里相同的环境中重复碰头。就会看到,如果碰头数有限,且是共同知识,则唯一子博弈完美纳什均衡产生和静态博弈相同的解:两个企业的定价等于边际成本。

但是如果博弈重复无限次,且两个企业不对未来贴现太大,则和古诺模型一样,结论会发生戏剧性变化。利润最大化垄断价格记为 P_m,边际成本为 c,博弈历史集合为 HC,其中两个企业每期的要价是 P_m,考虑表 10.6 的策略。

表 10.6　贝特兰德博弈的你死我活策略

	价格
P_{1i}	P_m
$P_{ti}(H_t)$	P_m,如果 $H_t \in HC$ c,其他

在贝特兰德模型中,消费者从要价最低的企业处购买商品。如果两个

企业要价相同,假设市场在两个企业之间平分。垄断利润记为π_m。我们现在寻找你死我活策略是两个企业的子博弈完美纳什均衡策略所满足的条件。我们证明你死我活策略是企业1对企业2采用你死我活策略的最优反应。如果两个企业都采用你死我活策略,则它们在每期都索要垄断价格,平分市场,获得效用得益$\frac{1}{2}\pi_m$。假设企业2采用你死我活策略,企业1背叛垄断价格,把它的价格削减很小的量,从而占领整个市场。这在第一阶段产生的利润(稍稍低于π_m)。但由于企业2报复,以后每个阶段的利润为0。由此,企业1的效用流的现值等于$(1-\delta)\cdot(\pi_m+\delta\cdot 0+\delta^2\cdot 0+\cdots)=(1-\delta)\cdot\pi_m$。背离策略的得益与保持均衡策略的得益相同或更低,当且仅当$(1-\delta)\cdot\pi_m\leqslant\frac{1}{2}\cdot\pi_m$,即$\frac{1}{2}\leqslant\delta$时成立。这证明了如果$\frac{1}{2}\leqslant\delta$,且企业2已经采用了你死我活策略,则至少在第一阶段,企业1也将选择垄断价格。而且,同样的逻辑可证明只要你死我活策略要求企业2索要垄断价格,企业1总索要垄断价格。另外,如果你死我活策略要求企业2把价格定在边际成本上,则企业1的最优反应是以后永远使其价格正好等于边际成本。

读者可以证明,垄断价格和边际成本的定价策略与如果有一个企业曾经做出了其他定价就永远按边际成本定价是子博弈完美纳什均衡,这可以用来检验你对民间定理的理解。

10.7 习题

1. 回答下列问题

(1)有限重复博弈和无限重复博弈的区别是什么?有限重复博弈的子博弈和无限重复博弈的子博弈的区别是什么?在无限重复博弈中,为什么一定要考虑局中人收益的贴现?

(2)在无限重复博弈中,局中人的任何可行收益是否一定能够通过触发策略在阶段博弈中得到?其条件是什么?

(3)在无限重复博弈中,在一定的贴现率下,触发策略在阶段博弈中无法得到的可行收益,是否可以通过其他策略得到?试举例说明。

(4)在重复博弈中,使局中人达到合作的“最严厉的惩罚”是什么？试举例说明。

2. 如表 10.7 所示的标准型博弈是一市场进入博弈。该博弈的纳什均衡是什么？设想该博弈重复进行 T 次,该重复博弈的子博弈完美纳什均衡是什么?

表 10.7　市场进入博弈

进入者 \ 在位者	默许	斗争
进入	30,40	-10,0
不进入	0,200	0,200

3. 请用无限次重复博弈的分析方法分析下面的效率工资模型。

首先由厂商选择工资率 w,然后工人选择接受或拒绝。如果工人拒绝,则他就只能做个体户,得到的收入 w_0 小于 w;如果工人接受 w,则工人还要选择是努力工作(负效用 e)还是偷懒(无负效用)。假设厂商无法看出工人是否努力,只能看到产量的高低。产量有高低两种情况,分别为 $Y>0$ 和 $Y=0$。工人努力时一定是高产量 Y,工人不努力时却不一定是低产量 0,而高产量的概率为 p,低产量的概率为 $1-p$。如果厂商用工资率 w 雇佣工人,工人努力工作时,厂商的得益为 $Y-w$,工人的得益为 $w-e$。工人偷懒时,厂商的得益为 $py-w$,工人的得益为 w。

4. 考察 n 个企业的古诺寡头垄断模型。假设需求函数 $P(Q)=a-Q$,其中 $Q=q_1+\cdots+q_n$,$q_i(i=1,\cdots,n)$为企业 i 的产量。考察基于这个阶段博弈的无限重复博弈。求出最小的 δ 值,使得子博弈完美纳什均衡中企业能够运用触发策略维持垄断产出水平。这一结果随 n 的变化将如何变化？为什么?

5. 在不考虑贴现因素的情况下,求解以如图 10.5 所示的策略型博弈为阶段博弈的两阶段重复博弈的子博弈完美纳什均衡。

参与人1	L	C	R
T	3,1	0,0	5,0
M	2,1	1,2	3,1
B	1,2	0,1	4,4

图 10.5　策略型博弈

贝叶斯纳什均衡
Bayesian Nash Equilibrium

第11章　贝叶斯纳什均衡

经济学最重要的一个新思想是：私人信息是有价值的资源，它和劳动力、土地或技术的使用一样，私人信息的利用能影响经济与社会福利。所谓“私人信息”指的是有些局中人知道而另一些局中人不知道的关于世界状态的知识。私人信息的例子包括公司的财务状况，有些股东知道，而其他人不知道；新工作的申请者，她的努力意愿和加班的意愿，潜在的雇主就不知道，等等。有此种“私人信息”的互动局势叫作不完全信息博弈，也叫作贝叶斯博弈。贝叶斯博弈包括静态贝叶斯博弈和动态贝叶斯博弈。这一章和下一章讨论静态贝叶斯博弈。从第13章开始研究动态贝叶斯博弈。

我们已经看到，当一个局中人不知道其他局中人的行动时，策略型表述和纳什均衡就是找到局中人彼此的理性策略的充分的工具。纳什均衡“只”要求每个局中人可用的策略和得益是共同知识。然而，这个要求排除了许多重要的策略局势，如拍卖、劳动合同的谈判和公司接管战。在这些局势下，有些局中人通常不知道其他人对可能结果的赋值。例如，石油公司有在某块土地上钻探石油的权利，但不知道另一个公司相信这个权利值多少。这说明得益不是共同知识。此类博弈叫作不完全信息博弈。

要看到不完全信息所产生的问题。假设你大学毕业正在找工作，你对你将愿意从事的工作的认识比潜在的雇主要好。希望保证得到某些雇主提供的工作，你或许发现它就是你的兴趣所在，你向给你提供工作的雇主保证这正是你所寻找的。雇主的问题是决定是否相信你，你的问题是使你的陈述可信。这显然是一种策略局势。且你或你的中间人都不完全知道你将和谁讨论。如果你不对中间人提出的相对低的初始薪酬表示关注，这将被解释成一种你喜欢大量工作的信号，且确信你会做得好，很快会提升；中间人把这解释成你处在危机中，愿意接受任何工作；或者他决定你的反应没有告诉他你多么喜欢此工作？他对你的行为的解释依赖于他认为你所遵循的策略。为了弄清楚你的策略，他必须知道你的动机。但你的动机（即你的偏好或得益)正是他所不知道的。

约翰·豪尔绍尼找到了一种研究局中人有不完全信息的博弈并建立模型的方法,他因此获得诺贝尔经济学纪念奖。他的解是把不完全信息博弈转换成完全但不完美信息博弈。豪尔绍尼变换把有不同得益的局中人看成是有不同类型的局中人。豪尔绍尼提出,用自然先行动,“选择”每个局中人的类型就可建立此类博弈的模型。局中人开始知道他们的类型但其竞争者不知道。新博弈叫作贝叶斯博弈,可用我们迄今所引入的工具进行分析。

本章的安排是第一节描述豪尔绍尼变换,并描述贝叶斯纳什均衡概念。第二节继续证明混合策略如何能被解释成关于对手类型的不确定性。最后,提出显示原理,它使得博弈理论家能设计特殊的博弈——如使卖方预期收益最大化的拍卖法则。

11.1 豪尔绍尼变换和贝叶斯纳什均衡

例 11.1 最简单的不完全信息博弈的例子是进入威慑博弈。有两个局中人,一个是在位企业,一个是潜在进入者。在位企业必须决定是否扩大其工厂的生产能力。同时,进入者必须决定是进入与在位企业竞争还是不进入市场。生产能力的增加使得在位企业能以较低的成本生产更多的产出,因此,当且仅当在位企业不扩大生产能力时进入者进入才是有利可图的。然而在位企业的得益依赖于两件事:进入者是否进入和工厂生产能力扩大的成本。这些成本可高可低。如果成本低,这两个局中人的得益如表 11.1A 所示。如果成本高,他们的得益如表 11.1B 所示。在位企业知道这些成本,但进入者不知道。也就是说,进入者对将要进行的博弈有不完全信息。

表 11.1 进入威慑博弈的得益

A 扩大生产能力的成本低

		在位企业	
		扩大	不扩大
进入者	进入	(-1,2)	(1,1)
	不进入	(0,4)	(0,3)

续表

B 扩大生产能力的成本高

		在位企业	
		扩大	不扩大
进入者	进入	(-1, -1)	(1,1)
	不进入	(0,0)	(0,3)
得益:(进入者,在位企业)			

不管进行的是哪个博弈,进入者如果基于在位企业的扩大决策决定进入,那么当且仅当在位企业不扩大生产能力时进入者才想要进入。根据得益,进入者看到当在位企业成本高时存在一个占优策略:不扩大。在位企业成本低时也有一个占优策略:扩大。对手的事实我们无法做进一步的分析。

豪尔绍尼的洞察是看到当局中人必须形成关于对手如何行动的信念的时候,他们也必须形成他们在进行哪个博弈的信念。豪尔绍尼提出的建立如进入威慑博弈这种策略局势的模型如下:

新博弈有三个局中人:进入者、在位企业和自然。在位企业可能有两种类型:“低成本”或“高成本”,此处的成本是生产能力扩大的成本。在位企业的得益取决于此成本,因此就取决于它的类型。在新博弈中,自然先行动,确定在位企业的类型。在位企业知道它的类型(即它知道它的得益),但进入者不知道。进入者的得益仍然是共同知识。自然选择在位企业是高成本的概率叫作关于这一类型的先验信念,这是共同知识。在这个例子中,我们假设这个概率是1/3。新博弈的一种解释是,在位企业和进入者随机配对,在位企业是高成本的比例是1/3。我们称新模型为进入威慑博弈2。进入者的策略仍然是要么进入、要么不进入的行动。然而在位企业的策略现在包括一对行动,它的类型是低成本时采取的行动和它的类型是高成本时采取的行动。一个策略的例子是:(扩大,不扩大),意味着成本低时扩大,成本高时不扩大。如果进入者的策略是进入,在位企业的策略是(扩大,不扩大),则进入者的得益是 -1 的概率是2/3,得益是1的概率是1/3。因此预期得益是 $\frac{2}{3}\times(-1)+\frac{1}{3}\times 1=-\frac{1}{3}$。类似地讲,不进入的预期得益是0。在给定在位企业在两种可能的世界状态中每一个最高得益的意义上,我们已经确定了这个策略是在位企业的最优策略。虽然进入者能够预测在位企业在每种世界状态会采取什么行动,但它在行动前不知道世界状态。使用前面引入的术语,进入者在选择一次抽彩。如果进入者是预期效用最大化者,表11.1的得益就是它的结果的冯·诺依曼－摩根斯坦效用,则它将选择产生最高预期得益的抽彩。显然,不进入是对(扩大,不扩大)的最优反应,因此可以安全地得出结论{不进入,(扩大,不扩大)}是这个博弈的一个纳什均衡,即使我们还没有正式地把这个概念扩展到不完全信息博弈中。

但利用这些均衡策略时,产生两个结果。如果在位企业是低成本的,则它扩大生产能力,但如果在位企业是高成本的,它就不扩大生产能力。

一般地讲,每个局中人都可能有一个以上的类型。例如,拍卖就是这种情况,其中,竞买人对将要卖的物品的估价是私人信息。而且,局中人的类型可能是随机依赖性,意味着关于一个局中人的类型的知识揭示了另一个局中人类型的信息,如拍卖中如果拍卖物品有转卖价值,竞买人有独立的估价。拍卖物品转卖价值的估价构成了每个竞买人的类型。如果一个竞买人的估价高于标准价值,则它可能意味着拍卖物品的转卖价值高于标准价值。结果,我们会预期其他每个竞买人的估价高于标准价值。这两个估价被说成是正相关的。

我们知道,完全信息静态博弈可用策略形式表述,它包括三个要素:局中人集合,每个局中人的(纯)策略集合和每个局中人在各种可能策略集合或策略组合下的得益集合。在静态博弈中,(纯)策略完全与行动相对应。以类似的方式,静态贝叶斯博弈包括五个要素,它们都是共同知识:

第一是局中人集合。第二是每个局中人的行动集合,行动用小写字母表示。每个局中人的一个行动构成一个行动组合,用大括号“{}”表示。第三是每个局中人可能的类型集合,类型用小写表示。每个局中人知道自己的类型而不知道其他局中人的类型。我们用符号 $-i$ 表示“其他局中人”。每个局中人的一个类型构成一个类型组合,用中括号“[]”表示。局中人对每个可能的类型组合的概念有共同的先验信念。局中人组合是$[t_1,\cdots,t_N]$的概率记为 $P[t_1,\cdots,t_N]$。这些概率构成第四个要素。每个行动组合$\{m_1,\cdots,m_N\}$和类型组合$[t_1,\cdots,t_N]$产生每个局中人的一个得益;局中人 i

的得益一般记为 $U_i(m_1, \cdots, m_N; t_1, \cdots, t_N)$。得益构成第五个要素。注意局中人的得益取决于他自己的类型和其他局中人的类型。例如,一个企业的利润一般依赖于其工人的生产力(他们的类型)和他们如何努力工作(他们的行动)。

进入威慑博弈有两个局中人:进入者和在位企业。进入者有两个可能的行动:进入和不进入。在位企业也有两个行动:扩大和不扩大。而进入者只有一种类型——正常类型,在位企业有两个类型:低成本和高成本。这意味着有两个可能的类型组合:[正常,低成本]和[正常,高成本]。如果进入者有两个可能的类型,则就可能有四个可能的类型组合。先验信念是类型组合[正常,低成本]的概率是 2/3,而[正常,高成本]的概率是 1/3。进入威慑博弈的得益如表 11.1 所示。例如,$U_{\text{进入者}}$(进入,扩大,正常,高成本) = -1。

一般地,在静态贝叶斯博弈中,我们对局中人 i 的行为说些什么呢? 显然局中人 i 的行动可能取决于他的类型。因此 i 的一个纯策略包括局中人类型的函数的行动,一般记为 $S_i(t_i)$。我们用斜体且第一个字母大写表示策略。每个局中人的一个策略构成一个策略组合,用大括号表示。因为局中人的类型是随机选择的,一个策略组合的结果是不确定的。用前面的术语说,每个策略组合确定了结果集合的一次抽彩。我们假设局中人是预期效用最大化者,基于条件预期效用选择策略。

在我们说明条件预期效用的意思之前,必须引入条件概率的概念。设 t_{-i}是除 i 外的局中人的类型组合。即 $t_{-i} = [t_1, \cdots, t_{i-1}, t_{i+1}, \cdots, t_N]$。则 $P_i[t_{-i} | t_i]$表示给定局中人 i 的类型 t_i,其他局中人有类型组合 t_{-i}的概率。这就是条件概率的例子。这一条件概率可利用下面的公式从先验信念中计算出来。

$$P[t_{-i} | t_i] = \frac{P[t_1, \cdots, t_{i-1}, t_i, t_{i+1}, \cdots, t_N]}{P_i[t_i]} \tag{11.1}$$

其中 $P_i[t_i]$是局中人 i 的类型的边际概率,等于

$$P_i[t_i] = \sum_{t_{-i}} P[t_1, \cdots, t_{i-1}, t_i, t_{i+1}, \cdots, t_N] \tag{11.2}$$

在本书的多数博弈中,局中人的类型彼此随机独立。局中人 A 的类型随机独立于局中人 B 的类型,即 A 从自己类型的知识中不知道 B 的类型。

正式地，局中人 i 的类型随机独立于其对手类型，如果对每个类型组合 $[t_1,\cdots,t_i,\cdots,t_N]$，我们有

$$P[t_{-i}|t_i] = P[t_1,\cdots,t_{i-1},t_{i+1},\cdots,t_N] = \sum_{t_i} P[t_1,\cdots,t_{i-1},t_i,t_{i+1},\cdots,t_N] \tag{11.3}$$

但局中人采用策略组合 $S=\{S_1(t_1),\cdots,S_N(t_N)\}$ 时，类型为 t_i 的局中人 i 的条件预期效用(CEU)是

$$\begin{aligned} EU_i(S,t_i) = \sum_{t_{-i}} U_i(S_1(t_1),\cdots,S_i(t_i),\cdots, \\ S_N(t_N);t_1,\cdots,t_i,\cdots,t_N)\cdot P_i[t_{-i}|t_i] \end{aligned} \tag{11.4}$$

其中加总是对其他局中人的所有可能类型组合。

如果我们用“条件预期效用”代替“得益”，(严格和弱)占优策略、占优策略均衡、重复占优策略均衡和纳什均衡的概念都可自然扩展到这一新类型的博弈。下面我们正式定义静态贝叶斯博弈的纳什均衡的扩展，称之为贝叶斯纳什均衡。

定义 11.1：一个策略组合 $S^* = \{S_1^*(t_1),\cdots,S_N^*(t_N)\}$ 是一个静态贝叶斯博弈的贝叶斯纳什均衡，当且仅当对每个局中人 i，局中人 i 的每个类型 t_i，和局中人 i 的每个可选策略，$EU_i(S^*,t_i) \geqslant EU_i(S_1^*(t_1),\cdots,\hat{S}_i(t_i),\cdots,S_N^*(t_N),t_i)$。即局中人的策略是对其他局中人策略的最优反应，不管局中人的类型如何。

我们现在证明策略组合{不进入，(扩大，不扩大)}是进入威慑博弈 2 的唯一(纯策略)贝叶斯纳什均衡。为了找到所有的纯策略贝叶斯纳什均衡，我们构造博弈的策略形式，如表 11.2 所示。此表是一个新表。行列分别与两个局中人的策略相对应，但框内的内容不同。逗号左边括号内的数字是进入者的 CEU。这个 CEU 只有一个数字，因为进入者只有一种类型。逗号右边括号内的两个数字是在位企业的 CEU。其中第一个数字是低成本类型的在位企业的 CEU，第二个数字是高成本类型的在位企业的 CEU。唯一的贝叶斯纳什均衡的 CEU 是{不进入，(扩大，不扩大)}，用黑体表示。

我们现在阐明每个局中人的均衡策略是其他局中人均衡策略的最优反

应,不管局中人是什么类型。给定在位企业的策略(扩大,不扩大),进入者如果进入其 CEU 是 $-\frac{1}{3}$,如果不进入,其 CEU 是 0,这意味着最优反应是不进入。给定进入者的策略不进入,如果在位企业是低成本的,则采用策略(扩大,扩大)或(扩大,不扩大)使其 CEU 最大化。如果在位企业是高成本的,则采用策略(扩大,不扩大)或(不扩大,不扩大)使其 CEU 最大。策略(扩大,不扩大)是唯一的对不进入的最优反应的策略,不管在位企业的类型是什么。

表 11.2　进入威慑博弈 2 的策略形式

		在位企业			
		(扩大,扩大)	(扩大,不扩大)	(不扩大,扩大)	(不扩大,不扩大)
进入者	进入	((-1),(2,-1))	((-1/3),(2,1))	((1/3),(1,-1))	((1),(1,1))
	不进入	((0),(4,0))	((0),(4,3))	((0),(3,0))	((0),(3,3))
条件预期效用:((进入者),(低成本在位企业,高成本在位企业))					

11.2　混合策略的贝叶斯纳什均衡

在引入混合策略时,我们假设:局中人曾随机地选择其行动。我们注意到混合策略的另一种解释是它表示局中人将要做什么是不确定的。我们没有分析这种不确定性的来源。约翰·豪尔绍尼提出,不确定性可能是由于存在对对手的得益的某些不确定性。他推测,任何混合策略的纳什均衡总可解释为类似于少数不完全信息博弈的纯策略均衡,而不是对其他局中人正在随机选择其行动的信念,比方说滚动一个骰子或掷硬币。小量的无知怎么有这种效应呢?因为如果局中人利用混合策略是最优的,则他必定在某些行动中是无差异的。与这些行动相联系的得益的任何最小变化将破坏这种无差异。现在某些行动显然是劣的或优的。因此,如果对手对这些得益即使有最轻微的不确定,他将对他会采取的行动产生不确定——即使他相信他不是随机行动。现在用熟悉的例子——情爱博弈来陈述这一思想。

例 11.2　我们知道情爱博弈是一对热恋中的恋人小张和小红,他们正在独立地决定晚上如何度过。其策略形式如表 11.3 所示,S 代表小红,R 代表小张。已经证明,此博弈有混合策略纳什均衡:{(沙龙:1/4,俱乐部:3/4),(沙龙:2/3,俱乐部:1/3)},这里第一个策略是小红的混合策略,第二个是小张的混合策略。

然而假如这两个局中人不完全知道另一方的得益。假设小红对小张不喜欢俱乐部的程度有某些不确定,小张对小红如何不喜欢沙龙有些不确定。其他得益是共同知识。假设得益如表 11.4 所示,现在可以建立此博弈的模型。

表 11.3 情爱博弈(完全信息)

		小张	
		沙龙	俱乐部
小红	沙龙	(5,12)	(0,0)
	俱乐部	(0,0)	(10,4)
得益:(S,R)			

表 11.4 情爱博弈(不完全信息)

		小张	
		沙龙	俱乐部
小红	沙龙	$(5+\varepsilon_S,12)$	(0,0)
	俱乐部	(0,0)	$(10,4+\varepsilon_R)$
得益:(S,R)			

小红知道 ε_S,但不确切知道 ε_R 的值,而小张知道 ε_R,但不知道 ε_S 的值。这里,ε_S 是小红的类型,ε_R 是小张的类型。假设 ε_S 和 ε_R 是独立的随机变量,且在 $-\delta$ 和 $+\delta$ 之间成均匀分布,是共同知识。这意味着 $E(\varepsilon_R)=E(\varepsilon_S)=0$。在原博弈的此种变形中,每个局中人的纯策略是一个函数,比方说 $S(\varepsilon)$,从可能的类型集合 $[-\delta,\delta]$ 到可能的行动集合{沙龙,俱乐部}。一般地讲,这些函数可能很复杂。不过,每个局中人的纳什均衡策略 $S_S^*(\varepsilon)$ 和 $S_R^*(\varepsilon)$ 很简单,且用两个数字 τ_S 和 τ_R 代表,我们称之为转换参数,如下:

$$S_S^*(\varepsilon)=\begin{cases}\text{沙龙, 如果 } \varepsilon>\delta-\tau_S\\ \text{俱乐部, 如果 } \varepsilon\leqslant\delta-\tau_S\end{cases}\qquad S_R^*(\varepsilon)=\begin{cases}\text{沙龙, 如果 } \varepsilon<\delta-\tau_S\\ \text{俱乐部, 如果 } \varepsilon\geqslant\delta-\tau_S\end{cases}\tag{11.5}$$

小红的均衡策略取这种形式的理由是随 ε 增加，沙龙选择更有吸引力，随 ε 减少，俱乐部选择更有吸引力。所以，如果对某个 ε 值如 $\tilde{\varepsilon}$ 选择沙龙最优，则对所有大于 $\tilde{\varepsilon}$ 的 ε 值仍然是最优的。类似地讲，如果对某个 ε 值，比方说 $\tilde{\varepsilon}$，俱乐部选择最优，则对所有小于 $\tilde{\varepsilon}$ 的 ε 值仍然是最优的。反之对小张亦成立。我们用其转换参数定义均衡策略。

因为局中人的行动取决于对手不知道的变量，所以每个局中人对其他人的行动是不确定的——即使两个局中人都明显不是随机的。因为局中人的类型在 $[-\delta,\delta]$ 上均匀分布，容易证明均衡策略组合引起小张看出小红选择沙龙的概率是 $\frac{1-\tau_S}{2}$，小红看出小张选择沙龙的概率是 $\frac{1+\tau_R}{2}$。注意到没有一个局中人随机选择行动，关于他们行为的不确定性是由于他们偏好的不确定性引起的。可以证明随着参数 δ 趋于 0，$\frac{1-\tau_S}{2}$ 收敛于 1/4，$\frac{1+\tau_R}{2}$ 收敛于 2/3。这两个极限是原完全信息博弈的均衡混合概率，所以在我们修正的博弈模型中，局中人的纯策略均衡行为非常接近于原情爱博弈中的混合策略均衡的局中人的行为。

当 ε 等于局中人的门槛 $\delta\cdot\tau$，选择沙龙的预期效用正好等于选择俱乐部的预期效用。这表明两个门槛满足下面两个方程：

$$\begin{aligned}(5+\delta\cdot\tau_S)\left(\frac{1+\tau_R}{2}\right)&=10\left(\frac{1-\tau_R}{2}\right)\\12\left(\frac{1-\tau_S}{2}\right)&=(4+\delta\cdot\tau_R)\left(\frac{1+\tau_S}{2}\right)\end{aligned}\tag{11.6}$$

当 δ 等于 0 时，两个方程就是线性的，解为 $\tau_R=1/3$，$\tau_S=1/2$，表明小红看到小张选择沙龙的概率 $\frac{1+\tau_R}{2}=2/3$，小张看到小红选择沙龙的概率 $\frac{1-\tau_S}{2}=1/4$。于是用微分的隐函数定理得方程（11.6）当 δ 充分接近 0 时有解。

11.3　显示原理和机制设计

迄今,我们所分析的博弈都视为给定的,我们的任务是找到均衡。如果有人问相反的问题:给定局中人集合,他们在结果集合中的得益和他们关于这些得益的私人信息,是否可构造一个静态贝叶斯博弈,其贝叶斯纳什均衡满足某种确定的特征?例如,设计哪种拍卖使卖方的预期收益最大化?答案相当困难,因为有如此众多的拍卖形式都可能达到目的。拍卖是口头拍卖还是密封拍卖?赢家应支付其出价还是价格?是否部分取决于输家提出的出价?更本质的是,最高竞买人应赢得拍卖吗?还是用与出价无关的标准决定赢家?竞买人应预先缴纳一笔费用吗?卖方应设置赢家出价的底限吗?如果这样,保留价格应预先公布还是保密?

博弈论的一个分支涉及此种问题,叫作机制设计。设计博弈使得他们的均衡有确定的特征,要比确定单个博弈的均衡困难得多。美国西北大学的迈尔森对设计博弈作出了重要贡献。他提出的原理叫作显示原理。显示原理使博弈的设计者把问题分成两个非常易于处理的方面。

第一,设计者把自身限制到一个非常简单的贝叶斯博弈,叫作激励相容直接机制(ICDM)。直接机制(DM)是一个静态贝叶斯博弈,其中局中人只报告其类型给"仲裁人",这些报告决定了局中人的得益。如果真实地报告一个人的类型是贝叶斯纳什均衡策略,则一个DM是激励相容的。现在设计者在数量很小的博弈中寻找有合意特征的博弈。目前博弈设计者的工作没有做完,因为ICDM无疑要求一个无私利的"仲裁人",以便局中人向他报告其类型。

第二步是找到不需要仲裁人的博弈形式,并有和ICDM相同的均衡。这就是最优博弈。

迈尔森对机制设计的贡献是认识到,任何贝叶斯博弈的任何贝叶斯纳什均衡总可用恰当构造的ICDM"表示"。所谓"表示"指的是,对每个类型组合,ICDM均衡时局中人的行动和得益与原博弈均衡时的完全相同。这个结论叫作显示原理。这里用静态博弈描述并证明它,但同样容易扩展到包括动态博弈中。

定理 11.1(显示原理):任何静态贝叶斯博弈的任何贝叶斯纳什均衡都可用激励相容直接机制表示。

例 11.3　下面,以两个局中人为例,论证显示原理。假设有两个局中人小王和巴特尔,他们之间进行的是静态贝叶斯博弈。用 t_A 和 t_B 表示他们的类型,m_A 和 m_B 表示他们的行动,$S_A(t_A)$ 和 $S_B(t_B)$ 表示他们的策略,$U_A(m_A,m_B,t_A)$ 和 $U_B(m_A,m_B,t_A)$ 表示他们的得益。假设 $\{S_A^*(t_A),S_B^*(t_B)\}$ 是这个博弈的贝叶斯纳什均衡策略组合。我们将构造一个 ICDM,给定两个局中人,均衡时他们的预期得益相同。

在 ICDM 中,每个局中人报告其类型给中立的仲裁人。这些报告记为 r_A 和 r_B。当局中人报告 r_A 和 r_B 时,小王得到的收益 $\tilde{U}_A(r_A,r_B,t_A) = U_A(S_A^*(r_A),S_B^*(r_B),t_A)$,巴特尔得到的收益是 $\tilde{U}_B(r_A,r_B,t_B) = U_B(S_A^*(r_A),S_B^*(r_B),t_B)$。这样就已经构造了一个 DM,使得如果两个局中人真实地报告其类型,则他们得到的收益和他们在原博弈均衡时得到的收益相同。因此,假设 DM 是激励相容的,DM 给予局中人的得益和他们在原博弈的贝叶斯纳什均衡时的得益相同。这就是 DM“表示”该均衡的意义。DM 的激励相容性容易看到,假如有一个局中人,比方说是小王,采用了总报告真实类型的策略,但另一局中人巴特尔撒谎,报告其类型是 t' 而不是真实类型 t_B,那么无论小王如何报告,巴特尔得到其已在原博弈中采取行动 $S_B^*(t')$ 而非 $S_B^*(t_B)$ 所得的收益。因为 $\{S_A^*(t_A),S_B^*(t_B)\}$ 是原博弈的贝叶斯纳什均衡策略组合,定理 11.1 说巴特尔采用此种行动不能变得更好,有可能更坏,于是巴特尔错误报告其类型不比真实报告其类型好。因为不管其类型如何这都是真的,所以真实报告是对小王真实报告的最优反应。同样真实报告也是对巴特尔真实报告的最优反应。所以我们构造表示原贝叶斯博弈的 DM 是激励相容的。

显示原理使得迈尔森能够回答我们提出的使卖方预期收益最大的拍卖形式的问题。如果每个买方的估价只为买方所知,其他买方估价的信息不能改变其估价——在拍卖文献中称此拍卖环境为独立私人价值,则标准的密封拍卖将产生给卖方最高的预期出价。

迈尔森等人还利用显示原理研究了双边贸易,即最典型的经济互动。他们提出了下面的问题:假设每个交易者的保留价格只为该交易者所知,是否有贸易法则确保商品总能从卖方到买方进行自愿交易,无论贸易什么时候使他们两者处境都变好?迈尔森证明,一般的答案是:没有!无论利用什么法则——不论讨价还价、改变出价还是双边拍卖——总会存在保留价格,使得买卖双方通过交易出价变得更好,要不均衡时就没有交易发生了。

11.4　习题

1. 回答下列问题。

(1)试举例说明不完全信息博弈与完全信息博弈的区别。

(2)为什么说豪尔绍尼转换是处理不完全信息博弈的标准方法?试举例说明。

(3)什么是局中人的类型?为什么在豪尔绍尼转换中每个局中人关于其他局中人类型的信念必须为共同知识?

(4)什么是静态贝叶斯博弈?其构成的基本要素是什么?什么是静态贝叶斯博弈中局中人的策略?

(5)在静态贝叶斯博弈中,为什么局中人的类型必须相互独立(或者不完全相关)?为什么完全信息静态博弈可以看成是静态贝叶斯博弈的特例?

2. 求如图 11.1 所示的扩展型博弈的贝叶斯纳什均衡。

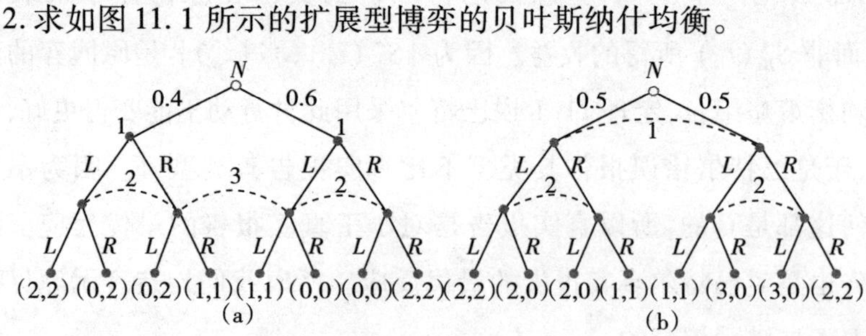

图 11.1　扩展型博弈

3. 考察如图 11.2 所示静态贝叶斯博弈。

(1)自然决定得益是得益矩阵(a)还是得益矩阵(b),选择(a)和(b)的概率相等；

(2)局中人 1 知道自然的选择，但局中人 2 不知道；

(3)局中人 1 选择 U 或 D，同时局中人 2 选择 L 或 R。

试给出博弈的扩展型描述，并求出所有纯策略贝叶斯纳什均衡。

(a)

参与人1 \ 参与人2	L	R
U	2,3	0,0
D	0,0	3,2

(b)

参与人1 \ 参与人2	L	R
U	–1,–1	2,1
D	1,2	0,0

图 11.2　贝叶斯博弈

4. 在古诺模型中，需求函数为 $p=2-Q$，其中 $Q=q_1+q_2$。假设厂商 1 和厂商 2 的成本有 3/4 和 5/4 两种可能，每个厂商只知道自己的成本不知道对手的成本，但是它们知道对手的成本是 3/4(或者 5/4)的概率为 1/2。如果两厂商同时选择产量，试求该博弈的贝叶斯纳什均衡。

5. 两个企业同时决定是否进入一个市场，企业 i 的进入成本为 $\theta_i\in[0,\infty)$，这种成本为局中人的私有信息，服从于彼此独立的分布 $p_i(\cdot)$。如果只有一个企业进入，则进入企业的收益为 $\pi^m-\theta_i$，不进入企业的收益为 0；如果均进入，那么双方的收益都为 $\pi^d-\theta_i$；如果均不进入，则双方的收益都为 0。其中 $\pi^m>\pi^d>0$，求该博弈的贝叶斯纳什均衡。

第12章　贝叶斯纳什均衡的应用:拍卖博弈

12.1　拍卖类型

拍卖(auction)是一种古老的市场交易方式,早在公元前约500年的古巴比伦就出现了拍卖现象。近年来,随着市场经济的发展,拍卖不仅深入到经济生活的各个领域,而且因为拍卖是规则明晰、规范化的市场,所以,用博弈论来给拍卖建模已成为博弈论研究的一个重要方面。

12.1.1　拍卖的含义

拍卖(auction)一词源于希腊语"augere",原意是增加的意思。今天所理解的拍卖,从广义上讲,是通过市场价格来配置资源的过程。例如,经济学家R. P. McAfee给拍卖下的定义是:拍卖是一种市场状态,此市场状态在市场参与者出价基础上具有决定资源配置和资源价格的明确规则。从狭义上讲,拍卖是具有一定适用范围,有特殊规则的市场交易行为。在确定的时间和地点,通过一定的组织机构,以公开竞价的方式,将特定物品或财产所有权转让给特定的应价人。

12.1.2　拍卖的类型

各种不同的拍卖之间存在着很大的差别,因此,有必要对拍卖进行分类。广泛运用和分析的拍卖类型主要有四种:

(1)英国式拍卖(English auction),又叫升价拍卖、增价拍卖、公开拍卖、口头拍卖,在拍卖中,拍卖物的竞价由低至高、依次递增(即买方提出的购买价),直到以最高价格成交为止。这一拍卖既可以由卖方报价,又可以由买方各自报价。

规则:竞买人可以自由地提高自己的出价。如果没有竞买人想再进一步提高自己的出价,那么出价最高的竞买人成为买受人,支付其所出的价格,并得到拍品。

策略:局中人的策略是一个出价序列。这个出价序列是以下三者的函数:拍品对该局中人自己的价值、该局中人有关其他局中人对拍品估价的先验估计、所有局中人的出价行为。局中人会根据他的信息集的变化调整他自己的出价。

得益:赢得拍卖的局中人的得益是拍品对他的价值减去他的最高出价。

(2)荷兰式拍卖(Dutch auction),又称降价拍卖、减价拍卖,在荷兰的鲜花销售中多用此种拍卖形式,在拍卖中,拍卖物的竞价由高到低、依次递减(即卖方提出的出售价),直到以适当的价格成交为止。

规则:卖者宣布一个要价,然后他不停地降低这一价格,直至一个买者让他停止要价,并在当前的叫停价上买下拍品。

策略:局中人的策略是决定在何时让拍卖者停止要价。这个出价是拍品对局中人自己的价值,以及他对其他局中人的估价的先验信念的函数。

得益:赢得拍卖的局中人的得益等于拍品对他的价值减去他的出价。

(3)一级价格密封拍卖(first-price sealed bid auction):

规则:各买方不知道其他买方的出价,每一买方单独提交其报价,出价最高的买方赢得标的物。最终价格为该赢家的报价(即价格是最高的或"第一价格")。

策略:局中人的策略是一个出价。这个出价是物品对局中人自己的价值,以及他对其他局中人的估价的先验信念的函数。

得益:赢得拍卖的局中人的得益等于物品对他的价值减去他的出价。

(4)二级价格密封拍卖(second-price sealed bid auction):

规则:每一买方在看不见彼此出价的情形下独立出价,出价最高的人赢得该标的物。与一级价格密封拍卖不同的是,赢家出的价钱不是他自己的出价,而是第二高的出价,或者"第二价格"。由于威廉·威克瑞(1961)首先提出这一拍卖方式,因此称之为威克瑞拍卖。

策略:局中人的策略是一个出价。这个出价是物品对局中人自己的价值,以及他对其他局中人的估价的先验信念的函数。

得益:赢得拍卖的局中人的得益等于物品对他的价值减去所有出价中

的次高价格。

还有一种较常用的分类标准是竞买人赋予被拍卖物品的不同价值。拍卖的主要特征之一是存在不对称信息。我们把局中人 i 从拍品上所得到的效用折算成人民币 V_i 元,称之为物品对他的价值(value)。把局中人 i 对他自己所得到的价值的估计 $\hat{V}_i$,称之为他的估价(valuation)。据此,可以把拍卖划分为私人价值拍卖、共同价值拍卖和相关价值拍卖。

在私人价值拍卖(private-value aution)中,每个局中人都确切地知道物品对他的价值,这一价值是私人信息,因此他们可能仍然需要估计物品对其他局中人的价值。例如收藏家们参加了一次古董桌椅拍卖,而且他们都不准备再次出售他们的收藏,那么这次拍卖就是私人价值拍卖。

在共同价值拍卖(common-value aution)中,拍品的实际价值对所有买主而言都是相等的,但是各买方都拥有关于该拍品实际价值的私人信息。例如,一块待租油田的价值取决于该油田地下有多少石油。各买方可能会观测到有关该油田含油量的地理特征或信号。在此情况下,某一买方如果能够了解到其他买方的信息,他就会改变对该油田的估计。

相关价值拍卖(correlated-value aution)是一个范围很广的概念,共同价值拍卖是它的一个特例。在相关价值拍卖中,不同局中人对物品的估价是相关的,但被拍卖物品对各个局中人的价值可能是不同的。实际上,我们在现实中观察到的每一个拍卖都是相关价值拍卖。

12.2 价格优先密封拍卖

例 12.1 考虑下面的价格优先密封拍卖。有两个投标人,分别为 $i=1$, 2。投标人 i 对商品的估值为 V_i——即若投标人 i 付出价格 p 得到商品,则 i 的得益为 V_i-p。两个投标人的估价彼此独立,并服从[0, 1]区间上的均匀分布。投标价格不能为负,且投标人同时提交各自的投标价。出价较高的投标人赢得商品,并支付他所报的价格,另一个投标人的收益和付出都为零。在投标价格相等的情况下,赢者由抛硬币决定。投标人是风险中性的。所有这些都是共同知识。

为了把这个问题化为标准型静态贝叶斯博弈，我们必须确定行动空间、类型空间、信念和得益函数。局中人 i 的行动是给出一个非负的投标价格 b_i，其类型即是他的估价 V_i（在抽象博弈 $G=\{A_1,A_2;T_1,T_2;P_1,P_2;U_1,U_2\}$ 中，行动空间是 $A_i=[0,\infty)$，类型空间是 $T_i=[0,1]$）。由于估价是独立的，局中人 i 相信不管 V_i 的值是多少，V_i 服从在区间[0,1]上的均匀分布。最后，局中人 i 的得益函数是

$$U_i(b_1,b_2;V_1,V_2)=\begin{cases}V_i-b_i, & b_i>b_j\\ \dfrac{(V_i-b_i)}{2}, & b_i=b_j\\ 0, & b_i<b_j\end{cases} \tag{12.1}$$

要求出这个博弈的贝叶斯纳什均衡，我们从构造局中人的策略空间开始。我们已经讲过，在静态贝叶斯博弈中，一个策略是由类型到行动的函数，因而，局中人 i 的策略为函数 $b_i(V_i)$，据此可以决定局中人 i 在每一种类型（即对商品的估价）下选择的投标价格。在贝叶斯纳什均衡中，局中人 1 的策略 $b_1(V_1)$ 是对局中人 2 的策略 $b_2(V_2)$ 的最优反应，反之亦如此。形式上，策略组合 $(b(V_1),\mathrm{b}(V_2))$ 是一个贝叶斯纳什均衡，如果对[0,1]中的每一 V_i，$b_i(V_i)$ 是满足

$$\max_{b_i}(V_i-b_i)\mathrm{Prob}\{b_i>b_j(V_j)\}+\frac{1}{2}(V_i-b_i)\mathrm{Prob}\{b_i=b_j(V_j)\}$$

的解。

我们首先假设该问题存在一组线性均衡解：$b_1(V_1)=a_1+c_1V_1$，$b_2(V_2)=a_2+c_2V_2$。应该明确的是，我们不是限制了局中人的策略空间，使之只包括线性策略，而是允许局中人选择任意的策略。这里我们要讨论的是它是否存在线性的均衡解。结果证明，由于局中人的估价是均匀分布，线性均衡解不仅存在而且是唯一的，其结果是 $b_i(V_i)=V_i/2$。也就是说，每个局中人给出的投标价格等于其估价的一半。这样，一个投标价格反映了投标方在拍卖中遇到的最基本的权衡：投标价格越高，中标的可能性越大；投标价格越低，一旦中标所得的收益就越大。

假设局中人 j 采取策略 $b_j(V_i)=a_j+c_jV_i$，对一个给定的 V_i 值，局中人 i 的最优反应是

$$\max_{b_j}(V_i-b_i)\text{Prob}\{b_i>a_j+c_jV_j\}$$

的解。这里我们用到了 $\text{Prob}\{b_i=b_j(V_j)\}=0$ 这一事实（因为 $b_j(V_j)=a_j+c_jV_j$，V_j服从均匀分布，因此 b_j也服从均匀分布）。因为局中人 i 的投标价格比局中人 j 的最低可能投标价格低是没有意义的，而且局中人 i 的投标价格高于 j 的最高可能投标价格又显然很愚蠢，我们有 $a_j\leqslant b_i\leqslant a_j+c_j$，所以

$$\text{Prob}\{b_i>a_j+c_jV_j\}=\text{Prob}\{V_j<\frac{b_i-a_j}{c_j}\}=\frac{b_i-a_j}{c_j} \tag{12.2}$$

因此，局中人 i 的最优反应是

$$b_i(V_i)=\begin{cases}\dfrac{(V_i+a_j)}{2}, & V_i\geqslant a_j\\ a_j, & V_i<a_j\end{cases} \tag{12.3}$$

如果 $0<a_j<1$，那么就有一些相同的 V_i值，使得 $V_i<a_j$，其中 $b_i(V_i)$就不是线性的了，而是在开始时呈平直，后半段开始倾斜。由于我们要找的是线性均衡，就可以排除 $0<a_j<1$，而只讨论 $a_j\geqslant1$ 和 $a_j\leqslant0$ 的情况。不过前一种情况下均衡不可能发生，因为估价较高一方对投标价格的最优选择是不低于估价较低一方的投标价，我们有 $c_j\geqslant0$，但此时 $a_j\geqslant1$ 意味着 $b_j(V_j)\geqslant V_j$，而这不可能是最优的。从而，如果 $b_i(V_i)$是线性的，那么，就必定有 $a_j\leqslant0$，在这种情况下，$b_i(V_i)=(V_i+a_j)/2$，于是可得 $a_i=a_j/2$ 及 $c_i=1/2$。

对于局中人 j，假定局中人 i 采取策略 $b_i(V_i)=a_i+c_iV_i$，重复上面的分析，就得到 $a_i\leqslant0$，$a_j=a_i/2$，$c_j=1/2$。解这两组结果构成的方程组，得 $a_i=a_j=0$，$c_i=c_j=1/2$，即 $b_i(V_i)=V_i/2$，这正是早先所讲过的。

此博弈中是否有其他的贝叶斯纳什均衡？如果投标方估价的概率分布发生变化，均衡的投标价格将如何变化？对这些问题的分析不能假设线性策略存在，即上面的方法——假定线性策略存在，然后推出使策略符合均衡条件的系数——对此问题的分析无用，而且试图猜测这个博弈中其他均衡的函数形式是徒劳无用的，况且当估价服从任何其他分布时，线性均衡不存在。

下面我们假设在估价服从均匀分布的条件下,推导出一种对称的贝叶斯纳什均衡。我们证明,在局中人的策略严格递增且可微的假定下,唯一对称贝叶斯纳什均衡就是已经推导出的线性均衡。这里所用的技术方法很容易地扩展到较广类型的估价分布类和两个以上投标人的情形。

假设局中人 j 采取策略 $b(\cdot)$,假定 $b(\cdot)$ 严格递增和可微,于是给定 V_i 值,局中人 i 的最优投标价格应满足

$$\max_{b_i}(V_i - b_i)\text{Prob}\{b_i > b(V_j)\}$$

令 $b^{-1}(b_j)$ 表示投标人 j 在选择投标价格 b_j 时一定持有的估价,即若 $b_j = b(V_j)$ 则 $b^{-1}(b_j) = V_j$。由于 V_j 服从区间 $[0,1]$ 上的均匀分布,$\text{Prob}\{b_i > b(V_j)\} = \text{Prob}\{b^{-1}(b_i) > V_j\} = b^{-1}(b_i)$。因此局中人 i 的最优化问题的一阶条件为:

$$-b^{-1}(b_i) + (V_i - b_i)\frac{d}{\mathrm{d}b_i}b^{-1}(b_i) = 0 \tag{12.4}$$

这个一阶条件是给定投标方 i 的估价 V_i,投标方 i 对投标方 j 选用策略 $b(\cdot)$ 的最优反应的隐函数方程。如果要使策略 $b(\cdot)$ 是对称的贝叶斯纳什均衡,要求一阶条件的解应该是 $b(V_i)$:即对投标方 i 每一可能的估价,投标方 i 都不希望偏离策略 $b(\cdot)$,只要投标方 j 也选择同一策略。要满足这个要求,把 $b_i = b(V_i)$ 代入一阶条件得:

$$-b^{-1}(b(V_i)) + (V_i - b_i(V_i))\frac{d}{\mathrm{d}b_i}b^{-1}(b(V_i)) = 0 \tag{12.5}$$

当然,$b^{-1}(b(V_i))$ 就是 V_i,而且 $\mathrm{d}(b^{-1}(b(V_i)))/\mathrm{d}b_i = 1/b'(V_i)$,即 $\mathrm{d}(b^{-1}(b_i))/\mathrm{d}b_i$ 衡量为使投标价格发生单位变动,投标方 i 的估价必须发生多大变化,而 $b'(V_i)$ 衡量如果估价发生单位变化,其投标价格将随之发生多大变动,因而 $b(\cdot)$ 必须满足一阶微分方程

$$-V_i + (V_i - b(V_i))\frac{1}{b'(V_i)} = 0 \tag{12.6}$$

可以简化表示为 $b'(V_i)V_i + b(V_i) = V_i$。这个微分方程的左边正好是 $\mathrm{d}(b(V_i)V_i)/\mathrm{d}V_i$。对方程两边同时积分得

$$b(V_i)V_i = 1/2V_i^2 + k \tag{12.7}$$

k 是积分常数,要消去 k,我们需要一个边界条件。所幸的是,简单的经济推理就提供了一个边界条件:没有局中人愿意出高于自己估价的投标价格,因而我们要求对所有的 V_i,$b(V_i) \leqslant V_i$。特别地讲,我们要求 $b(0) \leqslant 0$,由于投标价格为非负,这意味着 $b(0)=0$,因此 $k=0$,$b(V_i)=V_i/2$,这正是前面的结论。

12.3 双向拍卖

例 12.2 我们下面考虑买方和卖方对自己的估价都存在私人信息的情形。比如,卖方是一个工人,买方是一家企业。企业知道工人的边际产品,工人知道自己的机会成本。我们这里分析的是一个叫作双向拍卖的交易博弈。卖方确定一个卖价 P_s,买方同时给出一个买价 P_b,如果 $P_b \geqslant P_s$,那么交易以 $P=(P_b+P_s)/2$ 的价格进行,如果 $P_b<P_s$,就不发生交易。

买方对标的商品的估价为 V_b,卖方的估价为 V_s。双方的估价都是私人信息,并且服从[0, 1]区间上的均匀分布。如果买方以价格 P 购得商品,那么买方的得益(效用)为 V_b-P;如果没有交易,则买方的效用为0。若卖方以价格 P 卖出商品,则卖方的效用为 $P-V_s$;若没有交易,则卖方的效用也为0(双方的效用函数衡量因交易而带来的效用变化;如无交易,则双方的效用没有变化。我们也可以把卖方的效用定义为:当以价格 P 成交,卖方的效用为 P,交易不发生时效用为 V_s,两者并不存在实质区别)。

在这个静态贝叶斯博弈中,买方的一个策略是函数 $P_b(V_b)$,它明确了买方在每一可能的类型下将会给出的买价。同样,卖方的一个策略是函数 $P_s(V_s)$,它明确了卖方在不同的估价下的要价。如果下面两个条件成立,策略组合 $\{P_b(V_b),P_s(V_s)\}$ 是一个贝叶斯纳什均衡:对[0,1]区间内的每一 V_b,$P_b(V_b)$ 应满足

$$\max_{P_b}\left[V_b-\frac{P_b+E[P_s(V_s)\mid P_b \geqslant P_s(V_s)]}{2}\right]\text{Prob}\{P_b \geqslant P_s(V_s)\} \tag{12.8}$$

(12.8)式中 $E[P_s(V_s)\mid P_b \geqslant P_s(V_s)]$ 是在卖方价格小于等于买方价格的条件下,卖方价格的预期值。对[0,1]区间的每一 V_s,$P_s(V_s)$ 应满足

$$\max_{P_s}\left[\frac{P_s + E[P_b(V_b) \mid P_b(V_b) \geqslant P_s]}{2} - V_s\right]\text{Prob}\{P_b \geqslant P_s\} \quad (12.9)$$

其中 $E[P_b(V_b)|P_b(V_b) \geqslant P_s]$ 是在买方价格大于等于卖方价格 P_s 的条件下，买方价格的预期值。

这个博弈有多个贝叶斯纳什均衡。例如：考虑下面的单一价格均衡，即如果交易发生，交易价格就只是单一价格。对于区间 $[0,1]$ 上的许多 X 值，令买方的策略是：如果 $V_b \geqslant X$，则出价 X，否则出价为 0；同时设卖方的策略是：若 $V_s \leqslant X$，则要价为 X，否则要价为 1。给定买方的策略，卖方的选择是：或者以 X 成交或者不成交，因此，卖方的策略是对买方策略的最优反应，因为如果卖方的估价小于 X，他更愿意以价格 X 成交，而不希望没有交易，即成交是他的最优反应，反之亦然。相同的论证还可以证明，买方的策略也是对卖方策略的最优反应，因此，这些策略的确是一个贝叶斯纳什均衡。在这个均衡中，如图 12.1 所示标出的区域（V_s, V_b）组合都会发生交易；而对所有（$V_b \geqslant V_s$）的（V_s, V_b）组合来讲，交易都是有效率的，但在图中的阴影区域交易不会发生，尽管满足效率条件。

现在推导双向拍卖的一个线性贝叶斯纳什均衡。和上一节一样，我们不限制局中人的策略空间，使之只包括线性策略，而仍允许局中人选择任意策略，看是否存在一个均衡，双方策略都是线性的。除单一价格均衡和线性均衡外，博弈还存在许多其他均衡，但线性均衡有着有趣的效率特征，我们将在后面进行分析。

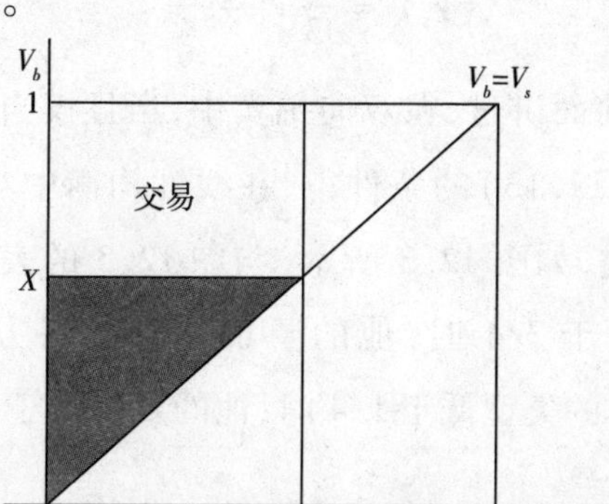

图 12.1　双向拍卖的单一价格均衡下的估价组合

假设卖方的策略是 $P_s(V_s)=a_s+c_sV_s$，则 P_s 服从区间 $[a_s, a_s+c_s]$ 上的均匀分布，所以(12.8)可化为：

$$\max_{P_b}\left[V_b-\frac{1}{2}\left(P_b+\frac{a_s+P_b}{2}\right)\right]\frac{P_b-a_s}{c_s}$$

由上式的一阶条件可推出

$$P_b=\frac{2}{3}V_b+\frac{1}{3}a_s \qquad (12.10)$$

因此，如卖方选择一个线性策略，则买方的最优反应也是线性的。同样，假设买方的策略是 $P_b(V_b)=a_b+c_bV_b$，则 P_b 服从区间 $[a_b, a_b+c_b]$ 上的均匀分布，因此(12.9)可化为

$$\max_{P_s}\left[\frac{1}{2}\left(P_s+\frac{p_s+a_b+c_b}{2}\right)-V_s\right]\frac{a_b+c_b-P_s}{c_b}$$

由上式一阶条件可得：

$$P_s=\frac{2}{3}V_s+\frac{1}{3}(a_b+c_b) \qquad (12.11)$$

因此，若买方选择一线性策略，那么卖方最佳反应也是线性的。如果局中人的线性策略彼此都是最优反应，由(12.10)可知 $c_b=2/3$，$a_b=a_s/3$，由(12.11)可知 $c_s=2/3$，$a_s=(a_b+c_b)/3$，因此，线性均衡策略是

$$P_b(V_b)=\frac{2}{3}V_b+\frac{1}{12} \qquad (12.12)$$

$$P_s(V_s)=\frac{2}{3}V_s+\frac{1}{4} \qquad (12.13)$$

如图 12.2 所示，前面讲过，在双向拍卖中，当且仅当 $P_b \geqslant P_s$，交易才发生。合并(12.12)和(12.13)的条件得，在线性均衡中当且仅当 $V_b \geqslant V_s+(1/4)$ 时交易才会发生，如图 12.3 所示(与图 12.3 的表示相印证，图 12.2 说明了卖方的类型高于 3/4 时，他的要价超过了买方的最高可能出价 $P_b(1)=3/4$，并且买方的类型低于 1/4 时，他的要价低于卖方的最低可能要价 $P_s(0)=1/4$。

比较图 12.1 和图 12.3，它们分别表示单一价格均衡和线性均衡下，交易发生所要求的估价组合。在这两种情况下，交易的潜在价值最大时(即

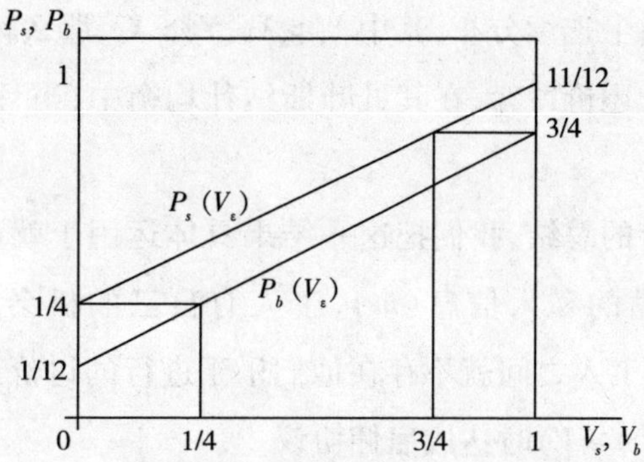

图 12.2　双向拍卖的线性均衡

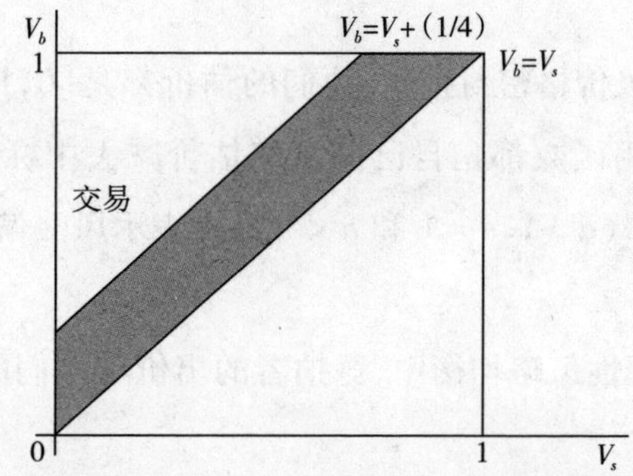

图 12.3　双向拍卖线性均衡下的估价组合

$V_s=0, V_b=1$ 时),都将会发生交易。但是单一价格均衡遗漏了一些有价值的交易(如 $V_s=0, V_b=X-\varepsilon$,其中 ε 是足够小的正数),而且还包含了一些没有什么价值的交易(如 $V_s=X-\varepsilon, V_b=X+\varepsilon$)。相反,线性均衡漏过了所有价值不大的交易,只包含了价值至少在 1/4 以上的交易。这表明,用局中人的预期所得税,线性均衡要优于单一价格均衡,但同时还需要研究是否存在另外的均衡,使其中局中人福利状况更好。

Myerson 和 Satterthwaite(1983)证明,对于这里考虑的估价的均匀分布,双向拍卖的线性均衡中,局中人的期望所得高于博弈的其他任何贝叶斯纳什均衡(包括但不只限于单一价格均衡)。这意味着,双向拍卖中不存在这样的贝叶斯纳什均衡:交易当且仅当它是有效率时将会发生(即当且仅当 $V_b \geqslant V_s$)。他们也证明,后一结果相当普遍:若 V_b 在区间 $[X_b, Y_b]$ 上连续分布，且 V_s 在 $[X_s, Y_s]$ 上连续分布，其中 $Y_s > X_b$，$Y_b > X_s$，那么就不存在买方和卖方愿意进行的讨价还价博弈，在其贝叶斯纳什均衡中，当且仅当有效率时交易发生。

作为对这一节的总结，我们把这一结果具体运用于就业模型：如果企业有工人的边际产品的私人信息（m），工人有自己的机会成本的私人信息（V），那么，企业和工人之间就不存在他们乐于进行的讨价还价博弈，当且仅当雇佣有效率（即 $m \geqslant V$）时达成雇佣协议。

12.4 习题

1. 两人参加一级价格密封拍卖，他们的估价都是 $[0,1)$ 上的标准分布。如果两竞拍者的效用函数都是自己的真实估价减去中标价格，再乘一个反映风险态度的参数 a（$a>1$、$a=1$ 和 $a<1$ 分别表示风险偏好、风险中性和风险厌恶）。

（1）请分析在线性策略均衡中，竞拍者的出价与他们的风险态度有什么关系？

（2）如果改为两竞拍者的效用是估价先乘以参数，再减去中标价格（表明竞拍者主要担心的是估价的风险），在线性策略均衡中他们的出价与风险态度有什么关系？

2. 李先生和张先生一起参加了一场英国式拍卖，两人在拍卖中竞买一块位于成都市南郊的土地。他们的出价必须是整数，李先生先出价。拍卖不允许试出价，出价之后也不允许反悔。这块地对于张先生的直接价值为1，对于李先生的直接价值为2。但是，李先生公开宣称他要买下这块地，所以，如果张先生赢得拍卖的话，李先生在“面子”上的损失为10，张先生在“面子”上的得益为5。另外，张先生很憎恶李先生，因而如果李先生为这块地多付1个单位货币，张先生的效用就提高1个单位。

（1）请将下表的空白填上。

（2）在均衡状态下，谁将赢得拍卖？他所付出的价格是多少？

（3）如果李先生能够事先承诺他将采取某个策略，情况将会发生什么变化?

(4)如果李先生不能事先承诺他将采取某个策略,但是李先生也很憎恶张先生,假设张先生为这块地多付出 1 个单位货币,李先生的效用也提高 1 个单位,这时拍卖结果又如何?

土地博弈

最终赢得拍卖的出价	1　2　3　4　5　6　7　8　9　10　11　12
如果李先生赢得拍卖: $\pi_{张}$ $\pi_{李}$	
如果张先生赢得拍卖: $\pi_{张}$ $\pi_{李}$	

3. 考虑一个价格优先密封拍卖,其中投标方的估价相互独立,并服从区间[0,1]上的均匀分布。证明如果有几个投标方,则他们以各自估价的$(n-1)/n$倍作为投标价格是这一拍卖的一个对称贝叶斯纳什均衡。

完美贝叶斯纳什均衡
Perfect Bayesian Nash Equilibrium

第 13 章　完美贝叶斯纳什均衡

在动态博弈中,不知情的局中人可以通过观察知情对手的行动来了解博弈进行的某些信息。因为把此种学习融入分析很困难,这一章我们引入两个重要的工具:信息集和贝叶斯定理。

13.1　信息集

当动态博弈的局中人拥有私人信息时,关键是要留意谁在什么时候知道什么。信息集是经济学家用于掌握决策结不同但对决策者似乎是相同的线索的工具。我们用软件博弈描述信息集的概念。软件博弈的博弈树如图 13.1 所示。宏软先行动,中软第二个行动,可能有四个结果。如果中软在行动前不知道宏软的决策,也就不知道它是在决策结 D_2 还是决策结 D_3 做出决策。我们说决策结 D_2 和 D_3 位于相同的信息集上。简单地说,信息集是局中人不能区分的决策结的集合。当局中人到达位于包含一个以上决策结的信息集内的一个决策结时,他不完全知道他在博弈树的哪里。

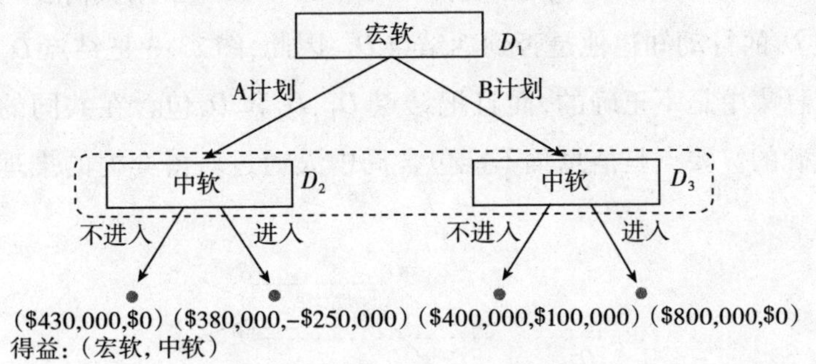

图 13.1　软件博弈的博弈树

当两个决策结在一个信息集时,我们在博弈树中用断线把这两个结包围起来表示。这个新特征在图 13.1 中可发现。信息集的集合构成该博弈的信息区。

定义了什么是信息集和如何表示信息集后,现在考虑某些无效的信息集。使这些信息集无效的是,在每种情况下,局中人可用其关于博弈树的知识和他对前面行动的记忆在逻辑上可能推出他已到了哪个决策结。无效信息集的第一个例子如图 13.2 所示,其中属于两个不同局中人的决策结被显示在相同信息集中。当局中人 3 到达决策结 D_3时,他知道他不在 D_2,因为他在该结点没有行动。类似地讲,局中人 2 到达其信息集时,他知道他不在 D_3。所以是无效的,信息集必须满足:

信息集法则 1:任何信息集的所有结点必须属于同一个局中人。

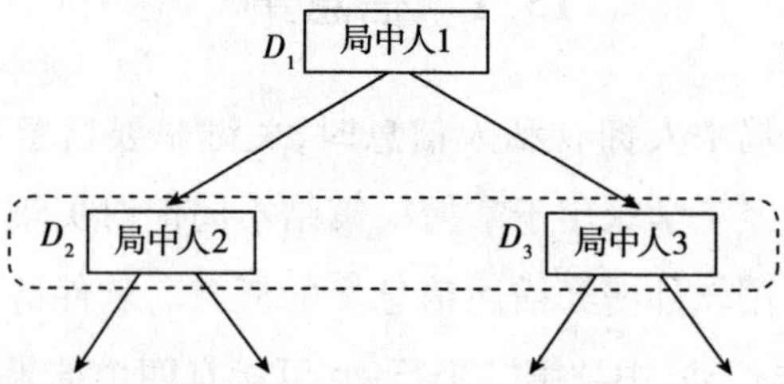

图 13.2　包含属于不同局中人的结点的信息集

图 13.3 中,结点 D_1和 D_2被安排为同一信息集内。根据定义,这意味着在这些结点行动的局中人应不能区分结点 D_1和 D_2。但结点 D_2只有从 D_1才能到达——而且只有局中人 1 选择"下"。局中人 1 会用其博弈树知识和他在结点 D_1的行动知道他是否到达结点 D_2,因此,图 13.3 把结点 D_1和 D_2放在同一信息集中是不正确的,而且把结点 D_1、D_2和 D_3包含在共同的信息集也是不正确的。要点是信息集不能包含局中人通过对博弈树的推理进行区分的结点。

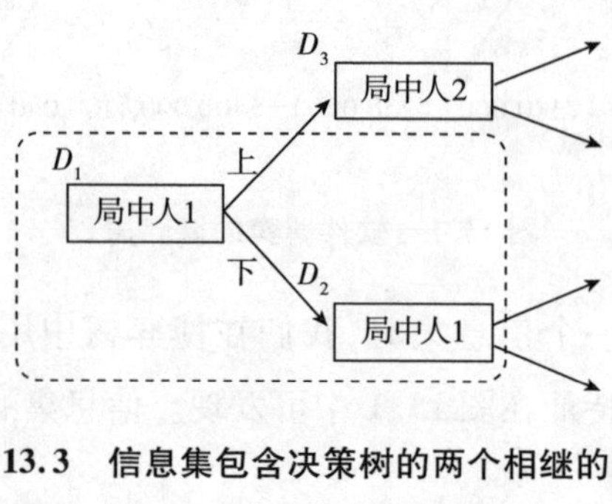

图 13.3　信息集包含决策树的两个相继的结点

信息集法则 2：如果决策结 D_1 是 D_2 的前列结，则 D_1 和 D_2 不能包含在相同的信息集中。

现在考虑图 13.4 中稍微不同的局势。假如决策结 D_2 允许局中人 1 只在行动 1 和 2 之间选择，决策结 D_3 允许局中人 1 只在行动 1 和 3 之间选择。如果局中人到达结点 D_2，则他知道他的选择是行动 1 或 2。因为他知道 3 不是他的选择，所以他知道他不在 D_3，因此 D_2 和 D_3 在逻辑上是可区分的，不能在同一信息集中。

信息集法则 3：完全相同的行动集合可在一个信息集的各决策结中。

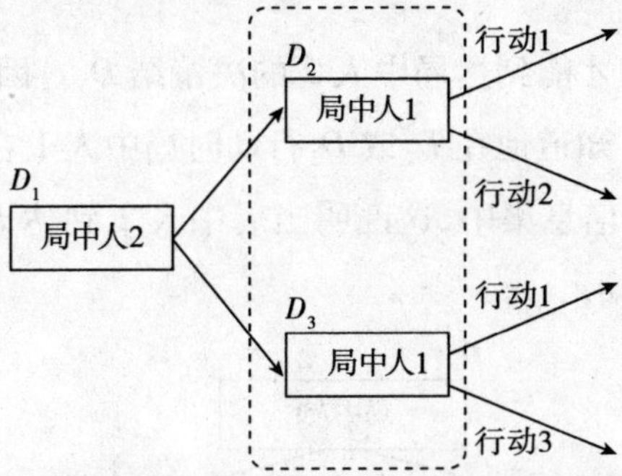

图 13.4　一个信息集包含两个决策结，允许局中人做出不同的行动

经济学中用到的几乎所有的博弈都是有完美记忆的博弈。在这些博弈中，没有局中人会忘记他曾经知道的信息，包括他和其他局中人早先观察到的行动。完美记忆含有两个对信息集的进一步约束。考虑图 13.5 所示的博弈树。此图中，决策结 D_1、D_2、D_3 和 D_4 都属于局中人 1，信息集是 $\{D_1\}$、$\{D_2\}$ 和 $\{D_3, D_4\}$。这表明局中人 1 可区分结点 D_1 和 D_2，但他不能区分结点 D_3 和 D_4。但 D_3 只有局中人 1 在结点 D_1 选择"右"时才能到达，D_4 只有局中人 1 在结点 D_2 选择"左"时才能到达。图 13.5 表明当局中人 1 到达 D_3 或 D_4，他"忘记"了他前面分别在 D_1 或 D_2 的行动，因此这不是完美记忆的博弈。

排除如图 13.5 的博弈树还是不够。完美记忆也排除了如图 13.6 所示的博弈树。在这个博弈中，局中人 2 的决策结 D_4 和 D_5 包含在同一信息集中。博弈只有局中人 1 在 D_1 选择"左"时，局中人 2 在 D_2 选择"下"时才能到达局中人 2 的决策结 D_4。类似地说，博弈只有局中人 1 在 D_1 选择"右"时，局中

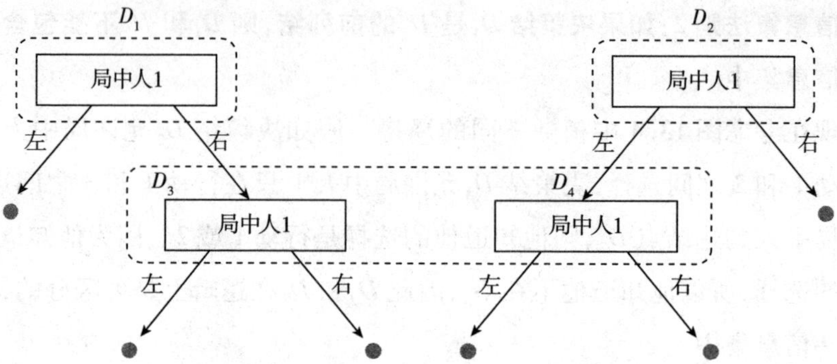

图 13.5　局中人忘记前面曾采取的行动的博弈树

人 2 在 D_3选择“下”时才能到达局中人 2 的决策结 D_5。因为 D_2和 D_3在不同的信息集中，局中人 2 知道他在 D_2或 D_3行动时局中人 1 在 D_1的选择。但是 D_4和 D_5被证明在同一信息集中，这说明当局中人 2 到达 D_4或 D_5时，他忘记了局中人 1 早先的行动。

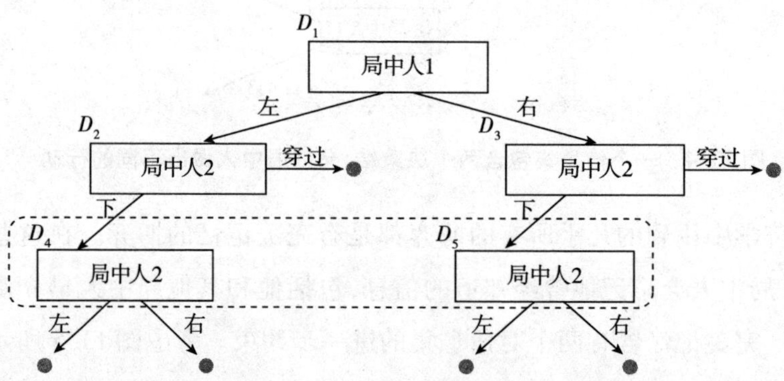

图 13.6　一个局中人忘记了他在博弈中早先所知道的博弈树

13.2　贝叶斯定理

在不完全信息动态博弈中，局中人的行动有时揭示了他的某些私人信息。如果这种情况发生，其他局中人就要考虑这种新信息。我们使用一种叫作贝叶斯修订(Bayesian updating)的工具，并且首先把它用到一个简单的决策理论问题中，稍后再用到博弈中。

例 13.1　我们从石油钻探博弈的讨论开始。新塔石油公司的问题是它不知道在其陆地下是否有石油储藏。该企业相信有石油的机会是 10%。给定钻井高成本，如此低的成功概率使得钻井风险太大。不过，在该公司做出决策前，该公司可以进行地震实验来探测是否存在石油，地震实验显然也有错误的时候。存在两种错误类型：①实验表明有石油，而事实是没有；②实验表明没有石油，而事实是存在石油。第一类错误叫作不正确的正结果，第二类错误叫作不正确的负结果。在这个例子中，假设没有石油，不正确的正结果的条件概率是 25%；假设有石油，不正确负结果的条件概率是 5%。

新塔石油公司的决策树如图 13.7 所示。自然首先选择状态，即是否存在石油。新塔石油公司不能观察到这个行动。然后自然再次行动，确定地震实验的结果。新塔公司然后必须决定是否钻井。不钻井的得益为 0，钻一口干井亏损 1000 万元，钻一口喷井的利润是 2000 万元。不知道实验结果，钻井的预期得益等于 0.10×2000 万元 - 0.90×1000 万元 = -700 万元。然而假设新塔石油公司进行地震实验且结果为正，新塔公司该怎么办？不钻井其确定结果是 0 利润，而钻井的得益是抽彩(2000 万元：π；-1000 万元：$1-\pi$)。其中 π 是假设实验结果正时有石油的条件概率。注意它和假设有石油的正实验的条件概率不是一回事。根据手边的数据计算 π 的必要的工具是涉及条件概率的定理叫作贝叶斯定理。

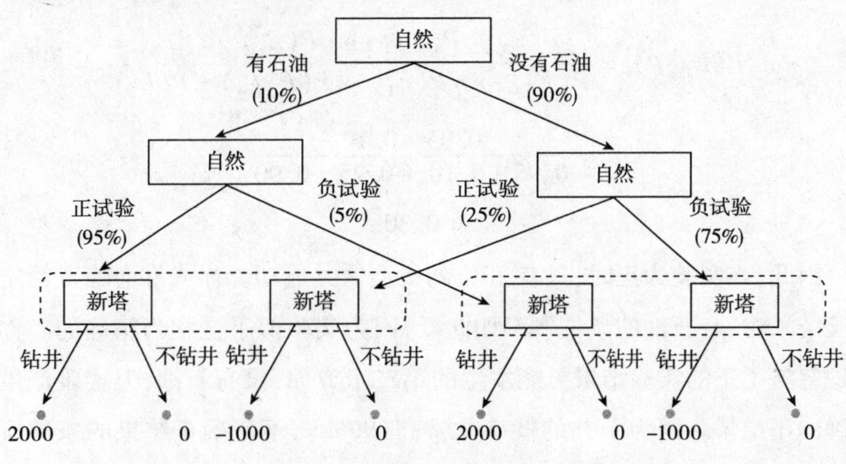

图 13.7　新塔公司的决策问题

贝叶斯定理：假如事件 $E_1, \cdots, E_N$ 是彼此完全互斥的，概率不为 0。再假

设事件 F 有非 0 的概率。则对每个事件 i

$$P(E_i|F) = \frac{P(F|E_i)\cdot P(E_i)}{P(F)}$$

$$P(F) = \sum_{i=1}^{N} P(F|E_i)\cdot P(E_i)$$

其中 $P(E_i|F)$ 是假设事件 F 已经发生,事件 E_i 将发生的概率。

贝叶斯定理允许一个局中人在知道 F 已经发生后,只用给定 E_i、F 将发生的条件概率和 E_i 的非条件概率,重新估计事件 E_i 的概率。概率 $P(E_i)$ 叫作 E_i 的先验概率,因为它表示局中人在知道事件 F 已经发生前的信念。类似地说,概率 $P(E_i|F)$ 是 E_i 的后验概率,因为它表示局中人在知道 F 后的信念。在博弈中贝叶斯修订只包括在观察到知情局中人的行动后用后验概率代替世界状态的先验概率。

为了把贝叶斯定理用到新塔石油公司的问题中,我们设 E_1 是事件"存在石油",E_2 是事件"没有石油",F 是事件"地震实验为正"。我们想要从有石油的先验概率的知识、不正确负实验结果的条件概率知识及不正确正实验结果的条件概率知识中,知道后验概率 $P(E_1|F)$(即给定实验为正时,存在石油的概率)。贝叶斯定理表明:

$$\begin{aligned} P(E_1|F) &= \frac{P(F|E_1)\cdot P(E_1)}{P(F|E_1)\cdot P(E_1) + P(F|E_2)\cdot P(E_2)} \\ &= \frac{0.95\cdot 0.10}{0.95\cdot 0.10 + 0.25\cdot 0.90} \\ &= 0.30 \end{aligned} \tag{13.1}$$

因此,当实验为正时,只有 30% 的机会钻井成功。你或许会惊奇给定正实验结果时,有石油的条件概率如此低,因为实验似乎是相当精确的。你的推理忽略了正的实验结果可能发生的第二个方面:没有石油,但实验产生不正确的正结果。因为干井的概率非常高(90%),不正确正结果的条件概率并不很低(25%),则两个概率的积相当大(约 23%)。因为这个数是方程(13.1)的分母,结果商很小。实验为正时钻井的预期得益等于 0.30×2000 万元 -0.70×1000 万元 = -100 万元。即使是风险中立的石油公司也会发现钻井无利可图。读者可以证明负实验意味着更大的预期亏损。

贝叶斯定理通常得到的结论是反直觉的。在目前的争论中提到的例子是对引起 AIDS 病毒传染的普遍的信息甄别,叫作 HIV 信息甄别。HIV 信息甄别由实验室实验组成,利用血液样本找到 HIV 病毒的抗体。这个实验并不简单。像最近所有的医学实验一样,存在"错误负"和"错误正"结果的机会。如果实验室发现没有 HIV 病毒的抗体,但当人事实上被传染时实验就产生"错误负"结果。如果人是最近才被传染,这就可能发生,因为人体要制造对病毒的抗体需要时间。目前错误负的比率如此低以至于我们假设它为 0。如果实验发现存在对 HIV 病毒的抗体,但当人事实上没有被传染时,这个实验被说成是产生"错误正"结果。通过样本传染或部分实验室人员的错误,这就会发生。错误正结果的概率依赖于利用的实验。例如,ELIZA 实验的错误正错误率约 7%。但当这个实验和相继的西方的墨汁实验相结合时,错误率可降低到 0.005%。

目前估计美国成年人不到 1% 被传染上 HIV 病毒。但这个总传染率掩盖了人群的规模差异。例如,新兵和献血者的信息甄别表明妇女的传染率分别为 0.01% 和 0.06%。假设所有妇女的传染率是 0.01%,我们用不正确正的错误率 0.005% 和不正确负错误率 0% 的实验进行普遍 HIV 检测。从一般人中随机选择的一名妇女不被传染上 HIV 病毒的概率是多少？即使实验结果是正的。在你继续向前看之前,写下你的猜测。我们利用贝叶斯定理找到答案。

设 E 是事件"没有被传染上 HIV 病毒",F 是事件"实验是正"。我们想要计算 $P(E|F)$,给定正实验结果没有传染的概率。我们知道当人被传染上时实验正的概率 $P(F|\text{没有 } E)$ 等于 100%,当人没有被传染时实验正的概率 $P(F|E)$ 等于 0.005%。最后我们假设人被传染的概率 $P(E)$ 等于 0.01%。于是由贝叶斯定理得

$$P(E|F) = \frac{P(F|E)\cdot P(E)}{P(F|E)\cdot P(E) + P(F|notE)\cdot P(notE)}$$

$$= \frac{0.005\%\cdot 99.9\%}{0.005\%\cdot 99.9\% + 100\%\cdot 0.01\%} \tag{13.2}$$

$$= \frac{1}{3}$$

这说明所有实验正的有 HIV 病毒的妇女中有 1/3 事实上没有被传染。如果你不相信这个答案,请验算。而且,这实际上是错误率的底界,因为它假设不正确负的概率是 0。这个假设对扩大分母有影响,从而减少了 $P(E|F)$ 的值。

图 13.8 有助于你想象传染概率在这些实验中是如此小。图 13.8 表明三个圆盘其颜色是白、灰色和黑色。白色是所有成年妇女人口。灰色是那些获得正结果的人口,黑色是被传染上 HIV 病毒的人口。黑色全部位于灰色中因为不正确负实验结果的数微不足道。没有被传染的妇女得到不正确正的实验结果,用灰色的面饼圈表示,位于白色和黑色区域之间。在那些实验正中没有传染的概率 $P(E|F)$ 是灰色面饼圈的面积和全部灰色区面积(等于面饼圈的面积加上黑色区域的面积)的比率。如你所见,这个比率在图 13.8 中可能很大,即使灰色区小。

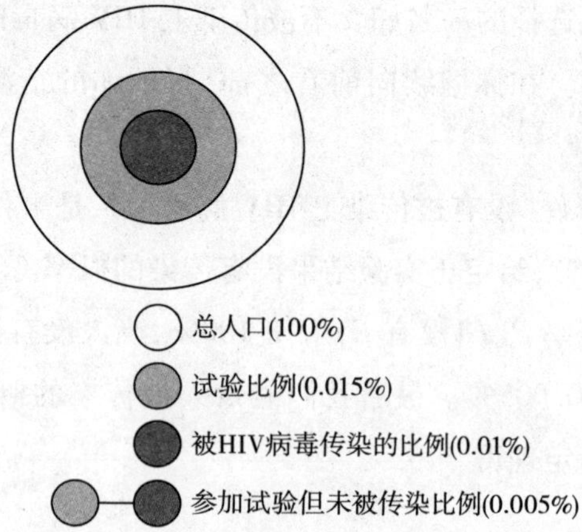

图 13.8　HIV 病毒传染妇女相对于病毒实验正的妇女的规模

13.3　完美贝叶斯纳什均衡

我们已经知道,一旦不完全信息博弈被转换成完全但不完美信息博弈,就能决定此博弈的贝叶斯纳什均衡。此博弈通常有许多的贝叶斯纳什均衡。在加入一个动态因素后,它们中有些包括不可信威胁,因而是难以置信的。我们处理这个问题时提出了一个解:从所有纳什均衡中剔除那些不是子博弈完美的。不幸的是,不完全信息博弈通常只有一个子博弈——即全博弈。结果,难以置信的均衡同样是子博弈完美的。为了"剔除它们",我们必须有更精美的均衡概念。

我们前面定义了完美信息博弈的子博弈。在这些博弈中,每个决策结位于自己的信息集中。当博弈包含的信息集由一个以上的决策结组成时,子博弈的定义就需要修正。不过,这个修正很容易。在我们早先的定义中,博弈 G_T的子博弈 G_s构造如下:①G_s有和 G_T相同的局中人,虽然某些局中人可能在 G_s中没有行动;②G_s的初始结是 G_T的子根;③G_s的博弈树包括了这个子根、所有其后续结和它们之间的枝。我们需要修订第二个和第三个条件,以确保局中人无论何时在子博弈中有行动时,局中人在逻辑上可根据博弈树知识推出这点。这表明无论何时,子博弈中的决策结位于包含其他决策结的信息集中,它的决策结也必须是该子博弈的一部分。假如局中人的信息集包含两个决策结,一个是子博弈的一部分,另一个不是。如果该信息集在博弈进行中到达,则在该信息集行动的局中人就不能确保他是否在子博弈中进行。一个逻辑推理是,子博弈的每个初始结必须位于自己的信息集中。否则,若子博弈有一个以上的初始结,就不是一个良好定义的博弈。

例 13.2　为了描述问题和解,我们修正前面引入的进入威慑博弈。在位企业必须决定是否扩大其工厂的生产能力,进入者必须决定是否进入市场与在位企业竞争。增加的生产能力使得在位企业能以更低的成本生产更多的产品。因此,当且仅当在位企业不扩大生产能力时,进入者进入才是有利可图的。假设进入者只在观察到在位企业的生产能力选择后但不知道在位企业的成本时决定是否进入。此动态博弈的博弈树如图 13.9 所示。

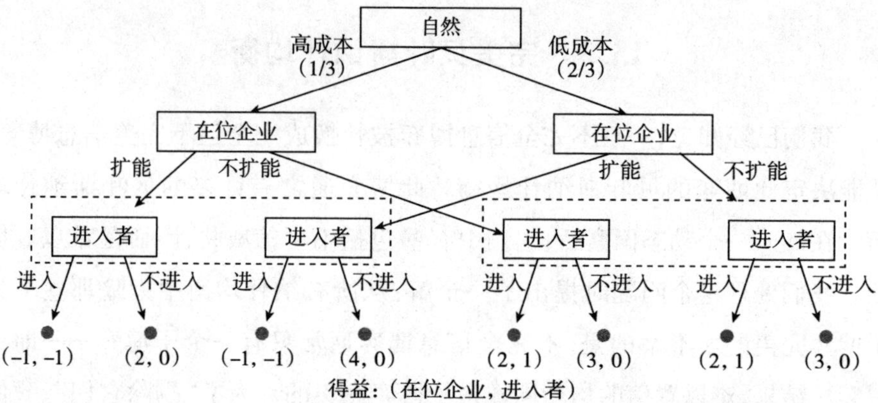

图 13.9　进入威慑博弈 3

在新博弈中,在位企业的策略和以前相同。它的策略阐明了对应于它的两种类型的行动。一个纯策略用一对行动如(扩大,不扩大)表示。第一个对应于成本高的行动,第二个对应于成本低时的行动。然而进入者现在有两个信息集,每个对应于在位企业的一个行动。现在一个纯策略是一对行动如(进入,不进入)。第一个行动是在位企业扩大时做出的,第二个行动是在位企业不扩大时做出的。博弈的标准型表述如表 13.1 所示。列是进入者的策略,行是在位企业的策略。条件预期得益的计算是这样的,考虑第一行和第一列,进入者总进入,在位企业总扩大,不管在位企业的成本是多少,进入者的得益是 -1,因此它的条件预期得益是 -1。另一方面在位企业高成本时的得益是 -1,低成本时的得益是 1,故而其条件预期得益是(-1,1)。

这个博弈有两个纯策略纳什均衡。均衡得益用黑体表示。在一个均衡中,在位企业是低成本时就扩大,当且仅当在位企业不扩大时,进入者进入。在第二个均衡中,在位企业决不扩大,进入者总进入。这个均衡极其难以置信。虽然在位企业的策略要求它决不扩大,但如果进入者曾经观察到在位企业扩大,它就不会执行它进入的威胁,因为它知道它将面临亏损,而不进入确保它不亏损。

如图 13.9 所示,这个博弈没有恰当子博弈。结果,所有纳什均衡都不是子博弈完美。这是真的,不仅这个博弈而且差不多所有用到豪尔绍尼变换的不完全信息博弈都如此。然而并非都丢失了子博弈。虽然进入者的两个信息集不可能是良好阐明的子博弈树的初始结,但这不阻碍我们找到进入者在每个信息集中的最优行动。理由是,在这个博弈中,进入者的得益只依赖于在位企业的生产能力,不依赖于设置生产能力的成本。博弈论的意义在于进入者可在观察到在位企业的行动后决定其得益,而不用知道世界状态,因此,在这个特殊情况下,进入者在两个信息集中的一个决定其最优行动,而没有猜测它已经到达信息集中的哪个节。一般地讲,它在信息集中的最优行动将依赖于对到达信息集内每个决策结的概率的估计。它必须从观察其知情对手的行动中形成对世界状态的概率推断。

对应于每个信息集,概率估计的集合叫作局中人的信念组合。在进入威慑博弈3中,有四个信息集,虽然有两个是不重要的。重要的信息集是扩大和不扩大。信念用我们所用的抽彩形式表示。例如,信念"(高:0.50,低:0.50)"指的是局中人相信在位企业高成本类型的机会是50%,低成本类型的机会是50%。信念组合表示为"{扩大:(高:0.50),(低:0.50),不扩大:(高:0.80,低:0.20)}"。

一个完美贝叶斯纳什均衡由一个策略组合构成,它们与局中人的最优化和表示概率法则特别是贝叶斯定理的信念一致。这意味着,首先,给定局中人的信念,策略组合必须是纳什均衡。此外利用策略组合和他的信念,局中人能计算在任一信息集中采取任何行动的预期效用——即使是采取均衡策略没有到达的信息集。相反,纳什均衡没有对局中人在此信息集的行动施加约束,因此我们要求给定局中人的博弈进行到此的行动,他的信念和所有局中人的策略的知识,每个局中人的策略总是选择使局中人预期效用最大的行动。我们称这个复杂的概念是"无不可信威胁"。其次,只要可能,局中人必须利用贝叶斯修订形成他们基于共同先验信念和策略组合的信念。在我们考虑纳什均衡策略时,我们要求它们彼此一致。现在我们要求同样的相互一致性。此相互一致性策略和信念构成一个完美贝叶斯纳什均衡。

一个完美贝叶斯纳什均衡由一个策略组合和一个信念组合组成,使得

①给定局中人的信念,策略组合构成一个纳什均衡;

②在每个局中人的信息集中,给定局中人在该信息集关于世界状态的信念和其他局中人的策略,局中人的策略要求行动最大化其预期效用;

③只要可能,每个局中人的信念可用贝叶斯修订从均衡策略组合和共同的先验信念中推导出来。

如果把我们的定义用到进入威慑博弈3,可以看到如下的完美贝叶斯纳什均衡:策略组合{(不扩大,扩大),(不进入,进入)}和信念组合{扩大:(高:0,低:1),不扩大:(高:1,低0)}。读者可以证明不存在信念组合,其中的策略组合{(不扩大,不扩大),(进入,进入)}是完美贝叶斯纳什均衡的一部分。因此,我们的定义,虽然有点复杂,但却剔除了难以置信的纳什均衡。

表13.1　进入威慑博弈3的标准型表述

		进入者			
		(进入,进入)	(进入,不进入)	(不进入,进入)	(不进入,不进入)
在位企业	(扩大,扩大)	((-1,1),(-1))	((-1,1),(-1/3))	((1,4),(0))	((1,4),(0))
	(扩大,不扩大)	((-1,2),(1/3))	((-1,3),(-1/3))	((1,2),(2/3))	((1,3),(0))
	(不扩大,扩大)	((2,1),(-1/3))	((3,1),(-2/3))	((2,4),(1/3))	((3,4),(0))
	(不扩大,不扩大)	((2,2),(1))	((3,3),(0))	((2,2),(1))	((3,3),(0))
条件预期得益:((高成本在位企业,低成本在位企业),(进入者))					

这时,你会被贝叶斯均衡背后的某种循环推理所困扰。局中人的最优策略依赖于他们对其他局中人类型的信念在博弈过程中的演化,但这些信念又依赖于通过贝叶斯定理的局中人的策略。这一循环不同于我们在静态博弈的纳什均衡中看到的循环推理,因为静态博弈也是不完美信息博弈。

定义贝叶斯均衡是一回事,找到它又是一回事。在许多经济学例子中,找到均衡涉及利用"算法"。例如,在完全竞争市场上找到均衡价格的一个算法是画出供给和需求曲线,找到曲线的交点。在完美信息博弈中找到均衡涉及的算法是逆向归纳。

然而,要找到贝叶斯均衡还没有很好的算法。一个粗略的(即不是非常有帮助的)算法有三步:①提出可能的策略集合和信念集合;②检查提出的策略是否满足定义的第一个和第二个条件;③检查信念是否满足定义的第三个条件。因为通常可能的策略和信念的数量非常大,这种方法要花很长时间。不过,还有更好的搜寻均衡的方法,本书后面将提出许多关于寻找完美贝叶斯纳什均衡的提示。

13.4　习题

1. 回答下列问题。

(1)子博弈完美纳什均衡的“均衡完美”运用到不完全信息动态博弈中有何问题?

(2)什么是信念?局中人信念设定的原则是什么?试举例说明。

(3)试举例说明完美贝叶斯纳什均衡是如何对博弈的均衡实现完美的?

(4)在完美贝叶斯纳什均衡中,局中人在非均衡路径上的信念设定与均衡路径上的有什么不同?试举例说明。

2. 求解如图 13.10 所示的扩展型博弈的完美贝叶斯纳什均衡。

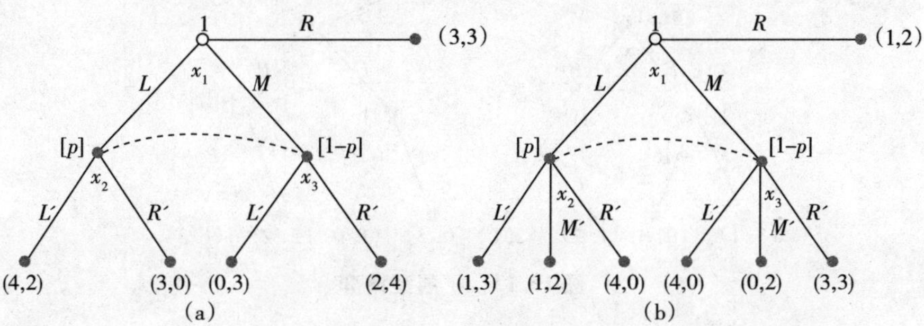

图 13.10　扩展型博弈

3. 说明如图 13.11 所示的扩展型博弈无纯策略完美贝叶斯纳什均衡,并找出它的混合策略完美贝叶斯纳什均衡。

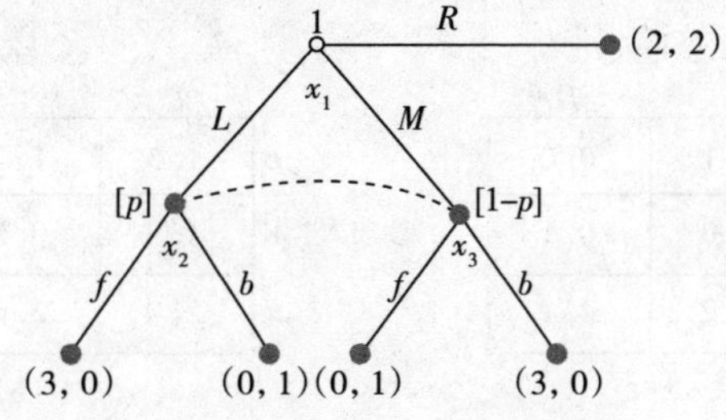

图 13.11　扩展型博弈

4. 求解如图 13.12 所示的扩展型博弈的完美贝叶斯纳什均衡。通过这两个博弈的结果你能得出什么结论?

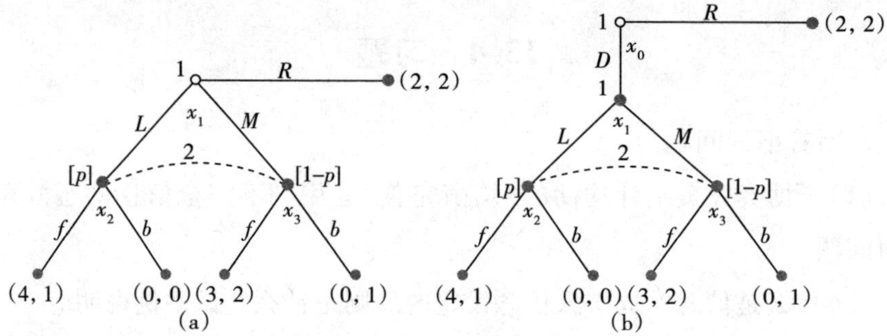

图 13.12　扩展型博弈

5. 求如图 13.13 所示的扩展型博弈的完美贝叶斯纳什均衡。

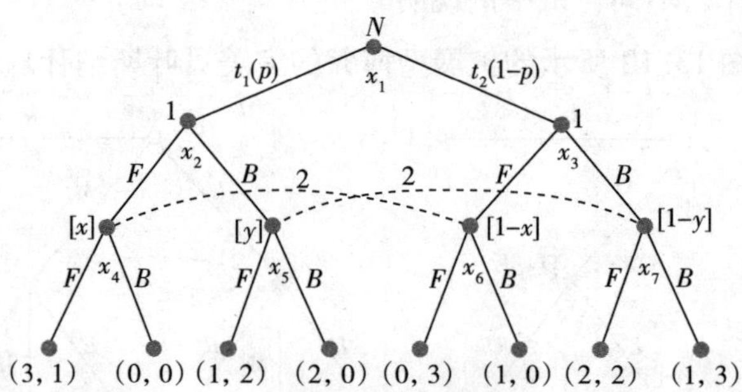

图 13.13　扩展型博弈

6. 画出如图 13.14 所示的博弈的扩展型描述(博弈树),并找出每个博弈的所有纯策略纳什均衡、子博弈完美纳什均衡和完美贝叶斯纳什均衡(提示:局中人 1 先行动;如果局中人 1 选择了 R,博弈结束;如果局中人 1 选择了 L 或 M,博弈进入局中人 2 的信息集)。

		参与人2	
		U	D
	L	4, 1	0, 0
参与人1	M	3, 0	0, 1
	R	2, 2	2, 2

(a)

		参与人2		
		U	C	D
	L	1, 3	1, 2	4, 0
参与人1	M	4, 0	0, 2	3, 3
	R	2, 4	2, 4	2, 4

(b)

图 13.14　博弈的策略式描述

第14章　完美贝叶斯纳什均衡的应用:信号传递

有一类不完全信息博弈在经济学中非常有用,这就是信号传递博弈。信号传递(signalling)是代理人在逆向选择下表明自己类型的一种手段。斯宾塞(Spence,1974)是第一个发现并研究此类策略局势的经济学家。

我们知道,代理人间的不对称信息导致的逆向选择从而使得帕累托最优的交易不能实现,在极端情况下,市场交易甚至根本不存在。这时,如果拥有私人信息的一方有办法将其私人信号传递给没有信息的一方,或者后者有办法诱使前者揭示其私人信息,那么,交易的帕累托改进就可能实现。现实中确有这样的机制存在,例如就业市场上,工人选择受教育水平来作为自己能力的信号;旧车市场上,旧车的买主可以向买主承诺一定时期的维修保证,以传递车的质量的信号;等等。这些就是信号传递。如图14.1所示给出了两种存在信号的模型的扩展型表述。如果代理人在合同提供之前选择信号,则称他向代理人传递信号;如果他在之后选择信号,则称委托人在对其进行甄别。

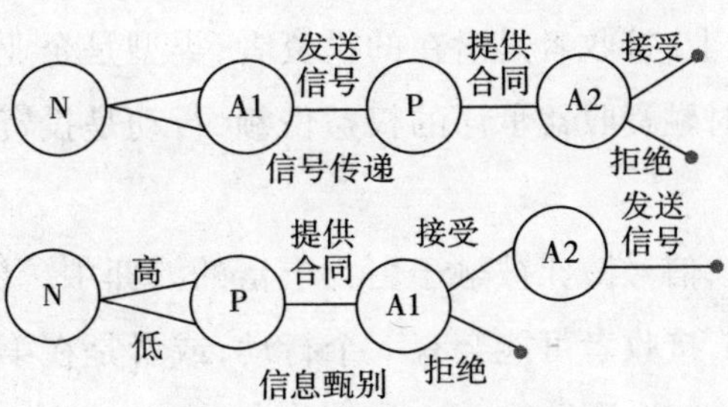

图14.1　信号博弈类型

14.1　信号博弈的完美贝叶斯纳什均衡

信号博弈是两个局中人之间的不完全信息动态博弈:信号发送者(S)和信号接收者(R)。博弈的时间顺序是:

①自然根据特定的概率分布 $P(t_i)$，从可行的类型集合 $T=\{t_1,\cdots,t_n\}$ 中赋予信号发送者某种类型 t_i，这里对所有的 i，$P(t_i)>0$，且 $P(t_1)+\cdots+P(t_n)=1$。

②发送者观察到 t_i，然后从可行的信号集 $M=\{M_1,\cdots,M_j\}$ 中选择一个发送信号 M_j。

③接收者观察到 m_j（但不能观察到 t_i），然后从可行的行动集 $A=\{a_1,\cdots,a_k\}$ 中选择一个行动 a_k。

④双方的得益由 $U_s(t_i,m_j,a_k)$ 和 $U_R(t_i,m_i,a_k)$ 给出。

在许多应用中，可行集合 T、M 和 A 是实数轴上的区间，而非上面考虑的有限集。而允许可行的信号集依赖于自然赋予的类型，可行的行动集又取决于发送者选择的信号的情况十分容易理解。

信号模型在经济学中有广泛的应用。为说明其潜在应用的广泛性，这里给出其三个应用的规范结构，这些应用后面将详细分析：

在 Spence(1973)的劳动力市场信号模型中，发送者是一个求职的工人，接收者是潜在的雇主市场，类型是工人的生产能力，信号是工人对教育的选择，行动是市场支付的工资。

在 Myers 和 Majluf(1984)的公司投资和资本结构模型中，发送者是需要为新项目融资的企业，接收者是潜在的投资者，类型是企业现有资产的盈利能力，信号是企业对融资收益承诺的权益份额，行动是投资者做出的是否投资的决策。

在某些应用中，信号博弈被融于更为丰富的博弈中。例如，在第二步发送者选择信号之前，接收者可能会有一个行动，或者是在第四步接收者选择行动之后（或当时）发送者会有一定的行动。

在 Vicker(1986)的货币政策模型中，联邦储备局享有的私人信息是其为促进就业而愿意接受的通货膨胀水平，其他的条件与完全信息重复博弈完全相同。这样，发送者是联储当局，接收者是就业市场，类型是联储为促进就业而愿意接受的通货膨胀水平，信号是联储对第一期通货膨胀的选择，行动是雇主们对第二期通货膨胀的预期。雇主们对第一期通货膨胀的预期发生在信号博弈之前，联储对第二期通货膨胀的选择则在其后。

这里我们把注意力放在1—4 给出的抽象的信号博弈上，其具体应用留待后面进行分析。如图 14.2 所示给出了一种简单情形的扩展型描述（不考虑得益）：$T=\{t_1,t_2\}$，$M=\{m_1,m_2\}$，$A=\{a_1,a_2\}$，概率 $\text{Prob}\{t_1\}=p$，应指出的是，这里博弈的进行不是从树的最上端初始结依次到最下端的终点结，而是从树中间自然的初始行动依次进行到左右两端的终点结。

我们已经知道，（在任何博弈中）局中人的策略是一个完全行动计划——策略包含在考虑遇到的每一种情况下局中人将选择的行动，因此，在信号博弈中，发送者的一个纯策略是函数 $m(t_i)$，明确发送者为自然可能赋予的每一种类型时将选择的信号；接收者的一个纯策略是函数 $a(m_j)$，指明对发送者可能会发出的每一种信号将选择什么行动。在图 14.2 的简单博弈中，发送者和接收者都有四个纯策略。

发送者策略 1：如果自然赋予类型 t_1，就选择信号 m_1；如果自然赋予类型 t_2，就选择信号 m_1。

发送者策略 2：如果自然赋予类型 t_1，就选择信号 m_1；如果自然赋予类型 t_2，就选择信号 m_2。

发送者策略 3：如果自然赋予类型 t_1，就选择信号 m_2；如果自然赋予类型 t_2，就选择信号 m_1。

发送者策略 4：如果自然赋予类型 t_1，就选择信号 m_2；如果自然赋予类型 t_2，就选择信号 m_2。

接收者策略 1：如果发送者选择信号 m_1，选择行动 a_1；如果发送者选择信号 m_2，选择行动 a_1。

接收者策略 2：如果发送者选择信号 m_1，选择行动 a_1；如果发送者选择信号 m_2，选择行动 a_2。

接收者策略 3：如果发送者选择信号 m_1，选择行动 a_2；如果发送者选择信号 m_2，选择行动 a_1。

接收者策略 4：如果发送者选择信号 m_1，选择行动 a_2；如果发送者选择信号 m_2，选择行动 a_2。

我们称发送者的第 1 和第 4 个策略为混同（pooling）策略，因为在不同类型时都发送相同的信号。第 2 和第 3 个策略为分离策略，因为不同的类型发

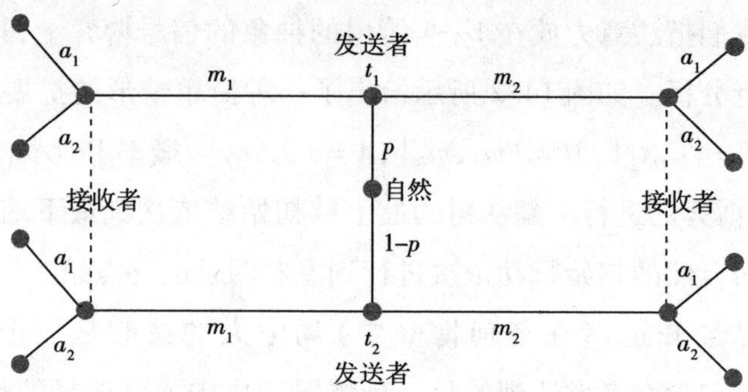

图 14.2　信号博弈

送不同的信号。在有两个以上类型的模型中，也存在部分混同策略（或准分离策略），其中所有属于给定类型集的类型都发送相同的信号，但不同的类型集发送不同的信号。在图 14.2 的两类型博弈中，也存在类似于混合策略的策略，叫作杂合策略：比如说类型 t_1 选择 m_1，但类型 t_2 却随机地选择 m_1 和 m_2。

我们现在把前面的要求 1—3 的非正式表述转化成信号博弈中对完美贝叶斯纳什均衡的正式定义。为了使问题简化，我们只注意纯策略。在下面的就业市场信号的分析中再介绍杂合策略。

因为发送者在选择信号时知道博弈进行的全过程，这种选择发生于单结信息集（对自然可能赋予的每一种类型都存在一个这样的信息集）。从而，要求 1 在应用于发送者时就无须任何条件。相反，接收者在不知道发送者的类型的条件下观察到发送者的信号，并选择行动，因此，接收者的选择处于一个非单结的信息集中（对发送者可能选择的每一种信号都存在一个这样的信息集，而且每一个这样的信息集中，各有一个结对应于自然可能赋予的每一种类型）。把要求 1 用到接收者可得到：

信号要求 1：在观察到 M 中的任何信号 M_j 后，接收者必须对哪些类型可能会发送 M_j 持有一个信念，这一信念用概率分布 $u(t_i|m_j)$ 表示，其中对要求 T 中的 t_i，$u(t_i|m_j)\geqslant 0$，且

$$\sum_{t_i \in T} u(t_i \mid m_j) = 1$$

给定发送者的信号和接收者的信念，就容易描述接收者的最优行动，把

要求 2 应用于接收者可以得到:

信号要求 2R:对 M 中的每一 m_j,并在给定哪些类型可能发送 m_j 的信念 $u(t_i|m_j)$ 条件下,接收者的行动 $a^*(m_j)$ 必须使接收者的预期效用最大化。亦即 $a^*(m_j)$ 是下式的解

$$\max_{m_j \in M} U_S(t_i, m_j, a^*(m_j))$$

要求 2 同样适用于发送者,但发送者有完全信息(及由此而来的单纯信念),并且只在博弈开始时行动,所以要求 2 只不过是给定接收者的策略,发送者的策略是最优反应:

信号要求 2S:对 T 中的每一 t_i,给定接收者的策略 $a^*(m_j)$ 的条件下,发送者选择的信号 $m^*(t_i)$ 必须使发送者的效用最大化。即 $M^*(t_i)$ 是满足下式的解。

$$\max_{m_j \in M} U_S(t_i, m_j, a^*(m_j))$$

最后,给定发送者的策略 $m^*(t_i)$,设 T_j 表示选择发送者信号 m_j 的类型集合,也就是说,若 $m^*(t_i)=m_j$,则 t_i 就是 T_j 中的元素。如果 T_j 非空,那么与信号 m_j 相对应的信息集就处于均衡路径上。否则,任何类型都不选择 m_j,其对应的信息集处于均衡路径外。对处于均衡路径上的信号,把要求 3 应用于接收者的信念,就可以得到:

信号要求 3:对 M 中的每一 m_j,如果在 T 中存在 t_i,使得 $m^*(t_i)=m_j$,那么接收者在对应于 m_j 的信息集中的信念必须服从贝叶斯法则和发送者的策略:

$$u(t_i|m_j) = \frac{p(t_i)}{\sum_{t_i \in T_i} p(t_i)}$$

定义:信号博弈中一个纯策略完美贝叶斯纳什均衡是一对策略 $m^*(t_i)$ 和 $a^*(m_j)$ 以及信念 $u(t_i|m_jU)$,满足信号要求(1)、(2R)、(2S)和(3)。如果发送者的策略是混同的或分离的,我们分别称之为均衡是混同的或分离的。

下面我们计算图 14.3 中的两类型博弈的纯策略完美贝叶斯纳什均衡。应该指出的是,自然赋予每一类型的可能性是相等的,我们分别用$(P,1-P)$

和$(q,1-q)$表示接收者在其两个信息集中的信念。

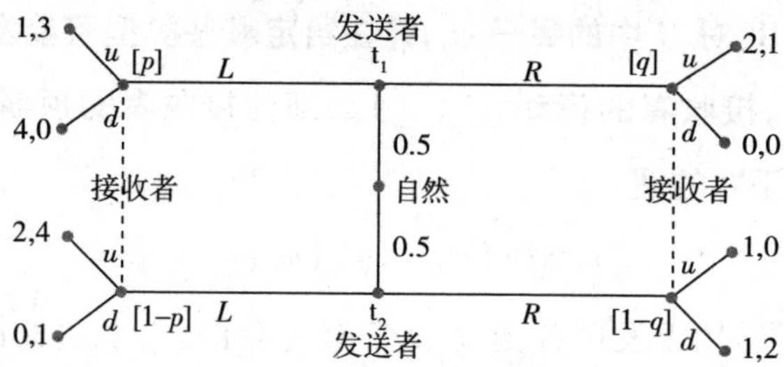

图 14.3　两类型、两信号博弈

在这个两类型、两信号博弈中，有四个可能的纯策略完美贝叶斯纳什均衡，①混同于L；②混同于R；③分离，t_1选择L，t_2选择R；④分离，t_1选择R，t_2选择L。我们依次分析四种可能性。

(1)混同于L：假设存在一个均衡，其中发送者的策略是(L,L)，而(m',m'')表示类型t_1选择m'，类型t_2选择m''。则接收者与L相对应的信息集在均衡路径上，因此接收者对这个信息集的信念$(P,1-P)$由贝叶斯法则和发送者的策略决定：$P=0.5$，也就是先验分布。给定这样的信念（事实上或者任何其他信念），接收者在L之后的最优反应是选择u，因此，类型t_1和t_2的发送者分别获得1和2的得益。要决定这两种类型的发送者是否都愿意选择L，我们需要明确接收者对R怎样反应。如果接收者对R的反应是u，则类型t_1选择R的得益是2，它超过了t_1选择L的得益1。但如果接收者对R的反应是d，则t_1和t_2通过选择R获得的得益分别为0和1，而他们选择L（分别）得到1和2的得益。因而，如果存在一个均衡，其中发送者的策略是(L,L)，则接收者对R的反应必定是d，所以接收者的策略必定是(u,d)，其中(a',a'')表示接收者在L之后选择a'，在R之后选择a''。另外，尚需考虑接收者在对应于R的信息集中的信念，以及给定这一信念时选择d是否是最优的。因为对接收者当$q\leqslant 2/3$时选择d是最优的，我们就有$[(L,L),(u,d),P=0.5,q]$，对任意$q\leqslant 2/3$为博弈的混同完美贝叶斯纳什均衡。

(2)混同于R：下面假设发送者的策略是(R,R)，则$q=0.5$，于是接收者对R的最优反应是d，类型t_1的得益为0，t_2的得益为1。但t_1选择L能得到1，因为对任意的P值，接收者对L的最优反应都是u，所以不存在发送者策略为(R,R)的均衡。

(3)分离，且t_1选择L：如果发送者选择分离策略(L,R)，那么接收者的两个信息集都在均衡路径上，所以两个信念都由贝叶斯法则和发送者的策略决定：$P=1,q=0$。接收者对这些信念的最优反应分别是u和d，于是两种类型的发送者获得得益都是1。另外，尚需检验的是给定接收者的策略(u,d)，发送者的策略是否最优。结果是否定的：如果类型t_2不选择R而是L，则接收者的反应为u，t_2可获得的得益是2，超过t_2选择R的得益1。

(4)分离，且t_1选择R：如果发送者选择分离策略(R,L)，那么接受者的信念必定是$P=0,q=1$，因此，接收者的最佳反应是(u,u)，两种类型的发送者都可得2的得益。如果t_1想偏离这一策略而选择L，则接收者的反应将会是u，于是t_1的得益将减为1，所以t_1没有激励偏离R。类似地，如果t_2想偏离这一策略而选择R，则接收者的反应将为u，t_2的得益将减为1，所以t_2也没有激励去偏离L。因此，$[(R,L),(u,u),P=0,q=1]$是博弈的分离完美贝叶斯纳什均衡。

14.2　就业市场信号

14.2.1　就业市场的完美贝叶斯纳什均衡

例 14.1　下面的博弈包括一个雇主——黄仁和一个潜在雇员——杨劳。黄仁必须决定是否雇佣杨劳到他的工厂工作。杨劳要求的工资是w。他的边际生产力记为θ，要么是20(高)要么10(低)。黄仁不知道θ，而杨劳知道。杨劳除了给黄仁工作外，他的另一个最优选择是为自己工作，获得$\frac{3}{4}\theta$，因此这是在黄仁的工厂工作的机会成本。如果黄仁雇佣杨劳，支付的工资为w，则他的得益等于$\theta-w$，杨劳的得益等于$w-\frac{3}{4}\theta$。如果黄仁不雇佣杨劳，则两个的得益都为0。如果杨劳的生产力是共同知识，则帕累托最优解是黄仁雇佣杨劳，付给杨劳的工资在$\frac{3}{4}\theta$和θ之间。

现在我们把这个局势转化成一个不完全信息博弈。假设黄仁对杨劳的生产力有一个先验信念,即生产力高的概率是 1/3,生产力低的概率是 2/3。也许这得自过去的观察:黄仁所雇佣的所有以前的工人中有 1/3 是高生产力的,有 2/3 是低生产力的。这个假设使得我们可用豪尔绍尼变换把此博弈转化成完全但不完美信息博弈。在新博弈中,自然首先行动选择杨劳的类型——高(生产力)的概率是 1/3,或者低(生产力)的概率是 2/3。杨劳观察到这一行动,但黄仁不知道。其次杨劳行动,要么退出劳动力市场,要么向黄仁提出工资 w。如果杨劳退出,则博弈结束,两个局中人的得益都为 0。如果杨劳向黄仁提出工资要价,则黄仁最后行动,要么雇佣杨劳要么不雇佣。我们称这个博弈为雇佣博弈。雇佣博弈的博弈树如图 14.4 所示。

杨劳的一个纯策略是函数 $w(\theta)$,它描述了杨劳的类型是 θ 时所要求的工资。一个混同策略是杨劳选择相同的行动,而不管其类型,即 $w(10)=w(20)$。一个分离策略是杨劳根据其类型采取不同的行动,即 $w(10)\neq w(20)$。在知道杨劳的工资要求 w 后,黄仁形成关于杨劳的类型是高(生产力)的修订的信念 $p(w)$。有了这个信念,雇佣杨劳的预期得益是

$$(10-w)\cdot(1-p(w))+(20-w)\cdot p(w) \tag{14.1}$$

黄仁的纯策略包括杨劳可能提出的各个工资 w 下的雇佣决策 $h(w)$。

策略和信念构成一个完美贝叶斯纳什均衡,只要:

①给定黄仁的策略,对每个 θ,$w^*(\theta)$最大化所有工资要价 w 的杨劳的预期效用。

②给定黄仁的修正的信念和杨劳的工资要求,雇佣决策 $h^*(w)$最大化黄仁的预期效用。

③黄仁的修正信念 $p^*(w)$可用贝叶斯修正从杨劳的均衡策略 $w^*(\theta)$中推出。

下面的策略和信念形成此博弈的一个完美贝叶斯纳什均衡:

杨劳的策略:杨劳是低生产力类型时要求工资 10,高生产力类型时,退出市场。

黄仁的策略:黄仁雇佣杨劳,当且仅当杨劳要求的工资低于或等于 10。

黄仁的信念:杨劳申请工作时确定的是低生产能力类型,不管杨劳要求的工资如何。

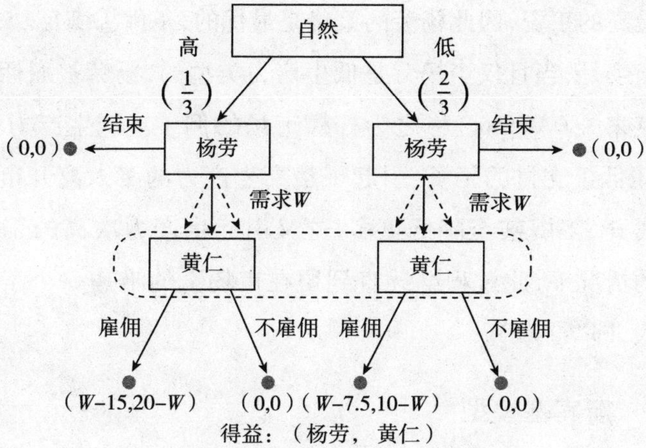

图 14.4　雇佣博弈的博弈树

现在证明这些策略和信念组合满足完美贝叶斯纳什均衡的条件。我们从黄仁的信念开始。给定杨劳要求的工资是 10,杨劳是高生产力类型的条件概率是

$$P(\theta = 20 \mid w = 10)$$

$$= \frac{P(w = 10 \mid \theta = 20) \times P(\theta = 20)}{P(w = 10 \mid \theta = 20) \times P(\theta = 20) + P(w = 10 \mid \theta = 10) \times P(\theta = 10)}$$

$$= \frac{0 \times \frac{1}{3}}{0 \times \frac{1}{3} + 1 \times \frac{2}{3}}$$

$$= 0 \qquad (14.2)$$

在杨劳的工资要价不是 10 时,贝叶斯定理没有对黄仁的信念施加约束,因此认为黄仁相信除 10 之外的任何工资要求也意味着杨劳确实是低生产力类型,就完全是正确的。这说明上面的条件③满足。

现在考虑给定黄仁的修正信念和杨劳的工资要价时,黄仁的预期效用。黄仁提出的策略显然是最优的。他愿意支付他相信杨劳对黄仁的所值(10),支付更少他会激动。这说明条件②满足。

最后,我们需要估计杨劳的策略。因为黄仁只接受低于或等于 10 的工资,杨劳如果是低生产力类型才做出工资要价。如果杨劳是,则杨劳显然应

得他能得的最高的工资,因此杨劳的策略是最优的,条件①满足。

这个均衡解是,当且仅当杨劳是低生产力类型的,杨劳被雇佣。这就是经济学家阿克来夫(Akerlof)称之为柠檬市场的例子。低生产力工人("柠檬")的存在压低了支付的工资,引起了最高生产力的工人离开市场。由于这些工人的离开,工资甚至降低更多,这又引起生产力次高的工人离开市场。在最坏的情况下,此过程继续直到留在市场上的唯一一个工人是生产力最低的工人,即"柠檬"。

14.2.2 斯宾塞模型

如果黄仁事前知道杨劳的生产力,在杨劳有高生产力时杨劳的所得低于其应得。这说明当杨劳的生产力高时,杨劳可能愿意花某些东西"证明"这一事实。但如果起证明作用(说明它使得杨劳是高类型时得到较高的工资)的东西必须保证杨劳是低生产力类型时不能得到证明。斯宾塞第一个描述了像杨劳这样的高价值卖者如何能"自我证明"其质量。他称此程序为信号传递。

为了弄清斯宾塞模型的本质,我们对上面的博弈进行了修正,使得杨劳在向黄仁提出工资要价之前,杨劳有权获得"教育"。尽管黄仁在雇佣杨劳之前不能观察到杨劳的生产力,但黄仁能观察到杨劳的教育水平。这就是为什么教育可能起着信号的作用。我们设 y 表示杨劳获得的教育数,杨劳所得到的教育要么是 0 要么是 1。为了强调教育的信号作用,假设教育对杨劳的生产力没有影响,不过获得教育是有成本的。这个成本取决于工人的生产力,记为 $c(\theta)$。杨劳选择其教育水平后,要么退出劳动力市场,要么向黄仁提出工资为 w 的工资要价。如果退出,博弈结束,杨劳和黄仁的得益为 0。如果杨劳向黄仁提出工资要价,那么黄仁要么雇佣要么不雇佣杨劳,博弈结束。黄仁如果雇佣杨劳,其得益为 $(\theta - w)$,如果黄仁不雇佣杨劳,其得益为 0。杨劳如果受雇其得益为 $(w - \frac{3}{4}\theta) - c(\theta) \cdot y$,如果不受雇,得益为 $-c(\theta) \cdot y$。注意教育是一种沉淀成本。黄仁如果不雇佣杨劳,杨劳就不能补偿其受教育的成本。我们称此博弈为教育信号传递博弈。其博弈树如

图 14.5 所示。

在新博弈中,杨劳的纯策略是基于生产力的两个决策:教育水平 $y(\theta)$ 和工资要求 $w(\theta)$。和以前一样,杨劳的纯策略是混同策略($y(10)=y(20)$、$w(10)=w(20)$)或分离策略($y(10)\neq y(20)$ 或 $w(10)\neq w(20)$)。黄仁的纯策略是在杨劳获得 y 单位教育水平并要求工资 w 时是否雇佣杨劳的决策。黄仁的信念是函数 $p(y,w)$,$0\leqslant p(y,w)\leqslant 1$,它描述了杨劳在接受 y 单位教育水平要求工资 w 时是高生产力的概率。

斯宾塞证明除非高生产力的工人能以比低生产力的工人低的成本接受教育,否则绝不会接受教育。即教育起信号作用的一个必要条件是

$$c(10)>c(20) \tag{14.3}$$

为了看到方程(14.3)所包含的杨劳的偏好是什么,观察图 14.6。在此图中,横轴表示教育水平,纵轴表示工资率。点(y,w)表示教育水平和工资要求。实线是杨劳是低生产力类型时的三条无差异曲线;虚线是杨劳是高生产力类型时的三条无差异曲线。由方程(14.3),实线无差异曲线比虚线无差异曲线陡。结果,每条实线无差异曲线和每条虚线无差异曲线正好只有一个交点,因此,方程(14.3)通常在经济学文献中叫作单交点条件(single-crossing condition)。

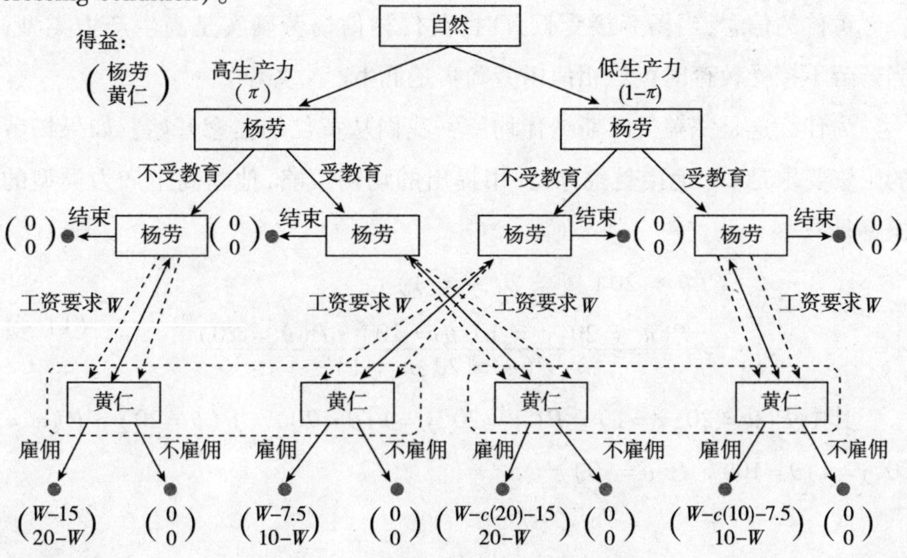

图 14.5　教育信号传递博弈的博弈树

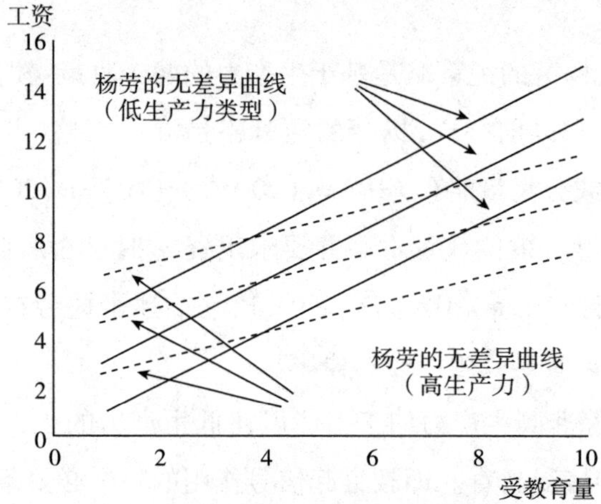

图 14.6　杨劳的无差异曲线的斜率依赖于其类型

我们假设 $c(10)=11, c(20)=4$。有了这些成本，下面的策略和信念形成一个完美贝叶斯纳什均衡。

杨劳的策略：当杨劳是低生产力类型时不接受教育，工资要价是 10，当杨劳是高生产力类型时接受教育，工资要价是 20。

黄仁的策略：黄仁雇佣杨劳，当且仅当杨劳要么不接受教育，工资要价低于或等于 10，要么接受教育，工资要价低于或等于 20。

黄仁的信念：当杨劳接受教育时，黄仁相信杨劳确实是高生产力类型；当杨劳不接受教育时黄仁相信杨劳确实是低生产力类型。

为什么这是完美贝叶斯纳什均衡？我们从黄仁的信念开始。如果杨劳的工资要求是 20，他接受教育，并用提出的均衡策略，他是高生产力类型的概率是

$$P(\theta = 20 \mid w = 20, y = 1) = \frac{P(w = 20, y = 1 \mid \theta = 20) \cdot P(\theta = 20)}{P(w = 20, y = 1)} \tag{14.4}$$

其中 $P(w=20, y=1) = P(w=20, y=1 \mid \theta=20) \cdot P(\theta=20) + P(w=20, y=1 \mid \theta=10) \cdot P(\theta=10)$

或

$$P(\theta = 20 \mid w = 20, y = 1)$$

$$= \frac{1 \times \frac{1}{3}}{1 \times \frac{1}{3} + 0 \times \frac{2}{3}} = 1 \tag{14.5}$$

读者可以证明,贝叶斯定理也表明杨劳的工资要求是 10 时,且不接受教育,黄仁的理性信念是杨劳确实是低生产力类型的。

有了这些信念,容易证明黄仁的策略是理性的。只有杨劳是高生产力类型时,他的工资要求才是 20,且接受教育,从而接受低于或等于 20 的工资比拒绝它好。当然,黄仁总拒绝高于 20 的工资。如果杨劳的工资要价是 10,且不接受教育,则最高可接受的工资是 10。

现在看看杨劳。如果杨劳是高生产力类型的,则接受教育会得的收益是 20 - 4 = 16。这个行动好于自我雇佣,因为它大于自我雇佣的得益 3/4 × 20 = 15。它也好于不接受教育而为黄仁工作,因为那样只得 10 的得益。另一方面,如果属于低生产力类型,则受教育的得益是 20 - 11 = 9,自我雇佣只得 3/4 × 10 = 7.5 的得益。在此环境中,杨劳的最优选择是不接受教育,得益为 10。注意杨劳的策略、黄仁的策略和黄仁的信念是自我证实的。这是分离均衡的例子。

还可能有其他的均衡,这依赖于信号传递的成本、自我雇佣的机会成本和高生产力类型的概率。

14.3　公司投资和资本结构

例 14.2　考虑一个企业家已经注册了一家公司,但需要对外融资来建设一个颇显吸引力的项目。企业家有关于目前公司的盈利能力的私人信息,但新项目的信息得益不能从目前公司的盈利中得到——能够观察到的只有企业的总利润水平①。假设企业家向潜在投资者承诺一定的股权份额,以换取必要的资金。那么,在什么条件下应该上马新项目,并且承诺的股权份额应该为多少?

要把这个问题转换成一个信号博弈,假设目前公司的利润要么高要么

① 我们也允许企业家有关于新项目盈利能力的私人信息,但这却会带来不必要的复杂。

低：$\pi=H$ 或 L，这里 $H>L>0$。假设新项目需要的投资为 I，得益为 R，潜在投资者可选择的其他投资方式的收益率为 r，且 $R>I(1+r)$。于是博弈的时间顺序和得益如下：

①自然决定目前公司的利润状况 $\pi=L$ 的概率为 P。

②企业家知道 π，然后向潜在投资者承诺一定的股权份额 S，$0\leqslant S\leqslant 1$。

③投资者观察到 S（但不能观察到 π），然后决定是接受还是拒绝这一要约。

④如果投资者拒绝要约，那么投资者的得益为 $I(1+r)$，企业家的得益为 π；如果投资者接受 S，那么投资者的得益为 $S(\pi+R)$，企业家的得益为 $(1-S)(\pi+R)$。

Myers 和 Majluf(1984)分析的模型即属此类，虽然他们考虑的是一个大企业（有股东和经理）而不是私人企业（既是经理又是唯一的股东）。他们讨论了股东的利益如何影响经理的效用的不同的假设；Dybvig 和 Zehder(1991)推导出股东和经理人员间的最优合约安排。

这是一个非常简单的信号博弈，从以下两个方面可以看出：接收者行动的可行集非常有限，发送者的可选信号集稍微多一些，但很多是无效率的。假设在接收到要约 S 之后，投资者相信 $\pi=L$ 的概率是 q。那么投资者接受 S，当且仅当

$$S[qL+(1-q)H+R]\geqslant I(1+r) \tag{14.6}$$

至于企业家，假设目前公司的利润是 π，考虑企业家是否愿意以股权份额 S 取得融资，还是放弃这一项目。前者是优的，当且仅当

$$S\leqslant\frac{R}{\pi+R} \tag{14.7}$$

在混同完美贝叶斯纳什均衡中，投资者在接收到均衡要约后的信念必须是 $q=P$。由于参与约束(14.7)在 $\pi=H$ 时比 $\pi=L$ 时更难以满足，结合(14.6)和(14.7)，意味着混同均衡存在，只有当

$$\frac{I(1+r)}{PL+(1-P)H+R}\leqslant\frac{R}{\pi+R} \tag{14.8}$$

若 P 充分接近 0，(14.8)成立，因为 $R>I(1+r)$。然而若 P 足够接近 1，

那么(14.8)成立，只有当

$$R - I(1+r) \geqslant \frac{I(1+r)H}{R} - L \tag{14.9}$$

从直观上理解,混同均衡的困难是,高利润类型必须补贴低利润类型:在(14.6)式中,令 $q = P$ 得 $S \geqslant I(1+r)/[PL+(1-P)H]$。而如果投资者确信 $\pi = H$(即 $q = 0$),那么他就接受较小的权益份额 $S \geqslant I(1+r)/(H+R)$。混同均衡中要求的更大的权益份额对高利润企业来讲就非常昂贵——也许高昂到使高利润企业宁愿放弃这一新项目。我们的分析证明,只有 P 接近 0,混同均衡才存在,这时就可减少补贴成本;或者如果(14.9)成立,这时新项目的利润足以超过补贴成本。

如果(14.8)式不成立,就不存在混同均衡,然而分离均衡总存在。低利润类型的要约为 $S = I(1+r)/(L+R)$,投资者接受;高利润类型的要约为 $S < I(1+r)/(H+R)$,投资者拒绝。在这样的均衡中,投资水平无效率地降低了:新项目肯定是可以盈利的,但高利润类型的企业却放弃了投资。这一均衡也表明了发送者的可行信号集无效率的情况:高利润类型的企业没有办法把自己区分出来——对高利润类型有吸引力的融资条件对低利润类型甚至更有吸引力。正如 Myers 和 Majluf 所观察到的结果,模型表现出的内在机制迫使企业寻求债务融资或寻找内部资金渠道。

最后,我们简要考虑企业家在选择股权融资的同时,还可以选择债务融资的情况。假设投资者接受了债务合约 D,若企业家没有宣布破产,那么投资者的得益为 D,企业家的得益为 $\pi + R - D$;如果企业家宣布破产,那么投资者的得益为 $\pi + R$,企业家的得益为 0。由于 $L > 0$,总存在混同均衡——两种利润类型的债务合约均为 $D = I(1+r)$,且投资者接受。然而如果 L 是充分大的负数,使得 $R + L < I(1+r)$,那么,低利润类型就不能偿还这笔债务,因此,投资者也不会接受此项合约。如果 L 和 H 代表预期(而非确定的)利润,也可以得到相似的结论。假如类型 π 的含义为目前公司的利润是 $\pi + K$ 的概率为 1/2,$\pi - K$ 的概率为 1/2,这时如果 $L - K + R < I(1+r)$,那么低利润类型不能偿还债务 $D = I(1+r)$ 的概率为 1/2,所以投资者不接受合约。

14.4 货币政策

例 14.3 这一节我们把私人信息加到前面分析的两时期重复货币政策博弈中。和 Spence 模型一样,博弈存在多个混同、杂合和分离的完美贝叶斯纳什均衡。因为我们已经详细讨论了这些均衡,这里只概要说明主要问题。

我们知道,货币当局的单阶段得益是:

$$W(\pi,\pi^e) = -C\pi^2-[(b-1)y^* + d(\pi-\pi^e)]^2$$

其中π是实际的通货膨胀,π^e是雇主的通货膨胀预期,y^*是有效率的产出水平。雇主的单阶段得益是$-(\pi-\pi^e)^2$。在我们的两阶段模型中,每个局中人的得益只不过是局中人的单阶段得益的和,$W(\pi_1,\pi_1^e)+W(\pi_2,\pi_2^e)$,和$-(\pi_1-\pi_1^e)^2-(\pi_2-\pi_2^e)^2$,$\pi_t$是阶段$t$的实际通货膨胀,$\pi_t^e$是雇主(在$t$期开始)对$t$期的通货膨胀预期。

得益函数$W(\pi,\pi_1^e)$中的参数C反映了货币当局在零通胀和有效率产出两个目标之间的权衡,在前面的模型中,这个参数是共同知识,现在假设这个参数是货币当局的私人信息;$C=S$或$C=W$(分别表示对反通货膨胀的态度强硬或软弱),这里$S>W>0$,因此两阶段博弈模型的时间顺序是:

①自然赋予货币当局的某一类型C,$C=W$的概率为P;

②雇主形成第一期通货膨胀预期π_1^e;

③货币当局观察到π_1^e,然后选择第一期的实际通货膨胀π_1;

④雇主观察到π_1(但不能观察到C),然后形成第二期的通货膨胀预期π_2^e;

⑤货币当局观察到π_2^e,然后选择第二期实际通货膨胀π_2。

从这两阶段货币政策博弈中可以抽象出单阶段信号博弈。发送者的信号是货币当局第一期选择的通货膨胀π_1,接收者的行动是雇主第二期的通货膨胀预期π_2^e。雇主第一期的通货膨胀预期和货币当局第二期通货膨胀的选择分别在这个信号博弈前和后。

记得在单阶段问题(即重复博弈中的阶段博弈)中,给定雇主的预期π^e,货币当局的最优选择π是

$$\pi^*(\pi^e) = \frac{d}{C+d^2}[(1-b)y^* + d\pi^e]$$

相同的论证意味着,如果货币当局的类型是 C,那么给定预期 π_2^e,它的最优选择 π_2 是

$$\frac{d}{C+d^2}[(1-b)y^* + d\pi_2^e] \equiv \pi_2^e(\pi_2^e, c)$$

预期到这一点,如果雇主推断 $C=W$ 的概率是 q,并据此开始第二阶段的博弈,那么他们将形成预期 $\pi_2^e(q)$,使

$$-q[\pi_2^*(\pi_2^e, W) - \pi_2^e]^2 - (1-q)[\pi_2^*(\pi_2^e, S) - \pi_2^e]^2 \quad (14.10)$$

最大化。

在混同均衡中,两种类型所选择的第一期通货膨胀相同,比方说 π^*,因此雇主的第一期预期是 $\pi_1^e = \pi^*$。在均衡路径上,雇主相信 $C=W$ 的概率是 P,开始第二阶段的博弈,并形成预期 $\pi_2^*(P)$,于是给定这个预期,类型为 C 的货币当局选择其最优的第二期通货膨胀水平,即 $\pi_2{}^*[\pi_2^e(P), C]$,从而结束博弈。要完成对这个均衡的论述,尚需(如通常一样)确定接收者处于均衡路径之外的信念,用(14.10)计算相应的均衡外的行动,检查这些均衡外的行动不会形成激励,使得对任何类型的发送者都不会偏离均衡。

在分离均衡中,不同类型选择不同的第一期通货膨胀水平,分别以 π_w 和 π_s 表示,因而雇主的第一期预期是 $\pi_1^e = P\pi_w + (1-P)\pi_s$。在观察到 π_w 后,雇主相信 $C=W$ 并开始第二阶段博弈,从而形成预期 $\pi_2^e(1)$;类似地观察到 π_s,形成预期为 $\pi_2^e(0)$。均衡时,软弱类型选择 $\pi_2^*[\pi_2^e(1), W]$,强硬类型选择 $\pi_2^*[\pi_2^e(0), S]$,结束博弈。为了完成对这个均衡的描述,不仅要明确接收者的均衡路径之外的信念和行动,检查没有任何类型的发送者有动机偏离均衡,而且要检查两种类型都无动机去伪装另外类型的均衡行为。在这个博弈中,软弱类型可能会在第一阶段被吸引选择 π_s,从而诱使雇主第二阶段的预期为 $\pi_2^e(0)$,并在以后选择 $\pi_2^*[\pi_2^e(0), W]$ 结束博弈。也就是说,即使 π_s 较低,以至于软弱类型有些不情愿,但都会使 $\pi_2^e(0)$ 非常低,使之可从第二阶段的预料外通货膨胀 $\pi_2^*[\pi_2^e(1), W] - \pi_2^e(0)$ 之中得到巨额得益。在分离均衡中,强硬类型选择的第一期通货膨胀水平必须足够低,使得软弱类型没有动力去伪装成强硬类型,即使在第二阶段可获得未预期到的通货膨胀的好处。

对许多参数的值,这种约束使得 π_s 低于强硬类型在完全信息条件下将会选择的通货膨胀水平,就像在 Spence 模型中,分离均衡时,高能力工人将过度投资于教育一样。

14.5 信息甄别博弈

注意在信号传递博弈中,知情局中人在不知情局中人之前行动。当然,这是信号的全部,即知情局中人把信息发送给不知情的局中人。在信息甄别博弈中,知情局中人只在不知情局中人后行动。例如,上面的教育信号传递博弈可用不知情的企业(甲)向一个潜在的工人(乙)提出一个工资合同,该工资合同可能依赖于工人随后的教育选择。工人选择受教育水平后,选择是接受或拒绝工资合同。简言之,信息甄别本质上是不知情局中人设定的一个箍,知情局中人可选择是钻进箍中还是不钻,这依赖于不知情局中人提出的报酬,它修正了信号传递博弈。

考虑在斯宾塞教育信号传递博弈分析中用到的基本相同的条件。黄仁可以雇佣高生产力的工人($\theta=20$)也可以雇佣低生产力的工人($\theta=10$)。一个工人随机地有 1/3 的机会是高生产力的,有 2/3 的机会是低生产力的。高生产力的工人受教育的成本是 4 个单位,低生产力的工人受教育的成本是 11 个单位。第二个雇主也能在和黄仁相同的条件下雇佣工人。然而与斯宾塞信号传递博弈不同,黄仁在观察到杨劳选择教育前出价。

在寻找均衡中,我们不再需要担心修正黄仁公司的信念。他不再有机会观察杨劳的决策然后再做出决策。考虑黄仁的一个相当明显的策略:如果杨劳接受教育,给的工资出价是 20;如果杨劳不接受教育,给的工资出价是 10。如果杨劳是低生产力的,受教育仍然太贵以致保证不这样做。但如果杨劳是高生产力的工人,接受教育具有意义。如果杨劳是高生产力的,黄仁公司能够用较低的工资把他弄走吗? 只要杨劳接受教育,第二个企业又愿意付给他 20,就不能把他撵走,因此杨劳对黄仁公司的策略的最优反应是:如果他的生产力高,接受教育,接受黄仁的工资出价;如果他的生产力低,不接受教育但接受黄仁的工资出价。这样我们描述了一个贝叶斯纳什均衡。

看看混同均衡也是值得的。如果黄仁公司试图提出低于零的混同工资,他将会受到其他雇主提供的稍微高的工资的挑战,结果没有雇员。使黄仁公司零得益的混同工资是 13.33。但在此工资上,其他雇主向受教育的工人提出的工资是 20,没有受教育的工资是 10。其他雇主会得到所有高生产力的工人,黄仁公司只得到低生产力的工人。

14.6　习题

1. 回答下列问题

(1)能够传递信息的行为有怎样的特征?信号机制起作用的基本条件是什么?

(2)对雇员的试用期是否越长越好?为什么?

(3)为什么口头声明有时能有效传递信息,但另一些时候又不能?试举例说明。

2. 求解如图 14.7 所示的信号博弈的完美贝叶斯纳什均衡。

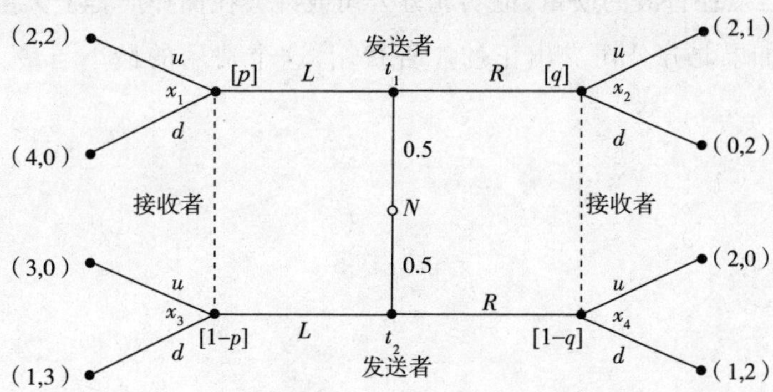

图 14.7　信号博弈

3. 在斯宾塞劳动力市场模型中,求出一个杂合均衡,其中高能力的工人肯定选择某一教育水平,低能力的工人随机选择是与高能力的工人混同,还是与高能力工人分离。

4. 在如图 14.8 所示的空谈博弈中,假设声明方(局中人 1)有三种可能的类型,而且出现的可能性相等。再假设声明方的各种类型和行为方(局中人2)的各种行为组合时双方收益如图14.8得益矩阵所示,其中每个方格中的第一个数字为声明方得益,第二个数字为行为方得益。画出该空谈博弈的扩展型,求该博弈的纯策略完美贝叶斯纳什均衡。

		行为方		
		a_1	a_2	a_3
声明方	t_1	0,1	1,0	2,1
	t_2	0,0	2,2	1,1
	t_3	2,0	1,2	3,2

图14.8 局中人的得益

5. 北方公司将一种高质量的香波投放市场,但消费者仅以0.5的概率认为它是高质量的。消费者愿意为高质量支付10,为低质量支付0,同时香波的单位生产成本为6。企业可以决定在电视广告上的支出,电视广告的内容可以是欢快的热门洗发的场面,但潜在商场由100个精明的经济学家组成,他们不会被这些心理技巧所迷惑。市场可分为两期。

(1)如果禁止广告的话,北方公司会破产吗?

(2)如果存在两期消费者购买,并且如果一个消费者在第一期购买的话,他将会发现香波的质量,证明北方公司或许会在商业广告上大量支出。

(3)如果北方公司支出正的广告费用,这个费用的最小与最大值各为多少?

第 15 章　完美贝叶斯纳什均衡的应用：具有私人信息的讨价还价

前面我们讨论了两个完全知情的局中人之间就固定数量的货币进行分配的双边讨价还价。我们把讨价还价模型成一个博弈，其中局中人彼此轮流出价，一旦有一方接受了对方的出价，博弈就停止。如果延迟达成协议是有成本的，这个博弈有一个唯一的子博弈完美纳什均衡，其中第一个局中人做出的出价立即被接受，避免了拖延和有成本的争执不休。每个局中人所得剩余的比率等于延迟成本比率的反比。相对无耐心的局中人得到的较少，而相对有耐心的局中人得到的较多。如果两个局中人同样无耐心，则他们所得正好为一半。此模型是高度理想化的，无耐心和"讨价还价力量"之间的预测的简单的关系不明显，在经验上也不是可检验的。

模型在预言谈判速度方面不成功。对新劳动合同的谈判通常要花很长时间且有时以有成本的罢工或公司关闭结束。而且国际多边贸易协定通常在最后一分钟"失败"。这些谈判失败表明我们的基本假设中有些是不现实的，如博弈是在完美信息假设下进行的，就很不现实。本章引入不完全信息，讨论基于不确定性的讨价还价。

15.1　不知情局中人先行动时的讨价还价

一个公司被另一个公司兼并。这样做有许多理由：获得重要的专利，或者获得已经得到重视的商标，或者得到发展良好的分配制度，或者得到新顾客，或者得到新商业订单。此种购买通常要花很长时间，难以就购买条款尤其是价格达成协议。此种协议有时是完全靠不住的，因为双方都有相关的不愿意共享的私人信息。例如，被买的企业在出售前可能有潜在的有价值的不想要潜在买方知道的恐怕被盗的"商业秘密"。

例 15.1　考虑悟空所面临的问题，他正考虑购买八戒公司。八戒公司完全由悟净拥有。悟净估计他的企业的价值要么是10要么是100,取决于代号为“吹牛”的秘密计划。他认为这个计划成功的可能性很大,但拒绝向悟空公司透露更多与该计划有关的信息,因为怕在他获得市场之前悟空可能有窃取计划的想法。当然,他可能会撒谎,计划就完全失败。

悟空根据调查得出的结论是计划成功的机会是50%。两个企业的协同作用使得八戒公司对悟空的价值要比对悟净的价值多50%,不管项目的结果如何。例如,如果八戒公司对悟净值100,则对悟空值150。所有这些都是共同知识。悟空想要使该企业(对他的价值)和他付出的价格之差最大。这就是他的得益。类似地讲,悟净想要使他的企业所卖的价值和对他的价值的差最大,因此如果企业对悟净值100,对悟空值150,而悟空付120购买,其得益是30,悟净的得益是20。悟净和悟空都是风险中性的预期效用最大化者。

悟空的讨价还价风格是对其想要购买的企业提出一口价:要么接受要么离开。如果悟净拒绝就离开。如前所述,此类博弈有时又叫最后通牒博弈。悟空“固执”的声誉在一个长时期获得收益,悟空不想削弱其声誉的基础。故而悟净知道其只能从悟空得到一个出价。这是一个关键的假设。如果悟净怀疑悟空第一次拒绝就离开,则博弈就发生了戏剧性变化。

如图15.1所示是悟空和悟净讨价还价博弈的博弈树。和不完全信息博弈一样,自然先行动,确定企业对每个局中人的真实价值。记这些价值为(V_T,V_R)。自然能选择两个估价中的一个:(10,15)或者(100,150),此处所有货币值以百万元表示。悟空第二行动,提出从悟净手中购买企业的出价P。因为悟空不知道企业的真实价值,他只有一个包括两个决策结的信息集。一个决策结与企业的高价值相对应,一个与企业的低价值相对应。当他行动时,他所知道的全部是:企业有50%的概率对他值15,对悟净值10,或者有50%的概率对他值150,对悟净值100。他的纯策略是出价P。悟净后行动,他要么接受要么拒绝悟空的出价。悟净对悟空的出价、企业对每个局中人的真实价值有完美信息。结果,他的一个纯策略是接受或者拒绝出价。当悟净行动时,他知道企业的价值,因此计算出接受出价的得益。如果他拒绝出价,每个局中人的得益都为0。如果他接受出价,悟空的得益等于

$V_R - P$,悟净的得益为 $P - V_T$。

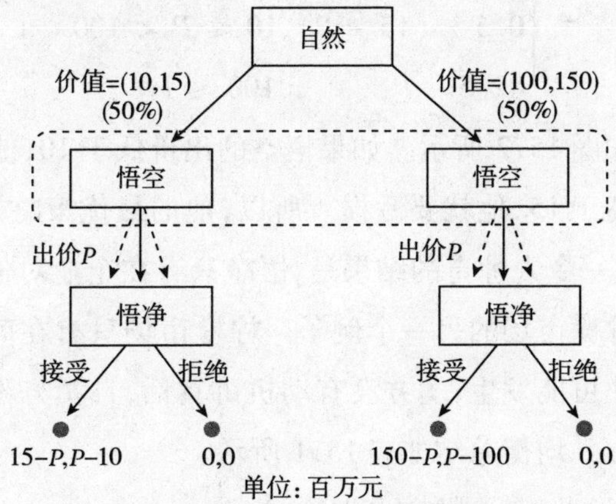

图 15.1　悟空－悟净讨价还价博弈的博弈树

这个博弈可用逆向归纳求解。理由是悟净有完美信息且后行动,可在不知道悟空的策略时决定其最优策略。虽然悟空第二行动,但其行动之前有非策略性的局中人,即自然。结果,悟空不必更新其信念以便计算任何策略的预期得益。他可根据其对博弈的知识和悟净的最优策略确定其最优策略。

找到完美贝叶斯纳什均衡的提示 1:如果不完全知情的局中人在完全知情的局中人之前行动,之后决不行动,则博弈可用逆向归纳求解。

显然,悟净有一个弱占优策略:他接受任何大于或等于 V_T 的出价 P,拒绝任何低于 V_T 的出价。虽然他知道悟空估计的企业价值比他的高,但如果他拒绝任何有利可图的价格,博弈在悟空出价处结束,他的得益为 0,就没有第二个机会。

悟净的策略意味着总拒绝低于 10 的出价,接受大于或等于 10 的出价,或者当且仅当企业的价值低于 100 时,总接受等于或大于 100 的出价。于是悟空的预期利润是其出价 P 的函数,为

$$E\pi_{\text{悟空}}(P) = \begin{cases} 0.5 \times 0 + 0.5 \times 0, & P < 10 \\ 0.5 \times (15 - P) + 0.5 \times 0, & 10 \leqslant P < 100 \\ 0.5 \times (15 - P) + 0.5 \times (150 - P), & 100 \leqslant P \end{cases}$$

$$
= \begin{cases} 0, & P < 10 \\ 0.5 \times (15 - P), & 10 \leqslant P < 100 \\ 82.5 - P, & 100 \leqslant P \end{cases} \quad (15.1)
$$

此利润函数如图 15.2 所示。如果悟空的出价低于 10,他的利润就为 0,如果悟空的出价高于 15,他就要亏损。所以,他的最优策略是出价 10,获得预期利润 2.5。这一令人惊奇的结果是,悟净只有在企业对他的价值很低时才卖企业。这是柠檬市场的另一个例子。柠檬市场只有在商品或劳务的真实价值不确定时才可能发生,卖方没有动机讲真话,且卖方不能把商品价值的信号传递给买方。均衡总结如表 15.1 所示。

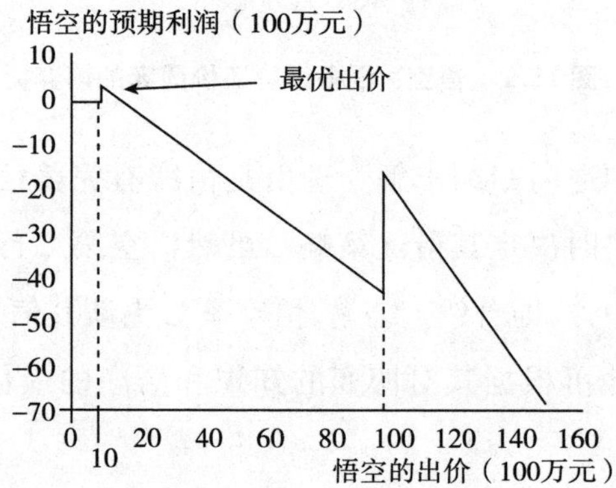

图 15.2　悟空的利润函数和最优出价

我们注意到,悟净对悟空出价 10 的反应揭示出了企业的真实价值,因为悟净只有在当且仅当"吹牛"项目成功时才拒绝悟空的出价。悟空知道这点。因此悟净拒绝其第一个出价,为什么悟空不回来,提出其出价 100 呢?他不能接受诱惑,因为这会破坏他作为要么接受要么走人的谈判者的坚强的声誉。这个声誉在对公司的卖价讨价还价时是有价值的,加上公司的真实价值是共同知识,且只有一个买者,在这些情况下,"坚强"的买者将能够使卖者接受任何高于卖者最小价格的价格。如果悟空的声誉的价值大于这次交易中做出第二个出价的价值,就不会提出第二个出价。

表 15.1　悟空－悟净讨价还价博弈的完美贝叶斯纳什均衡

悟净的策略	$A(P,V_T,V_R)=\begin{cases}\text{接受}, & \text{如果 } P\geqslant V_T\\ \text{拒绝}, & \text{如果 } P<V_T\end{cases}$
悟空的策略	$P=10$

15.2　知情局中人先行动时的讨价还价

在前面的例子中,不知情局中人先行动,但情况并非总如此。在某些谈判中,第一个出价的可能是完全知情的局中人。下面假想的高度简化的情况就如此。

例 15.2　某医院外科黄医生,给一名年轻的妻子周小姐做阑尾切除手术。在手术中,周小姐死了。她的丈夫周先生,顾了一位律师就黄医生治疗失当提出诉讼,即黄医生没有遵守医疗程序,要求他赔偿 100 万元。在案件到陪审团前,周先生和黄医生能够在庭外进行谈判达成一个协定。此协定就是一个合同,黄医生同意支付一固定数目的钱,以换回周先生的诉讼。此种情况通常是真的,周先生的律师同意代理这个案件,其酬金的基础是:不管周先生是通过庭外解决还是进入陪审团判决赢,律师都获得 25%,但是如果周先生没有得到什么,律师就什么也得不到。

黄医生没有对治疗失当保险。结果,他将支付陪审团判决或庭外解决的费用,除非他的所有法定支出超过了其支付能力。他对周先生的一个优势是,黄医生在周夫人死时他在手术室,知道发生了什么。结果,他知道判决结果。如果没有治疗失当发生,则黄医生知道周先生会在法庭败诉。另一方面,如果有治疗失当,则黄医生知道周先生会胜诉,获得其要求的损失赔偿 100 万元。他的信息优势对两个局中人都是共同知识。

如果案子进入判决,黄医生必须顾一个律师,律师费是 10 万元。为了简化分析,我们假设如果法庭判决黄医生不是治疗失当因而无罪,周先生必须偿付医生这笔律师费。这意味着如果医生无罪,到法庭打官司除了时间和其好名声外,没有其他损失。但如果他有罪,医生的损失就是 110 万元,其中 100 万元给周先生和他的律师,10 万元给他自己的律师。黄医生只有在庭外和周先生达成协议时才可避免这么大的支出。

黄医生给周先生的出价是一口价,要么接受要么走人。如果周先生拒绝出价,案子就由陪审团决定。即使是此种简单的情形,可能有四种局面发生:①黄医生有罪,他提出庭外出价,周先生接受;②黄医生有罪,提出庭外出价,周先生拒绝;③黄医生无罪,提出庭外解决,周先生接受;④黄医生无罪,他提出庭外和解,周先生拒绝。

博弈树如图 15.3 所示。因为周先生有不完全信息,我们运用豪尔绍尼转换。自然先行动,依据固定概率选择黄医生有罪或无罪。这些概率是共同知识。假设黄医生有治疗失当罪的概率是 50%。只有黄医生知道自然的行动。黄医生第二行动,提出庭外处理,记为 S。此出价有无穷多的数量,但给周先生的出价等于 0 等价于拒绝庭外处理。周先生最后行动,要么接受要么拒绝黄医生的出价。接受 0 出价等价于撤销诉讼。每个局中人的 VNMU(冯·诺伊曼-摩根斯坦效用函数)函数对其财富的变化是严格递增的。黄医生的 VNMU 函数记为 $V_{黄}$,周先生的 VNMU 函数记为 $V_{周}$。得益如表 15.2 所示。我们已经对两个局中人的 VNMU 函数进行了标准化处理,使得每个局中人的最坏的庭外结果是 0 效用,最优法庭解决的效用为 1。这意味着接受黄医生提出的任何出价,周先生都能使自己的效用保持至少是 $V_{周}(0)$。另一方面,提出庭外解决的出价 100 万元,这是周先生要求的赔偿,黄医生可使自己的效用保持不低于 $V_{黄}(-100$ 万元$)$。我们对两个 VNMU 的标准化意味着 $0<V_{周}(0)<1$,$0<V_{黄}(-100$ 万元$)<1$。这两个效用水平与局中人的风险偏好有关。这一关系如图 15.4 所示,图中 $V_{黄}(0)$ 是不同程度凹性的 VNMU,故而展示了不同程度的风险厌恶。效用函数的凹性越大,$V_{周}(0)$ 越高,因此,周先生的风险厌恶就越大。我们假设两个局中人是风险厌恶的,且 $V_{周}(0)=0.25$,$V_{黄}(-100$ 万元$)=0.5$。

$$V_{周}(-100000)=V_{黄}(-1100000)=0$$
$$V_{周}(750000)=V_{黄}(0)=1 \tag{15.2}$$

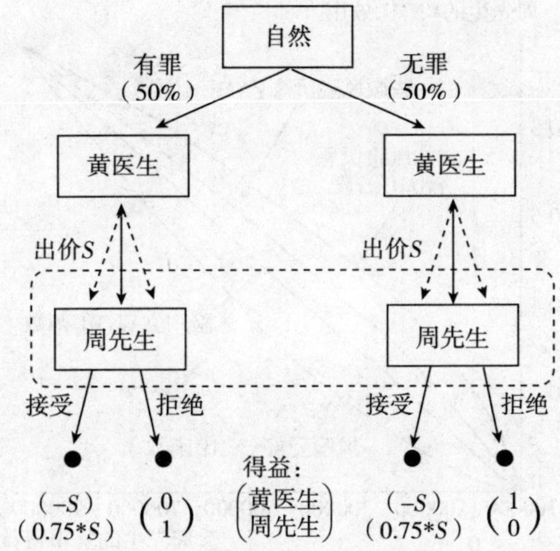

图 15.3　诉讼博弈的博弈树

表 15.2　处理博弈的得益

结果	黄医生	周先生
庭外和解：黄医生支付给周先生 S	$V_{黄}(-S)$	$V_{周}(\frac{3}{4}S)$
庭外和解：黄医生支付给周先生 0	1	0.25
庭外和解：黄医生支付给周先生 100 万元	0.5	1
陪审团判决：黄医生有罪	0	1
陪审团判决：黄医生无罪	1	0

因为黄医生在分离的信息集中有两个决策结，纯策略由两个出价(S_g，S_i)组成。第一个出价是他有罪时的出价，第二个出价是他无罪时的出价。黄医生的一个可能的策略是(100 万元，0)，意即有罪出价 100 万元，无罪出价 0。周先生的信息集与黄医生可能给出的每个出价相对应。因此，他的一个纯策略是一个函数 $A(S)$，只取两个值，接受或拒绝。周先生的一个可能的纯策略是

$$A(S)=\begin{cases}\text{接受}, & \text{如果 } S \geqslant 100 \text{ 万元} \\ \text{拒绝}, & \text{如果 } 10 \text{ 万元} < S < 100 \text{ 万元} \\ \text{接受}, & \text{如果 } S \leqslant 10 \text{ 万元}\end{cases} \tag{15.3}$$

周先生对黄医生有罪的概率的信念，给定在庭外解决他给他的出价 S，

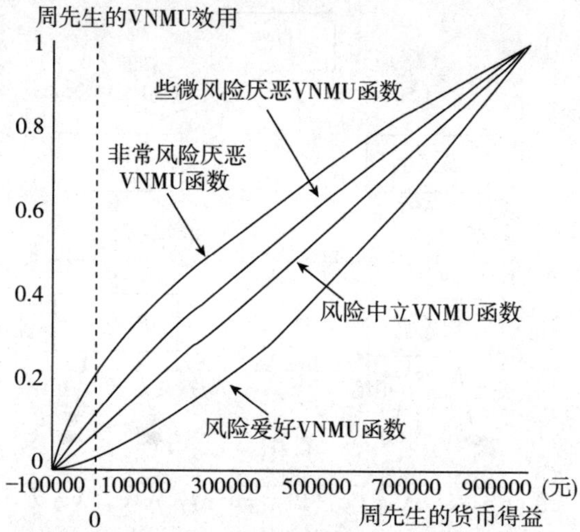

图 15.4 周先生对不同的 VNMU 的现状效用水平

记为函数$\pi(S)$。表 15.3 展示了周先生的一些可能的信念。

剩下的就是求解此博弈。我们将逐一构造均衡策略和信念。我们从寻找劣和重复劣策略开始。

表 15.3 周先生的可能的信念

天真信念： $\pi(S)=0.5$，对所有 S 非常复杂的信念： $\pi(S)=\begin{cases}1, & S \geqslant 100\text{ 万元} \\ 0.5, & 10\text{ 万元} \leqslant S < 100\text{ 万元} \\ 0, & S < 10\text{ 万元}\end{cases}$

找到完美贝叶斯纳什均衡的提示 2：如果不能用逆向归纳，则从寻找和剔除每个局中人所有的劣策略和重复劣策略开始。

普通的感觉是，因为陪审团判决给周先生最多只能是他所要求的 100 万元，所以判决前，周先生将接受超过 100 万元的出价。博弈理论认为，要求周先生拒绝大于 100 万元的任何策略都是弱劣于接受该出价的策略。它仅仅是弱劣策略，因为对黄医生的每个策略相对应，第二个策略不能产生严格高的得益。特别的情况，如果黄医生的策略是拒绝庭外解决，不管他是否有

罪,它不能产生严格高的得益,结果,我们只注意下面的策略形式:

$$A(S)=\begin{cases}?\quad & \text{如果 } S<100\text{ 万元}\\ \text{接受},\quad & \text{如果 } S\geqslant 100\text{ 万元}\end{cases}\tag{15.4}$$

因为周先生接受所有大于 100 万元的出价,黄医生有罪时提出的大于 100 万元的出价的策略重复弱劣于他提供正好 100 万元的出价的策略。直觉告诉我们,如果黄医生无罪,他将不提出任何出价,因为他上法庭没有损失。用博弈论术语讲,黄医生无罪时提出给周先生赔偿钱的任何策略弱劣于他拒绝庭外解决的策略。这样,我们就只注意纯策略形式:$(S_{黄},0)$ 且 $S_{黄}\leqslant 100$ 万元。

找到完美贝叶斯纳什均衡的提示 3:每次你知道知情局中人的策略的某些知识,看看它对不知情局中人的信念意味着什么。

如果黄医生曾提出庭外解决的非 0 的出价,显然周先生会判断出,黄医生必定有罪。因此,周医生的修正的信念的形式是:

$$\pi(S)=\begin{cases}\theta, & S=0\\ 1, & S>0\end{cases}\tag{15.5}$$

θ 有待决定。

找到完美贝叶斯纳什均衡的提示 4:每次你修正知情局中人的信念,找到并剔除现在是重复劣策略的任何策略。

周先生知道无论如何,黄医生给他钱打官司,他打官司都可赢 100 万元,因此,周先生拒绝 0 和 100 万元之间的任何出价。这样我们就只有两个重复非劣纯策略,我们称之为迂回策略和坚韧策略,如表 15.4 所示。

表 15.4　周先生的两个重复非劣纯策略

迂回策略	坚韧策略
$A(S)=\begin{cases}\text{接受, 如果 } S=0\\ \text{拒绝, 如果 } 0<S<100\text{ 万元}\\ \text{接受, 如果 } S>100\text{ 万元}\end{cases}$	$A(S)=\begin{cases}\text{拒绝, 如果 } S<100\text{ 万元}\\ \text{接受, 如果 } S\geqslant 100\text{ 万元}\end{cases}$

寻找完美贝叶斯纳什均衡的提示 5:每次你剔除一个局中人的重复劣策

略,看看这是否产生了其他局中人的新的重复劣策略。

假如黄医生知道他有罪,则他也知道上法庭将花 110 万元。因为 0 和 100 万元之间的出价将被拒绝,所以他有罪时要求他出价在此范围解决的任何策略是重复劣于他出价 100 万元的策略,这样为他节约了 10 万元的律师费。这样就只有两个重复非劣纯策略:(0,0)和(100 万元,0),分别称之为欺骗策略和羊策略。欺骗策略是混同均衡的例子:在该策略下知情局中人不管世界状态如何,行为都相同。这一策略类似于扑克牌局中人不管手中的牌好坏,其出牌方式都相同。羊策略是分离均衡的例子:在该策略下,知情局中人的行为在不同的世界状态下不同。在扑克游戏中,这类似于玩家手中牌弱时退出,手中牌好时积极地要牌。

找到完美贝叶斯纳什均衡的提示 6:如果你剔除了所有重复劣策略,从而把每个局中人的策略减少到几个,计算简化博弈的策略形式,找到贝叶斯均衡。如果只有一个贝叶斯均衡,它就是完美贝叶斯纳什均衡。

表 15.5 列出了周先生和黄医生财富的变化,它得自于每个可能的世界状态中(简化博弈)每个纯策略组合。例如,假设黄医生采用欺骗策略,周先生采用坚韧策略,且黄有罪。那么黄医生将拒绝庭外解决,周先生上法庭打官司,并赢官司。周先生最后得 75 万元,变得更富,黄医生最后输 110 万元,变得更穷,因此得表 15.5 左下角的数据(75, -110),你可计算出其他的数据。

表 15.5 周先生和黄医生采用非劣策略的财富的变化 单位:百万元

		黄有罪黄		黄无罪黄	
		欺骗	羊	欺骗	羊
周	迂回	(0,0)	(75,-100)	(0, 0)	(0,0)
	坚韧	(75,-110)	(75,-100)	(-10,0)	(-10,0)
财富变化(周先生,黄医生)					

表 15.5 不是(简化)博弈的策略形式。我们知道策略型表述要给出每个局中人对每个策略组合的条件预期效用(CEU)。这些如表 15.6 所示。

表 15.6　周先生和黄医生在简化博弈中的条件预期效用

		黄医生	
		欺骗	羊
周先生	迂回	((0.25),(1,1))	((0.625),(0.5,1))
	坚韧	((0.50),(0,1))	((0.5),(0.5,1))
得益:((周先生),(有罪黄,无罪黄))			

我们看看这些数据是如何计算出来的。假设黄医生采用欺骗策略,周先生采用坚韧策略,则案子在法庭结束。如果黄医生有罪,周先生得 75 万元,如果黄医生无罪,周先生要付给黄医生 10 万元。因此,周先生的 CEU = $0.5 \times V_{周}(75) + 0.5 \times V_{周}(-10) = 0.5 \times 1 + 0.5 \times 0 = 0.5$。黄医生有两个 CEU,取决于他的类型。如果黄医生有罪,则他得到最坏的结果,CEU = 0,如果他无罪,得到最好的结果,CEU 等于 1。因此,策略组合(坚韧,欺骗)产生的 CEU 组合((0.5),(0,1))。类似的做法,可计算出其他三个得益组合。

现在可以证明,如果周先生采用迂回策略,则黄医生的最优反应是欺骗,如果周先生采用坚韧策略,则黄医生的最优反应是羊策略。类似地讲,如果黄医生采用羊策略,则周先生的最优反应是迂回策略,而如果黄医生采用欺骗策略,则周先生的最优反应是坚韧策略。结果,不存在纯策略完美贝叶斯纳什均衡。

任何完美贝叶斯纳什均衡涉及混合策略:黄采用欺骗策略的概率是 p,采用羊策略的概率是 $1-p$。周先生采用迂回策略的概率是 q,采用坚韧策略的概率是 $1-q$。如果你对黄医生和周先生随机选择其行动有点迷惑,回忆我们对混合策略的另一个解释:混合策略是对手对局中人将采用的策略所持有的概率信念。

黄医生拒绝庭外解决时周先生对黄医生有罪的信念等于

$$\pi(0) = P(\text{有罪} \mid S = 0)$$

$$= \frac{P(S = 0 \mid \text{有罪}) \times P(\text{有罪})}{P(S = 0 \mid \text{有罪}) \times P(\text{有罪}) + P(S = 0 \mid \text{无罪}) \times P(\text{无罪})}$$

$$= \frac{p \times 0.5}{p \times 0.5 + 1 \times 0.5}$$

$$= \frac{p}{p+1} \tag{15.6}$$

无疑，黄医生欺骗越少（即 p 越小），其行动传递给周先生的信息就越多，周先生观察到黄医生的行动后对黄医生有罪的估计变化就大（即行动在0和1之间变动）。表15.7总结了上面的推导。

表15.7　诉讼博弈的一个完美贝叶斯纳什均衡

黄医生的策略	如果有罪：（欺骗（出价0）：p，羊策略（出价100）：$1-p$） 如果无罪：总出价0
周先生的策略	$A(S)=\begin{cases}\text{接受的概率为 } q, & S=0\\ \text{拒绝}, & 0<S<100\\ \text{接受}, & S\geqslant 100\end{cases}$
周先生的信念	$\pi(S)=\begin{cases}\dfrac{p}{1+p}, & S=0\\ 1, & S>0\end{cases}$

这样，经过上面的步骤，我们把研究缩减到两个数字：p 和 q。我们知道，混合策略中，周先生对黄医生采用欺骗策略的概率估计 p 必定使周先生在采用迂回策略和坚韧策略之间完全无差别。要不然，周先生不会随机选择它们。利用表15.6的数据，我们有

$$p\times 0.25+(1-p)\times 0.625=p\times 0.50+(1-p)\times 0.50 \tag{15.7}$$

解得

$$p=\frac{1}{3} \tag{15.8}$$

类似地讲，黄医生对周先生采用迂回策略 q 的概率估计使得黄医生在采用欺骗策略和羊策略之间完全无差别，不管其类型如何。利用表15.6的数据，我们有

$$q\times 1+(1-q)\times 0.5=q\times 0.75+(1-q)\times 0.75 \tag{15.9}$$

$$\text{或者 } q=\frac{1}{2} \tag{15.10}$$

把 p 和 q 值代入表15.7得表15.8。根据我们的推导，这些信念和策略形成一个完美贝叶斯纳什均衡：给定周先生的信念，他的策略是最优的，给定周先生的策略，黄医生的策略是最优的，且周先生的信念与贝叶斯定理一

致,与黄医生的策略一致。

读者可以证明博弈的均衡依赖于两个数字:$V_{黄}(-100)$和$V_{周}(0)$。我们早先看到,这两个效用水平与局中人的风险厌恶正相关。效用水平越大,局中人就越是风险厌恶的。结果我们的模型预言,如果周先生非常厌恶风险是共同知识,则黄医生总拒绝庭外解决,即使他知道他是有罪的,周先生将撤诉,而不是冒险打官司。一旦周先生的风险厌恶降到某个门槛水平,黄医生就总停止欺骗,开始以某个正的概率采用羊策略。周先生的风险厌恶越少,黄医生有罪时采用羊策略的概率越大,而非欺骗策略。类似地讲,黄医生越是风险厌恶的,周先生在黄医生拒绝庭外解决时不上法庭的概率就越大。

表 15.8　诉讼博弈的完美贝叶斯纳什均衡

黄医生的策略	如果有罪:[欺骗(出价 0):$\frac{1}{3}$,羊策略(出价 100):$\frac{2}{3}$] 如果无罪:总出价 0
周先生的策略	$A(S)=\begin{cases}\text{接受的概率为 } q, & S=0\\ \text{拒绝}, & 0<S<100\\ \text{接受}, & S\geqslant 100\end{cases}$
周先生的信念	$\pi(S)=\begin{cases}\frac{1}{4}, & S=0\\ 1, & S>0\end{cases}$

庭外调解的目的是规避高昂的法庭判决费用。当黄医生不给周先生提出出价且周先生拒绝撤诉时这就失败了。如果黄医生无罪或有罪但采用欺骗策略时,黄医生就不做出出价。两者的概率等于 $\frac{1}{2}\times 1+\frac{1}{2}\times\frac{1}{3}=\frac{2}{3}$。因为我们假设两个局中人随机地独立行动,黄医生不出价而周先生上法庭的概率等于 $\frac{2}{3}\times\frac{1}{2}=\frac{1}{3}$。所以此类案子有 2/3 的概率是在庭外解决的。

15.3　延迟是一种选择权时的讨价还价

当谈判者对彼此的得益有完全信息时,每个人可在事前观察并计算拒绝对手最后出价延迟处理时的后果。延迟的一个结果是什么也得不到。唯一的子博弈完美纳什均衡结果是先做出的出价被其他局中人接受,避免来回争论不休的浪费。然而,当谈判者对彼此的得益有不完全信息时,延迟通常是合理的。这是因为延迟可以揭示得益的信息。我们利用简单的企业和工会之间的劳动力谈判模型讨论这一思想。

例 15.3 WP 公司是一家假想的有工会组织的衬衫制造商,正在和 AS 工会就新的工会劳动合约进行谈判。谈判过程非常简单:WP 公司向工会提出一个工资出价,要么接受要么离开。如果工会接受工资出价,此出价的有效期为两年。如果工会拒绝此出价,WP 公司将关闭,在下一年和工会恢复谈判。企业的这个行动叫作封闭工厂。从现在这一年起,企业将向工会提出第二个工资出价。如果工会接受这一出价,这一工资有效期为一年。如果拒绝出价,企业将永久关闭,工会的工人必须去找其他的工作。

WP 公司的目标是实现两年预期总效用的最大化。企业运行时每年的利润等于 $10-\underline{W}$,$\underline{W}$ 是支付给每个工人的年工资,且工资和利润都以 1000 元表示。如果企业不运行,其利润就为 0。所有这些都是共同知识。工会的目标是最大化两年"平均工人"的预期总收入。当 WP 公司关闭时,工人必须暂时去找其他的工作以渡过关闭时期,直到下一年恢复谈判。工人在最优的其他选择的就业中的收入是保留工资,记为$\underline{W}$。此保留工资或者为低工资($\underline{W}=4$)或者高工资($\underline{W}=8$)。WP 公司不知道工会的保留工资。

劳资谈判过程可用三个局中人之间的不完全信息博弈建模:WP 公司,AS 工会和自然。博弈树如图 15.5 所示。自然决定工会的保留工资$\underline{W}$。自然的选择工会知道,WP 公司不知道。WP 公司的初始信念$\underline{W}$ 低的概率等于 0.5,高的概率等于 0.5。WP 公司至多出两次价,我们记为 W_1 和 W_2。工会要么接受出价要么拒绝出价。可能有三个结果:①工会接受 WP 公司的第一个出价,博弈结束。WP 公司两年中每一年的得益是$(10-W_1)$,或者是两年总的为 $2\times(10-W_1)$,工会的得益是 $2\times W_1$;②工会拒绝 WP 公司的出价,但接受第二个出价,在此点博弈结束;WP 公司的得益是 $1\times(10-W_2)$,工会的得益是$\underline{W}+W_2$;③工会拒绝两个出价,现在 WP 公司的得益为 0,工会的得益是 $2\times\underline{W}$。

粗略地看,图 15.5 中 WP 公司只有两个信息集,出价组合 W_1 和 W_2 是企

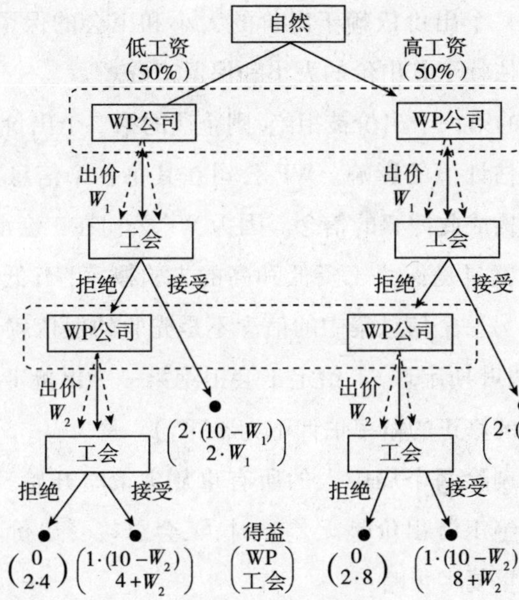

图 15.5　劳资谈判博弈的博弈树

业的两个纯策略。但仔细分析,发现这是不正确的。出价组合表示的是博弈中 WP 公司可能的行动顺序,并非描述的是 WP 公司所有的策略。再次观察图 15.5,注意到只有一组箭头把 WP 公司的第一个信息集与第二个信息集联系。此箭头意味着在第一个信息集,WP 公司将从无限的可能出价中进行选择。第一次出价中的每一出价导致第二个信息集。在此信息集中,紧接着工会拒绝第一个出价,WP 公司必须做出第二个出价。除第一个信息集外,WP 公司有无限量的信息集。这些信息集的每一个都对应于一个不同的企业(拒绝)第一个出价。WP 公司的纯策略因此包括第一个出价,记为 W_1 和第二个出价函数 $W_2(W_1)$。后者表明 WP 公司做出的第二个出价将是工会拒绝的第一个出价 W_1 的函数。所以策略$(4, W_1+1)$就是这样的策略:WP 公司第一个出价,工会两年中每年的工资是 4,如果工会拒绝工资 W_1,则在工厂关闭一年后,公司重新进行谈判,把最初的出价增加了 1。

在此博弈中工会有完全信息。这使得它的第一个决策是在知道企业的第一个出价和其保留工资后做出的,它的第二个决策是在知道企业的第二个出价后做出的。结果,工会的一个纯策略给出了一个条件,在此条件下,工会接受或拒绝第一个出价依赖于出价的大小和工会的保留工资,接受或拒绝第二个出价也依赖于其出价的大小和保留工资。

如果 WP 公司的第一个出价被拒绝,则企业的第二个出价就要受到其对工会的保留工资的估计值的影响。WP 公司在其每一个信息集中对工会保留工资的概率估计构成此博弈的信念。因为 WP 公司在工会前行动,其在第一个信息集的信念就只是保留工资低和高的先验概率,$P\{低工资\}=P\{高工资\}=0.5$。在其另一个信息集中的信念不是先验的但依赖于企业对工会策略的信念(通过贝叶斯定理)。给定工会拒绝第一个出价 W_1,我们把企业对工会保留工资低的修正的概率估计记为 $\pi(W_1)$。

现在从找到和剔除两个局中人的所有重复劣策略开始。我们要求,如果工会在接受和拒绝工资出价是无差异时,工会总接受出价。可以证明有下面特征的策略是重复劣策略:

①工会拒绝工资 $W_2>\underline{W}$ 或者接受工资 $W_2<\underline{W}$。

②WP 公司在 $W_2(W_1)$ 等于除 4 或 8 之外的工资的策略。

③工会拒绝初始工资 $W_1>8$ 或接受初始出价 $W_1<4$ 的策略。

④WP 公司的初始出价工资 $W_1>8$ 或 $W_1<4$ 的策略。

WP 公司的非劣纯策略是 $4\leq W_1\leq 8$,$W_2(W_1)$ 总等于 4 或 8。工会的非劣纯策略如表 15.9 所示。

表 15.9 工会的非劣纯策略决策

时期	工会的保留工资	WP 公司的出价	工会的反映
1	低或高	$W_1\geq 8$	接受
1	低或高	$W_1<4$	拒绝
1	低	$4\leq W_1<8$	?
1	高	$4\leq W_1<8$	拒绝
2	低或高	$W_2\geq\underline{W}$	接受
2	低或高	$W_2<\underline{W}$	拒绝

因为 WP 公司是不完全知情者,在自然后、工会前行动,WP 公司和工会之间的博弈在策略上等价于 WP 公司先行动,然后自然选择工会的保留工资的博弈。此博弈如图 15.6 所示。当我们说图 15.5 和图 15.6 的博弈在策略上等价

时，指的是这两个博弈可用相同的策略型博弈建模。这两个博弈的局中人相同，局中人有相同的策略集合，策略局中人行动的相对顺序相同，且两个局中人在每一策略组合下的得益相同。在新博弈中，WP 公司先行动，在其出价 W_1 后的博弈的展开是原博弈的一个恰当子博弈。我们称此子博弈为 $G(W_1)$。

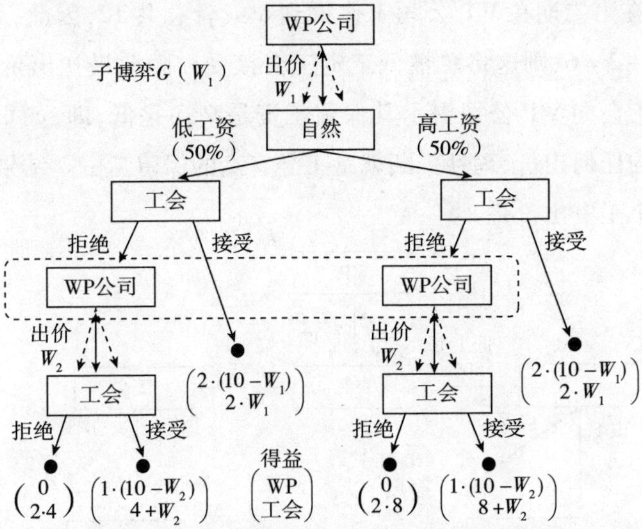

图 15.6　劳资谈判博弈的一个等价博弈树

为不失一般性，我们只注意 4 和 8 之间的第一个出价。对这一轮的每一个出价，找到一个子博弈 $G(W_1)$ 的完美贝叶斯纳什均衡。在此均衡中，WP 公司的预期得益等于 $V(W_1)$。WP 公司的第一个最优出价是使 $V(W_1)$ 最大化的出价。这就是整个博弈的解。

我们只考虑小于 8 的第一个出价。在子博弈 $G(W_1)$ 中，WP 公司只有两个重复非劣纯策略：低工资策略——其第二个出价等于 4，高工资策略——其第二个出价等于 8。工会总拒绝第一个出价小于 8 的高工资。工会似乎总接受第一个出价大于 4 的低工资，但这并不必然是真实的。如果拒绝第一个出价，低工资工会自身无法和高工资工会区分，于是在第二轮就可能得到出价 8。结果，工会有两个非劣纯策略：诚实策略——工会在 $\underline{W}$ 低时接受 W_1，在 $\underline{W}$ 高时拒绝 W_1，当且仅当出价大于等于 $\underline{W}$ 时接受第二个出价。欺骗策略——工会总拒绝 W_1，当且仅当第二个出价大于或等于 $\underline{W}$ 时就接受第二个出价。劳资谈判博弈中 *WP* 公司的劣策略（或重复劣策略）被剔除的博弈树如图 15.7 所示。

假设工会有低保留工资。如果工会接受第一个出价，其得益将是 $2\times W_1$；如果工会拒绝第一个出价，则其希望来年获得的最优是在第一期得到保留工资 4，在第二期在 WP 公司工作得到 8 或者总共 12，因此，如果 W_1 大于或等于 $12\div2=6$，则这将总被低工资工会接受。因此最初出价在 6 和 8 之间将迫使工会向 WP 公司揭示其保留工资是高还是低，即，如果工会拒绝 6 和 8 之间的任何出价，理性推断就是工会有高的保留工资。结果 WP 公司的最优第二个工资出价是 8。

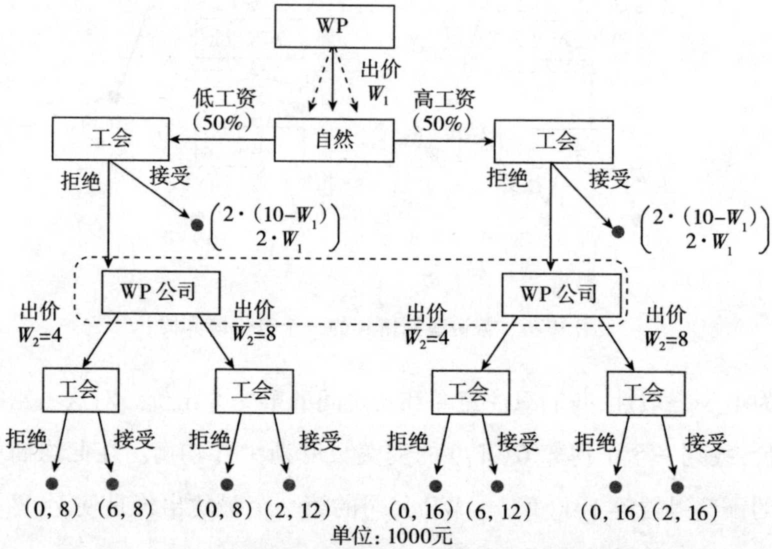

图 15.7　劳资谈判博弈：剔除 WP 的重复劣策略的博弈树

如果 $4\leqslant W_1<6$，则此子博弈 $G(W_1)$ 不再有任何纯策略贝叶斯纳什均衡，但有唯一的混合策略贝叶斯纳什均衡。在此均衡中，WP 公司采取高工资策略的概率是 $q_W(W_1)$，采取低工资策略的概率是 $1-q_W(W_1)$。工会采取诚实策略的概率是 $p_U(W_1)$，采取欺骗策略的概率是 $1-p_U(W_1)$。工会接受概率 $p_U(W_1)$ 必须使 WP 公司在第二年的出价 8 和出价 4 之间无差异。工会要实现这点又是不可预测的，其方法是强迫 WP 公司在面临拒绝时修正其对工会保留工资的估计。要不然，WP 公司的无法预测性必须使工会在接受和拒绝 WP 公司最

初出价之间无差异。我们现在必须决定 $q_W(W_1)$ 和 $p_U(W_1)$。

假设最初 WP 公司给工会的出价是 5。工会的保留工资低。如果工会接受出价,其得益是确定的,且等于 $2\times5=10$。但如果工会拒绝出价,则它就是在赌博。如果 WP 公司在第二年恢复谈判出价 8,赌博就成功,工会的得益是 $4+8=12$。但如果 WP 只出价 4,则赌博失败,工会在两年的得益只有 $4+4=8$。工会拒绝第一个出价进行此赌博的预期得益等于

$$4+\{q_W(5)\times8+[1-q_W(5)]\times4\} = 8+4\times q_W(5) \quad (15.11)$$

如果 $10=8+4\times q_W(5)$ 或者 $q_W(5)=0.5$ 时,工会在接受和拒绝出价之间是无差异的。一般地讲,工会在接受和拒绝之间无差异,当

$$2W_1 = 4+\{q_W(W_1)\times8+[1-q_W(W_1)]\times4\} \quad (15.12a)$$
$$= 8+4q_W(W_1)$$

或者

$$q_W(W_1)=1/2W_1-2 \quad (15.12b)$$

读者可以证明只要 $4\leqslant W_1<6$,就有 $0\leqslant q_W(W_1)<1$。

如果 WP 公司的第一个出价被拒绝,其第二个出价是 8,则出价总被接受,其得益是 $10-8=2$。但是如果第一个出价被拒绝后的出价是 4,就是一场赌博。如果工会的保留工资低,则就接受出价,WP 公司将获得利润是 $10-4=6$。另一方面,如果工会的保留工资高,则就拒绝出价,WP 公司什么也得不到。此赌博的预期得益等于 $6\times\pi(W_1)+0\times[1-\pi(W_1)]=6\times\pi(W_1)$,$\pi(W_1)$ 是如果工会拒绝企业的最初出价 W_1,WP 公司估计的工会有低保留工资的概率。如果 $\pi(W_1)\times6=2$ 或者 $\pi(W_1)=1/3$,WP 公司在出价 4 和出价 8 之间是无差异的。注意,这与出价 4 和 6 之间的工资相同。为了证明是合理的,WP 公司对工会的估计的类型必须与贝叶斯定理和工会的策略一致。贝叶斯定理隐含着

$$\pi(W_1)=\frac{P(W_1\text{ 被拒绝}\mid \underline{W}=4)\times P(\underline{W}=4)}{P(W_1\text{ 被拒绝}\mid \underline{W}=4)\times P(\underline{W}=4)+P(W_1\text{ 被拒绝}\mid \underline{W}=8)\times P(\underline{W}=8)}$$

$$=\frac{p_U(W_1)\times0.5}{p_U(W_1)\times0.5+1\times0.5}=\frac{p_U(W_1)}{p_U(W_1)+1} \quad (15.13)$$

因为$\pi(W_1)=1/3$，于是$p_U(W_1)=1/2$。

现在计算WP公司在出价区间(4, 6)之间出价并进行子博弈$G(W_1)$的预期得益。如果工会的保留工资高，则总拒绝第一个出价，当第二个出价是4时就拒绝，是8时就接受。基于工会有高保留工资的条件，WP公司的预期得益等于

$$0+\{0\times[1-q_W(W_1)]+(10-8)\times q_W(W_1)\}=2\times(\frac{1}{2}W_1-2)=W_1-4 \tag{15.14}$$

如果工会的保留工资低，则接受第一个工资出价的概率是0.5，总接受第二个工资出价。如果工会接受第一个工资出价，WP公司的得益等于$2\times(10-W_1)$；如果工会拒绝第一个出价，则WP公司的得益要么等于$10-8=2$，要么等于$10-4=6$，它们的概率分别为$q_W(W_1)$和$1-q_W(W_1)$。因此，基于工会保留工资低的条件，WP公司的预期得益等于

$$0.5\times2\times(10-W_1)+0.5\times[(\frac{1}{2}W_1-2)\times2+(3-\frac{1}{2}W_1)\times6]=17-2\times W_1 \tag{15.15}$$

WP公司出价W_1不以工会的类型为基础的预期得益等于

$$\frac{1}{2}\times(W_1-4)+\frac{1}{2}\times(17-2\times W_1)=\frac{1}{2}(13-W_1)=V(W_1),\ 4<W_1<6 \tag{15.16}$$

当$6\leqslant W_1<8$时，就证明了唯一的完美贝叶斯纳什均衡是诚实，高工资。此均衡结果是，如果工会的保留工资低就接受第一个工资出价，但如果保留工资高就拒绝第一个工资出价。于是，工会拒绝出价时，WP公司相信工会的保留工资确实高。即$\pi(W_1)=0$，因此，确定地拒绝第二个低工资。所以高工资是最优第二个出价。这证实了贝叶斯纳什均衡策略组合也是一个完美贝叶斯纳什均衡。WP公司在此均衡的预期得益等于

$$\frac{1}{2}\times2\times(10-W_1)+\frac{1}{2}\times(10-8)=11-W_1=V(W_1),\ 6\leqslant W_1<8 \tag{15.17}$$

最后,假如 $W_1=8$。工会在博弈 $G(W_1)$ 的弱占优策略是总接受这一出价。此策略意味着第一出价绝不会被拒绝。结果,贝叶斯定理不对 WP 公司关于工会的信念做出限制,如果第一个出价曾被拒绝。一个信念是出价的拒绝没有提供关于工会保留工资的信息,即 $\pi(W_1)=\frac{1}{2}$。有了这一信念,WP 公司对初始拒绝的最优反应是在第二次出价 4,因为此出价的预期得益 $\frac{1}{2}\times(10-4)+\frac{1}{2}\times 0=3$,大于得自出价工资 8 的确定得益。WP 公司的得益等于 $2\times(10-8)=4=V(8)$。

我们的结论总结在表 15.10 中,WP 公司的预期得益函数 $V(W_1)$ 绘在图 15.8 中。从图中

表 15.10　$G(W_1)$ 的完美贝叶斯纳什均衡

初始出价	$G(W_1)$ 的完美贝叶斯纳什均衡			WP 公司的预期得益 $V(W_1)$
	WP 公司	工会	WP 公司的信念	
$4\leqslant W_1<6$	(高工资:$1/2W_1-2$,低工资:$(3-1/2W_1)$)	(诚实:0.5,欺骗:0.5)	$\pi(W_1)=1/3$	$(13-W_1)/2$
$6\leqslant W_1<8$	高工资	诚实	$\pi(W_1)=0$	$11-W_1$
$W_1=8$	低工资	诚实	$\pi(W_1)=1/2$	4

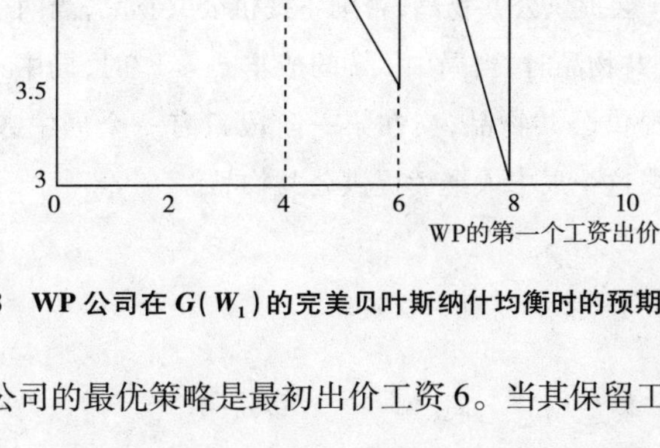

图 15.8　WP 公司在 $G(W_1)$ 的完美贝叶斯纳什均衡时的预期得益

可知,WP 公司的最优策略是最初出价工资 6。当其保留工资低时,工会

接受出价,如果保留工资高就拒绝。在这一均衡中,WP 公司的预期得益是 5,工会的预期得益是 14。均衡结果是工会的保留工资低时就不关闭公司,工会的保留工资高时就关闭一年。这是分离均衡的例子,因为 WP 公司从工会对 WP 公司的第一个出价的反应识别出工会的保留工资。当工资确实低时,WP 公司通过支付高于保留工资的工资能够使得工会揭示这一信息——这正是隐藏在 WP 公司出价背后的事实可能有价值的地方。

15.4 习题

1. 两个合伙人必须就其合伙企业进行清算。合伙人 1 现在拥有的权益份额为 s,合伙人 2 拥有 $1-s$,两合伙人同意进行如下博弈:合伙人 1 提出一个价格 p,然后合伙人 2 可以选择以 ps 的价格购买合伙人 1 的股份,或以 $p(1-s)$ 的价格将自己的股份卖给合伙人 1。假设两个合伙人对拥有全部企业价值的估价相互独立,且服从[0,1]区间的均匀分布。以上是共同知识,但每一合伙人的估价是私人信息。求出博弈的完美贝叶斯纳什均衡。

2. 考虑两人两阶段的公共物品的供给问题。假设对所有的局中人 $i(i=1,2)$,公共品的价值为 1。每一个局中人的供给成本 c_i 服从[0,2]区间上的均匀分布。局中人的类型是相互独立的。只有当至少有一个局中人提供时才会有公共产品的供给。证明存在一个三元组(c',c^*,c''),使得如下策略构成这个两阶段博弈的对称完美贝叶斯纳什均衡:在第一阶段,当局中人 i 的成本 $c_i<c^*$ 时,局中人 i 会提供公共物品,否则不提供公共物品;在第二阶段,当两个局中人在第一阶段都没有提供公共物品时,当局中人 i 的成本 $c_i<c''$ 时,局中人 i 会提供公共物品,否则不提供公共物品,当两个局中人在第一阶段都提供公共物品时,当局中人 i 的成本 $c_i<c'$ 时,局中人 i 会提供公共物品,否则不提供公共物品;当在第一阶段只有一个局中人提供公共物品时,在第二阶段这个局中人继续提供公共物品。

第 16 章　完美贝叶斯纳什均衡的应用：道德风险

企业的所有者想要使经理按其利益行事。企业的利润不仅取决于经理的行动，而且取决于经营环境。所有者不能直接监督代理人的行动，也不能无成本地观察所有相关的环境。这种情形可以持续很长时期。所有者和经理必须就经理的报酬进行谈判达成一个协定，使得扣除经理的给付后，所有者能得到好的投资收益。这就是众所周知的有道德风险的委托人－代理人问题。经济生活中其他的委托人－代理人关系有：当事人－律师、消费者－供货方、保险公司－投保人和规制者－公众等。

委托人－代理人关系包含一种特殊形式的道德风险，可称之为“一方道德风险”，但是道德风险也可能是“多方道德风险”。多方道德风险的规范模型是合伙制，其中有许多代理人而没有委托人。合伙制的产出取决于合伙人的共同行动和随机环境；每个合伙人只能观察到产出（和他的行动），不能观察到其他合伙人的行动，也不能观察到环境。这就产生了免费乘车问题。和委托人－代理人关系一样，合伙制也可能持续许多时期。

这一章我们讨论两个简单的道德风险模型，一个涉及保险市场，另一个涉及劳动力市场。

16.1　不完全保险的道德风险模型

因为未来具有内在的不确定性，所有人都面临着风险。大多数家庭的住房面临火灾及其他自然灾害的损失。保险市场由风险的买方和卖方组成。一张保单就是一份合约，其中一个家庭或企业把其面临的某种风险全部或部分转移给其他人，主要是保险公司。例如，几乎所有的家庭都面临着这样的风险，家庭中养家糊口的人死亡，尽管他年轻力壮，留给家庭其余的人很少的收入或没有收入。生命保险合约使家庭把这种风险转移给保险公司，从而降低了家庭未来收入的不确定性。类似地讲，一份期货合约使得农场主减少关于他将要出售的农产品价格的不确定性。期货合约的卖方承诺用预先确定的价格购买农场主未来的农产品。这种承诺把来自农场主的价格风险转移给了售卖农产品期货合约的投资者。

一个家庭,如果只有一个人挣钱而没有其他收入来源,相对于收入风险,就会愿意支付高价,以避免这一收入的突然损失。此种家庭被说成是"**低度多元化**"的家庭。相反,那些经常拥有大量类似风险的保险公司——只有极少数最终产生于要求权——将愿意以相对低的价格售卖额外的保单。此保险公司就是"**高度多元化**"的。结果,家庭和保险公司之间就可以签订一个协议。这表明保单应是相互可接受的条款,使得保险公司会买入家庭面临的多数风险。

然而,经验证据表明,许多类型的险别并没有完全被私人保险公司供应,即使保单买方愿意为此类保险支付的保费要比保单的卖方供应此保险所需要的保费高。例如,工人就不能购买私人保险以规避他们被解雇的风险。大学生不能为他们学习的课程不及格保险,而必须离开学校或者重修某些课程。企业不能对其破产保险。而且,私人保险公司提供的保险通常也是不完全的。本章的目的是解释为什么保险是如此不完全,即为什么许多明显对彼此有利的交易是不完全的。

缺乏完全保险的理由之一是存在道德风险:保险的买方能够采取保险公司不能观察的行动,这些行动可改变他们转移给保险公司的风险的数量。要看到问题的实质,考虑一个学生考试不及格的风险。此风险发生的概率部分是取决于学生避免不及格的努力程度。例如学生所做的事情是学习更加努力。不幸的是,监督学生努力学习就算不是不可能,也是相当困难的。结果,保险公司如果同意补偿不及格的学生,就必须提供相同的补偿,而不管学生是学得多还是学得少,因为此种形式的合约遮住了学生不及格的不利后果,保险减少了花很多时间学习的边际利益。结果,我们会预期随着购买的保险单的数量增加,学生会降低其努力程度。学生努力程度的降低就是保险公司暴露的"道德风险"。保险公司在决定是否提供保险、保单的价格和是否限制学生买保险的数量时就要考虑这点。

16.1.1　缺乏道德风险的保险

例 16.1　假设有一个食品店,马五是该食品店的一个工人。每月的月初,食品店老板都要决定在该月雇佣多少人。有时该食品店要减少其雇佣量,解雇其在前一个月雇佣的工人。有时食品店要增加其雇佣量,招回其在前一个月解雇的工人,并要为增加新工人作广告。由于马五在食品店的职位低,他有 50% 的机会在任何给定的月初被解雇。解雇只持续一个月,因为企业有在下一个月召回和解雇工人的政策。如果马五被解雇,他不可能立即找到其他的工作。我们暂时假定如果他被解雇,他在一月内没有机会找到其他工作。在他没有被解雇时,他每月挣 1000 元。于是马五每月有 50% 的机会挣 1000 元,有 50% 的机会什么也挣不到。我们暂且假定解雇的概率是固定数,马五无法控制,且对每个人都是已知的。因为我们的目的是理解为什么失业保险要由政府供给而非私人保险公司供给,假设马五没有政府提供的失业保险救济金。

马五的效用函数是冯 · 诺依曼 - 摩根斯坦效用函数(VNMU),该效用函数取决于其月收入 Y,记为 $U(Y)$。用每月多少千元测定收入,因此 0.5 的收入测定的是每月 500 元的收入。U 是收入的增函数但以递减的速率增长。后者意味着马五是风险厌恶的。如果没有保险,他每月的预期效用等于 $0.5\times U(0)+0.5\times U(1)$。我们称这个预期效用为保留效用,记为 U_0。此预期效用是马五不对其收入的任何不确定性进行保险所能得到的。因为假定他要使预期效用最大化,他绝不会进行任何预期效用低于 U_0 的交易。

在每月的月末,马五能够从天山保险公司买失业保险单。如果他下一个月失业的话,这份保单就补偿其月收入的一定比例。补偿的规模记为 I,叫作保险赔偿金。保险公司为了实现对马五失业发生时的承诺支付 I,要求马五向公司支付不可偿还的保险费 P,因此一份失业保险单就是要完全阐明两个数字:保险费 P 和赔偿金 I。我们用顺序对 (P, I) 表示保险单,用每月多少千元记赔偿金和保险费。例如,保单(0.1,0.8)表示要马五立即付给保险公司保险费 100 元($=0.1\times1000$ 元),如果他在下月失业,保险公司就赔偿马五 800 元($=0.8\times1000$ 元)。

如果马五购买保单(P, I),则他在购买时下月的预期效用等于

$$EU(P, I) = 0.5 \times U(I-P) + 0.5 \times U(1-P) \qquad (16.1)$$

只有当保单(P, I)的预期效用大于或等于马五的保留效用时,他才购买这张保单:$EU(P, I) \geqslant U_0$。任何承诺在马五失业时赔偿其全部月工资的保单,即$I = 1$,就是提供马五失业风险的**完全保险**。此种保单保证马五在下月的收入等于$1 - P$,而不管他是否失业。如果$1 > I$,则保单对马五的失业风险**保险不足**,如果$1 < I$,则保单对其失业风险**过度保险**。

如果马五从保险公司购买保单(P, I),则(假设没有管理成本)保险公司得到保险费收入P,不管马五是否失业,但只有马五失业才支付保险赔偿I。必须赔偿的概率是0.5。公司从保单中得到的预期利润记为$ER(P, I)$等于

$$ER(P, I) = P - 0.5 \times I \qquad (16.2)$$

如果$ER(P, I) = 0$,则保单在保险统计上是**公平**的。如果$ER(P, I) > 0$,则保单在保险统计上是**不公平**的,如果$ER(P, I) < 0$,则保单在保险统计上是**超公平**的。显然当且仅当$P = 0.5 \times I$时保单在保险统计上是公平的。

保险公司之间的价格竞争,与其分散总风险的能力相结合,会使它们在保险统计上只供应公平保单。为了使分析简单,我们假设失业保险市场是**可竞争垄断**的。我们知道一个市场是可竞争的,如果市场进入和退出是无成本的,而不管企业的规模大小和是否存在潜在的竞争者,那么如果进入有利润可赚,潜在竞争者就进入市场。天山保险公司只是供应保险的公司,均衡时它只供应在保险统计上是公平的保险。

马五在购买了保险统计上公平保单$(0.5 \times I, I)$后的预期效用等于

$$EU(0.5 \times I, I) = 0.5 \times U(I - 0.5 \times I) + 0.5 \times U(1 - 0.5 \times I) \qquad (16.3)$$

图16.1表示$U(Y) = \ln(Y)$时$EU(0.5 \times I, I)$的图形。显然,由图中可知,如果保险公司供应的保单全部是在保险统计上公平的保单,马五的最优决策是购买赔付额为1(1000元)的保单,支付的保费是$0.5 \times 1 = 0.5$(500元)。即马五为了规避失业风险,将选择购买完全保险。有了这种保单,马五就能保证获得500元的收入,而不管他是否失业。读者可以证明,马五购

买完全保险的决策不依赖于假定的 VNMU 的函数形式,它只取决于所提供的在保险统计上公平的保险和马五是风险厌恶的事实。这个一般结论可描述为一个正式的定理:

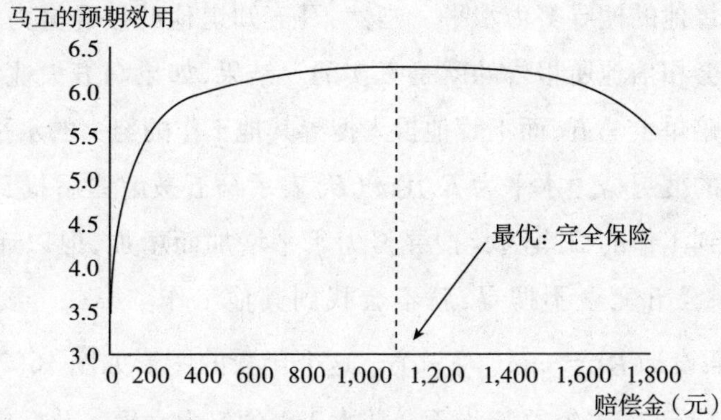

图 16.1　马五的预期效用:公平保险是赔付水平的函数

定理 16.1:假设风险厌恶的决策者面临一固定数量的财富损失 X,损失的固定概率是 π。再假设这个决策者可以保险统计上公平的价格 $P = \pi \cdot I$ 购买任何数量的赔付 I 的保单,则决策者的最优决策是给他自己完全保险,且选择赔付水平为 X。

因为他是风险厌恶的,马五愿意支付比公平保费多的保费购买完全保险。保险公司被迫收取在保险统计上公平的保费,也愿意以公平比率卖出其保险。对马五有利的交易且又不损害保险公司,就会发生,没有市场失灵。

16.1.2　存在道德风险的保险

在失业保险市场上如果两个条件成立,道德风险就存在:第一,保险买方在购买保险单后,可采取改变损失概率或损失大小的行动;第二,观察这些行动成本很高,使得监督买方的行动在经济上是不可行的。由于这些高监督成本存在,保险公司不能制定这样的条款,使得它们愿意的赔付取决于买方随后的行动。它们不能这样做是因为它们不可能决定这些条款在什么时候被满足。

失业保险市场上这两个条件都满足。首先,当马五知道他自己已从目前的职位上被解雇了,他不必消极等待直到他被食品店召回。相反他能够搜寻其他的工作。他投入搜寻的努力越多,他找到其他工作的概率就越高。第二,虽然天山保险公司可无成本地观察到马五的就业状况,但保险公司却完全不能监督他的搜寻努力水平。当然,马五知道他的搜寻努力水平,但保险公司绝不会相信他所报告的就是真实的。结果,如果马五失业,天山保险公司就必须赔付给马五,而不管他投入搜寻其他工作的努力的水平。

记马五的搜寻努力水平为E,用$\pi(E)$表示马五被解雇后找到其他工作的概率。找到工作的概率随其搜寻努力水平增加而增加,但以递减的比率递增,且如果马五完全不搜寻,就不会找到其他工作。第二个要求意味着$\pi(0)=0$。假设$\pi(E)=\min(\sqrt{E},1)$。这个函数的图形如图 16.2 所示。因为搜寻工作是有成本的,马五绝不会花大于1 的努力水平。此后假设$E\leqslant 1$。

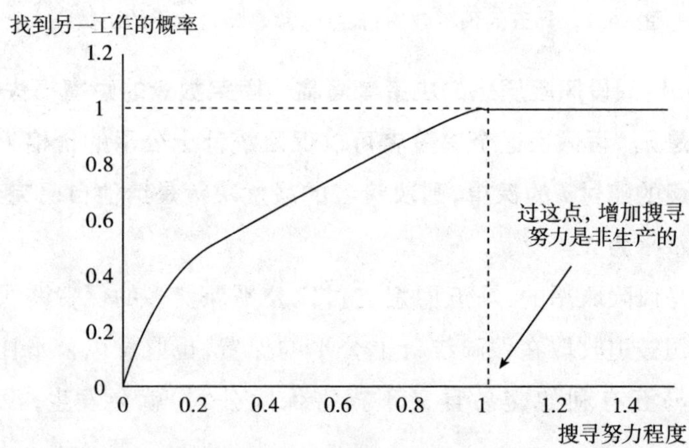

图 16.2 马五被解雇后搜寻其他工作的概率

为简单起见,假设如果马五立即被辞退,不在月初找到另一个工作,他就会在这月处于失业。这使得我们可以忽略失业的随机长度的复杂性。他要么全月都被雇佣,挣 1000 元,要么他整月都处于失业,什么也没有。

因搜寻工作有成本,马五必须在额外的搜寻的边际成本和边际预期净收益之间进行平衡。这意味着他的冯·诺依曼-摩根斯坦效用函数不再唯一地依赖于他的收入,还依赖于他投入搜寻的努力水平E。为简化计算,假设这个效用函数的形式是

$$U(Y,E) = \log_2(Y) - E$$

成功搜寻的净财务收益等于他找到另一个类似工作(报酬为 1000 元)的收入与他的保单的赔付 I 之间的差。赔付越高,寻找另一个工作的净收益越小,因此,马五的保单赔付越高,他的搜寻努力水平就越低。

如果马五失业,不管他是否找到另一个工作,完全失业保险都提供相同的收入,这把立即找到新工作的净收益降低为 0。如果马五有完全失业保险,则他被解雇时就不会搜寻新工作,从而他在该月无疑就不会工作。结果,该月他被解雇的概率是 50%。另一方面,如果马五的保险单只提供其收入损失的部分赔付,他就会发现从事某些搜寻是值得的。这将把任意月份的失业概率降低到 $0.5\times\pi(E)$。因为失业的概率要影响提供保单的保险公司的预期利润或损失,保险公司必须向前看,并预言到在它知道保单如何定价前,马五购买保单后会如何行为。要注意的是,这极不同于诸如面包这样的商品。多数面包师傅对他们在卖出了一块面包后消费者做什么并不感兴趣。

马五和天山保险公司在进行一个委托人-代理人博弈,其中,保险公司是委托人,马五是代理人。博弈树如图 16.3 所示。天山公司先行动,公布其保费表 $P(I)$。保费表列出了每一赔付水平下的价格。第二是马五行动,决定购买多少保险。第三是自然行动,选择马五是被解雇还是不被解雇。如果他没被解雇,博弈结束。否则,马五再次行动,选择投入多少努力去搜寻新的工作。自然最后行动,决定马五是否找到了新的工作。如果马五找到了新工作,并接受它,保险单就作废。如果马五没有找到新的工作,保险单就发挥作用,保险公司支付其合约中规定的数量。

保险公司的一个策略是列出了各种赔付水平的保费表。继续假设保险市场是可竞争的垄断。均衡时,保险公司售出的每张保单必须获得 0 预期利润。

因为马五要行动两次,马五的一个策略由两部分组成:第一是各种可能的保费表的赔付水平,第二是选择的各种可能的保险契约下的搜寻努力水平。子博弈完美纳什均衡要求:①给定选择的保险单,马五的搜寻努力选择是最优的;②给定保费表,马五选择的赔付水平是最优的,然后假定他从事最优搜寻努力;③假定马五购买了赔付水平,且付出使其预期效用最大化的搜寻努力,天山公司的保费表使得他在每一赔付水平下都不亏不盈。

如果马五购买了保单(P,I)，然后被解雇，并投入努力水平 E 搜寻新的工作，且找到了新工作，则他的得益是 $\log_2(1-P)-E$。如果他没有找到新工作，保险单发挥作用，他的得益是 $\log_2(I-P)-E$。因此，如果他购买了保单(P,I)且被解雇，则花在搜寻新工作的努力水平的预期效用是

$$EU(P,I,E)=\sqrt{E}\cdot\log_2(1-P)+(1-\sqrt{E})\cdot[\log_2(I-P)-E] \tag{16.4}$$

考虑使 $EU(P,I,E)$ 最大化的努力水平选择。记这一努力水平为 E^*。读者可以证明

$$E^*(P,I)=\begin{cases}0, & I\geqslant 1\\ \left[\dfrac{1}{2}\log_2\left(\dfrac{1-P}{I-P}\right)\right]^2, & \dfrac{1+3P}{4}<I<1\\ 1, & I\leqslant\dfrac{1+3P}{4}\end{cases} \tag{16.5}$$

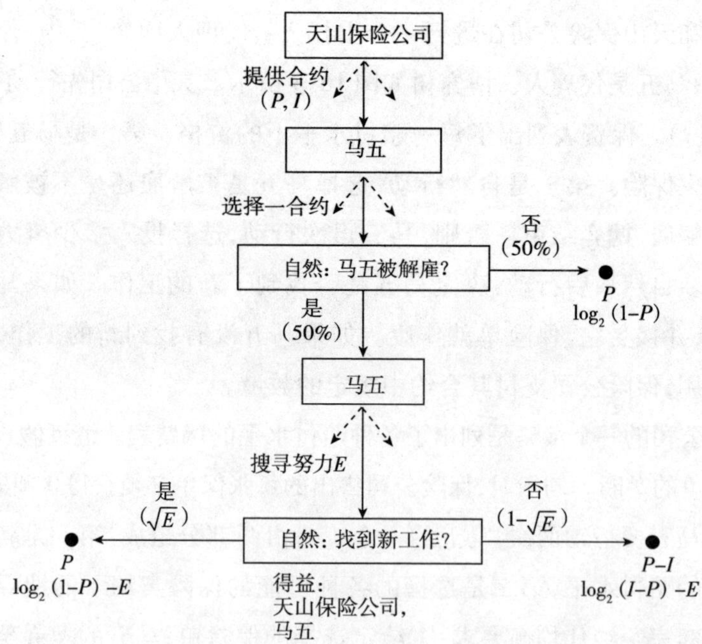

图 16.3 保险公司和马五之间进行的委托人－代理人博弈的博弈树

图 16.4 绘出了马五的六条等努力曲线。等努力曲线是马五被解雇时使

得他投入相同数量的努力水平去搜寻新的工作。我们在早先提出如果马五购买了完全保险,他的最优搜寻努力水平等于 0。在图 16.4 看到,对于过度保险的保单,他的最优努力水平也是 0。产生 0 搜寻努力水平的保险单的集合位于图 16.4 中的阴影区域外。

我们知道,如果天山保险公司把保单(P,I)卖给马五,则赔偿 I 发生的唯一时间是马五失业,且没有找到新的工作。这两件事情发生的概率等于

$$0.5\cdot\{1-\pi[E^*(P,I)]\} = 0.5\cdot[1-\sqrt{E^*(P,I)}]$$

保险公司的预期利润等于 $ER(P,I)=P-0.5\cdot[1-\sqrt{E^*(P,I)}]$。因为保险市场是可竞争的垄断,均衡时,保险公司必须正好是对其所有合约不亏不盈。这意味着任何不亏不盈的合约(P,I)必须满足等式

$$P = 0.5\cdot[1-\sqrt{E^*(P,I)}]\cdot I = 0.5\cdot\left[1-\frac{1}{2}\log_2\left(\frac{1-P}{I-P}\right)\right]\cdot I \tag{16.6}$$

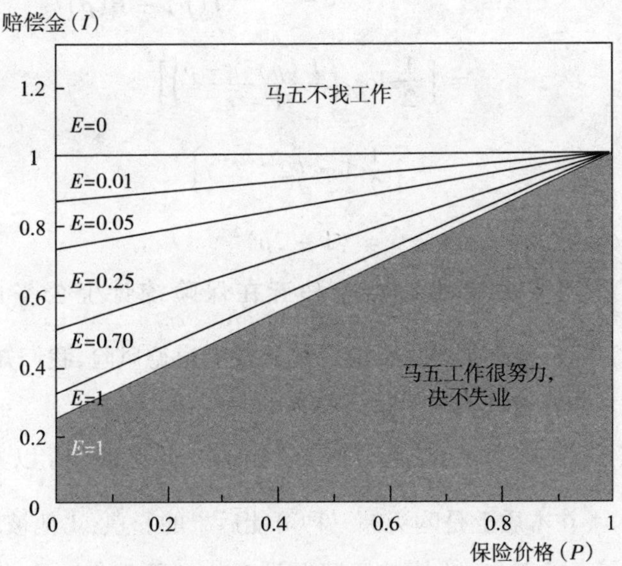

图 16.4　如果马五被解雇,最优搜寻努力水平是赔付水平和保险价格的函数

如果我们定义 p 是每元赔付的保险成本,它等于比率 $\frac{P}{I}$,则方程(16.6)表明不亏不盈的唯一合约是形如$[\tilde{P}(p),\tilde{I}(p)]$,其中

$$\tilde{P}(p) = p \cdot \tilde{I}(p)$$
$$\tilde{I}(p) = [p + (1 - p) \cdot 2^{2-4p}]^{-1} \tag{16.7}$$

保险的0利润水平是价格的函数,如图16.5所示。这些合约的一个重要的特征是,随着赔付水平上升,价格也上升。马五购买的保护越多,每元钱保险的成本越高。这极不同于购买西红柿,每个西红柿的成本通常不依赖于购买的数量,或者即使如此,每个西红柿的成本随着购买数量的上升而下降。保护水平越高,保险公司收的越多,不是因为垄断价格歧视,而是因为保险公司预言保险保护越高,保险要求的频率就越大。如果马五购买了保单$[\tilde{P}(p), \tilde{I}(p)]$,则如果他失业,他搜寻新工作的努力而不是申请失业保险,是

$$\begin{aligned} E^*[\tilde{P}(p), \tilde{I}(p)] &= \left[\frac{1}{2}\log_2\left(\frac{1 - \tilde{P}(p)}{\tilde{I}(p) - \tilde{P}(p)}\right)\right]^2 \\ &= \left[\frac{1}{2}\log_2\left(\frac{\tilde{I}(p)^{-1} - p}{1 - p}\right)\right]^2 \\ &= \left[\frac{1}{2}\log_2(2^{(2-4p)})\right]^2 \\ &= (1 - 2p)^2 \end{aligned} \tag{16.8}$$

现在唯一需要决定的是供应马五在保险统计上公平的一组保单$[\tilde{P}(p), \tilde{I}(p)]$时,他购买多少保险。如果没有道德风险,我们知道马五将购买完全保险。存在道德风险时这还是真的吗?

马五必须在他知道他将被解雇之前购买保险,所以购买保险单$[\tilde{P}(p), \tilde{I}(p)]$在本质上是购买有三种可能后果的彩票:①他被解雇;②他被解雇但找到了新的工作;③他被解雇但没有找到新工作。这些事件发生的概率、发生时马五的得益如表16.1所示。

马五选择使其预期效用最大的不亏不盈合约

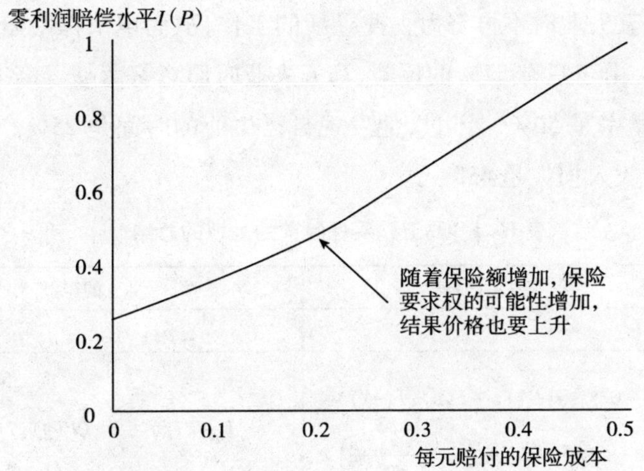

图 16.5　实际上公平保险价格是购买的赔偿金数量的函数

$$\begin{aligned} EU(\tilde{P}(p),\tilde{I}(p),E^*(\tilde{P}(p),\tilde{I}(p))) &= 0.5\cdot(1-p\cdot\tilde{I}(p))+(0.5-p)\cdot(1-p\cdot\tilde{I}(p) \\ &\quad -(1-2p)^2)+p\cdot(\tilde{I}(p)-p\cdot\tilde{I}(p)-(1-2p)^2) \\ &= 0.5+p-2p^2 \end{aligned} \tag{16.9}$$

这个二次函数在价格 $p^*=0.25$(每 100 元保险保费 25 元)处最大。在这个价格上,马五能使购买效用最大化的赔付额为 $I^*=\tilde{I}(p)=\frac{1}{0.25+0.75\cdot 2^{(2-4\cdot 0.25)}}=\frac{4}{7}\approx 0.57$ (57% 的保险额)。对于这么多的保险额,马五支付的保险费

$$P^*=\tilde{P}(p)=0.25\cdot 0.57=0.14\ (140\text{ 元})$$

有了这一数量的保险,马五失业时,他搜寻新工作的努力水平是

$$E^*=E^*(\tilde{P}(p),\tilde{I}(p))=(1-2\cdot 0.25)^2=0.25$$

他找到新工作的概率是$\pi(0.25)=\sqrt{0.25}=0.50$。即使提供的保险在保险统计是公平的,马五也不会购买完全保险。如果他能以 0.25 元的价格购买较多的保险,他会的。然而在这一价格上他不可能获得更多的保险,因为如果马五购买了更多的保险,他的行为就会发生变化,这是共同知识。

具体地讲,马五失业时不再努力去搜寻新的工作,从而申请保险赔付要求的可能性变大。由于只有57%的保险,马五失业时愿意努力搜寻新工作,且找到新工作的概率是50%。不过,他发现自己失业的时间是25%(= 0.5 × 0.5),遭受的收入损失是430元。

表16.1 马五购买保险前的处境的总结

马五的处境	发生的概率	马五的得益
没被解雇	0.5	$1-\tilde{P}(p)=1-p\cdot\tilde{I}(p)$
被解雇但找到新工作	$0.5\cdot\pi(E^*(p\cdot\tilde{I}(p),\tilde{I}(p)))$ $=0.5\cdot\frac{1}{2}\log_2\left(\frac{\tilde{I}(p)^{-1}-p}{1-p}\right)$ $=0.5-p$	$1-\tilde{P}(p)-E^*(\tilde{P}(p),\tilde{I}(p))$ $=1-p\cdot\tilde{I}(p)-(1-2p)^2$
解雇但没有找到新工作	$0.5\cdot(1-\pi(E^*(p\cdot\tilde{I}(p),\tilde{I}(p))))$ $=0.5\cdot\left(1-\log_2\frac{\tilde{I}(p)^{-1}-p}{1-p}\right)$ $=p$	$\tilde{I}(p)-\tilde{P}(p)-E^*(\tilde{P}(p),\tilde{I}(p))$ $=(1-p)\cdot\tilde{I}(p)-(1-2p)^2$

16.1.3 道德风险的福利效应

我们已经知道,道德风险引起马五选择不完全保险。但是他这样做是为了得到较低价格的好处。结果,马五是否受到道德风险的伤害并不是立即就清楚的。现在我们证明一般的情况,马五受到了伤害。

假设保险公司能无成本地观察到马五搜寻新工作的努力水平。在这种情况下,保险公司能够制定其价格P,使得它取决于E和I。因为只有搜寻努力水平影响失业风险,保险公司不再有理由制定价格使它取决于购买的赔付数量。委托人-代理人博弈就会改变。保险公司仍然先行动,公布其保费表,但现在价格表依赖于承诺的搜寻努力水平E,而不是购买的保险额I。马五继续第二行动,选择赔付水平I。但现在他也必须先对其搜寻努力水平E表态。如果他失业又不像他承诺的那样努力搜寻,则他取消合约,保险公司也不向他赔付什么。你可能会认为这太苛刻,但如果没有如此强硬的措施,马五就不会有承诺高搜寻努力水平的激励。他这样做是为了得到低的保险价格。但是实际上当他被抛到职业市场上时,他将投入较低水平的搜寻努力,保险公司会发现自身支付的赔付要比他所得到的保费收入高。

再次假设保险公司受到只提供保险统计上公平的保险契约的约束——即使有竞争者进入的威胁——则均衡保费表 $P(E)$ 必须满足方程

$$\tilde{\tilde{P}}(E) = 0.5 \cdot (1 - \pi(E)) \cdot I = 0.5 \cdot (1 - \sqrt{E}) \cdot I \quad (16.10)$$

因为每元钱赔付的价格不再决定于 I 的大小,马五能够买尽可能想要买的保险。例如,如果他承诺的努力水平是 0.25,每元钱赔付他愿意支付的价格是 0.25。在这一价格上,他会选择购买 570 元的赔付,支付总保费 140 元。简言之,如果他想要,他会使自己处于与存在道德风险时完全相同的环境。然而他能够做的,他将要做的,不是一件事。因为供应的每张保单是公平的,由定理 16.1 知道,马五将选择完全保险,不管他选择什么样的努力水平。如果他承诺的努力水平是 0.25,他就不会选择 570 元的赔付水平而是 1000 元的赔付水平。存在道德风险时马五会选择最优的努力和赔付水平,但他不需要这样做。这意味着保险公司能监督马五的搜寻努力并消除道德风险时,马五的处境没变坏。不过,他可严格变好。读者可以证明马五的最优努力水平 E^*,是最大化

$$\log_2(1 - \tilde{\tilde{P}}(E)) - E = \log_2(0.5 + 0.5 \cdot \sqrt{E}) - E \quad (16.11)$$

的努力水平。并证明 $\pi(E^*) \approx 48\%$,因此均衡时,在任意月份,马五有约 $50\% \times (1 - 48\%) = 26\%$ 的失业机会。

16.1.4　政府对失业保险市场失灵的反映

我们已经证实了市场失灵的可能情况,即市场均衡时最优配置没有效率。在这种情况下,资源是工作搜寻努力水平和收入风险。由此我们似乎应得出结论:政府应该干预,供应公共失业保险。但这是错的,除非政府能够以比私人保险公司低得多的成本观察马五的工作搜寻努力水平,否则政府不能摆脱道德风险博弈。而且除非政府能够这样做,否则就不能改进市场配置,尽管这或许是无效率的。由政府供应失业保险而非由私人保险公司通过竞争性市场供应,似乎并没有任何效率所得。的确,政府供应的失业保险并没有提供对搜寻的相同的激励。

16.2　道德风险和非自愿失业

凯恩斯宏观经济理论的核心是非自愿失业概念。一个工人如果在目前的市场工资率下雇主不雇佣他,即使这个工人在该工资率下愿意并能够工作,这个工人也被说成是非自愿失业。在标准的工资决定的竞争性模型中,非自愿失业与市场均衡不一致。凯恩斯宏观经济学家通常假设工资是"向下刚性的",即企业在存在劳动力的超额供给时不降低工资。这对那些签订了长期合同的企业的确是真的。如果情况确实如此,那么比如说石油价格上涨引起的劳动力需求向下移动不会降低工资率,于是就产生了由劳动力市场非均衡所驱动一段时间的非自愿失业。

这里,我们以非常不同的形式修正标准模型。我们对标准模型的修正的、最核心的方面是认识到了雇员可以控制其花在工作上的努力程度。当然,在雇员的头上"敲打鞭子"可降低偷懒水平,但雇佣敲打鞭子的人是有成本的。企业必须在增加监督以提高工人的努力水平和更高的监督成本之间进行权衡。

把这些简单且现实的特征引入劳动力市场模型,结果是戏剧性的。即使工资充分灵活,均衡时也存在非自愿失业。前面提到,这个模型有两个核心特征。第一,劳动生产率部分地由企业的技术决定,部分由工人选择的"工作努力"决定。第二,企业连续监督其工人工作的强度是有成本的。结果是每个企业和其工人在玩一个有道德风险的委托人-代理人博弈。企业是委托人,工人是代理人,不可观察的行动是工作努力。

在我们所考虑的这类劳动力市场,市场出清工资不是一个稳定均衡。如果每个企业支付市场出清工资,则他们中的任何一个通过单方面增加其工资就可增加其利润。利润上升是因为工资越高,企业工人偷懒的成本越高,面临解雇的风险越大。降低偷懒带来的生产率增加大于更高工资的补偿。说企业支付的是"效率工资",因为它正在使用工资作为一个策略变量,影响其劳动生产率。

如果所有企业采用支付效率工资的策略,则市场工资将上升到市场出清水平以上,劳动力市场出现非自愿失业。在新的均衡上,所有企业支付相同的工资,但是解雇的威胁继续促使工人努力工作,因为如果一个工人失去了目前的工资,他就面临一段时间失业的风险。处于失业地位的工人不被雇佣,即使他们在低于目前工资下愿意工作,因为雇主预期此种“廉价”工人的生产率比他们目前的职员要低(更经常偷懒)。这是一个古老的格言所说的例子:“你得到了你所付出的。”

16.2.1　劳动力市场的简单的道德风险模型

例 16.2　我们用一个简单的例子来具体阐明上面的思想。成渝公司是一个卡车生产企业,雇佣工人在其仓库里装卸交付的卡车,在仓库周围移动货盘,并且保持库存记录、检查有否损坏和害虫侵扰,更一般地讲,做“需要做的事情”。因为工人经常要改变任务,他们就有了偷懒的机会。一个工人不偷懒的时间比例记为 E(“努力”)。根据定义,E 位于 0 和 1 之间。如果有 L 个工人为企业工作,每个工人的努力水平等于 E,则 $L\cdot E=L_E$ 是经过努力调整的劳动力。企业的收益 R 取决于其工人生产的产出,从而是 L_E 的函数而非 L 的函数。收益函数随 L_E 严格递增,但增速是递减的。我们还假定劳动力是必要的,因此 $R(0)=0$。所有这些特征的一种函数形式是 $R(L_E)=\ln(1+L_E)$。这就是成渝公司的收益函数。然而成渝公司的成本取决于其签约的工人的数量 L 和合约工资 W。当然,成渝公司宁愿支付按实际工作的小时 L_E 工资,但是这是不可观察的。成渝公司的成本是 $W\cdot L$。我们定义企业的效率工资是 $W_E=\frac{W}{E}$。效率工资是实际工作的每单位时间所支付的货币量。效率工资与牌价工资 W 不同,牌价工资是工作时每单位时间支付的货币数。例如,如果牌价工资是 5 元/小时,但每两个小时工作实际是只工作了一个小时(即 $E=\frac{1}{2}$),那么效率工资等于 10 元/小时。企业的利润 V 可写成雇佣工人数、支付的工资和工人的努力水平的函数:

$$V(W,L,E)=\ln(1+L\cdot E)-W\cdot L \tag{16.12}$$

每个工人的效用函数是冯·诺依曼-摩根斯坦效用函数 U,它由工资 W 和工作努力水平 E 决定。为简化起见,假设效用函数的形式是

$$U(W,E) = W \cdot \left(1 - \frac{3}{8} \cdot E\right) \tag{16.13}$$

如果工人离开企业,他获得保留效用 $\bar{U}$。如果从企业得到的效用比保留效用低,工人没有理由接受就业。

如果工人"太频繁"偷懒且被抓住,成渝公司就用解雇来惩戒工人。成渝公司用随机抽查来发现偷懒者。多少时候一次偷懒是"频繁的"由法律确定。一个工人偷懒频繁被抓住并被解雇的概率是 E 的减函数。这一概率记为 $\pi(E)$,对每个工人都是相同的,其形式假设是

$$\pi(E) = 1 - E \tag{16.14}$$

更一般地讲,可以把偷懒被抓住的概率模拟为企业投入到抓偷懒者的资源的函数。

成渝公司和其每个工人之间的策略互动可被模拟成一个具有道德风险的委托人-代理人博弈。博弈树如图 16.6 所示。企业先行动,选择其愿意支付给工人的工资 W、要雇佣的工人数 L。工人后行动,每个工人独立且同时做出其决策。因为假定工人是同质的,图 16.6 描绘了一个"代表性"工人所面临的情形,称这个代表性工人为陈一。陈一首先决定是否为企业工作。如果他拒绝企业的工资出价,博弈结束。如果陈一接受企业的工资出价,则他进行第二次行动,选择其工作的努力水平 E。这次行动企业无法观察。企业所得的关于 E 的所有信息由其随机抽查决定。这些抽查的结果我们称之为"自然",自然最后行动,决定陈一是否频繁偷懒并解雇。

因为陈一的工作努力水平不能直接观察,成渝公司就不能签订一个合约,使陈一的工资由其努力水平决定。这意味着成渝公司的策略只包括单一的工资选择 W,和雇佣的劳动力数量 L。陈一的策略就比较复杂,它包括拒绝或接受企业的工资的法则和决定工作的强度,这依赖于他被支付的工资。陈一的工资和其努力水平的关系用 $E(W)$ 表示。

这个博弈有三个可能的结果。第一个结果是,企业给出的工资合约,陈一拒绝。假定企业的得益是 0,陈一的得益是等于其保留效用 $\bar{U}$。$\bar{U}$ 的值取决于陈一在企业外部的就业机会或政府可能供应的失业保险水平。这个保留效用在陈一和企业来看都是外生的。稍后再考虑它是由什么决定的。第

二个可能的结果是,陈一接受企业的出价,且不因过度偷懒被解雇。在这种情况下,企业的得益等于 $\ln(1+L\cdot E)-W\cdot L$,陈一的得益等于 $W\cdot\left(1-\frac{3}{8}E\right)$。第三个结果是,陈一接受企业的出价,但因频繁偷懒被发现,且被解雇。我们暂且假设企业可在其支付的工资水平上找到一个同质的工人来替代陈一。结果,企业不受陈一解雇的影响。因此企业的得益是 $\ln(1+L\cdot E)-W\cdot L$。陈一的得益是其保留效用 $\bar{U}$。

我们用逆向归纳求解这个博弈。因为陈一最后行动,他视企业的工资和保留效用为给定。如果陈一接受企业的出价,他选择其努力水平 E,使得其预期效用最大,即使

$$EU(W,E)=\pi(E)\cdot\bar{U}+(1-\pi(E))\cdot W\cdot\left(1-\frac{3}{8}E\right)\quad(16.15)$$

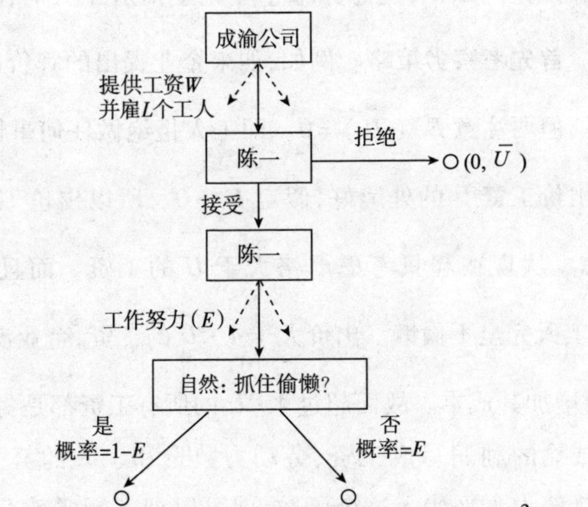

图 16.6　成渝公司与陈一之间的委托人-代理人博弈的博弈树

最大。我们把(16.14)式中 $\pi(E)$ 的表达式代入(16.15)式得

$$\begin{aligned}EU(W,E)&=(1-E)\cdot\bar{U}+W\cdot E\cdot\left(1-\frac{3}{8}E\right)\\&=\bar{U}+(W-\bar{U})\cdot E-\frac{3}{8}W\cdot E^2\end{aligned}\quad(16.16)$$

读者可以证明最优努力水平 $E^*(W)$ 等于

$$E^*(W)=\begin{cases}0, & W\leqslant \bar{U}\\ \dfrac{4}{3}\cdot\left(\dfrac{W-\bar{U}}{W}\right), & \bar{U}<W\leqslant 4\cdot\bar{U}\\ 1, & 4\times\bar{U}<W\end{cases}\tag{16.17}$$

可以证明,如果 $0\leqslant E^*(W)\leqslant 1$,则 $E^*(W)$ 是牌价工资的增函数。

陈一接受企业的出价,当且仅当他这样做的预期效用大于或等于其保留效用,或者说 $E^*(W)\geqslant\bar{U}$。可以证明当且仅当 $W\geqslant\bar{U}$ 时,就是这种情况。

决定了工人的最优策略后,现在考察成渝公司对此的最优反应。假设正在玩的博弈是共同知识,这意味着企业完全知道工人对任一牌价工资将会如何反应。首先考察劣策略。例如,如果企业提出的牌价工资等于 $\bar{U}$,就会吸引工人。但要注意 $E^*(\bar{U})=0$。即工人拒绝做任何事情!企业出价0工资显然比出价工资 $\bar{U}$ 的处境好,假定 $\bar{U}>0$。所以出价 $\bar{U}$ 或更低是劣策略,可不考虑。从现在起只考虑严格大于 $\bar{U}$ 的工资。而且出价工资等于 $4\cdot\bar{U}$ 会导致工人完全不偷懒。出价大于 $4\cdot\bar{U}$ 的工资,企业没有更高生产率所得,反而要增加其成本。故而超过 $4\cdot\bar{U}$ 的所有工资都是劣策略。

我们把成渝的利润写成工资、劳动力数量和工人的努力水平的函数。把工人的最优努力水平代入这个函数,就可以把利润函数写成只是牌价工资和工人数量的函数

$$V(W,L)=\ln\left[1+L\cdot E^*(W)\right]-W\cdot L\tag{16.18}$$

企业对 W 和 L 有斟酌处理权,最大化利润意味着

$$\frac{\partial V(W,L)}{\partial W}=0\text{ 和 }\frac{\partial V(W,L)}{\partial L}=0\tag{16.19}$$

联立求解就可得到最优值 W^* 和 L^*,产生正利润。把最优努力函数代入利润函数,消除劣策略,得

$$V(W,L) = \ln\left[1 + \frac{4}{3} \cdot \left(\frac{L \cdot (W - \bar{U})}{W}\right)\right] - L \cdot W \tag{16.20}$$

因此

$$\frac{\partial V(W,L)}{\partial W} = \frac{4 \cdot L \cdot \bar{U}}{W \cdot (3 \cdot W + 4 \cdot L \cdot (W - \bar{U}))} - L \tag{16.21}$$

$$\frac{\partial V(W,L)}{\partial L} = \frac{4 \cdot (W - \bar{U})}{3 \cdot W + 4 \cdot L \cdot (W - \bar{U})} - W \tag{16.22}$$

可以证明最优牌价工资等于

$$W^* = 2 \cdot \bar{U} \tag{16.23}$$

最优工人数量等于

$$L^* = \begin{cases} \dfrac{1 - 3 \cdot \bar{U}}{2 \cdot \bar{U}}, & \bar{U} \leqslant \dfrac{1}{3} \\ 0, & \text{其他} \end{cases} \tag{16.24}$$

注意企业故意支付工人的工资“高于其所必需的”(即大于工人的保留效用),以便使工人更努力工作。我们此后假设 $\bar{U} \leqslant 1/3$。最优工资产生的子博弈完美努力水平是

$$E^*(W^*) = \frac{4}{3} \cdot \left(\frac{W^* - \bar{U}}{W^*}\right) = \frac{2}{3} \tag{16.25}$$

即每个工人的偷懒时间为 1/3。这种相对高水平的偷懒是由于企业监督其工人的能力有限。只有支付更高的工资才能获得较高的努力水平。在某个点上,这不再是成本有效的。结果,企业的最优效率工资是

$$W_E^* = \frac{W^*}{E^*} = 3 \cdot \bar{U} \tag{16.26}$$

子博弈完美纳什均衡时,包括陈一的任何受雇工人的预期效用等于

$$EU(W^*, E(W^*)) = \frac{1}{3} \cdot \bar{U} + \frac{2}{3} \cdot (2 \cdot \bar{U}) \cdot \left(1 - \frac{3}{8} \cdot \frac{2}{3}\right) = \frac{4}{3} \cdot \bar{U} \tag{16.27}$$

因此接受成渝公司的职位出价,工人得 $\frac{4}{3}\cdot\bar{U}$,大于其下一个最优选择。然而假设成渝决不提出出价,似乎就存在彼此互利的交易空间。具体地讲,陈一愿意接受任何产生预期效用水平 $\bar{U}$ 或之上的出价。在其余工人预期的努力水平 $\frac{2}{3}$ 上,他愿意接受牌价工资 $\frac{4}{3}\cdot\bar{U}$ 或更多。成渝公司会乐意用提供相同努力水平但工资更低的工人替代其现存企业支付给他 $2\cdot\bar{U}$ 的工人。问题是陈一承诺努力水平2/3是不可信的。一旦他以较低工资签约,雇佣他的企业必须理性地预期到他的努力水平比其他工人低。从而企业从他那里得到的产出就没有从其他工人得到的产出多。但是较低的工资值吗?我们还需证明没有工资出价在 $\bar{U}$ 和 $2\cdot\bar{U}$ 之间,使得企业的利润增加。

有两种情况要考虑。第一,成渝公司只是简单地把陈一加到他们的劳动力上;第二,他们会用陈一替代现有的工人。如果不雇佣陈一,成渝公司的子博弈完美纳什均衡利润等于

$$V(W^*,L^*)=\ln\left(1+\frac{1-3\cdot\bar{U}}{3\cdot\bar{U}}\right)-(1-3\cdot\bar{U}) \tag{16.28}$$

如果成渝用工资 W_N 雇佣陈一而不雇佣其他人,他们的利润等于

$$\begin{aligned}&V(W^*,W_N,L^*+E^*(W_N))\\&=\ln\left[1+\frac{1-3\cdot\bar{U}}{3\cdot\bar{U}}+\frac{4\cdot(W_N-\bar{U})}{3\cdot W_N}\right]-(1-3\cdot\bar{U})-W_N\end{aligned} \tag{16.29}$$

雇佣陈一作为额外的工人的净所得是(16.28)和(16.29)两式的差,它等于

$$\ln\left(1+4\bar{U}-\frac{4\bar{U}^2}{W_N}\right)-W_N \tag{16.30}$$

这个函数取不同的 $\bar{U}$ 值和 $\bar{U}\leqslant W_N\leqslant 2\bar{U}$ 时的图形如图16.7所示。重要的是要注意雇佣陈一作为新雇员的净所得总是负的。

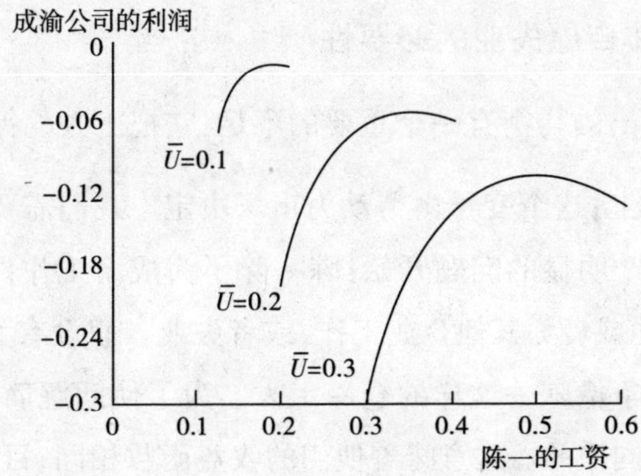

图 16.7　成渝雇员陈一为额外工人的净所得

此外,成渝公司可解雇其现有的一个雇员,雇用陈一来代替他。读者能证明成渝公司在这些环境下的净所得等于

$$\ln\left(1+2\bar{U}-\frac{4\bar{U}^2}{W_N}\right)+(2\bar{U}-W_N) \tag{16.31}$$

这个函数的图形如图 16.8 所示。它也绝不会上升到 0 以上,只在 $W_N = 2\cdot\bar{U}$ 时等于 0。

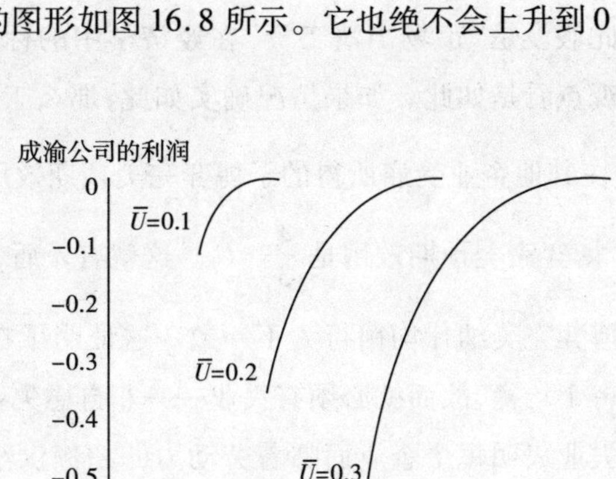

图 16.8　成渝公司用陈一代替现有工人的净所得

这些结论与我们的直观不一致:失业工人不能在比现有雇员工资更低的工资上为成渝公司工作,而且企业接受那个出价。如果从来没有失业,这个结论就不是有趣的,但此处的情况不是这样。

16.2.2 非自愿失业的必要性

我们刚才推出的均衡有一个重要的不足:它把工人的保留效用 $\bar{U}$ 看成是外生的。事实上,这个变量由劳动力市场决定。我们需要推导 $\bar{U}$ 来完成模型。我们从一个明显的问题开始:陈一除了为成渝工作以外的其他选择是什么?显然,他或者为其他企业工作,或者失业。假设有大量其他卡车企业同成渝公司竞争像陈一这样的仓库工人。为了使问题简化,假设这些企业与成渝一样是同质的。这意味着他们的收益函数相同,目标相同(预期利润最大化),监督工人的技术相同。还假设企业独立且同时做出其工资决策和雇佣决策。

我们知道,如果陈一在成渝公司工作,或者在其他卡车企业工作,其子博弈完美预期效用是 $\frac{4}{3}\cdot\bar{U}$。均衡时,所有企业支付的工资相同。如果这个工资是市场出清工资,则任何被从一个岗位上解雇的工人能立即在另一个企业找到工作。此假设是“市场出清工资”在经济学中的标准含义,至少从劳动力供给方的观点看是如此。如果情况确实如此,那么工人总就业,保留效用 $\bar{U}$ 必须等于在其他企业受雇所得的子博弈完美预期效用。但是我们刚刚看到,受雇的子博弈完美预期效用是 $\frac{4}{3}\cdot\bar{U}$。这就有矛盾,假设 $\bar{U}>0$,市场出清工资与子博弈完美纳什均衡行为不一致。这证明了在市场出清工资上保持就业不是一个均衡,故而就必须有失业——非自愿失业。

均衡时存在失业表明每个企业面临着劳动力的超额供给。对工作岗位的申请数大于工作岗位的可得数。配置这些岗位的一种方法是以先来先得为基础。那些刚刚被解雇的工人回到了失业线,那些在前面的工人进入企业代替那些刚刚被解雇的工人。失业的时间是给予解雇威胁和提供更高努力水平的动力。失业越不具有吸引力,保留效用 $\bar{U}$ 越低,失业的时间 T_U 就越长,即 $\bar{U}$ 是失业时期长度的增函数。令 L_T 表示工人的总数(为简化起见假设这是固定的)。如果有 n 个企业,每个企业雇佣 L^* 个工人,则失业工人的数

量将是 $L_T-n\cdot L^*$。我们也知道,每个企业将抓住 1/3 的频繁偷懒的工人并解雇他们。他们将立即把完全相同数量的工人与失业者混合。这意味着以前失业的 $\frac{n\cdot L^*}{3}$ 的人将找到工作。一旦他们被解雇,该时期预期工人失业数量为

$$T_U=\frac{\text{失业工人的存量}}{\text{新雇佣的流量}}=\frac{L_T-n\cdot L^*}{\frac{n\cdot L^*}{3}}=\frac{3\cdot L_T}{n\cdot L^*}-3 \tag{16.32}$$

因为 $L^*=\frac{1-3\cdot\bar{U}}{2\cdot\bar{U}}$,我们发现

$$T_U=\frac{6\cdot\bar{U}\cdot\left(L_T+\frac{3}{2}\cdot n-\frac{n}{2\cdot\bar{U}}\right)}{n\cdot(1-3\cdot\bar{U})} \tag{16.33}$$

因此,例如有 100 个工人,两个企业,每个企业均衡时雇佣 30 个工人,任何时候都有 40 个工人失业,每个时期有 20 个工人被解雇和代替。结果,新解雇的工人要花两个时期来排队等候再次被雇佣。读者可以证明 T_U是 $\bar{U}$ 的增函数。

均衡的保留效用由失业时期的长度决定;同时,失业时期的长度由保留效用决定。均衡发生在保留效用 $\bar{U}^*$ 产生失业时期长度 $T_U(\bar{U}^*)$,使得被解雇对于产生保留效用 $\bar{U}$ 完全没有吸引力。数学上,这是下面“不动点”方程的解:

$$\bar{U}^*=\bar{U}(T_U(\bar{U}^*)) \tag{16.34}$$

方程(16.34)在图形上是保留效用函数线和失业时期长度函数线的交点。假设的函数如图 16.9 所示。

现在就只缺少函数 $\bar{U}(T_U)$了,有了此函数的形式就能完成这个模型。不过,推导这个函数要求我们把最初模拟这个市场的静态框架变成动态框架。正确的动态模型必须增加下面的事实:一个工人的工作历史包括改变失业时期和就业时期,在它们之间进行随机转移。这要求更先进的分析工

具，诸如动态规划，它超出了本书的数学水平。

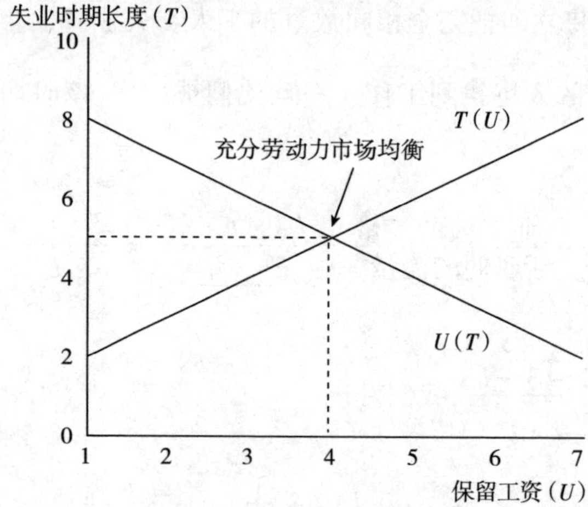

图 16.9　均衡保留效用 $\bar{U}^*$ 的决定

16.3　习题

1. 假定代理人的效用函数为 $U = \sqrt{w} - e$，其中 e 的取值为 0 或 1。令保留效用水平为 $\bar{U} = 3$。委托人为风险中性的。代理人基于产出的工资如下：如果产出为 0，工资为 $\underline{w}$；如果产出为 100，工资为 $\bar{w}$。表 16.2 给出了产出。

表 16.2　道德风险博弈

努力	产出概率		
	0	100	总计
低($e = 0$)	0.3	0.7	1
高($e = 1$)	0.1	0.9	1

（1）若代理人拥有企业，请给出他的努力选择与效用水平。

（2）如果代理人为稀缺资源，因此委托人之间争相雇用代理人，给出在充分信息下代理人的合同和效用水平。

（3）如果委托人为稀缺资源，因此代理人争相为委托人工作，给出在充分信息下的合同。在这种情况下代理人的效用与委托人的利润为多少？

(4)假定 $U = w - e$。如果委托人为稀缺要素,因此代理人争相为委托人工作,试给出委托人无法观测努力水平时的合同(允许工资为负数)。在该情况下代理人的效用与委托人的利润各为多少?

2. 某人正在打一场官司,不请律师肯定会输,请律师后的结果与律师的努力程度有关。假设律师努力工作(100 小时)时有 50% 的概率能赢,律师不努力工作(10 小时)则只有 15% 的概率能赢。如果诉讼获胜可得到 250 万元赔偿,失败则没有赔偿。因为委托方无法监督律师的工作,因此双方约定根据结果付费,赢官司律师可获赔偿金额的 10%,失败则律师一分钱也得不到。如果律师的效用函数为 $m - 0.05e$,其中 m 是报酬,e 是努力小时数,且律师有机会成本 5 万元。求这个博弈的均衡。

3. 假定代理人的效用函数为 $U = \sqrt{W} - e$,其中 e 的取值为 0 或 2.4,并且保留效用为 $\bar{U} = 7$。委托人为风险中性的。代理人基于产出的工资为 $w(0)$、$w(49)$、$w(100)$ 及 $w(225)$,如表 16.3 所示给出了产出水平。

表 16.3

方法	产出概率				
	0	49	100	225	总计
安全($e = 0$)	0.1	0.1	0.8	0	1
风险($e = 2.4$)	0	0.5	0	0.5	1

(1)如果代理人拥有企业,则他的努力选择与效用各为多少?

(2)如果代理人为稀缺资源因而委托人争相雇用他们,在充分信息下代理人的合同如何?他的效用水平为多少?

(3)如果委托人为稀缺资源因而代理人争相为委托人工作,在充分信息下的合同如何?在该合同下代理人的效用与委托人的利润各为多少?

(4)如果代理人为稀缺资源因而委托人争相雇用他们,给出当委托人不能观察到努力水平时的合同。在该合同下代理人的效用与委托人的利润各为多少?

第 17 章　完美贝叶斯纳什均衡的应用:逆向选择

17.1　逆向选择的性质

前面证明了保险市场和劳动力市场上交易者如何面临道德风险。我们知道,在有道德风险的博弈中,一个局中人不能直接观察到博弈期间另一个局中人可能采取的行动,而且这种不可观测的行动是在没有信息的局中人行动以后进行的。道德风险的一个结果是,有些交易,对双方都有利,但不能实现。这一章分析与逆向选择(adverse selection)相关的现象。如果一次购买的盈利性依赖于卖方的类型,且价格越低,不仅吸引的卖方越少,而且有意愿的卖方也越少,那么就意味着这个市场上买方面临逆向选择。例如,股票经纪人在与那些可能有内部信息的人交易时就面临逆向选择暴露。只有少数几个人知晓公司未来的盈利性的信息,这些少数人通常叫作“内部人”。类似地讲,如果保险公司向包括知晓自己因遗传而患癌症的机会高于平均数的人提供寿险,保险公司就面临逆向选择暴露。旧车的买主如果不知晓售卖的旧车的质量,但卖方知晓,他们就在进行一个逆向选择博弈。

图 17.1 是两个局中人的逆向选择博弈的典型的博弈树。因为逆向选择博弈是不完全信息博弈,我们要利用豪尔绍尼变换。自然首先行动,赋予知情局中人的类型。我们知道,一个局中人的类型是影响得益并只为该局中人知晓的各种信息。局中人的风险厌恶、贴现率、劳动生产力及其财富的损失风险等都受到局中人类型的影响。知情局中人知道其类型,但不知情局中人不知道。另一种说法是,不知情局中人并不完全知道他在与谁进行博弈。在图 17.1 的博弈中,类型是卖方的产品质量。它可能好也可能差。不知情局中人在不知道产品质量的情况下,选择行动,给出一个产品的价格,它可高可低。知情局中人后行动,要么接受买方的出价,要么拒绝买方的出价。看看他们的得益,就能够看到,卖方总是接受一个高的价格,而只有在

产品是差的时才接受低的价格。给出一个高的价格会吸引"错误"类型的卖方。如果买方能以低价买一个好产品,他的情况就最好,如果他以高价买一个差产品,他的情况就最坏。当然,买方能看到,如果产品好,卖方就绝不会接受低价,因此,此结果绝不会发生。次好的结果是支付高价得到好产品。如果买方出价低,卖方只在产品差时才接受低价,且买方的得益或者是 0 或者是 1。如果买方出价高,卖方总会接受,且买方的得益是 5 或 -10。现在买方的最优策略依赖于产品是好产品的先验概率和他的风险厌恶程度。在一个非常大的环境中,买方将出低价,并只在产品是差产品时获得产品。此种市场均衡通常叫作"柠檬市场",因为只有"柠檬"(坏产品)会被买卖,好产品将从市场拆除,并通过其他渠道卖出,如个人友谊、同事或亲戚等。

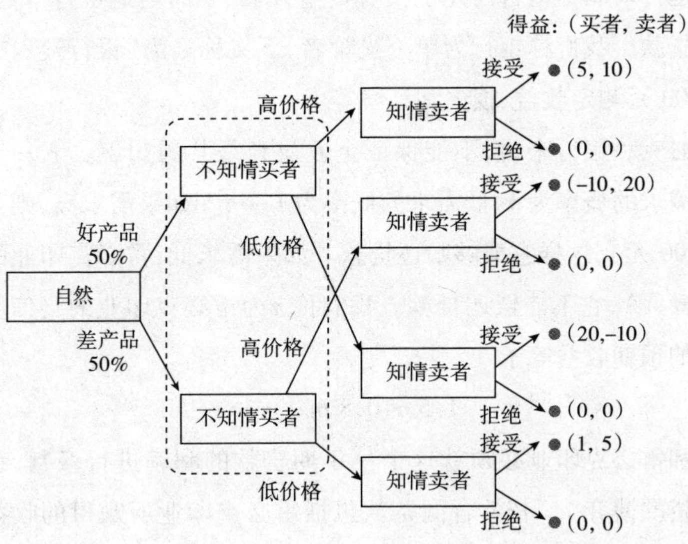

图 17.1　两个局中人逆向选择博弈的典型博弈树

在这一章,我们将分析银行信贷市场。潜在借款人的"信贷质量"不同,即他们偿还银行贷款的可能性不同。除非借款的数量特别高,否则银行不愿意花钱调查借款人的信贷质量。

银行的问题是它向借款人索要的利息将影响那些申请贷款的借款人的资信质量。在非常大的环境中,银行利率的增加会引起借款人平均资信质量的下降。如果银行不知道其借款人的资信质量,银行将向每个借款人索要相同的利率。结果就可能导致目前市场利率下对信贷的过度需求,然而没有银行会愿意通过提高利率消除这种过度需求,因为银行害怕降低借款人的资信质量。这样的结果是竞争性市场均衡,信贷被"配给"。银行基于某些非价格的原因,如借款人申请贷款的次序,来配给贷款。

17.2 缺乏逆向选择的贷款

例 17.1 考虑下面假设的例子。雷必克刚从商学院毕业,决定开一家印刷企业,叫作雷必克印业。因为他才开始创业,以前没有商务经历,雷必克印业的供货方要求事先就要付款。他需要 1000 元的"流动资金"使他的企业开始运行。因为他自己几乎没有资金,所以要向当地银行申请 1000 元一年期的贷款。我们称银行为单一决策者,下文称之为"银行"。在下文中,我们用 1000 元测定收益、损失和利润等。

对雷必克和银行来讲,不能保证企业盈利是共同知识。下一年雷必克印业有高需求的概率为 π,低需求的概率为 $1-\pi$。如果需求高,则其收益将为 1.5(1500 元),这样它能够归还贷款。如果需求低,雷必克印业的收益将为 0.8(800 元),它不能偿还贷款。我们称 π 为雷必克印业的资信质量。雷必克印业的预期收益等于

$$1.5\pi+0.8(1-\pi) \tag{17.1}$$

银行和雷必克印业必须就这个一年期贷款的利率进行谈判,我们称这个博弈为贷款博弈 1。贷款合同条款包括雷必克印业所赚得的收益必须首先用于偿还银行贷款。如果企业的收益大于其拥有的银行贷款,则归还银行本金和利息 $1+r_L$,雷必克印业的利润为

$$1.5-(1+r_L)=0.5-r_L \tag{17.2}$$

偿还的贷款 $1+r_L$ 是银行从贷款中获得的收益。为了计算银行的利润,必须将收益减去本金和银行为放贷使用储户的资金而支付给储户的利息。假设银行支付利率 5%,就能获得无限的资金供给,则意味着银行从储户所得的每 1 元(比方说卖出一年期的存款凭证),一年后必须偿还 1 + 5% 元。如果贷款被偿还,银行的利润为

$$(1+r_L)-(1+5\%)=r_L-5\% \tag{17.3}$$

如果雷必克印业的收益低于其银行贷款,则它就不能偿还银行的全部贷款。当雷必克印业不能偿还时,银行就宣布它违约,强迫它宣布破产。当一个企业宣布破产时,破产法庭就要监督其卖出资产,按偿还顺序偿还其债权人。破产对银行来说显然是一个坏结果,因为破产意味着雷必克印业不能偿还银行其全部贷款。当雷必克印业违约时,银行只能得到其净收入0.8。雷必克印业宣布破产时银行的损失等于

$$0.8-(1+5\%)=-0.25 \tag{17.4}$$

破产对雷必克印业来说也是一个坏结果。雷必克印业如果破产,不仅一年的努力无法得到补偿,还必须支付法律成本,且其未来的贷款成本会增加。假设破产的总成本等于0.2,银行和雷必克印业的得益如表17.1所示。

表17.1　贷款博弈1中雷必克印业和银行的利润

	雷必克印业	银行
贷款偿还	$0.5-r_L$	$r_L-5\%$
贷款违约	-0.2	-0.25

雷必克印业和银行的问题是它们在谈判贷款条款前都不知道企业服务的需求是高还是低。图17.2表示贷款博弈1的博弈树。银行先行动,提供给雷必克印业贷款1000元,利率为r_L。不存在对利率的讨价还价;它是不容讨价还价的。如果雷必克印业拒绝贷款条款,则博弈结束,银行和雷必克印业的得益都为0。如果雷必克印业接受贷款条款,则博弈进行到下一步:自然赋予雷必克印业的需求是高还是低。于是博弈结束,得益如表17.1所示。假设雷必克印业和银行是风险中性的财富最大化者。

银行的一个策略由利率r_L组成。雷必克印业的一个策略由法则$A(r_L)$组成,它决定什么样的利率是可以接受的,什么样的利率是不可接受的。如果雷必克印业在利率r_L下接受贷款,则其预期得益用$V_R(r_L)$表示。

$$V_R(r_L)=(0.5-r_L)\cdot\pi-0.2\cdot(1-\pi)=\pi\cdot\left(0.5-\frac{0.2\cdot(1-\pi)}{\pi}-r_L\right) \tag{17.5}$$

银行的预期得益用$V_B(r_L)$表示,等于

$$V_B(r_L) = (r_L - 5\%) \cdot \pi - 0.25 \cdot (1 - \pi) = r_L \cdot \pi - 0.2 \cdot (1 - \pi) - 5\% \quad (17.6)$$

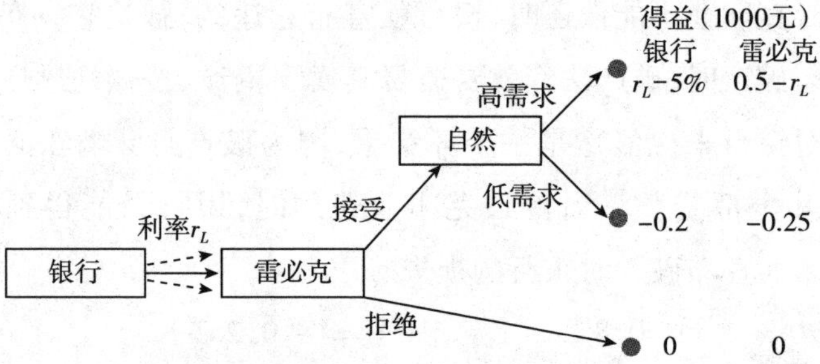

图 17.2　银行和雷必克印业之间的贷款博弈 1 的博弈树：银行和雷必克印业都不知道雷必克印业未来的需求

因为知情局中人后行动，博弈用逆向归纳求解。当且仅当雷必克印业接受银行贷款获得非负的预期利润时，雷必克印业才会接受银行贷款。整理方程(17.5)的右边，就能证明雷必克印业的最优策略是

$$A(r_L) = \begin{cases} 接受，如果\ r_L \leqslant 0.5 - \dfrac{0.2(1-\pi)}{\pi} \\ 拒绝，其他 \end{cases} \quad (17.7)$$

雷必克印业可以接受的最高利率为$0.5 - \dfrac{0.2(1-\pi)}{\pi}$，这是雷必克印业的保留利率，称之为$r_R^*$。雷必克印业的保留利率是破产成本的减函数、资信质量π的增函数。后者意味着其资信质量越高，它为了能借到企业开始运行所需的流动资金而愿意支付给银行的利率越高。

因为$V_B(r_L)$是一个增函数，银行的最优策略是提供雷必克印业的保留利率，只要这样做能产生非负的预期利润。当且仅当

$$V_B\left(0.5 - \frac{0.2 \cdot (1-\pi)}{\pi}\right)$$

$$= \left(0.5 - \frac{0.2 \cdot (1-\pi)}{\pi}\right) \cdot \pi - 0.2 \cdot (1-\pi) - 5\% \geqslant 0 \quad (17.8)$$

或者整理得

$$\pi \geqslant 0.5 \quad (17.9)$$

方程(17.9)右边的数字就是雷必克印业的资信质量门槛。无疑,这一门槛是存款利率的增函数,需求低时是损失的增函数,需求高时是盈利性的减函数。这一门槛也是破产成本的增函数。理由是,当破产成本增加时,雷必克印业愿意偿付的最大贷款利率下降。假定其他变量不变,为保持利润不变,违约概率就必须下降。

17.3　逆向选择和银行垄断

上一节假设企业和银行对贷款偿付的概率都是知情的。然而,在多数贷款情况下,借款人对违约概率的估计要比银行的估计更精确。典型情况是,违约概率越高,如果事情顺利,企业利用贷款取得的收益就越高。在下文的分析中这一事实是很重要的,因为它表明信贷风险越高的企业,愿意接受的贷款利率越高。理由很简单,信贷风险高的企业很可能不偿付贷款利息,且当信贷风险高的企业偿付贷款时,它的收益也会高。相反,信贷风险低的企业没有被破产所掩蔽。当它偿付贷款利息时,它这样做超出了更一般的收益。结果,银行提高其利率时,就趋于把那些诚实守信的借款人驱除市场。

例 17.2　和以前一样,假设企业的收益要么高要么低。虽然雷必克印业在申请银行贷款时不知道其产品需求情况,但是有些正式的市场调查允许它估计需求高的概率为 π。它可以调查自己,但雷必克印业没有办法可信地使银行享有这一信息。银行知道宣称高数值的 π 是雷必克印业的利益所在(因此贷款非常安全),而不管这一宣称是真还是假。

雷必克印业和银行之间进行的逆向选择博弈的博弈树如图 17.3 所示。我们称这个新博弈为贷款博弈 2。自然首先行动,选择雷必克印业的资信质量 π。雷必克印业知道 π,而银行不知道。于是银行以利率 r_L 向雷必克印业提供贷款 1000 元,雷必克印业或者接受或者拒绝。银行不知道 π,它的所有决策结处于单一信息集中。雷必克印业知道 π,它的每个决策结处于分离信息集中。和以前一样,如果贷款被拒绝,则博弈结束,两个局中人的得益都为 0。如果雷必克印业接受了贷款,自然就选择需求。如果需求高,贷款被偿付;如果需求低,雷必克印业违约并破产。和以前一样,宣告破产的成本为0.2。

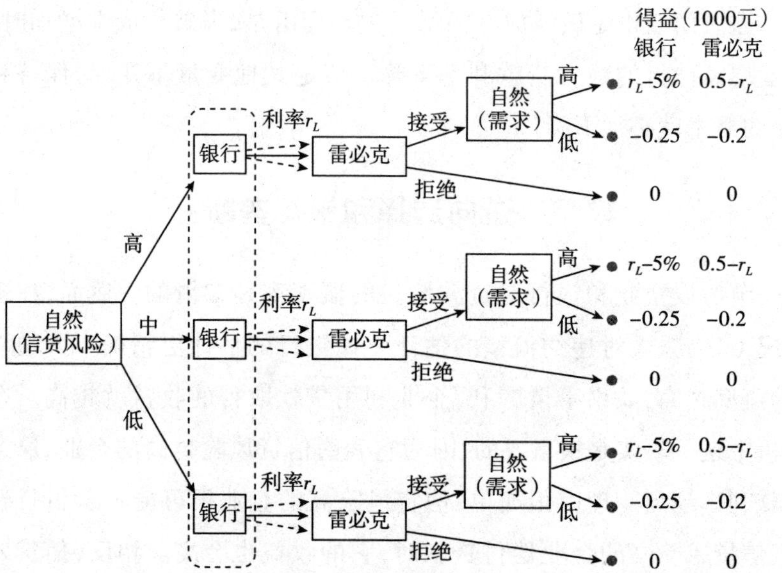

图 17.3 银行和雷必克印业进行的贷款博弈 2 的博弈树

因为银行无法观察到自然选择的π,它的策略是选择单一贷款利率r_L。由于雷必克印业能观察到π,其策略包括对于每个π值下的保留利率,用函数$r_R^*(\pi)$表示。

银行从先前的经验中知道,企业的风险越大(即π值越低),雷必克印业的预期收益越高。风险与预期报酬之间的这种反方向关系在竞争性金融市场中是共同知识。具体地讲,当需求高时,收益等于$1 + s_H(\pi)$,这里

$$s_H(\pi) = \frac{0.5}{\pi} \tag{17.10}$$

当需求低时,收益等于$1 - s_L$。注意,到后者并不依赖于雷必克印业的资信质量。把(17.10)式代入雷必克印业的预期利润函数(17.5)式,整理得

$$V_R(r_L) = 0.3 + \pi\cdot(0.2 - r_L) = \pi\cdot\left(\frac{0.3}{\pi} + 0.2 - r_L\right) \tag{17.11}$$

这正是上一节的结果。雷必克印业的最优策略是接受任何低于或等于其保留利率$r_R^*(\pi)$的利率。现在它取决于雷必克印业的资信质量,且由

$$r_R^*(\pi) = \frac{0.3}{\pi} + 0.2 \tag{17.12}$$

给出。图 17.4 给出了雷必克印业保留利率的图示。$r_R^*(\pi)$最明显的特征是它是雷必克印业资信质量的减函数,即随着雷必克印业资信质量的提高,它愿意接受的利率下降而不是增加。这正是我们所预期的。这完全与雷必克印业资信质量是共同知识时的情况相反。之所以如此,是因为随着雷必克印业资信质量的提高,企业的盈利性在需求高时是下降的。这就是较低风险的成本。当然,获取这一利润的概率随着其资信质量的提高而增加。假设所有其他情况不变,随着雷必克印业资信质量的提高,其预期利润就下降。

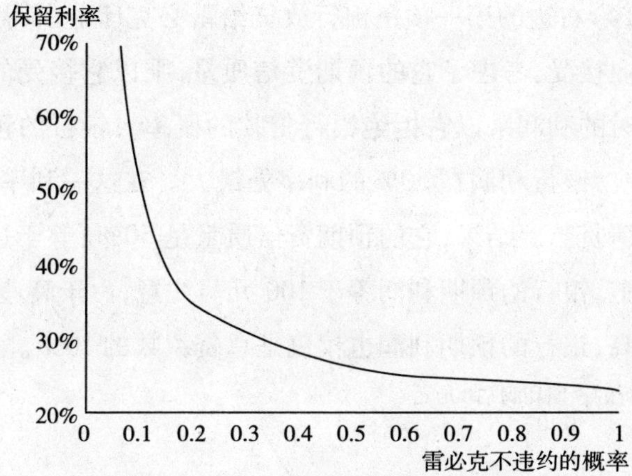

图 17.4　雷必克印业的保留利率:当它的资信质量是私人信息时,保留利率是其资信质量的函数

尽管雷必克印业的保留利率是其资信质量的反函数,银行也只有在其宣告放贷利率时才能发现雷必克印业的保留利率。当银行宣告其利率 r_L时,雷必克印业当且仅当 $r_R^*(\pi) \geqslant r_L$时才会接受贷款,或者

$$\pi \leqslant \bar{\pi}(r_L) \equiv \begin{cases} \dfrac{0.3}{r_L - 0.2}, & r_L > 50\% \\ 1, & r_L < 50\% \end{cases} \tag{17.13}$$

为了确定雷必克印业违约的概率,银行必须对雷必克印业资信质量取

任意给定的值的概率有一个最初的信念。假设银行相信π的每一个取值具有相等的可能性。这意味着自然在单位区间上的均匀分布中给π赋值。由此可得,如果银行提供的贷款利率是r_L,且雷必克印业申请贷款,则银行知道雷必克印业的资信质量在区间$[0,\bar{\pi}(r_L)]$内均匀分布。结果,它的预期资信质量,以接受银行利率为条件,等于区间的中点或者是$\frac{1}{2}\bar{\pi}(r_L)$。

银行提供贷款利率r_L时的预期利润等于

$$P_B(r_L) = \left\{r_L \cdot \frac{1}{2}\bar{\pi}(r_L) - 0.2 \cdot \left[1 - \frac{1}{2}\bar{\pi}(r_L)\right] - 5\%\right\} \cdot \bar{\pi}(r_L) + 0 \cdot [1 - \bar{\pi}(r_L)] \tag{17.14}$$

方程(17.14)右边的第一项是银行放贷给雷必克印业所得的预期利润,假设雷必克印业接受,考虑了它的预期资信质量,乘以它接受的概率。第二项是它不接受时的利润乘以它拒绝银行贷款的概率。银行的预期利润函数绘在图 17.5 中。银行利润在 50% 的利率处最大。在这一利率水平上,雷必克印业总将申请贷款。结果,它的预期资信质量是 50%,等于违约风险。在这个利率水平上,银行的预期利润等于 100 元。注意,由于高违约概率,虽然贷款利率非常高,银行的预期利润也仅仅是总贷款数的 10%。

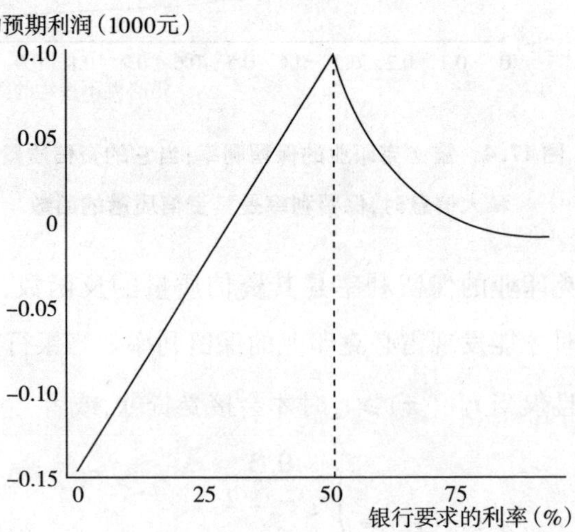

图 17.5 银行的预期利润函数:考虑逆向选择问题

17.4　逆向选择与贝特兰德银行竞争

例 17.3　至此,我们已经讨论了一个银行和一个借款人之间的关系。现在假设有两个银行,第一银行和第二银行,有 100 个类似于雷必克印业的新的企业家,这些企业家都想要借入 100000 元的流动资金。这两家银行是同质的。企业想要从这两家银行借入的 100000 元对这两家银行来说似乎也是同质的,但是它们实际上是不同质的:企业 1 的资信质量为 $\pi_1 = 0.01$,企业 2 的资信质量是 $\pi_2 = 0.02$……每个企业知道自己的资信质量 π_i,并独立于其他企业行动。我们从上一节知道,一个企业只有在它能以低于或等于 $r_L^*(\pi_i) = \frac{0.3}{\pi_i} + 0.2$ 的贷款利率获得贷款时才会从银行借款。如果企业愿意借款,它将从贷款利率最低的银行贷款。为简单起见,假设两家银行提出的贷款利率相同,那么正好有一半的借款人从一家银行申请贷款,另一半的借款人从另一家银行申请贷款。

正如我们已经注意到的,银行是金融中介。这意味着它们贷给企业的资金来自于存款人的存款,要付利息给存款人。因此银行市场由两个相互联系的亚市场构成:存款市场和贷款市场。我们将抽象掉储备要求和资本充足率要求这些复杂性,假设第一银行支付给存款人的利率和要求的贷款利率分别用 r_D^1 和 r_L^1 表示,第二银行的利率分别用 r_D^2 和 r_L^2 表示。由于存在逆向选择,任意借款人对贷款违约的概率取决于借款人接受贷款的类型,而这又取决于银行提出的利率。我们从上一节知道,破产率等于 $1 - \frac{1}{2} \cdot \bar{\pi}(r_L^i)$,其中函数 $\bar{\pi}$ 由方程(17.13)定义。第一银行从存款人处所获得的每 1 元然后贷出,其预期利润等于

$$V_F(r_L^1) = \frac{1}{2}\bar{\pi}(r_L^1) \cdot r_L^1 - s_L \cdot \left[1 - \frac{1}{2}\bar{\pi}(r_L^1)\right] - r_D^1 \qquad (17.15)$$

方程(17.15)的第一项等于每 1 元的贷款收入乘以偿还概率;第二项是贷款人违约所产生的每 1 元贷款的损失乘以违约概率;第三项是每 1 元付给存款人的利息。类似的表达式对第二银行也成立。

假设有 100 个潜在的存款人,每个存款人在两个银行共存款 1000 元。和企业一样,虽然这些存款人在银行看来似乎是同质的,但它们事实上是不同的。像企业一样,每个存款人有一个保留利率。这个利率是存款人在向银行存款之前所愿意接受的最低利率。存款人的保留利率互不相同,部分是因为他们面临的投资机会和投资期限不同。一个存款人发现 30 天存款凭证利率 7% 是有吸引力的,而另一个人则认为它不具有吸引力。这些保留利率在 0% ~20% 不均匀分布,这一分布是共同知识。即第一个存款人愿意接受 0.2% 或更低的利率,第二个存款人愿意接受 0.4% 或更低的利率,第 20 个存款人愿意接受 4% 或更低的利率等。每个存款人知道自己的保留利率并独立于其他存款人行动。如果两家银行给出的存款利率相同,每个存款人将把 500 元存入一家银行,而把另外 500 元存入另一家银行。

我们称新的博弈为贷款博弈 3。自然首先行动,赋予每个存款人保留利率,和每家新的企业的资信质量水平 π_i。然后这两家银行同时在存款市场和贷款市场从事贝特兰德竞争。也就是说,它们同时宣告其贷款和存款利率。然后存款人和借款人同时向银行贷款或存款。最后,两家银行同时决定接受多少贷款申请和存款申请。此博弈的简化博弈树如图 17.6 所示。

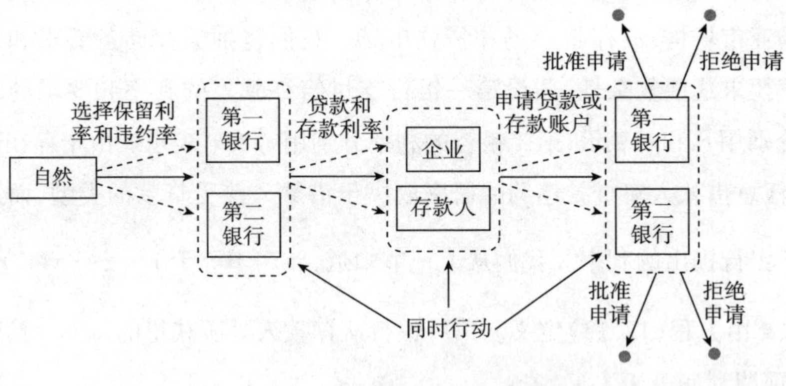

图 17.6 贷款博弈 3 的博弈树

尽管博弈看似复杂,但我们可以限制对称均衡简化对均衡的研究——在对称均衡中,两家银行的贷款利率和存款利率相同。我们用 r_D^* 和 r_L^* 表示此均衡的存款利率和贷款利率。贝特兰德竞争的一个特征是,在任何纳什均衡中,两家银行获取 0 预期利润。理由很简单:如果两家银行的预期利润为正,一家银行可以稍许降低其贷款利率、提高其存款利率,从而从其竞争者的存款市场和贷款市场夺得更多的份额而使预期利润加倍。把 0 利润条件和方程(17.15)结合就意味着 r_D^* 和 r_L^* 必须满足方程

$$r_D^* = R_D(r_L^*) = \frac{1}{2}\bar{\pi}(r_L^*) \cdot r_L^* - 0.2 \cdot \left[1 - \frac{1}{2}\bar{\pi}(r_L^*)\right] \quad (17.16)$$

下面假设参数如表 17.2 所示。对每个贷款利率,我们用 $R_D(r_L)$ 表示两家银行产生 0 利润的存款利率。如果贷款利率低于 20% 或者高于 140%,预期利润为负,即使存款利率为 0。因此,在任何完美贝叶斯纳什均衡中,条件必须是 $20\% < r_L^* < 140\%$ 。图 17.7 给出了贷款利率在这一区间的 R_D 函数的表示。在 R_D 上的任何点,预期利润为负,在 R_D 以下的任何点,预期利润为正。这个函数呈特殊形状。如果贷款利率低于 50%,函数递增,反映了这样的事实:在这些利率上,每个借款人都想要借款,因此借款人预期资信质量不变。结果,假定其他条件不变,随着贷款利率上升,预期贷款收益增加,预期贷款损失保持不变,所以预期利润增加。存款竞争使存款利率增加。但是当利率在 50% 以上时,资信质量最好的借款人退出市场。结果违约概率增加。而违约概率的增加过大,超过了偿还的贷款的较高收入。结果是,假设存款利率不变,预期利润随着利率增加而下降,所以 R_D 必须下降。

贝特兰德均衡是图 17.7 中点 A 和 B 之间的一组利率。联结 BC 线段的点不是贝特兰德均衡。为什么如此?假设两家银行给出如图 17.7 中 D 所示的利率对。现在假如第一银行单方面改变其利率,如图 17.7 中的 E 所示。E 位于 D 的左上方。因为第一银行的贷款利率较低而存款利率较高,它就会抓住第二银行的所有企业。此外,因为 E 位于 R_D 线的下方,第一银行在每 1 元存款和贷款上都获取正的预期利润。所以第一银行能够单方面增加其预期利润。这证明了 BC 线段上没有一点是均衡的。相反我们可以证明,没有银行会在 AB 上的任何点单方面提高其存款利率、降低其贷款利率,从而获得正利润。

表 17.2 信贷资金的供给和需求

r_L	贷款申请（份）	信贷资金需求（元）	违约概率	$R_D(r_L)$	存款申请（份）	信贷资金供给（元）	资金的超额需求（元）
20%	100	100000	0.50	0%	0	0	100000
30%	100	100000	0.50	5%	25	25000	75000
40%	100	100000	0.50	10%	50	50000	50000
50%	100	100000	0.50	15%	75	75000	25000
70%	60	60000	0.70	7%	35	35000	25000
90%	43	43000	0.79	3.5%	18	18000	25000
110%	33	33000	0.83	1.6%	8	8000	25000
130%	27	27000	0.87	0.4%	2	2000	25000
140%	25	25000	0.88	0%	0	0	25000

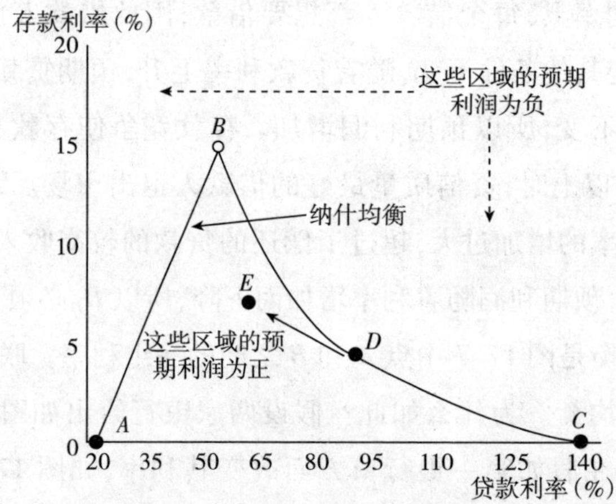

图 17.7 贝特兰德均衡的存款利率和贷款利率：贷款博弈 3

如表 17.2 所示，在每一个贝特兰德均衡利率上，贷款需求都超过贷款供给。结果是，在竞争性均衡时存在信贷配给。如果贷款市场没有逆向选择，且在目前的贷款利率上存在贷款的超额需求，则每家银行显然会有动机提高其贷款利率。如果贷款收入很高，银行会提高其存款利率，这样就会有更多的资金贷出。但要注意的是，在我们假设的银行市场上，在一确定的利率上，如果一家银行提高其贷款利率，就会吸引“错误”类型的借款人——那些更可能违约的借款人。如果违约率快速上升超过了利率，那么为了保持平衡,银行必须转而降低其付给存款人的利率。但是存款利率的降低又会引起存款收缩。结果,银行会发现它不能增加贷款,必须基于某些非价格因素把贷款配给消费者。

17.5　习题

1. 企业生产的产品有高质量(H)或低质量(L)两种可能,企业自己知道产品的质量,消费者在用过一次以后才知道。假定所有消费者具有相同的偏好:如果消费了高质量的产品,消费者总剩余为 θ;如果消费了低质量的产品,消费者总剩余为 0。假定生产高质量产品的单位成本为 c_1,生产低质量产品的单位成本为 c_0,且 $c_1 > c_0$。消费者认为产品高质量的先验概率为 μ。如果购买只是一次性的,当 μ 取什么值时,低质量的产品会把高质量的产品赶出市场?

2. 现在假定第 1 题的博弈进行两个阶段。如果消费者在第一阶段购买的是高质量产品,则第二阶段将继续购买;如果第一阶段购买的是低质量产品,则第二阶段将不再购买。假定每阶段的销售价格 p 等于预期的消费者剩余,企业在第一阶段可以选择是否花费 x 做广告,企业的贴现因子为 δ。证明:

(1)如果 $\delta(\theta - c_1) < c_1 - c_0$,则不存在分离均衡,即生产高质量产品的企业不会通过选择做广告把自己与生产低质量产品的企业分开;

(2)如果 $\delta(\theta - c_1) > c_1 - c_0$,则存在分离均衡,即生产高质量产品的企业将通过选择做广告把自己与生产低质量产品的企业分开,广告费为 $x \geqslant p - c_0$。

3. 在旧车市场上,假设买方和卖方对商品的估价分别为 v_b 和 v_s。交易能够带来净收益(即 $v_b > v_s$)是共同知识,但收益的大小却是私人信息。具体情况如下:卖方的估价 v_s 服从[0,1]区间上的均匀分布;买方的估价为 $v_b = kv_s$,其中 $k > 1$ 是共同知识。卖方了解 v_s(从而知道 v_b),但买方却不清楚 v_b(或 v_s)。假设买方给出一个单一价格 p,卖方既可以接受也可以拒绝。当 $k < 2$ 时,博弈的完美贝叶斯纳什均衡是什么?当 $k > 2$ 时呢?

4. 一半高中毕业生为有天赋的,并且生产产出 $a = x$;另一半为不具天赋的,并且生产产出 $a = 0$。两种类型的毕业生的保留工资均为 1 单位,并且为风险中性的。雇主能够对毕业生进行测试并发现他们的真实能力,雇主与申请者进行测试的成本分别为 2 与 1。雇主在提供工资时互相竞争,但在显示测试结果时进行合作,所以雇主知道一个申请者是否已被测试以及是否通过测试。工作只进行一期。雇主不能保证测试每个申请者。

(1)为什么不存在如下均衡——或者是不具天赋的毕业生不申请,或者是雇主测试每个申请者?

(2)在均衡中,雇主以概率 γ 测试毕业生并付给通过测试的毕业生工资 w,有天赋的毕业生全部参加测试,不具天赋的毕业生以概率 α 参加测试。找到均衡值 α 关于 w 的表达式。解释为什么 α 独立于 x?

(3)如果 $x = 8$, α、γ 与 w 的均衡值各为多少?

第 18 章　完美贝叶斯纳什均衡的应用：公司接管和绿色邮件

20 世纪 90 年代以来的公司兼并浪潮出现了大量的、值得研究的现象。比如内部人交易、运气在投资银行间的转移、企业的崩溃等都是迷人的问题。在这次兼并浪潮中出现了许多新的术语。以前经济学家仅仅谈到“兼并”和“公司控制权市场”。现在，我们有“绿色邮件”“白色骑士”“侵入者”和“毒丸”等新的名词和术语。

这一章我们用博弈论对公司接管进行分析。

18.1　博弈论与公司并购

一个企业接管另一个企业的行为在经济学家和商人之间存在大量的争论，这些争论涉及兼并活动的两个方面。第一，兼并威胁如何影响公司的股东？长期以来，人们认为，公司的管理者可能与公司所有者（股东）的目的不同，因为公司经理能够从事阻止兼并活动或接管企图的行为（如“绿色邮件”或“毒丸”）。问题是，这些经理的策略是否对公司的所有者最有利。第二，公司兼并活动的总体后果是什么？兼并是仅仅由复杂的税法所促动，还是由金融市场上那些使投资银行家牺牲他人利益而变富的鬼把戏所促动？或者兼并的目的是驱除那些平庸的管理者和公司结构，用更有效率的经理和企业替代？

这里只研究第一个问题。我们将集中寻找经理对接管的某些反应实际上有利于股东的条件。公司经理在面对“敌意”接管企图时，所使用的最有争议的一个策略叫作“绿色邮件”。“敌意”收购者通常叫作“侵入者”，侵入者所瞄准的企业叫作“目标企业”。假如有人把一个企业作为接管的目标，也许这个人有理由相信更好的管理能使该企业盈利更多，也许他认为将企业的各种业务分拆卖出能够盈利，也许他认为把这个企业与另一个企业合并可以产生协同效应(一加一等于或大于二)。不管原因是什么,收购者可能采取的一个行动是,开始买进目标企业的股份(或威胁要这么做)。在某个阶段,收购者公告或威胁要公告其对多数外部股份的收购要约。在收购要约中,收购者承诺在规定日期之前、以规定价格(通常要高于当前的市场价格)买入要约中提出的全部股份——只要有足够的股份被收购,就能使公司控制权向收购者有效转移。

为了反抗侵入者的收购要约,目标企业的管理层可以以高于侵入者的出价买回侵入者的股份,这叫作"再购买协议"。另外,目标企业的管理层在这个协议中几乎总要要求侵入者在相当长的时期不能再买进目标企业的新的股份。简言之,目标企业的管理层"贿赂"潜在的收购者要他离开,不要再来!侵入者从接受此种协议中取得的利润叫作"**绿色邮件**"(greenmail)。

表面上,绿色邮件对企业的经理有利,因为他担心企业未来的就业,而对股东有害,因为他们被阻止以相对高的价格卖出其股份。根据传统认识,收购者想要做的全部,是对股东的股份出一个高于当前市场价格的价格。如果股东认为卖出股份对他们有利,就会卖出其手中的股份。所以如果他们选择卖出股份,他们的处境必定会更好。由此可见,自利的管理者必定会通过从事绿色邮件来保护自己的狭小利益。下面将对这一传统认识的合理性提出挑战。特别地讲,我们将提出某些条件,在这些条件下,支付侵入者绿色邮件对目标企业目前的股东是最有利的。

如果管理层支付绿色邮件给侵入者,目标企业的股东的处境会变好,其理由是,这样做可能诱使其他企业对该企业的所有权发出出价。其他企业的进入有可能使股价比只有侵入者出价时高。"**白色骑士**"(white knights)就是一种特别的出价者,他们受目标企业的邀请提出要价。传统的认识是,处于困境中的企业邀请白色骑士是为了保住高层经理的职位。但是我们证明,邀请白色骑士的另一个可能的原因是,白色骑士能增加困境企业权利的竞争水平。绿色邮件的支付证明是给白色骑士提供的一个关于目标企业经济状况的信号,而这只对该企业是已知的。

18.2　没有白色骑士的绿色邮件

例 18.1　设想有一个目标企业,叫作 B 公司。有两个潜在的收购者 A 公司和 C 公司,它们正考虑收购 B 公司。这个模型的两个重要方面是,这两个潜在收购者不是同质的,它们对接管的盈利性不确定。

A 的所有者对于他们如何着手使 B 更有利可图没有具体的想法。不过,他们相信,如果他们花 12000 元请一个顾问,顾问有 50% 的机会揭露某些迄今为止未知的计划,该计划会使 B 的市场价值增加 120000 元。顾问还有 50% 的机会扑空,这样 A 花了 12000 元却什么也得不到。另一个潜在的收购者 C 处于类似的状态,不过不完全相同。他们可利用另一个顾问,该顾问有 50% 的机会找到使 B 的市场价值增加 200000 元的方法。这个顾问的成本是 48000 元。和 A 一样,如果顾问失败了,则 C 将损失 48000 元。

我们称 A、C 和 B 玩的博弈为接管博弈 1。此博弈可模型化为两个连续的静态子博弈:雇佣顾问博弈和出价博弈。在第一个子博弈中,A 和 C 同时决定是否雇佣一个顾问。然后自然决定雇佣的顾问是否成功。自然的行动是共同知识。最后两个企业对 B 的股份出价,博弈结束。和通常一样,我们从分析出价博弈开始。根据这个子博弈的均衡得益,我们就能计算出第一个静态博弈的预期得益。图 18.1 给出了此博弈的简化博弈树。

当且仅当 A、C 的顾问成功地找到了增加目标企业的市场价值的方法,A 和 C 才对 B 的股份出价。因此,如果顾问失败了,博弈结束,A 的得益为 -12000 元,B 的得益为 -48000 元。如果两个顾问成功了,则 C 和 A 就进入"出价战"。我们假设采取的形式是一阶价格拍卖,B 的股份以最高价卖出。在完美信息条件下(为简化起见,假定每个企业对 B 的估价是共同知识),所有企业都认识到,愿意对 B 的股份出价最高的企业必须支付至少是第二高的出价者愿意支付的价格——但不会超过这个价格。因为在这一阶段,顾问的成本是沉没成本,A 收购 B 的价值等于 120000 元,C 收购 B 的价值等于 200000 元。由此可见,C 支付 120000 元给 B 的股东会赢得拍卖。B 现在的股东得到 120000 元,C 获得 200000 元 - 120000 元 = 80000 元,A

什么也得不到。

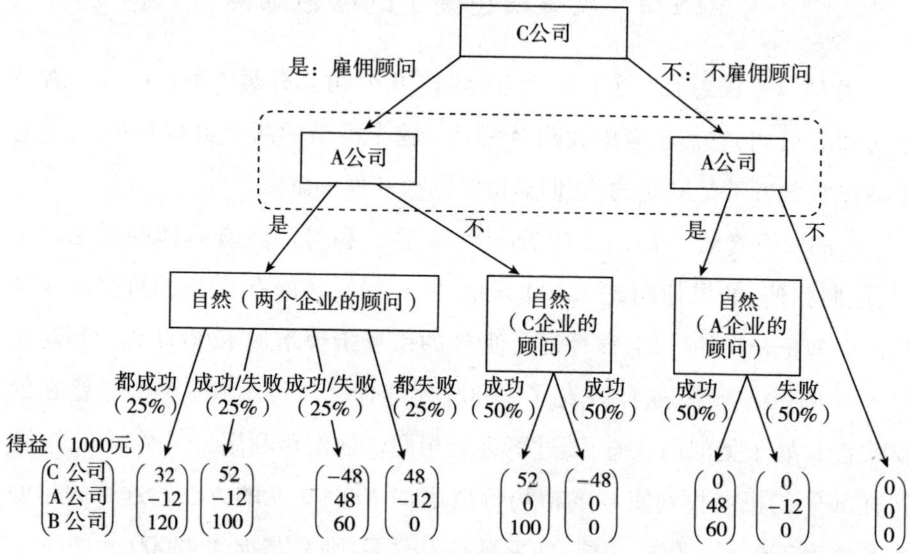

图 18.1　接管博弈 1 的博弈树

不太清楚的是，如果两个潜在收购者只有一个对 B 出价，会有什么结果。股东可以合理地继续持有股份参与企业增加了的价值的分配，而不是把股份卖给出价者。为简单起见，我们假设如果只有一个出价者，那么 B 增加的价值在收购者与现在的股东之间平分。因此，如果 C 是唯一的出价者，它以超过目前市场价值的 100000 元买入 B，它和 B 早先的所有者各得到得益 100000 元。如果 A 是唯一的出价者，那么它以超过其市场价值的 60000 元买入，它和 B 的早先的股东最后的得益各为 60000 元。有许多其他的分法也是合理的。虽然我们的具体的数值解取决于这些所得如何分配，不过，如果利用其他的分法，下面得到的均衡的定性特征保持不变。重要的是，收购者和 B 的股东都从接管中有所得。

解出了出价子博弈，我们现在来解初始静态博弈——企业决定是否雇佣一个顾问。不雇佣顾问的得益为 0。雇佣顾问的企业获得不确定的得益，这依赖于顾问是否成功和对手的顾问是否成功，即雇佣顾问等价于玩一个抽彩。我们假定两个侵入者的决策是基于玩这个抽彩所获得的两个企业的预期得益。这些预期得益列于表 18.1 中。

表 18.1　接管博弈 1 的预期得益(元)

		A	
		雇佣顾问	不雇佣顾问
C	雇佣顾问	-3000,3000	2000, 0
	不雇佣顾问	0 , 1800	0, 0

需要说明表 18.1 中的四个非 0 得益。如果只有一个企业雇佣顾问,则有两个可能的等可能结果:顾问成功,企业和 B 的股东平分 B 增加的价值;或者顾问失败,在这种情况下什么也不会发生,所有三个局中人获得的得益为 0。如果只有 A 雇佣顾问,则它的预期得益为

$$0.5 \cdot \left(\frac{1}{2} \cdot 120000\right) + 0.5 \cdot 0 - 12000 = 18000 \tag{18.1}$$

如果只有 C 雇佣顾问,则它的预期得益为

$$0.5 \cdot \left(\frac{1}{2} \cdot 200000\right) + 0.5 \cdot 0 - 48000 = 2000 \tag{18.2}$$

最后,假如两个企业都雇佣顾问,那么每个企业最终在玩一个有四个等可能结果的抽彩:两个顾问都成功,C 出价高于 A 获得 B;只有 A 的顾问成功,它得到 B 并与股东平分所得;只有 C 的顾问成功,它得到 B 并与股东平分所得;或者两个顾问都失败,没有企业对 B 出价。A 的预期得益为

$$0.25 \cdot 0 + 0.25 \cdot \left(\frac{1}{2} \cdot 120000\right) + 0.25 \cdot 0 + 0.25 \cdot 0 - 12000 = 3000 \tag{18.3}$$

C 的预期得益为

$$0.25 \cdot 80000 + 0.25 \cdot 0 + 0.25 \cdot \left(\frac{1}{2} \cdot 200000\right) + 0.25 \cdot 0 - 48000 = -3000 \tag{18.4}$$

根据表 18.1 就能阐明 A 有一个很强的占优策略:雇佣顾问。C 没有这样的占优策略,但它有一个重复占优策略:不雇佣顾问。因此这个博弈有一个重复占优策略均衡(它是唯一的纳什均衡),其中只有 A 雇佣顾问。这个顾问有 50% 的机会成功地找到对 A 来说如何使 B 更有利可图的方法。当 A 和 C 玩它们的均衡策略时,B 股东的预期得益是:

$$0.5 \cdot \left(\frac{1}{2} \cdot 120000\right) + 0.5 \cdot 0 = 30000 \tag{18.5}$$

现在假设B公司的管理层能够“贿赂”C公司而不进行我们刚才分析的接管博弈。B公司能从此贿赂中得益的唯一分法是，如果这样做了，会诱导A公司去雇佣一个顾问开发接管B的可行性。我们已经知道，当且仅当A被排除在博弈外，C才会雇佣顾问。但是把一个潜在的收购者从接管博弈中排除，正是绿色邮件的意义所在。在传统的接管分析中所忽略的是，股东实际上可以从排除一个收购者而获益。如果这样做会诱导一个更好的收购者——即一个愿意支付给B公司股东更多的收购者——出现，则他们就将获利。

接管博弈2如图18.2所示，其中B公司有支付绿色邮件的选择权。在第一阶段，B公司向A提出绿色邮件要求不要与C进行接管博弈。A要么接受要么拒绝这一提议。如果A接受要约，那么C就决定是否雇佣顾问，确信不会有与A的出价战。如果A拒绝绿色邮件要约，则A和C就进行前面所分析的接管子博弈。在图18.2中，我们用终点结代替这一完整的子博弈，并设计此结是子博弈纳什均衡预期得益。

因为这是一个动态博弈，我们可用逆向归纳法找出其均衡。我们从C决定雇佣顾问开始，假如顾问知道了A接受了绿色邮件要约，那么如果C雇佣顾问，且顾问是成功的，则C将接管B并不与A进行出价战。这增加了此种接管的盈利性。但是绿色邮件支付使B的市场价值减少，数量为G。假定在C和B就购买价格进行的随后谈判中，B的股东吸收了所有的价值损失，即C买B的价格是100000－G元，其交易利润是(200000元－G)－(100000元－G)＝100000元，这与无绿色邮件的得益一样。雇佣顾问的预期得益是

$$(0.5 \times 100000 + 0.5 \times 0) - 48000 = 2000 \tag{18.6}$$

因为它为正，C将雇佣顾问。沿博弈树向上移，下一个决策结属于A。因为接管子博弈A的预期得益是18000元，A只有在绿色邮件得益等于或大于18000元时才接受绿色邮件。如果B出价18000元给A，要约会被接受，C会雇佣顾问。B的股东的预期得益是

$$0.5 \times (100000 - 18000) + 0.5 \times (-18000) = 32000 \tag{18.7}$$

另一方面,如果 B 给 A 的出价低于 18000 元,要约将被拒绝,只有 A 雇佣顾问,B 公司股东的预期得益是 30000 元。由此可见,给 A 公司 18000 元的绿色邮件对股东最有利。

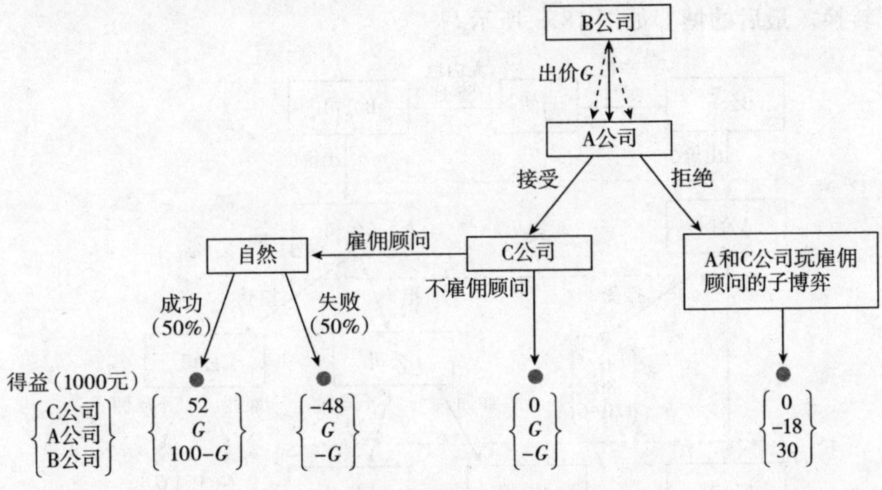

图 18.2　接管博弈 2 的博弈树

18.3　有白色骑士的绿色邮件

尽管上面的模型在逻辑上是合理的,但与经验证据不完全相符。模型预言,当接管目标的股东观察到从其企业接受绿色邮件要约的侵入者时,则他们应猜想会有更适当的收购者的存在。结果,股东立即向上修正其对企业财富的估价,企业的股票价格会上升。不幸的是,没有数据证明这点。相反,接受绿色邮件之后通常目标企业股票价格下降。其次,当目标企业支付绿色邮件给侵入者时,目标企业通常要寻找"白色骑士"。我们知道白色骑士是一个潜在收购者,目标企业要求它对其股份出价。

例 18.2　这一节试图把某种私人信息引入上面的接管博弈中,以此解释这两个程式化事实。我们继续假定有两个对 B 的潜在收购者:A 和 C。没有企业知道起初如何去增加 B 的市场价值,但每个企业都雇佣一个顾问去找到一种使 B 的价值增加的方法。不同的是 B 也许已经知道 C 能如何增加 B 的市场价值到 200000 元。当出现这种情况时,我们就说 B 有一个白色骑士。当 B 与 C 分享这一信息时,后者就能从接管企业中获利而无须雇佣顾问,所以 B 可能有两种类型:或者有白色骑士或者没有。B 和 C 两个都知道 B 的类型,但 A 不知道,因此这是一个不完全信息博弈,解它要用到豪尔绍尼转换。最后的博弈如图 18.3 所示。

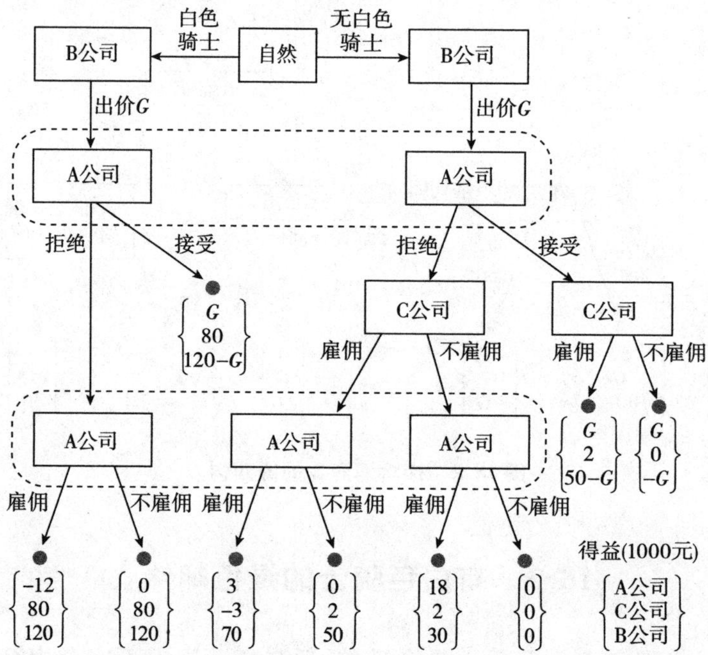

图 18.3　接管博弈 3 的博弈树

如果自然向右行动不给 B 白色骑士,那么三个局中人在玩接管博弈 2。在图 18.3 中用自然行动的预期得益代替此子博弈中的自然决策结简化了博弈树。如果 B 没有白色骑士是共同知识,则由第一节知道,三个企业的均衡策略如下:B 在付给 A 公司绿色邮件 18000 元;A 只有要约在 18000 元及之上时才接受绿色邮件;当且仅当 A 接受 B 的绿色邮件要约时,C 才雇佣顾问。

如果自然沿左行动,给 B 白色骑士,那么 C 知道目标企业值 200000 元,超过目前的市场价值,因此出价高于 A 就一定是 C 的决策。这意味着如果 A 雇佣顾问就一定会遭受 12000 元损失,而不管顾问是否成功。由此可见,如果 B 有白色骑士是共同知识,则在子博弈中,A 的最优策略是接受 B 提出的任何绿色邮件要约,而不雇佣顾问。B 的最优策略是不支付任何的绿色邮件(用要约“0”代表)。我们假定由于它有助于证明 C 如何从接管中获利,B 和 C 同意 200000 元的购买价格(如果 A 出价与 C 争夺,这就是 B 应得的)。这意味着 B 没有激励使 A 相信在它没有白色骑士时有白色骑士。

当然,在这个博弈中 B 的类型不是共同知识。B 知道它的类型,但该企业怎么才能可靠地把此信息传递给 A 呢? 答案是简单的:绿色邮件要约揭示了这一信息。因为如果 A 相信当且仅当没有白色骑士时,B 才提出支付绿色邮件,那么 B 的最优策略是当且仅当没有白色骑士时,提出支付绿色邮件(18000 元)给 A。为什么如此? 考虑在没有白色骑士时不提出支付绿色邮件给 A 的后果。因为 A 相信没有绿色邮件意味着有白色骑士,它就不雇佣顾问,没有企业对 B 出价,即使有一个顾问至少有 75% 的机会会为两个收购者之一找到增加企业价值的方法。现在假设当有白色骑士时,B 提出支付绿色邮件 18000 元给 A。于是 A 会相信没有白色骑士,进行接管博弈 2。因此 A 接受绿色邮件。但 B 在有白色骑士时无须支付绿色邮件,因为由于 B 的帮助,C 会找到把企业价值增加到远远超过其对 A 所值的方法。这证明 B 的最优策略是只在它没有关于 C 怎样增加 B 的市场价值的私人信息时才提出支付绿色邮件。

在这一均衡中,支付绿色邮件传达了 B 没有白色骑士的信号。当 B 有白色骑士时,就不会有绿色邮件给 A。相反,B 揭示其私人信息给 C,两者平分增加的价值。这一均衡不仅揭示了白色骑士的作用,而且也证明了为什么支付绿色邮件对目标企业的股东是“坏消息”:在这一均衡中,股东的预期得益在有白色骑士时比没有白色骑士时要高。有白色骑士时不仅付给 B 股东的预期价格要高,而且无须支付绿色邮件给 A,因此,我们的模型能够解释目标企业的股票价格在其公告将支付给侵入者绿色邮件时要下降。

18.4　习题

1. 在接管博弈 1 中,如果只有一个潜在收购者对 B 公司出价(要么是那个唯一雇用顾问的企业,要么是顾问成功的那个企业),那么股东得到 $\alpha =$

50% 的 B 公司价值增值，而收购者得到 $1-\alpha=50\%$ 。求出所有的 α 值，其中接管博弈 1 有纳什均衡，在纳什均衡中，C 公司雇用顾问，A 公司不雇用顾问。

2. 在接管博弈 1 中，假如 C 公司的顾问费是 $F_c=12000$ 元，A 公司的顾问费是 $F_A=48000$ 元。求出 F_c 的值，其中接管博弈有纳什均衡，在纳什均衡中，C 雇用顾问，A 不雇用顾问。

3. 在接管博弈 2 中，如果 A 公司拒绝 B 公司的绿色邮件出价 G，那么雇用顾问子博弈的预期得益 $P_A=18000$ 元。求出 P_A 的所有值，其中这个博弈有子博弈完美纳什均衡，均衡时 B 公司发送绿色邮件给 A 公司。

4. 在接管博弈 2 中，假如 C 公司顾问费是 $F_c=12000$ 元，A 公司的顾问费是 $F_A=48000$ 元。利用第 1 题和第 2 题的答案，求出 F_c 值，其中接管博弈有纳什均衡，且均衡时，B 公司给 A 公司发送绿色邮件。

5. 在接管博弈 3 中，如果只有一个潜在收购者对 B 公司出价（要么是那个唯一雇用顾问的企业，要么是顾问成功的那个企业），那么股东得到 $\alpha=50\%$ 的 B 公司价值增值，而收购者得到 $1-\alpha=50\%$ 。求出所有的 α 值，其中接管博弈 3 有完美贝叶斯纳什均衡，且均衡时，B 公司给 A 公司绿色邮件，当且仅当没有白色骑士时。

第19章　完美贝叶斯纳什均衡的应用:限制定价

亚当·斯密在200多年前就认识到,一个产业中的在位企业可能会努力依策略行动,以便阻止新的竞争者:"当某一商品因有效需求增加而市价比自然价格高得多的时候,这商品的供给者大抵都小心翼翼地隐瞒这种变化情况。要是被人知道,其丰厚的利润定会诱使许多竞争者向这方面投资。结果,有效需求完全得到供给,这商品的市场价格不久就降低到自然价格,甚至低到自然价格之下。"

自亚当·斯密以来,长期竞争的利益要求企业能够低成本进入和退出,这已得到清楚的认识。20世纪70年代以来,博弈论模型的方法清楚明确地阐明了企业可以停止或延迟进入的各种方法,并清楚地给出了使进入威胁行为有意义的条件。

正如亚当·斯密所清楚说明的,潜在进入者进入产业面临大量的关于未来利润前景的不确定性。在位企业在评估市场条件包括需求条件和供给条件方面处于比外部企业要好的地位,因此,存在信息不对称。行业中可观察到的企业行为可以把市场条件信号传递给潜在进入者。如果此种信号触发了进入,那么在位企业放弃短期利润以便阻止潜在进入者进入并获得长期利润就是其利益所在。这是进入威胁现象的本质,这也是本章所讨论的。

用现代价格理论工具考察进入威胁问题的第一个经济学家是乔·S. 贝恩(Joe S. Bain)。贝恩对垄断者如何利用价格和产出决策保持其垄断地位感兴趣。他的著作不久就被莫迪利安尼(Modigliani,1958)和西尔斯·莱比利(Sylos-Labini,1962)所扩展。贝恩模型的简单版本,不久就被称之为进入限制定价模型,我们将用现代博弈论重建贝恩模型。

19.1　贝恩的进入限制定价模型

假设垄断者面临的行业需求曲线如图19.1所示。因为需求曲线向下倾斜,边际收益曲线位于其下方。短期利润最大化产出由边际收益等于边际成本决定。利润最大化价格是该产出能够被卖出的最高价格。利润最大化价格和产出如图 19.1 的 P_1和 Q_1所示。

假如另一个企业正考虑是否进入这个行业。我们称现在的企业为在位企业,其潜在的竞争者为进入者。假设进入者能够用和在位企业相同的成本生产完全同质的产品。因为两个企业生产完全同质的产品,市场价格将由两个企业生产的数量决定。

莫迪利安尼和西尔斯·莱比利提出的模型假设潜在进入者相信在位企业不会改变其产出或销售量来对进入做出反应。而且,在位企业相信进入者相信这点。用博弈论的话说,进入者的信念是共同知识。如果在进入前,在位企业生产 Q_1单位产品,则潜在进入者相信进入后,在位企业将继续生产 Q_1的产量,因此,留给进入者的唯一需求是图 19.1 中需求曲线扩展到 Q_1右边的部分。如果我们把这个剩余需求恢复到纵轴,就得到进入者相信如果它进入它所面临的需求曲线。如图 19.2 所示。我们知道利润等于价格与平均成本的差乘以产出或$(P(Q)-AC(Q))\cdot Q$,P 是反需求函数,AC 是平均成本函数。只要剩余需求曲线位于平均成本曲线之上的某个价格范围,进入者进入就能获得利润。

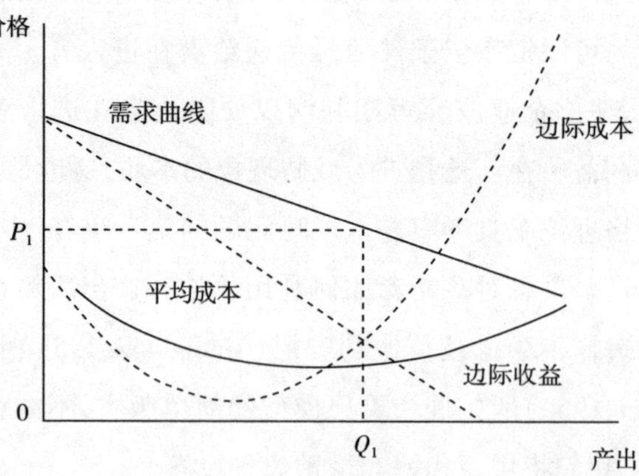

图 19.1　短期,利润最大化垄断者将选择 Q_1和 P_1作为其产出和价格

假设进入者相信利润是可能的,就会设剩余边际收益曲线等于边际成本而使利润最大,如图 19.2 所示,当在位企业生产 Q_1,进入是有利可图的,

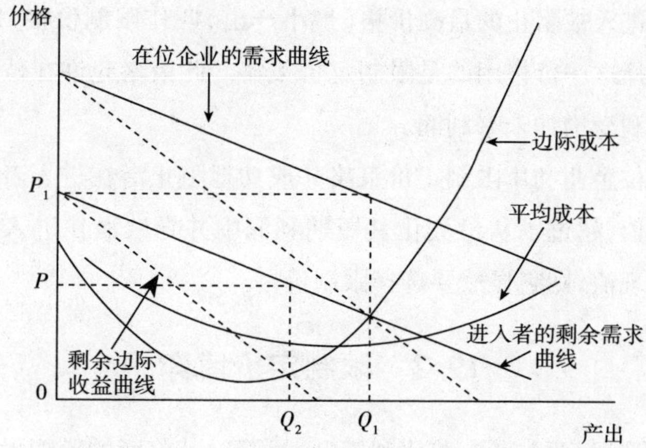

图 19.2　如果剩余需求曲线位在平均成本之上,则进入是有利可图的

进入者的产出将是 Q_2。最后行业产出是 $Q_1 + Q_2$,降低了在位企业未来的利润。

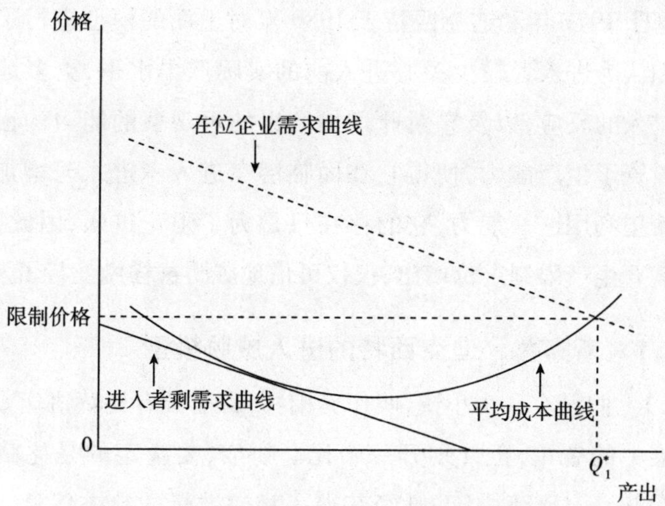

图 19.3　进入被阻止时,限制定价策略是最小产出

不过,如贝恩所指出的,如果在位企业知道进入者的信念,在位企业就可能有动机去生产进入前的产出,使它不同于使短期利润最大化的产出 Q_1。考虑图 19.3,假如在位企业生产的产出为 $Q_1{}^*$,比短期利润最大化产出 Q_1要大。由于在位企业的产出水平越高,进入者面临的剩余需求曲线就离图 19.2的左边越远。在这种情况下,剩余需求绝不会超过平均成本,进入是无利可图的。进入被阻止的最高价格(最小产出)叫作**限制价格**(limit price)。在位企业选择这一价格用的是限制定价策略。此策略允许在位企业通过放弃某些短期利润增加未来利润。

如果在位企业利用限制定价策略并成功地阻止潜在进入者进入所得的利润流的现值,超过了从最大化其短期利润中并导致潜在进入者进入所得的利润流的现值,则它显然要选择限制价格。

19.2 限制定价博弈

莫迪利安尼、西尔斯·莱比利模型,尽管对其前面的模型做出了巨大改进,但并不令人满意。例如,它难以证明对在位企业在进入发生后不改变其产出的信念是合理的。虽然在位企业可能威胁要这么做,但威胁可能是不可信的。不难看到,一旦进入发生,在位企业就有动机修正其选择的产出。

斯宾塞于1977年和迪克西特于1980年对上面的模型进行了实质性的修改。他们认为进入者较少关心进入前的实际产出水平,更多地是关心在位企业对进入的反应,以及它对此增加产出的可观察的能力。在位企业能够理性地投资于生产能力,使得它在面临潜在进入者进入时增加产出。企业绝不会希望利用这一能力,它的存在只是为了阻止进入,因此,在位企业实际上不需要生产限制定价产出,仅仅可信地威胁这样做就行了。

19.2.1 斯宾塞·迪克西特的进入威胁模型

例19.1 假设有一个小镇,叫作奥柏林,目前没有比萨饼店。巧云是一家正在发展中的餐馆,正计划开一个比萨饼店,要决定的是比萨饼店的规模。巧云为开一家比萨饼店,已经获得了相当数量的地方信息。马瑞卡是另一家餐馆,也正考虑开一家比萨饼店,但在巧云建成之前马瑞卡还没有进入计划阶段。如果马瑞卡开比萨饼店,将不会像巧云那样免费获得那么多地方公众的支持,它必须作广告以使社区居民知道比萨饼店。一旦两家比萨饼店建成,它们就在玩一个受能力约束的静态古诺数量博弈。

博弈树没有得益,如图19.4所示。此博弈最多有四个行动。第一个行动是巧云的能力选择。第二个是马瑞卡的进入决策和如果进入的能力决策。如果马瑞卡进入，则巧云和马瑞卡进行的博弈是静态古诺（数量设定）双头垄断博弈。如果马瑞卡不进入，则巧云有一个最后的行动，其中它就和古典的垄断者一样行动。

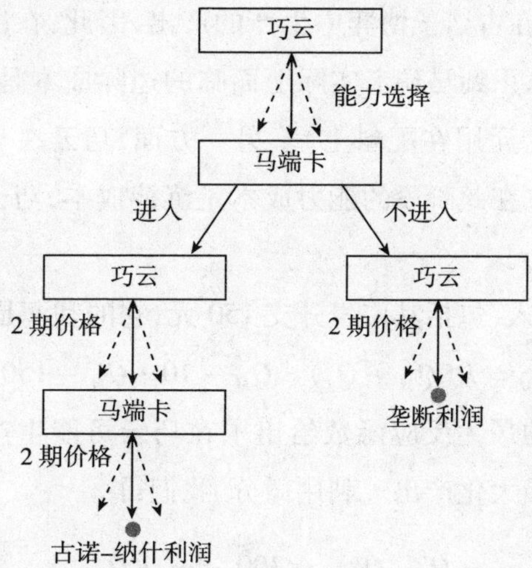

图 19.4　马瑞卡和巧云的博弈树：它们进行的是斯宾塞·迪克西特进入威胁博弈

为了计算得益，我们需要一些更详细的资料。奥柏林比萨饼的需求是共同知识，且等于

$$P(Q_t) = \begin{cases} 16 - 1/100 \times Q_t, & 0 \leqslant Q_t \leqslant 100 \\ 0, & \text{其他} \end{cases} \tag{19.1}$$

$P(Q_t)$是比萨饼的价格，是两个企业的比萨饼产出 Q_t 的函数。一旦两个比萨饼店建成，两个企业面临的比萨饼的生产成本不变，给定生产能力，生产成本为 7 元。餐馆建设时发生能力成本，而生产成本只在比萨饼生产时发生，两家企业的能力成本都为每个比萨饼 3 元。最后，马瑞卡如果选择进入市场要花 150 元的广告支出以与巧云竞争。

我们用逆向归纳法求解此博弈。假如巧云已经选择了生产能力 $\bar{Q}_J$，马瑞卡已经选择不进入奥柏林的比萨饼市场。在此情况下，巧云就只选择使其利润最大化的比萨饼产出。可以证明如果巧云选择的能力超过了 450 个比萨饼，它就生产 450 个比萨饼（一旦能力被选择，巧云的边际成本是每个比萨饼7元）。如果它选择的能力低于450个，它将在此能力上进行生产。

如果马瑞卡选择进入比萨饼市场，情况就复杂得多。进入后，马瑞卡选择其能力，然后巧云和马瑞卡进行静态古诺数量博弈。马瑞卡将选择的能力正好等于其计划在古诺子博弈中生产的产出，因此，在决定此子博弈的古诺解中，我们需要认识到马瑞卡实际上面临的边际成本是每个比萨饼10元（3元用在能力上，7元用在配料上）。另一方面，巧云在马瑞卡进入决策前选择其能力，所以它在此阶段的能力成本是沉淀成本，巧云面临的边际成本只有每个比萨饼7元。

如果马瑞卡进入，包括其广告开支150元，它的利润是

$$\pi_M = P(Q_M + Q_J) \cdot Q_M - 10 \cdot Q_M - 150 \qquad (19.2)$$

我们知道，它的最优反应函数给出了在巧云可能生产的每个产出水平下，马瑞卡的利润最大化产出。利用微分，我们得

$$Q_M^{BR}(Q_J) = 300 - \frac{1}{2} \cdot Q_J \qquad (19.3)$$

对于马瑞卡，$Q_M^{BR}(Q_J)$ 不仅表示其对巧云的任何产出水平都是最优产出，而且是其最优生产能力。巧云的净利润函数，不包括其沉淀的生产能力成本，是

$$\pi_J^n = P(Q_M + Q_J) \cdot Q_J - 7 \cdot Q_J \qquad (19.4)$$

其中 $Q_J \leqslant \bar{Q}_J$ 。因此巧云的最优反应函数是

$$Q_J^{BR}(Q_M) = \min\left(\bar{Q}_J, 450 - \frac{1}{2} \cdot Q_M\right) \qquad (19.5)$$

方程（19.5）说的是，巧云的最优反应等于其正常的古诺最优反应函数，除非产出超过了其早期的生产能力选择，在此情况下，它将选择在其生产能力处生产。

如果忽略巧云的生产能力，则巧云和马瑞卡的传统的古诺最优反应函数将在巧云生产400个比萨饼和马瑞卡生产100个比萨饼处相交。一个比萨饼的价格将是11元。巧云的任何大于或等于400个比萨饼的生产能力的选择将产生相同的结果，因此，马瑞卡的利润，不包括其广告成本，将等于

$$\pi_M = 11 \times 100 - 10 \times 100 = 100 \qquad (19.6)$$

尽管利润为正,但小于最初的广告支出 150 元,结果如果马瑞卡决定进入这个市场,则将发生亏损。

巧云的总利润(包括其生产能力成本)将等于

$$\pi_J^g = 11 \times 400 - 7 \times 400 - 3 \times \bar{Q}_J = 1600 - 3 \times \bar{Q}_J \tag{19.7}$$

这时 $\bar{Q}_J \geqslant 400$ 。另一方面,如果巧云选择的生产能力低于 400,它将在其生产能力处生产,马瑞卡根据其最优反应函数做出反应。在此情况下,比萨饼的价格等于

$$P[\bar{Q}_J + Q_M^*(\bar{Q}_J)] = 16 - \frac{1}{100}\cdot\left[\bar{Q}_J + (300 - \frac{1}{2}\cdot\bar{Q}_J)\right] = 13 - \frac{\bar{Q}_J}{200} \tag{19.8}$$

这可被用于求解当巧云的生产能力低于 400 时的巧云和马瑞卡的利润函数。

$$\pi_M = \begin{cases} \left(13 - \frac{\bar{Q}_J}{200}\right)\cdot(300 - \frac{1}{2}\cdot\bar{Q}_J) - 10\,(300 - \frac{1}{2}\cdot\bar{Q}_J) - 150, & \bar{Q}_J < 400 \\ -50, & \bar{Q}_J \geqslant 400 \end{cases} \tag{19.9}$$

$$\pi_J^g = \begin{cases} \left(13 - \frac{\bar{Q}_J}{200}\right)\cdot\bar{Q}_J - 3\cdot\bar{Q}_J, & \bar{Q}_J < 400 \\ 1600 - 3\cdot\bar{Q}_J, & \bar{Q}_J \geqslant 400 \end{cases} \tag{19.10}$$

现在,我们对马瑞卡的进入决策进行预言。如果它不进入,它什么也得不到,因此,如果它能够获得大于 0 的利润它就进入。于是所需做的就是,找到巧云选择的使马瑞卡进入有利可图的生产能力。答案是任何低于 355 的生产能力。如果巧云选择低于 355 的生产能力,则马瑞卡就进入,如果巧云选择的生产能力大于或等于 355,马瑞卡就不进入。

博弈的第一步是巧云决定选择哪个生产能力。如果它选择低于 355 的生产能力,它就允许马瑞卡进入。于是巧云需要问自己,如果马瑞卡进入,在它看来最优生产能力是多少?记住,如果它选择的生产能力低于 400,它就选择在该生产能力处生产,马瑞卡按其最优反应函数进行生产以做出反

应,因此,巧云想要选择使其利润最大化的生产能力,包括其生产能力成本,约束条件是马瑞卡的最优反应函数,即巧云就只是按斯坦克伯格的先行动者行为,其利润函数是

$$\pi_J^g = P[Q_M^{BR}(\bar{Q}_J) + \bar{Q}_J] \cdot \bar{Q}_J - 10 \cdot \bar{Q}_J \tag{19.11}$$

容易证明,这将使得巧云选择的生产能力水平为300。在这个生产能力水平上,马瑞卡将进入,并生产150个单位的产出。市场价格等于11.50元,巧云的利润等于450元。

此外,巧云通过在大于或等于355的生产能力处生产能够阻止马瑞卡进入。如果它选择这一产出,价格将是12.45元,巧云获得的利润约为869.75元。阻止马瑞卡进入显然要优于允许进入。巧云可能会想要考虑超过355的产出水平。然而,如果巧云面临进入威胁,它会选择一个生产能力,产出只为300。它背离此产出水平越多,它的利润就越低,因此生产能力355是此种情况下的最优选择。

这个博弈的均衡解是巧云选择生产能力355,马瑞卡决定不进入,巧云选择的产出水平为355。在不同的需求和成本条件下,巧云可能发现允许马瑞卡进入是最优的。但是在这一节,我们想要证明的是理性的进入威胁是如何发生的。

19.2.2 米尔格累姆-罗伯茨的进入威胁模型

1982年,米尔格累姆、罗伯茨、克瑞普斯和威尔逊发表了重要的与限制定价和掠夺性定价有关的论文。模型首次提出,在位企业和进入者两者在不对称信息条件下都是理性的和有远见的。在位企业有某些私人信息,它可否把信号传递给进入者,依赖于其价格—产出选择。在这一节,我们介绍的是泰列尔对米尔格累姆-罗伯茨模型的修正形式。

例19.2 我们利用前一节比萨饼例子中的许多要素,沿着米尔格累姆-罗伯茨的思路,假设巧云的成本马瑞卡是不知道的。因为巧云知道马瑞卡不知道的某些信息(即它的成本),因此这是一个不对称信息博弈。

巧云可能想要把马瑞卡排除在奥柏林的比萨饼市场之外。如果巧云能使马瑞卡相信其生产成本相对低,马瑞卡就不进入。但这怎么能使其确信

呢? 只简单地告诉它成本低显然是不起作用的。马瑞卡将会看到把它排除在奥柏林比萨饼市场之外正是巧云的利益所在,而不管其成本。从而,马瑞卡只有在得到巧云的成本是可信的信息时才能被说服。要点就在这里。

巧云可能使马瑞卡确信它是低成本的一种可能的方法是,通过某些可观察的行为把这一事实传递给它,比如通过索要相对低的比萨饼价格。巧云索要较低的比萨饼价格可能是一个告诉马瑞卡它的成本低的可信的方法,但这一信号只有在价格低到使得如果索要如此低的价格,高成本运行会受到严重惩罚才是可信的。即信号必须是有成本的,才是有说服力的。

此博弈的扩展形式如图 19.5 所示。利用豪尔绍尼转换,自然先行动,选择巧云的成本是高还是低。巧云的成本是高的概率等于 10%,是低的概率等于 90%。巧云观察到自然的选择,但马瑞卡不能观察到。在第一期,巧云是奥柏林唯一的比萨饼店。它必须决定比萨饼的价格是多少,从而要卖出多少比萨饼。在第二期开始,轮到马瑞卡行动。在观察到巧云的价格和数量后,它必须决定是否进入奥柏林的比萨饼市场。如果它决定不进入,则巧云仍然是垄断者,在第二期决定其价格和数量。如果马瑞卡进入,则马瑞卡和巧云进行静态古诺双头垄断博弈,同时选择其产出,它们共同的价格通过市场决定。马瑞卡的生产成本是共同知识。巧云的生产成本只有在马瑞卡选择进入后才成为共同知识。博弈树中忽略了每个局中人的得益,我们现在把它推导出来。

因为此博弈的一般分析可能相当复杂,我们简化其成本函数和需求函数使处理简化。奥柏林的比萨饼的需求函数由反需求函数给出

$$P(Q_t) = \begin{cases} 16 - 1/100 \cdot Q_t, & 0 \leqslant Q_t \leqslant 1600 \\ 0, & \text{其他} \end{cases} \tag{19.12}$$

其中 Q_t 是奥柏林卖出的比萨饼的总量, P 是每个比萨饼的价格。这是共同知识。马瑞卡听到了巧云的经营者从其在乌市经营番茄酱的表弟那里购得大量番茄酱的消息。它进行了充分的研究知道巧云的经营者真的在乌市有一个经营番茄酱的表弟,这给它提供了先验信念:巧云获得特定交易的机会是 90%。马瑞卡的先验信念也是共同知识。巧云的总成本依赖于其产

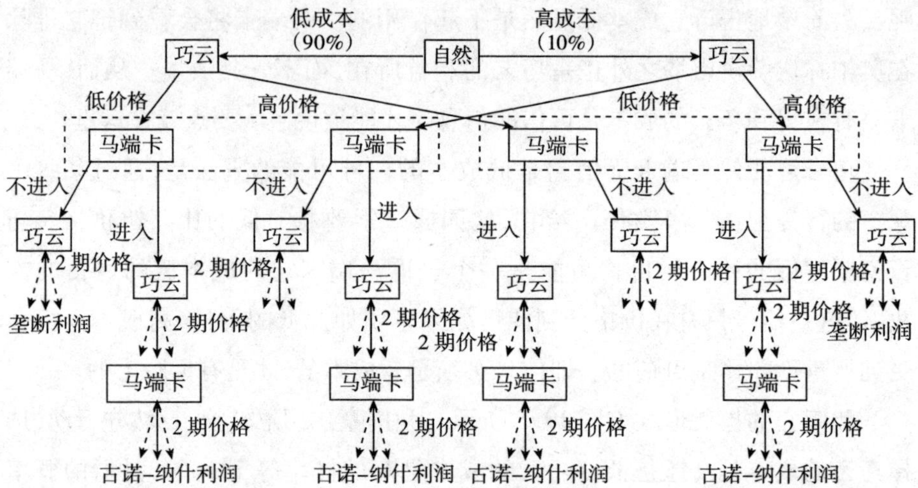

图 19.5　限制定价博弈的博弈树

出 Q_J，如果和表弟有特殊交易，为

$$C_J^L(Q_J) = 5 \cdot Q_J \tag{19.13}$$

如果他没有，则为

$$C_J^H(Q_J) = 7 \cdot Q_J \tag{19.14}$$

马瑞卡的总成本是共同知识，且等于

$$C_M(Q_M) = \begin{cases} 600 + 7 \cdot Q_M, & Q_M > 0 \\ 0, & \text{其他} \end{cases} \tag{19.15}$$

马瑞卡进入奥柏林市场面临的成本是 600 元。这可能是要从奥柏林市得到一时期的许可证费，或者为了让人们知道它准备进入的初始广告费。如果它进入，它制造一个比萨饼的边际成本是 7 元，这等于如果巧云必须以市场价格购买番茄酱时的边际成本。两个时期彼此很接近，因此不必考虑未来利润的贴现。

所有完美贝叶斯纳什均衡也是子博弈完美的。利用逆向归纳法，我们从博弈树的最后开始，从最简单的情形开始，其中马瑞卡选择不进入。巧云就只选择简单的垄断利润最大化产出和第二期的价格。市场边际收益，现在只依赖于巧云的产出，等于

$$MR(Q_J) = 16 - \frac{1}{50} \cdot Q_J \quad (19.16)$$

令边际收益等于边际成本的巧云的最优产出。这意味着当巧云的成本高时，它选择的产出使得

$$MR(Q_J) = 16 - \frac{1}{50} \cdot Q_J = 7 \quad (19.17)$$

或者 $Q_J = 450$，然后令价格等于市场出清价格，或者 $P = P(450) = 11.50$ 元。当它的成本低时它会做出类似的计算。巧云的成本是高或低时的最优产出、价格及得益如表 19.1 所示。

表 19.1　时期 2 如果马瑞卡不进入的结果

	巧云的成本	
	高	低
巧云的比萨饼产出	450	550
巧云的比萨饼价格	11.50	10.50
巧云的利润	2025	3025

考虑马瑞卡决定进入奥柏林比萨饼市场后的任何子博弈。由于有两个比萨饼店，市场成为双头垄断的。给定我们的假设：两个企业生产同质产品，市场价格只取决于其产出总和，它们互动的最优模型是古诺双头垄断模型，因此用前面提到研究古诺均衡和贝特兰德均衡的方法：首先，我们推导出企业的利润函数，由此推出最优反应函数，找到纳什均衡产出和市场出清价格。

因为时期 2 的市场需求可写成

$$P(Q_J, Q_M) = 16 - \frac{1}{100} \cdot (Q_J + Q_M) \quad (19.18)$$

巧云第二期的利润是，如果它的成本低

$$\pi_{J2}^{H} = [P(Q_J, Q_M) - 5] \cdot Q_J = \left[11 - \frac{1}{100} \cdot (Q_J + Q_M)\right] \cdot Q_J \quad (19.19)$$

如果它的成本高

$$\pi_{J2}^{L} = [P(Q_J,Q_M) - 7] \cdot Q_J = \left[9 - \frac{1}{100} \cdot (Q_J + Q_M)\right] \cdot Q_J \tag{19.20}$$

马瑞卡只在第二期获得利润，由此它的利润是

$$\pi_M = [P(Q_J,Q_M) - 7] \cdot Q_M - 600 = \left[9 - \frac{1}{100} \cdot (Q_J + Q_M)\right] \cdot Q_M - 600 \tag{19.21}$$

巧云的最优反应函数，即它的最优选择依赖于马瑞卡选择的产出，通过使其利润对产出的最大化获得。马瑞卡也类似。读者可以求出这些子博弈的古诺纳什均衡。与此子博弈相关联的某些结果如表 19.2 所示。

表 19.2　时期 2 如果马瑞卡进入的纳什－古诺博弈的子博弈完美解

	巧云的成本	
	高	低
巧云的比萨饼产出	300	433.33
巧云的比萨饼价格	10.00	9.33
巧云的利润	900.00	1876.31
马瑞卡的比萨饼产出	300	233.33
马瑞卡的比萨饼价格	10.00	9.33
马瑞卡的利润	300.00	−56.34

注意，如果巧云的成本高，则马瑞卡获得的利润为 300 元，但如果巧云的成本低，马瑞卡将承受 56.34 元的亏损。它告诉我们（和巧云），马瑞卡如果知道巧云的成本高就进入，如果知道巧云的成本低就不进入。如果什么也不知道，巧云可信地传递给马瑞卡的信号是它的成本低，则巧云就会把马瑞卡阻于市场之外。这是任何限制定价模型的核心特征。

如前所述，排除两个局中人利用混合策略的概率。在不对称信息博弈中，有两类完美贝叶斯纳什均衡：分离均衡和混同均衡。在分离均衡中，巧云在第一期的不同行为取决于它的成本是高还是低。在混同均衡中，巧云的行为相同而与成本无关。

19.2.3　寻找分离均衡

巧云把它的成本是高还是低的信号传递给马瑞卡的唯一方法是它在第

一期索要的价格。在分离均衡中,巧云必须使马瑞卡相信其成本确实低。这是唯一阻止马瑞卡进入的方法。但是为了使在巧云成本低时马瑞卡确信其成本低,它必须在其成本高时是真实的。

假如巧云在第一期选择使短期利润最大化的价格/产出组合。如果巧云的成本高,它将选择 11.50 元的价格(和产出 450),如果它的成本低,它将选择的价格是 10.50 元(产出是 550)。假如马瑞卡相信价格 11.50 元意味着巧云是高成本的,价格 10.50 元是低成本的。这是分离均衡吗?

可以证明,当巧云是高成本时,在第一期没有动机索要 11.50 元的价格。如果巧云的成本高,索要的价格是 11.50 元,它第一期将获得 2025 元的利润。马瑞卡将进入市场,第二期巧云的利润就只为 900 元。它的总利润是 2925 元。如果巧云索要的价格是 10.50 元,第一期的利润是 1925 元,第二期会阻止马瑞卡进入,使得它获得 2025 元的利润,总利润是 3950 元,巧云将理性地选择 10.50 元的价格,而不管其成本。显然,10.50 元的价格并没有低到使得传递给马瑞卡的信号令它相信巧云确实是低成本的。

我们用试错法处理,而不是把上述的思维过程一般化。令 P^H 和 P^L 分别表示巧云在第一期成本高和成本低时可能索要的价格。因为这些价格是分离均衡的部分,如果巧云是高成本的,必定是这种情况,即它在第一期索要 P^H 的得益大于索要 P^L 的得益。即

$$\pi_{J1}^{H}(P^{H}) + 900 > \pi_{J1}^{H}(P^{L}) + 2025 \tag{19.22}$$

第二期的利润要么是 900 元要么是 2025 元,取决于马瑞卡的进入决策和之后的两个企业的子博弈完美的行为。移项得

$$\pi_{J1}^{H}(P^{H}) - \pi_{J1}^{H}(P^{L}) > 1125 \tag{19.23}$$

低价格必须低到使得第一期巧云索要高价格获得的利润至少大于它索要低价格时获得的利润 1125 元。如果巧云的成本高,且均衡是分离的,则巧云必须预期价格 P^H 传递给马瑞卡的信号是它的成本是高的。于是马瑞卡将进入行业。但如果预期马瑞卡进入行业,则巧云预期难以阻止,由此 P^H 应正好等于短期利润最大化价格 11.50 元,$\pi_{J1}^{H}(P^{H}) = 2025$ 。这个事实和方程(19.23)意味着 $\pi_{J1}^{H}(P^{L}) < 900$,或者

$$(P^{L} - 7) \cdot (1600 - 100 \cdot P^{L}) < 900 \tag{19.24}$$

这意味着 $P^L < 8.146$。

因此产生的低价格可能低于 8.14 元。低于此价格的价格将满足方程(19.24)的条件。如果巧云的成本低，满足(19.24)的最高低价格将是使其利润最大化的价格。现在猜测哪个价格构成一个分离均衡，即如果成本高，价格为 11.50 元，如果成本低，价格为 8.14 元。我们也对马瑞卡的信念做出猜测。如果它观察到 8.14 元的价格，就相信巧云的成本低，如果它观察到的价格是 11.50 元，就相信巧云的成本高。我们下面决定马瑞卡观察到 11.50 元和 8.14 元外的价格时马瑞卡的信念。

例如，假如马瑞卡相信大于 8.14 元的价格意味着巧云是高成本的，否则就是低成本的。假设的贝叶斯均衡总结在表 19.3 中。

我们已经证明，给定如表 19.3 描述的马瑞卡的策略和信念，如果巧云的成本高，它不能比利用高成本策略的处境更好。我们也需要证明，如果巧云是低成本的，它不能比利用低成本策略的处境更好。在第一期索要低于 8.14元的价格，它在该期将获得较低的利润，在第二期获得相同的利润，由此提出的低成本策略比在第一期索要低于 8.14 元的策略好。如果巧云索要的价格高于 8.14 元，将允许马瑞卡进入，因此它同样索要使短期利润最大化的价格。这将使它在第一期获得 3025 元的利润，当然，马瑞卡进入，第二期比萨饼的价格是 9.33 元。这使得巧云第二期的利润是 1876.31 元的利润。两期的总利润是 4901.31 元。第一期索要 8.14 元的价格，该期巧云的利润是 2468.04 元。马瑞卡将不进入，使得巧云在第二期获得 3025 元的利润。总利润是 5493.04 元。如果巧云的成本低，对马瑞卡的策略的最优反应是正好索要 8.14 元的比萨饼价格。它自己不能单方面通过在第一期索要除8.14 元外的价格变得更好。

表 19.3　提出的完美贝叶斯纳什均衡

巧云的策略				
			进入后决策	
		进入前决策	马瑞卡进入	马瑞卡不进入
巧云的类型	高成本	(11.50,450)	(10.00,300)	(11.50,450)
	低成本	(8.14,786)	(9.33,433)	(10.50,550)

续表

（价格,产出）			
马瑞卡的策略			
		巧云的进入价格	
		$P_J > 8.14$	$P_J \leqslant 8.14$
巧云的类型（马瑞卡进入后揭示给马瑞卡的）	高成本	（进入,10.00,300）	（不进入,0,0）
	低成本	（进入,9.33,233）	（不进入,0,0）
（进入决策,价格,产出）			
马瑞卡的信念			
		巧云的进入价格	
		$P_J > 8.14$	$P_J \leqslant 8.14$
巧云的类型	高成本	1	0
	低成本	0	1
（巧云的类型的先验条件概率）			

现在讨论马瑞卡。容易看到均衡路径上它的信念与贝叶斯定理是否一致,因为巧云在均衡时只索要两个价格中的一个。给定巧云的策略,高于8.14元的价格信念意味着巧云确实是高成本的,低于或等于 8.14 元价格的信念意味着巧云确实是低成本的,这些信念正好与巧云的行为一致。马瑞卡关于巧云的行为的信念和我们提出的均衡行为一致。它提出的进入的策略是理性的吗？当进入前的价格小于或等于 8.14 元时,如果它进入,马瑞卡的预期利润是 -56.34,否则为 0(利用它前面的信念),它不会进入。当进入前的价格大于 8.14 元时,马瑞卡进入的预期利润是 300 元,不进入的利润为0。它应该进入,因此,表 19.3 中马瑞卡提出的进入决策是理性的。

最后,需要考虑马瑞卡对均衡路径外的信念。在这种情况下,贝叶斯定理没有对马瑞卡的信念施加约束,因此我们提出的信念没有违反完美贝叶斯纳什均衡的条件。重要的是如果它索要的价格在 8.14 元和 11.50 元之间,马瑞卡设定巧云有高成本的概率高。

19.2.4　寻找混同均衡

假设两个局中人只用纯策略,我们现在需要考虑博弈有一个混同均衡的可能性。我们知道,混同均衡意味着知情局中人的行动没有揭示其是哪类局中人的信息。在这种情况下，它意味着巧云在其成本高时必须选择和其成本低时相同的第一期价格。只有这样，巧云在第一期的价格才不揭示其任何的成本信息。

说来也奇怪，如果混同均衡存在，则马瑞卡的进入必须被阻止。为什么必然如此？假设进入不被阻止。在混同均衡下，巧云选择的价格就没有信息传递给马瑞卡，因此，如果它相信在巧云的价格、产出决策前，它的成本低的机会是90%，则巧云在它的价格、产出决策后，必须保持同样的信念。马瑞卡的成本是共同知识，故如果马瑞卡在第二期进入，巧云知道这点。因为马瑞卡的进入不被阻止，巧云在第一期能做的不能比索要短期利润最大化价格好，但是这个价格依赖于巧云的成本；利润最大化价格在其成本高时是11.50元，在其成本低时价格是10.50元。基于不同的成本索要不同的价格与混同均衡的假设不一致。此矛盾表明，在任何混同均衡中，马瑞卡被阻止进入。

这意味着为了使混同均衡的价格存在，必须使马瑞卡进入奥柏林比萨饼市场的预期利润为负。因此，如果它进入的预期利润是$0.9\times(-56.34)+0.1\times300=-21$元，这个条件就被满足。

在我们的例子中，还没有确立混同均衡的存在。我们所知道的全部是，混同均衡必须是马瑞卡不进入的均衡，必须保持此条件被满足。我们还必须说明在此条件下，混同价格是巧云的理性选择。

对马瑞卡的后期，一个信念与混同均衡一致，无论其在第一期观察到的价格/产出组合如何，不需改变其先验信念。为了决定从巧云的观点看混同价格是否最优，我们需要比较当它索要混同价格时的预期利润和不索要混同价格时的预期利润。这意味着我们需要证明马瑞卡的均衡路径外的信念。假如它相信任何高于混同价格的价格（无论是什么）意味着巧云有高成本的概率为1，任何低于混同价格的价格意味着巧云有低成本的概率是1。

巧云可能考虑的两个合理的一期混同价格是其成本高和低时的短期利润最大化价格。假如它索要的混同价格是11.50元，而不管其成本。这满足完美贝叶斯纳什均衡的条件吗？如果巧云是高成本的，价格将使第一期的利润最大,阻止马瑞卡进入,使得它在第二期的利润最大化。显然,没有其他价格更好。然而,如果它的成本低,索要低成本的使第一期的利润最大化价格 10.50 元,它可使马瑞卡相信它有低成本,它不会进入。这使得巧云在第二期同样索要 10.50 元。简言之,如果巧云的成本低,马瑞卡的信念和我们的假设相同,巧云选择混同价格 11.50 元就不是理性的。

此外,考虑低成本的第一期利润最大化价格 10.50 元。如果巧云是低成本的,则索要这一价格,它将阻止马瑞卡进入,下一期索要相同的价格。没有其他价格更好。如果巧云是高成本的,虽然它在第一期索要比 10.50 元的价格高的价格会更好。但问题是价格越高,越给定马瑞卡的信念,将导致其进入。因为任何高于 10.50 元的价格都会引起马瑞卡进入,但在 10.50 元之上的最优价格是短期利润最大化价格 11.50 元。我们已经看到,在第一期索要 11.50 元的价格引起进入,巧云的利润是 2025 + 900 = 2925 元。通过索要混同价格 10.50 元,巧云在第一期将只获得 1925 元,但因为它阻止了进入,它两期将获得的总利润超过了 2925 元,意味着即使巧云是高成本的,它不能做得比在第一期索要混同价格更好。混同均衡总结在表 19.4 中。

表 19.4　完美贝叶斯混同均衡

巧云的策略				
			进入后决策	
		进入前决策	马瑞卡进入	马瑞卡不进入
巧云的类型	高成本	(10.50,550)	(10.00,300)	(11.50,450)
	低成本	(10.50,550)	(9.33,433)	(10.50,550)
(价格,产出)				

马瑞卡的策略			
		巧云的进入价格	
		$P_J > 8.14$	$P_J \leqslant 8.14$
巧云的类型(马瑞卡进入后揭示给马瑞卡的)	高成本	(进入,10.00,300)	(不进入,NA,NA)
	低成本	(进入,9.33,233)	(不进入,NA,NA)

续表

（进入决策，价格，产出）				
马瑞卡的信念				
		巧云的进入价格		
		$P_J>8.14$	$P_J=8.14$	$P_J\leqslant 8.14$
巧云的类型	高成本	1	0.1	0
	低成本	0	0.9	1
（巧云的类型的先验条件概率）				

19.3 福利含义

在所有环境下的均衡价格总结在表19.5中。如果马瑞卡在做出进入决策前直接观察到巧云的成本，则它的最优决策法则就很简单：如果巧云的成本低，就不进入；如果巧云的成本高，就进入。因此，有完全信息时，第一期的市场价格在巧云是高成本时是11.50元，当巧云是低成本时价格是10.50元。在第二期，当巧云是低成本时市场价格为10.50元，当巧云是高成本时市场价格为10.00元。

表19.5 各种竞争环境下的均衡价格

			时期1	时期2
对称信息		巧云有高成本	11.50	10.00
		巧云有低成本	10.50	10.50
不对称信息	分离均衡	巧云有高成本	11.50	10.00
		巧云有低成本	8.14	10.50
不对称信息	混同均衡	巧云有高成本	10.50	11.50
		巧云有低成本	10.50	10.50

然而，如果信息不对称，那么结果依赖于选择的均衡。和完全信息的情况相同，如果巧云是高成本的，则马瑞卡进入将发生，两个时期的价格分别是11.50元和10.00元。但是如果巧云是低成本的，在存在不对称信息下，价格在第一期将是8.14元，而完全信息下是10.50元。不对称信息下较低的价格/较高的产出结果使得消费者有福利所得。如果均衡是分离均衡，则

价格在巧云是高成本时下降，低成本时增加。

19.4 习题

1. 假如垄断者面临的需求曲线为

$P = 10 - 0.004 \cdot Q$

该企业的总成本函数为

$TC = 3\ 000 + 0.1 \cdot Q$

（1）如果在位企业生产短期利润最大化水平的产出，进入者面临的剩余需求曲线是什么？

（2）如果在位企业继续生产（1）计算的产出水平，进入者有和在位企业相同的成本函数，且这些是共同知识，进入者进入这个产业吗？

（3）如果只有两期（进入前和进入后），贴现率等于零，且有完美信息，在传统的限制定价模型中，垄断者在两期选择的产出水平是多少？

2. 在第1题中，假如在位的垄断者在进入前不能事前承诺其进入后的产出水平，如果进入者进入市场，两个企业同时选择其进入后的产出水平，即它们从事的是古诺竞争。这一进入后子博弈的均衡是什么？假设是完美信息，且贴现率为0，两阶段博弈的子博弈完美纳什均衡是什么？

3. 在第2题中，假如进入者不知道在位企业的成本。相反，在位企业的成本有50%的概率是$3000 + 0.1 \cdot Q$（高成本），有50%的概率是$2000 + 0.1 \cdot Q$（低成本）。进入者的成本等于$3000 + 0.1 \cdot Q$，且这是共同知识。垄断者在进入前不能事前承诺其进入后的产出水平，进入者是风险中性的。如果进入者进入，两个企业从事古诺竞争。

（1）画出这一有私人信息的博弈的博弈树。

（2）基于在位企业在进入者进入之前的产出，假如进入者相信在位企业成本是（低成本）的概率是π。如果进入者进入，古诺博弈的均衡是什么？π值是多少时，进入者将不进入？

4. 确定第3题描述的博弈的贝叶斯纳什均衡。检查进入者关于在位企业的成本的信念是否和在位企业的策略及贝叶斯定理一致。

第 20 章　完美贝叶斯纳什均衡的应用:卡特尔实施

卡特尔 (cartel) 是由一系列生产类似产品的独立企业所构成的组织。生产或销售某一同类商品的企业,为垄断市场,获取高额利润,通过在商品价格、产量和销售等方面订立协定而形成同盟。卡特尔谋取利益的通常做法是限制其成员的产量以抬高价格。迄今为止世界上最著名的卡特尔当属欧佩克(石油输出国组织)卡特尔。1973 年 10 月 15 日和 1974 年 11 月 1 日,OPEC 成功地把波斯湾原油的平均价格从每桶 2.05 美元提高到每桶 10.35 美元,提价超过了 500%。虽然可能是到目前为止最成功的卡特尔,但 OPEC 只是诸多国际卡特尔中的一个。就在 20 世纪,在天然橡胶、锡、汞、茶叶、铝、糖、铜、白金、钾硷、钻石和咖啡等的生产和销售中都形成了卡特尔。

卡特尔是一种正式的串谋行为,它能使一个竞争性市场变成一个垄断市场,属于寡头市场的一个特例。的确,一个卡特尔类似于一个垄断者,卡特尔的目的是按垄断者的行为行动。不过它们有一个重要的差别,垄断者只有一个决策者,而卡特尔是决策者的自愿联合,卡特尔中的每个决策者都知道其利润取决于行业中所有其他供应方的行为。卡特尔以扩大整体利益作为它的主要目标,为了达到这一目的,在卡特尔内部将订立一系列的协议,来确定整个卡特尔的产量、产品价格,指定各企业的销售额及销售区域等。卡特尔运作的这三个方面不是彼此独立的。例如,利润的分配必须考虑其提供给成员的欺骗协议的激励或者甚至离开卡特尔的激励。类似地讲,生产份额的分配要受到此种分配的影响,要么是自愿的,要么控制成本低的程度约束。

按协议内容卡特尔可以分成规定销售条件的卡特尔、规定销售价格的卡特尔、规定产品产量的卡特尔、规定利润分配的卡特尔、规定原料产地分配的卡特尔等。

价格卡特尔:这是最常见和最基本的卡特尔形式。卡特尔维持某一特定价格:垄断高价、在不景气时的稳定价格或者降价以排挤非卡特尔企业

(比如超市里的差价双倍赔偿制度)。

数量卡特尔:卡特尔对生产量和销售量进行控制,以降低市场供给,最终使价格上升。

销售条件卡特尔:对销售条件如回扣、支付条件、售后服务等在协定中进行规定的卡特尔。

技术卡特尔:典型形式是专利联营,即成员企业相互提供专利、相互自由使用专利,但不允许非成员企业使用这些专利。

辛迪加:一种特殊的统一销售卡特尔,指成员企业共同出资设立销售公司,实行统一销售,或者卡特尔将所有成员企业的产品都买下,然后统一销售。比如德贝尔钻石卡特尔。

卡特尔问题的复杂性在于下面的事实:在多数国家,卡特尔属于非法协定。虽然政府间的勾结协定,如石油输出国组织(OPEC)卡特尔是合法的,但此种协定在法律上是不能实施的。结果,不管卡特尔是国内的还是国际的,卡特尔协定必须几乎总是自我实施的、向前看且不包括不可信威胁。从博弈论看,这表明产出和利润在卡特尔成员中的分配必须构成它们所玩的一个非合作博弈的完美贝叶斯纳什均衡。

保罗·埃克博(Paul Eckbo,1975)研究了 51 个卡特尔协定,涉及 18 个国际贸易商品,只有 19 个能够把价格提高 100% 以上。这些"有效"的卡特尔没有持续很长时间。虽然正式的协定保留了许多年,但这些卡特尔能控制价格的时间不超过 5 年。根据保罗·埃克博的研究,当生产的集中度高、商品的需求缺乏弹性、卡特尔市场份额高、卡特尔成员对非成员有成本优势,且政府不插手卡特尔的经营时卡特尔能持续 4 年以上。当卡特尔对商品分布有紧密的控制时,卡特尔是最成功的。例如,碘卡特尔持续了 50 年以上,是因为所有碘的销售都由伦敦的一个单一卡特尔经营。

在这一章,我们介绍卡特尔实施的博弈论模型,该模型由波特(Robert Porter,1983)和格林(Ed Green,1980)提出,能够解释卡特尔的不稳定性。它们的模型表明,问题的根源在于卡特尔成员彼此监督的能力有限。但在分析它们的博弈之前,首先对卡特尔成员彼此能完美监督时的卡特尔进行分析。

20.1 完美监督的卡特尔实施

我们已经分析了两个服装制造者 R 和 T 之间的重复古诺博弈。这类博弈——局中人在每期同时行动，得益矩阵决不变化，两个局中人能够彼此观察到各自以前的行动，且未来的得益被贴现——通常叫作有贴现的重复囚徒困境。该博弈的完美纳什均衡之一是两个局中人在每期总生产古诺均衡产出。我们称此为竞争均衡。

我们已经知道，重复囚徒困境通常还有其他的均衡。我们把局中人能够获得的(贴现)利润高于其在竞争性均衡的非合作均衡，称之为**自我实施的卡特尔协定**。只要两个局中人的贴现率充分低、背叛勾结产出的短期利润充分低，以及卡特尔利润远大于古诺均衡利润，此种卡特尔协定就存在。

如果卡特尔的成员多于两个，这时实施就有问题。现在卡特尔成员中的某几个成员要对实施负责。也就是说：那些不始终坚持惩罚背叛者的卡特尔成员自身必须受到惩罚；不惩罚那些不惩罚背叛者的成员必须受到惩罚等。虽然精确的分析比较复杂，但我们早先对两个局中人的囚徒困境分析的结论可以扩展到给有多个局中人的囚徒困境建立模型。特别的情况，可扩展“民间定理”。

20.2 不完美监督的卡特尔实施

例 20.1 世界 40% 以上的咖啡豆由南美洲的哥伦比亚和巴西生产。假设它们决定组织一个卡特尔，叫作鼓励出口咖啡联盟(CAFE)。设 P_t 表示时期 t 咖啡豆市场出清的世界价格(用每千克美元表示)，$D(P_t)$ 表示时期 t 世界对咖啡豆的需求数量，$S_C(P_t)$ 表示 CAFE 供应的咖啡豆数量，$S_N(P_t)$ 表示所有非卡特尔成员供应的咖啡豆数量。所有数量用百万千克表示。P_t 由供给等于需求的要求确定，或者

$$D(P_t) = S_C(P_t) + S_N(P_t) \tag{20.1}$$

方程(20.1)说明市场价格 P_t 是卡特尔产出的函数。此外可重写方程(20.1)为

$$S_C(P_t) = D(P_t) - S_N(P_t) \tag{20.2}$$

但如果CAFE咖啡供给等于对它们咖啡的需求，必须有

$$D_C(P_t) = D(P_t) - S_N(P_t) \tag{20.3}$$

其中$D_C(P_t)$是CAFE面临的需求。方程(20.3)说的是卡特尔能够卖的产出取决于对咖啡的剩余需求，即咖啡的需求量和其他生产者的供给量的差。随着价格的下降，我们将预期世界对咖啡的需求量将上升（咖啡的需求向下倾斜），非CAFE的供给量下降（非CAFE供给的咖啡向上倾斜），因此，CAFE的咖啡的剩余需求曲线向下倾斜。而且，剩余需求的弹性将随世界需求弹性的增加而增加，随其他生产者供给弹性的增加而增加。

因为我们预期需求和非卡特尔的供给随着时间的推移会随机地发生变化，P_t和$D_C(P_t)$之间的关系不是决定性的，而是随机的。即P_t是卡特尔产出和一个不可观察的随机变量θ_t的函数，该随机变量代表对卡特尔咖啡的剩余需求的转移。θ_t是均值为1的正的随机变量。具体地讲，假设对CAFE咖啡的剩余需求Q_t，用百万千克测定，等于$10-\left(\frac{P_t}{\theta_t}\right)$。这说明

$$P_t = (10 - Q_t)\cdot\theta_t \tag{20.4}$$

因此如果CAFE为了在某个时期卖出800万千克的咖啡，该时期的市场价格平均地讲将必须是每千克2美元。

方程(20.4)表明哥伦比亚和巴西都不能完全根据自己的生产水平和对目前世界的咖啡豆价格的观察得到的知识决定其他生产者的产出。例如，如果任何时期哥伦比亚的产出低，且市场价格也低，这说明：①巴西的产出高；②世界的需求低；③世界所有其他咖啡生产者的联合供给高；④上述①②③的组合。

20.2.1　博弈树

这个有不确定性和不完美信息的重复古诺博弈的博弈树如图20.1所示。在第一期，哥伦比亚和巴西同时选择该年的产出。我们用Q_t^C和Q_t^B表示t年选择的产出水平。在图20.1中，用选择“高”或“低”来表示简化了它们的选择。它们的联合产出是$Q_t^C + Q_t^B = Q_t$。

在两个国家选择了第一期的产出后，自然决定 θ_t，从而根据方程(20.4)决定了咖啡的世界价格 P_t。图 20.1 表示的是此博弈的简化形式，其中自然选择剩余需求，每个卡特尔成员产出的选择产生的咖啡价格要么“高”，要么“低”。注意卡特尔咖啡需求的随机波动很大，使得市场价格要么高要么低，而不管两个国家选择的产出是什么。结果，市场价格没有揭示卡特尔成员的生产水平。

最初，两个国家观察到市场价格，但由于它们不能直接观察 θ_t，所以不能直接决定其他国家的产出。然后它们同时选择第二年的产出水平。图 20.1 显示了哥伦比亚的四个信息集。第一个信息集只有一个决策结：它与哥伦比亚在第一年的产出决策相对应。在第二年，哥伦比亚处于八个决策结中的一个。这八个决策结分成四个信息集。第一个信息集由两个决策结组成，其后是低咖啡价格和哥伦比亚的高产出；第二个信息集由其后是高咖啡价格和哥伦比亚高产出两个决策结组成，等等。图 20.1 中，巴西只有一个信息集。这个信息集包含巴西第一年的两个决策结，反映了当巴西行动时，它不知道哥伦比亚的产出决策的事实。

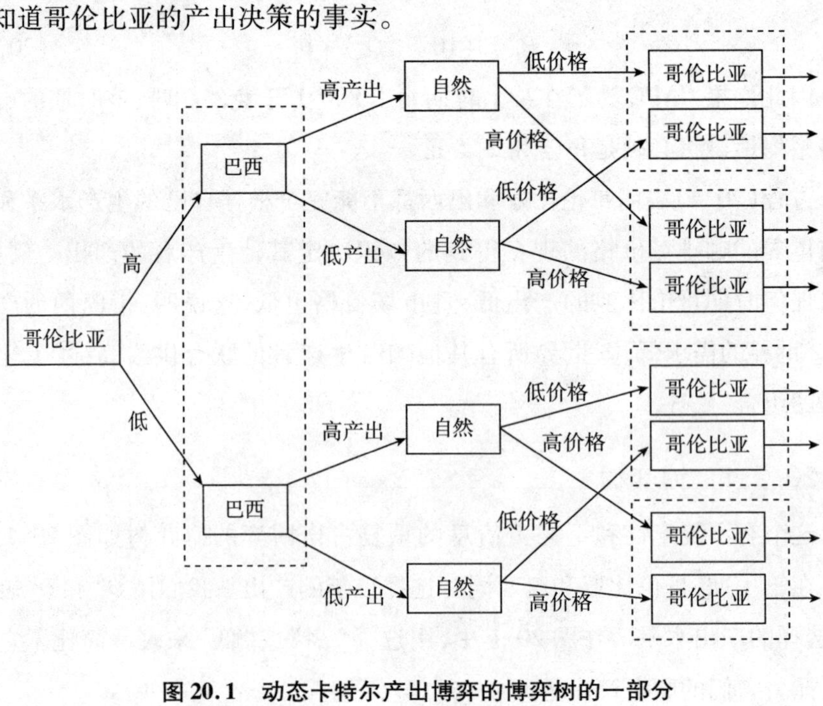

图 20.1　动态卡特尔产出博弈的博弈树的一部分

20.2.2　策略

哥伦比亚的策略包括：

①第一年的产出水平 Q_1^C；

②取决于第一年观察到的世界价格的第二年的产出水平 $Q_2^C(P_1)$；

③第三年的产出水平，它是第一年和第二年世界价格的函数 $Q_3^C(P_1, P_2)$ 等。

巴西可能的策略类似于哥伦比亚的策略。一般地讲，这些策略可能非常复杂。在这里，我们集中分析触发价格策略。在触发价格策略中，一个企业根据市场价格的观察做出对竞争对手企业的推断（也许是不正确的）。如果市场价格在某个关键值（触发值）之上，则该企业将推断不欺骗勾结协定，保持合作产出水平。如果市场价格低于触发值，则必须对欺骗者施加某些惩罚。在两个局中人的博弈中，当然欺骗者的性质已知。当只要局中人的数量是三个或多个，就不能确定欺骗者。触发价格策略依赖于四个参数：P^R、T、Q^{comp} 和 Q^{coop}。其中 P^R 是触发价格，T 是惩罚将持续的时期数，Q^{coop} 是合作产出，Q^{comp} 是竞争性产出。触发价格策略的运行如下：

每年是选择合作还是竞争取决于博弈迄今的进行过程。在竞争的那一年，CAFE 的成员生产的产出是 Q^{comp}，在合作的那一年生产的产出是 Q^{coop}，这里 $Q^{coop} < Q^{comp}$。第一年总是合作年，此后如果 t 年是合作的，世界价格为 P_t，高于触发价格 P^R，那么 $t+1$ 年也是合作的。如果 t 年是合作的，但世界价格 P_t 低于触发价格 P^R，则下一年 $T-1$ 年是竞争的，$t+T$ 年又合作。触发价格策略用（P^R, T, Q^{comp}, Q^{coop}）表示。

上面描述的触发价格策略是前面讨论重复博弈时的你死我活策略的不那么极端的形式。两个策略都要求局中人最初要合作，只要有其他卡特尔成员合作的证据就继续合作。使用触发价格策略，其他局中人欺骗的证据就是市场价格 P_t“可疑的低”。当观察到此种证据时，该策略要求局中人生产高于古诺水平的产出惩罚其他局中人。与你死我活策略不同的是，这一惩罚持续时间有限。在固定时期以后，就消失了，局中人又开始合作。有许多对触发价格策略可以构成此卡特尔博弈的贝叶斯纳什均衡。较少的但仍然很多的触发价格策略对是贝叶斯纳什均衡，也是完美贝叶斯纳什均衡。但某些均衡产生的卡特尔利润高于其他均衡。后面将证明如何找到"最优"的触发价格协定。

20.2.3 得益

因为自然的行动不可预测，哥伦比亚和巴西的任意对策略将产生随机的价格序列，给两个国家带来随机利润。假设两个国家是风险中立的，寻求其现在和将来能获得的利润流的预期现值最大化。再假设两个国家未来 t 年1美元的利润用 0.9^t 贴现。即从现在起一年后的1美元今天只值0.90美元，从现在起两年后的1美元今天只值0.81美元等。假定连续产出的时间间隔是1年。

我们还假定哥伦比亚和巴西种植咖啡的成本相同。没有固定成本，可变成本是常数，为每千克1美元。于是，如果任给一年哥伦比亚生产 Q_t^C 百万千克咖啡，巴西生产 Q_t^B 百万千克咖啡，则该年哥伦比亚的预期利润 π_C（百万美元）等于

$$\pi_C(Q^B, Q^C) = (9 - Q^B - Q^C) \cdot Q^C \tag{20.5}$$

巴西在该年的预期利润（百万美元）等于

$$\pi_B(Q^B, Q^C) = (9 - Q^B - Q^C) \cdot Q^B \tag{20.6}$$

为了找到触发价格策略均衡，首先需要知道简单的一次古诺阶段博弈的纳什均衡，其中哥伦比亚和巴西的得益函数由方程(20.5)和方程(20.6)给出。可以证明唯一的古诺-纳什均衡（假设两个国家只采用纯策略）是，哥伦比亚和巴西每年生产300万千克，每年的利润是900万美元。记这个唯一古诺均衡产出水平为 S^*。

20.2.4 其他均衡

当两个局中人以前的行动是共同知识时，此博弈的一个均衡是两个国家在每年都采用生产 S^* 的"顽固竞争"策略，而不管过去的价格。要看到这对策略构成一个完美贝叶斯纳什均衡，注意过去只在影响一个局中人关于对手在未来如何行动的信念的意义上才是有信息意义的。如果一个局中人相信另一个局中人绝不会合作，那么过去就完全没有信息意义。而且，如果

其他局中人是顽固竞争的，那么今天放弃预期利润就没有未来的利益，因此，对顽固竞争对手的最优反应是自己顽固的不合作。这个均衡等于不形成卡特尔，我们称之为**竞争均衡**。

除此之外，我们的博弈有许多有趣的“准卡特尔”均衡。特别地，这个博弈有完整的一族完美贝叶斯纳什均衡，其中两个国家都采用共同的形如(P^R, T, S^*, Q^*)的触发价格策略。也就是说，在竞争时期，两个国家把产出设定为S^*，即一期的古诺均衡产出 300 万千克，在合作时期，两个国家把产出设定为Q^*，$(Q^* < S^*)$ 我们称此均衡是**自我实施的触发价格卡特尔协定，或者短期卡特尔协定**。

在建立重要的卡特尔协定之前，我们将考察在此种协定下运作的卡特尔如何行动。设计的协定阻止两个企业欺骗，在合作时期生产比合作产出Q^*多的产出。当所有卡特尔成员遵守卡特尔协定时，它们就可推断市场价格降到触发价格P^R之下必定是由于剩余需求的下降，而绝不会是由于一个卡特尔成员欺骗的结果。不过，此种价格下跌发生时，所有卡特尔成员必定在$T-1$时期同时保持把它们的产出增加到古诺水平。否则，在合作时期每个成员都有欺骗协定的激励。这个协定将引发价格战的周期性爆发，它由需求的未预期的下降所引起，而非是某个卡特尔成员欺骗所引起。此种行为与我们前面给出的历史记录一致。

现在证明重要的触发价格协定存在，并提供一个数值例子。在此过程中，我们用一些数学方法找到这类动态博弈的均衡。我们的推导过程分两步。首先，证明如果两个卡特尔成员中有一个比如说是巴西采用了触发价格策略$(P^R、T、S^*、\tilde{Q}^B)$，则其他成员哥伦比亚的最优反应是采用触发价格策略$[P^R、T、S^*、Q^C_{TP}(\tilde{Q}^B)]$、$Q^C_{TP}(\tilde{Q}^B)$是哥伦比亚的最优反应函数。也就是说，哥伦比亚就采用相同的触发价格策略，竞争时期和巴西一样。结果，一个国家合作当且仅当其他国家合作时，因此，我们此后称它为触发价格最优反应函数。无疑，有对称利润函数的两个局中人有相同的触发价格最优反应函数。

假如巴西采用了触发价格策略$(P^R、T、S^*、\tilde{Q}^B)$，且这是共同知识。在协定生效后的第一年，哥伦比亚知道巴西将合作，生产$\tilde{Q}^B$单位咖啡。如果哥

伦比亚生产 $Q_{Cournot}(\tilde{Q}^B)$，即对 $\tilde{Q}^B$ 的古诺1期最优反应，则它会使第一年的预期利润最大。但这个产出水平没考虑未来。协定生效后第一年生产古诺产出，哥伦比亚使巴西报复使市场价格远低于触发价格的可能性增加。如果巴西报复（哥伦比亚很幸运，因需求未预期的上升，避免了此报复），则在时期2它将生产 $S^* > \tilde{Q}^B$。结果，哥伦比亚下一期最后的利润低于如果巴西继续合作并生产 $\tilde{Q}^B$ 的利润。哥伦比亚面临着权衡：要么利用巴西在第一年的合作，生产大量的咖啡，并面临报复的风险；要么生产相对少的咖啡，增加巴西在未来合作的可能性。在0和 $Q_{Cournot}$ 之间存在一个产出，使哥伦比亚在其整个生命期（无限）获得的利润流的预期现值最大。这个产出水平前面记为 $Q_{TP}^C(\tilde{Q}^B)$。

第一年后，哥伦比亚在任何年的最优产出取决于巴西是否合作。如果 t 年巴西不合作，则该年哥伦比亚的所为不影响巴西未来的合作形式。记住，我们假设巴西使用的是触发价格策略，巴西不合作时期的长度在 $T-1$ 年是固定的，其在这个竞争时期的产出固定为 S^*。结果，哥伦比亚的最优行动过程是使目前的预期利润最大，生产 S^* 单位产出，即对巴西生产的古诺（1期）均衡产出的最优反应是也生产古诺产出。

如果 t 年是合作年，则下一年，两个局中人所进行的博弈基本上和第一年相同。但这意味着哥伦比亚的最优产出是 $Q_{TP}^C(\tilde{Q}^B)$，因为这是它在第一年的最优产出，基本上不会改变。结论就是哥伦比亚对巴西的策略的最优反应是合作年生产 $Q_{TP}^C(\tilde{Q}^B)$，竞争年生产 S^*，当且仅当巴西合作时哥伦比亚才合作。这说明哥伦比亚的最优策略是触发价格策略 $[P^R、T、S^*、Q_{TP}^C(\tilde{Q}^B)]$，如前所述。

20.2.5 可计算的触发价格最优反应函数

现在推导最优反应函数 $Q_{TP}^C(\tilde{Q}^B)$。设 $V_C(\tilde{Q}^B,\tilde{Q}^C)$ 是哥伦比亚采用触发价格策略（P^R、T、S^*、$\tilde{Q}^C$）、巴西采用触发价格策略（P^R、T、S^*、$\tilde{Q}^B$）时哥伦比亚利润流的预期现值。我们下面将要解释，$V_C(\tilde{Q}^B,\tilde{Q}^C)$ 满足递归方程

$$\begin{aligned}V_C(\tilde{Q}^B,\tilde{Q}_C) &= \pi_C(\tilde{Q}^B,\tilde{Q}^C) + P\{P_1 > P^R\}\cdot 0.9\cdot V_C(\tilde{Q}^B,\tilde{Q}^C)\\ &+ P\{P_1 \leqslant P^R\}\cdot[0.9\cdot\pi_C(S^*,S^*) + \cdots + 0.9^{T-1}\cdot\pi_C(S^*,S^*)\end{aligned}$$

$$+0.9^T \cdot V_C(\tilde{Q}^B,\tilde{Q}^C)] \tag{20.7}$$

式中，$P_1=(10-\tilde{Q}^B-\tilde{Q}^C)\cdot\theta_t$ 是第一年的市场价格，$P(A)$ 是事件 A 发生的概率，$\pi_C(\tilde{Q}^B,\tilde{Q}^C)$ 是哥伦比亚在第一年的预期利润，由方程（20.5）给出。

在我们从代数上简化 $V_C(\tilde{Q}^B,\tilde{Q}^C)$ 表达式前，先看它是如何推导出来的。因为两个国家从彼此合作开始，哥伦比亚在第一年的预期利润由方程（20.7）的第一项 $\pi_C(\tilde{Q}^B,\tilde{Q}^C)$ 给出。第一年后，两件事中的一个要发生：巴西和哥伦比亚继续合作或者它们开始“价格战”。

第一个概率发生当且仅当 P_1 保持在触发价格 P^R 之上时。如果这发生，两个国家在第二年继续合作，则基本上在第二年博弈“完全重复一次”。据此可知，博弈继续呈现出和第一年相同的局中人的策略及得益。这说明第二年开始的哥伦比亚的利润流在第一年的预期现值——基于两个国家没有开始价格战——等于 $0.9\cdot V_C(\tilde{Q}^B,\tilde{Q}^C)$。现值必须用 0.9 贴现，因为它在第二年才开始。用避免价格战的概率乘以这个现值得到方程（20.7）中的第二项。

第二个概率是 P_1 下降到触发价格之下的概率，两个企业在下一个 $T-1$ 年打价格战，在 $T+1$ 年回到合作。事实是，在 $T+1$ 年博弈继续和第一年的博弈完全相同。结果，$T+1$ 年开始的利润流在第一年的预期现值——基于两个国家合作——等于 $0.9^T\cdot V_C(\tilde{Q}^B,\tilde{Q}^C)$。整个利润流的预期现值必须用 0.9^T 贴现，因为利润因价格战的干扰而推迟了。在价格战干扰 $T-1$ 年中，企业每年的预期利润是 $\pi_C(S^*,S^*)$，因此这个利润流在第一年的预期现值等于 $0.9\cdot\pi_C(S^*,S^*)+\cdots+0.9^{T-1}\cdot\pi_C(S^*,S^*)$。把它加到价格战在 $T+1$ 年结束后恢复的博弈的现值上，再用价格战在第二年开始的概率乘以这个和就得到方程（20.7）的第三项和最后一项。

利用代数运算，方程（20.7）可重写成

$$V_C(\tilde{Q}^B,\tilde{Q}^C)=\frac{\pi_C(S^*,S^*)}{0.1}+\frac{\pi_C(\tilde{Q}^B,\tilde{Q}^C)-\pi_C(S^*,S^*)}{0.1+F\left(\dfrac{P^R}{10-\tilde{Q}^B-\tilde{Q}^C}\right)\cdot(0.9-0.9^T)} \tag{20.8}$$

式中 F 是 θ_t 的分布。我们在前面发现 $\pi_C(S^*, S^*)$ 等于每年 900 万美元，$\pi_C(\tilde{Q}^B, \tilde{Q}^C) = (9 - \tilde{Q}^B - \tilde{Q}^C) \cdot \tilde{Q}^C$。

下面假设随机变量 θ_t 的累积分布函数是

$$F(x) = \frac{2}{1 + e^{-(\ln 3) \cdot x^{15}}} - 1 \tag{20.9}$$

我们知道这个累积分布函数度量的是随机变量 θ_t 取小于 x 的值的概率。与累积分布函数相联系的是概率密度函数。密度函数在数字比如说 x_1 和 x_2 之间的面积测定的是随机变量 θ_t 落在 x_1 和 x_2 之间的概率。方程(20.9)定义的这个累积分布函数有钟形概率密度函数，中值和均值都为 1，标准差为 0.071。其图形如图 20.2 所示。

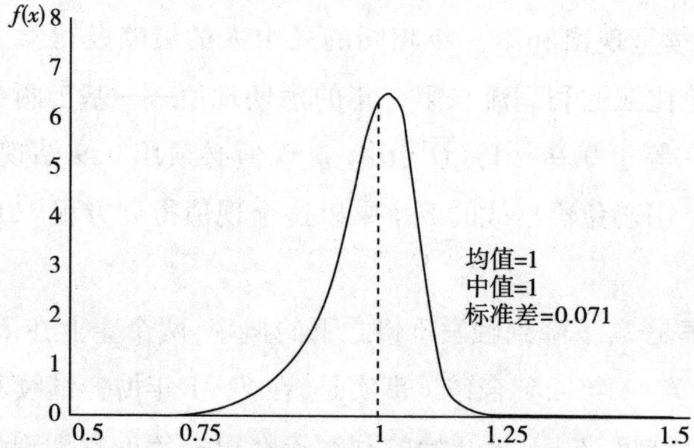

图 20.2　概率密度函数：与方程(20.9)定义的累积分布函数相联系

把我们的 $\pi_C(\tilde{Q}^B, \tilde{Q}^C)$ 和 $\pi_C(S^*, S^*)$ 的表达式代入方程(20.8)得

$$V_C(\tilde{Q}^B, \tilde{Q}^C) = 90 + \frac{(9 - \tilde{Q}^C - \tilde{Q}^B) \cdot \tilde{Q}^C - 9}{0.1 + F\left(\dfrac{P^R}{10 - \tilde{Q}^B - \tilde{Q}^C}\right) \cdot (0.9 - 0.9^T)} \tag{20.10}$$

哥伦比亚的最优合作产出 $Q^C_{TP}(\tilde{Q}^B)$ 是使 $V_C(\tilde{Q}^B, \tilde{Q}^C)$ 最大化的产出，保持 $\tilde{Q}^B$ 不变。在图 20.3 中，我们画出了六条哥伦比亚的"等得益曲线"，其中 $P^R = 3.62$ 美元/千克，$T = 3$ 年。一条等得益曲线由合作产出组合——得自相同的哥伦比亚预期贴现利润——构成。触发价格最优反应函数 $Q^C_{TP}(\tilde{Q}^B)$

图由每条等得益曲线上的这些点组成,其中曲线的切线完全是水平线。因为预期得益函数是复杂的函数,所以最优反应函数没有简单的代数表达式。它们的图形必须用数字法近似。注意不同于我们前面的最优反应函数,$Q_{TP}^{C}(\tilde{Q}^{B})$ 不是单调的而是 Z 形曲线图。

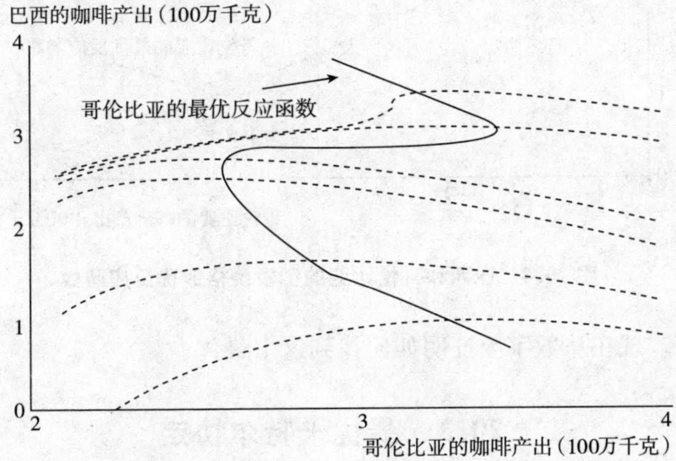

图 20.3　哥伦比亚的几条等得益曲线和其相联系的合作最优反应函数

由此可见,触发价格策略对(P^{R}、T、S^{*}、$\tilde{Q}^{C}$)和(P^{R}、T、S^{*}、$\tilde{Q}^{B}$)构成这个博弈的一个完美贝叶斯纳什均衡,当且仅当 $\tilde{Q}^{C}=Q_{TP}^{C}(\tilde{Q}^{B})$ 和 $\tilde{Q}^{B}=Q_{TP}^{B}(\tilde{Q}^{C})$。这意味着 $Q_{TP}^{C}=Q_{TP}^{B}$。几何上,这意味着两个企业的最优反应函数从原点沿 45°延伸。一个交点是(S^{*},S^{*}),它表示竞争均衡,我们已经知道这是此博弈的一个(不重要的)触发价格均衡。图 20.4 画出了哥伦比亚的触发价格最优反应函数 $Q_{TP}^{C}(\tilde{Q}^{B})$ 和巴西的触发价格最优反应函数 $Q_{TP}^{B}(\tilde{Q}^{C})$。

有三个交点,每个与触发价格策略的完美贝叶斯纳什均衡相对应。点 B 对应于竞争均衡,其中两个国家总生产 300 万千克的咖啡。点 A 对应于重要的自我实施卡特尔协定,其中两个国家在合作时期生产 254 万千克咖啡,在竞争时期生产 300 万千克咖啡。点 C 对应于第三个完美贝叶斯纳什均衡,其中两个国家在合作时期实际上生产比古诺产出 300 万千克咖啡要多。这表明两个国家平均地在合作时期都获得比竞争时期低的利润,这有些反常。

阐明了巴西和哥伦比亚可能进入的所有自我实施的卡特尔协定后,现在进入第二步,找到帕累托最优的协定。这是一个我们希望两个国家都选

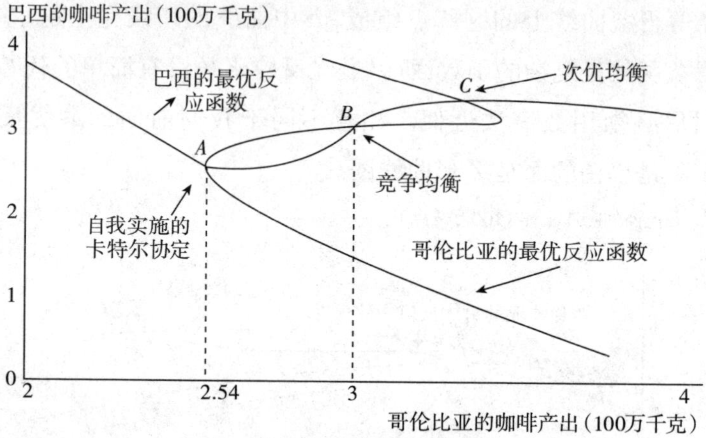

图 20.4　巴西和哥伦比亚的触发价格最优反应函数

择的协定。现在从数字上证明如何找到这个最优。

20.3　最优卡特尔协定

对每个可能的触发价格 P^R 和惩罚 T，存在一个最优的自我实施触发价格卡特尔协定，其中两个国家同意在竞争时期生产 300 万千克咖啡，在合作时期生产 $\tilde{Q}_{TP}$ 的某个数。合作产出 $\tilde{Q}_{TP}$ 是 P^R 和 T 的函数。为简单起见，如上所证明的，当 $P^R = 3.62$ 美元/千克，$T = 3$ 年，$\tilde{Q}_{TP}(P^R,T) = 254$ 万千克 。对某个触发价格和惩罚，最优协定就只是按类似于短视的古诺竞争者行动，而不勾结。也就是说，是这些触发价格和惩罚 $\tilde{Q}_{TP}(P^R,T) = S^* = 300$ 万千克 。例如，如果触发价格是 2 美元/千克，价格战持续 3 年，就是这种情况。

利用数字方法，有可能决定最优触发价格 $P^{R*} = 3.62$ 美元/千克，最优惩罚 $T^* = 3$ 年。我们能构造一个新函数，把哥伦比亚的预期利润和不同的触发价格和竞争时期联系起来，假设对任意的 P^R 和 T，国家选择它们最优的合作产出和竞争产出，这个函数的部分如图 20.5 和 20.6 所示。在图 20.5 中，参数 T 设定为 3 年，然后哥伦比亚的得益流的现值用 P^R 画出。最大值在 $P^{R*} = 3.62$ 美元/千克达到。类似的情况，图 20.6 中，P^R 被设定为等于 $P^{R*} = 3.62$ 美元/千克，哥伦比亚得益流的现值用 T 画出。最大在 $T^* = 3$ 年达到。

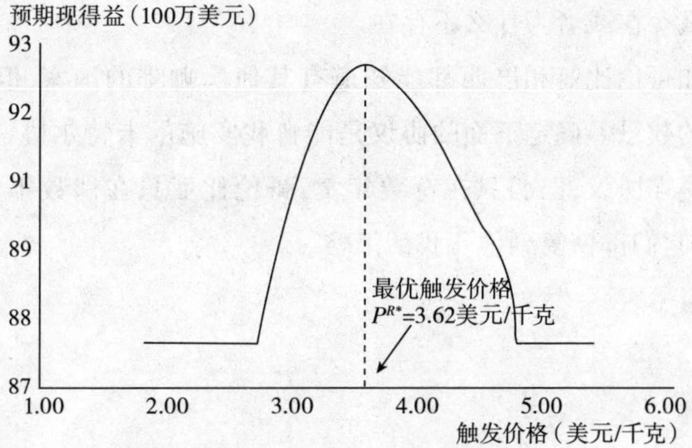

图 20.5　保持 $T=3$ 年，哥伦比亚的预期利润现值随 P^R 而变，最大发生在 $P^{R*}=3.62$ 美元/千克

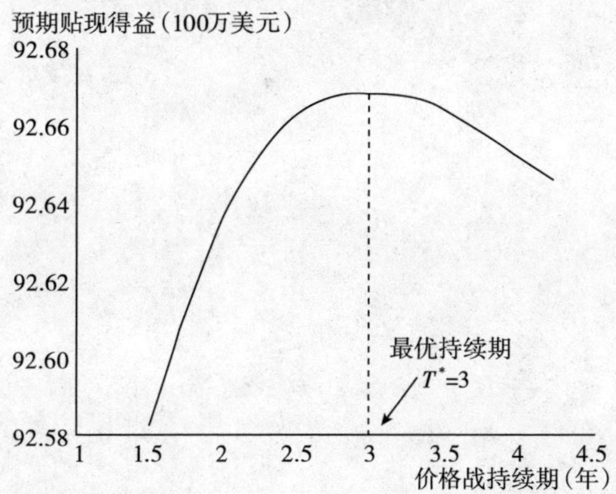

图 20.6　保持 $P^R=3.62$ 美元/千克，哥伦比亚的预期利润现值是 T 的函数，最大处在 $T^*=3$ 时

20.4　习题

1. 假如你在司法部门工作。你怀疑某几个企业正用触发价格策略合谋实施垄断。你如何证明这是真的？

2. 假如哥伦比亚和巴西正好彼此竞争 50 个时期，且这是共同知识。还存在完美贝叶斯纳什均衡吗？其中两个国家至少最初采用触发价格策略？

解释为什么存在或者为什么不存在。

3.假如哥伦比亚和巴西都能知道有其他卖咖啡的国家,但不知道它们卖的咖啡的数量。确定下面的协议是能自我实施的卡特尔协定吗?只要两国都承诺遵守协议,巴西只在奇数年卖,哥伦比亚只在偶数年卖;如果两国都不遵守,它们都恢复到你死我活策略。

参考文献

中文

1. [加]马丁·J. 奥斯本(Martin J. Osborne),[美]阿里尔·鲁宾斯坦(Ariel Rubinstein). 博弈论教程[M]. 魏玉根,译. 北京:中国社会科学出版社,2000.

2. [西]费尔南多·维加·雷东多. 经济学与博弈理论[M]. 毛亮,叶敏,等,译. 上海:世纪出版集团(上海人民出版社),2006.

3. [英]亚当·斯密. 国民财富的性质和原因的研究[M]. 北京:商务印书馆,1994.

4. [英]安东尼·凯利(Anthony Kelly). 决策中的博弈论[M]. 李志斌,殷献民,译. 北京:北京大学出版社,2007.

5. [英]阿伯西内·穆素. 讨价还价理论及其应用[M]. 管毅平,郑丹秋,等,译. 上海:上海财经大学出版社,2005.

6. [英]柯伦柏(Paul Klemperer). 拍卖:理论与实践[M]. 钟鸿钧,译. 北京:中国人民大学出版社,2006.

7. [法]让·梯若尔(Jean Tirole). 公司金融理论(上下)[M]. 王永钦,校. 北京:中国人民大学出版社,2007.

8. [法]让-雅克·拉丰(Jean-Jacques Laffont),大卫·马赫蒂摩(David Martimort). 激励理论(第一卷)委托-代理模型[M]. 陈志俊,译. 北京:中国人民大学出版社,2002.

9. [法]泰勒尔(Jean Tirole). 产业组织理论[M]. 张维迎,总译校. 北京:中国人民大学出版社,1997.

10. [法]奥古斯丹·古诺. 财富理论的数学原理的研究[M]. 陈尚霖,译. 北京:商务印书馆,1994.

11. [美]R. 科斯,A. 阿尔钦,D. 诺斯,等. 财产权利与制度变迁——产权学派与新制度经济学派译文集[C]. 上海:上海三联书店,上海人民出版社,1994.

12. [美]艾里克·拉斯缪森. 博弈与信息:博弈论概论[M]. 王晖,白金辉,吴任昊,译. 北京:北京大学出版社, 生活·读书·新知三联书店,2003.

13. [美]冯·诺依曼,摩根斯顿. 博弈论与经济行为(上下)[M]. 王文玉,王宇,译. 北京:生活·读书·新知三联书店,2004.

14. [美]托马斯·谢林. 冲突的战略[M]. 赵华,等,译. 北京:华夏出版社,2007.

15. [美]朱·弗登博格, [法]让·梯若尔(Jean Tirole). 博弈论[M]. 姚洋,校. 北京:中国人民大学出版社,2002.

16. [美]乔治·阿克洛夫. 一位经济理论家讲述的故事——关于经济理论新假设有趣结果的论文集[C]. 胡怀国,译. 北京:首都经济贸易大学出版社,2006.

17. [美]约翰·麦克米伦. 国际经济学中的博弈论[M]. 高明,译. 平新桥,校. 北京:北京大学出版社,2004.

18. [美]约翰·纳什. 纳什博弈论文集[C]. 张良桥,王晓刚,译. 王则柯,校. 北京:首都经济贸易大学出版社,2000.

19. [美]罗伯特·吉本斯. 博弈论基础[M]. 高峰,译. 北京:中国社会科学出版社,1999.

20. [美]罗纳德·科斯. 论生产的制度结构[M]. 上海:上海三联书店,1994.

21. [美]罗杰·B. 迈尔森(Roger B. Myerson). 博弈论:矛盾冲突分析[M]. 于寅,费剑平,译. 北京:中国经济出版社,2001.

22. [美]罗素·W. 库珀(Russell W. Cooper). 协调博弈——互补性与宏观经济学[M]. 张军,李池,译. 北京:中国人民大学出版社,2001.

23. [美]哈罗德·W. 库恩. 博弈论经典[M]. 韩松,等,译. 北京:中国人民大学出版社,2004.

24. [美]高山晟. 经济学中的分析方法[M]. 刘振亚,译. 北京:中国人民大学出版社,2001.

25. [美]诺兰·麦卡蒂,亚当·梅罗威茨. 政治博弈论[M]. 孙经纬,高晓晖,译.上海:格致出版社,上海三联书店,上海人民出版社,2009.

26.[美]普拉伊特·K. 杜塔.策略与博弈——理论及实践[M].施锡铨,译.上海:上海财经大学出版社,2005.

27.[美]道格拉斯·盖尔.一般均衡的策略基础——动态匹配与讨价还价博弈[M].韦森,总译校.上海:格致出版社,上海三联书店,上海人民出版社,2008.

28.[美]戴维·M. 克雷普斯.博弈论与经济模型[M].邓方,译.北京:商务印书馆,2006.

29.[美]戴维·贝赞可,戴维·德雷诺夫,马克·尚利.公司战略经济学[M].武亚军,总译校.北京:北京大学出版社,1999.

30.[瑞典]乔根·威布尔.演化博弈论[M].王永钦,译.上海:上海三联书店,上海人民出版社,2006.

31.[德]莱因哈德·泽尔滕.策略理性模型[M].黄涛,译.北京:首都经济贸易大学出版社,2000.

32.[印度]Y.内拉哈里.博弈论与机制设计[M].曹乾,译. 北京:中国人民大学出版社,2017.

33.[美]史蒂文·泰迪里斯.博弈论导论[M].北京:中国人民大学出版社,2015.

34.[西班牙]因内思·马克-斯达德勒,J. 大卫·佩雷斯-卡斯特里罗.信息经济学引论:激励与合约[M].管毅平,译.上海:上海财经大学出版社,2004.

35.刘培杰.博弈论精粹[M].哈尔滨:哈尔滨工业大学出版社,2008.

36.[美]汤姆·齐格弗里德.纳什均衡与博弈论[M].洪雷,陈玮,彭工,译.北京:化学工业出版社,2011.

37.张维迎.博弈论与信息经济学[M].上海:上海三联书店,上海人民出版社,1996.

38.张维迎.詹姆斯·莫里斯论文精选——非对称信息下的激励理论[C].北京:商务印书馆,1997.

39.[美]阿维纳什·K.迪克西特,巴里·J.奈尔伯夫.策略思维——商界、政界及日常生活中的策略竞争(大师细说博弈论)[M]. 王尔山,译. 北京:中国人民大学出版社,2013.

40. [美]保罗·克鲁格曼. 战略性贸易政策与新国际经济学[M]. 海闻,等,译. 北京:中国人民大学出版社,北京大学出版社,2000.

41. [美]格若赫姆·罗珀. 博弈论导引及其应用[M]. 柯华庆,闫静怡,译. 北京:中国政法大学出版社,2003.

42. 谢康,乌家培. 阿克洛夫、斯彭斯和斯蒂格利茨论文精选[C]. 北京:商务印书馆,2002.

43. [美]赫伯特·金迪斯. 演化博弈论:问题导向的策略互动模型[M]. 王新荣,译. 北京:中国人民大学出版社,2015.

英文

1. A. C. Pigou. The Economics of Welfare[M]. China Social Sciences Publishing House,1999.

2. Ariel Rubinstein. Game Theory in Economics [M]. Edward Elgar Press,1990.

3. Aumann, Sergiu Hart, eds. Handbook of Game Theory with Economic Applications[M]. Volume 1. Amsterdam: North - Holland,1992.

4. Bernard Salanié. The Economics of Contracts: A Primer[M]. The MIT Press,2000.

5. Brian Hillier. The Economics of Asymmetric Information[M]. St. Martin's Press,1997.

6. David M. Kreps. Game Theory and Economic Modelling[M]. Oxford: Oxford University Press,1990.

7. Drew Fudenberg,Jean Tirole. Game Theory[M]. The MIT Press,1991.

8. Fernando Vegra - Redondo. Evolution,Games,and Economics Behaviour [M]. Oxford University Press,1997.

9. Eric Rasmusen. Game and Information: An Introduction to Game Theory [M]. Blackwell Publishers,1994.

10. H. Scott Bierman,Luis Fernandez. Game Theory with Economic Applica-

tions[M]. Second Edition. Addison – Wesley Publishing Company, 1998.

11. John Eatwell, Murray Milgate, Peter Newman. The Palgrave Game theory [M]. The Macmillan Press, 1989.

12. John F. Nashr. Essays on Game Theory[C]. Edward Elgar Press, 1996.

13. John Von Neumann, Oskar Morgenstern. Theory of Games and Economic Behavior[M]. Princeton University Press, 1944.

14. Louis Phlips. Competition Policy: A Game – Theoretic Perspective[M]. Cambridge University Press, 1995.

15. Martin J. Osborne, Ariel Rubinstein. A Course in Game Theory[M]. The MIT Press, 1994.

16. Martin J. Osborne. An Introduction to Game Theory[M]. Oxford: Oxford University Press, 2004.

17. Michael Maschler, Eilon Solan, Shmuel Zamir. Game Theory[M]. Cambridge University Press, 2013.

18. Robert Gibbons. Game Theory for Applied Economists[M]. Princeton University Press, 1992.

19. Shaun P. Hargreaves – Heap, Yanis Varoufakis. Game Theory: A Critical Introduction[M]. Routledge Press, 1995.

20. Tatsuro, Ichiishi. Game Theory for Economic Analysis[M]. Academic Press, 1982.